The Insulted and Injured

Fyodor M. Dostoevsky

Униженные и оскорбленные

Фёдор М. Достоевский

The Insulted and Injured

ISNB: 978-1-60444-894-8

Униженные и оскорбленные

© Индоевропейских Издание , 2018

ISNB: 978-1-60444-894-8

УНИЖЕННЫЕ И ОСКОРБЛЕННЫЕ

ЧАСТЬ ПЕРВАЯ

ГЛАВА I

Прошлого года, двадцать второго марта, вечером со мной случилось престранное происшествие. Весь этот день я ходил по городу и искал себе квартиру. Старая была очень сыра, а я тогда уже начинал дурно кашлять. Еще с осени хотел переехать, а дотянул до весны. В целый день и ничего не мог найти порядочного. Во-первых, хотелось квартиру особенную, не от жильцов, а во-вторых, хоть одну комнату, но непременно большую, разумеется вместе с тем и как можно дешевую. Я заметил, что в тесной квартире даже и мыслям тесно. Я же, когда обдумывал свои будущие повести, всегда любил ходить взад и вперед по комнате. Кстати: мне всегда приятнее было обдумывать мои сочинения и мечтать, как они у меня напишутся, чем в самом деле писать их, и, право, это было не от лености. Отчего же?

Еще с утра я чувствовал себя нездоровым, а к закату солнца мне стало даже и очень нехорошо начиналось что-то вроде лихорадки. К тому же я целый день был на ногах и устал. К вечеру, перед самыми сумерками, проходил и по Вознесенскому проспекту. Я люблю мартовское солнце в Петербурге, особенно закат, разумеется, в ясный, морозный вечер. Вся улица вдруг блеснет, облитая ярким светом. Все дома как будто вдруг засверкают. Серые, желтые и грязно-зеленые цвета их потеряют на миг всю свою угрюмость; как будто на душе прояснеет, как будто вздрогнешь или кто-то подтолкнет тебя локтем. Новый взгляд, новые мысли... Удивительно, что может сделать один луч солнца с душой человека!

Но солнечный луч потух; мороз крепчал и начинал пощипывать за нос; сумерки густели; газ блеснул из магазинов и лавок. Поровнявшись с кондитерской Миллера, я вдруг остановился как вкопанный и стал смотреть на ту сторону улицы, как будто предчувствуя, что вот сейчас со мной случится что-то необыкновенное, и в это-то самое мгновение на противоположной стороне я увидел старика и его собаку. Я очень хорошо помню, что сердце мое сжалось от какого-то неприятнейшего ощущения и я сам не мог решить, какого рода было это ощущение.

Я не мистик, в предчувствия и гаданья почти не верю; однако со мною, как, может быть, и со всеми, случилось в жизни несколько происшествий, довольно необъяснимых. Например, хоть этот старик: почему при тогдашней моей встрече с ним, я тотчас почувствовал, что в тот же вечер со мной случится что-то не совсем обыденное? Впрочем, я был болен, а болезненные ощущения почти всегда бывают обманчивы.

Старик своим медленным, слабым шагом, переставляя ноги, как будто палки,

1

как будто не сгибая их, сгорбившись и слегка ударяя тростью о плиты тротуара, приближался к кондитерской. В жизнь мою не встречал я такой странной, нелепой фигуры. И прежде, до этой встречи, когда мы сходились с ним у Миллера, он всегда болезненно поражал меня. Его высокий рост, сгорбленная спина, мертвенное восьмидесятилетнее лицо, старое пальто, разорванное по швам, изломанная круглая двадцатилетняя шляпа, прикрывавшая его обнаженную голову, на которой уцелел, на самом затылке, клочок уже не седых, а бело-желтых волос; все движения его, делавшиеся как-то бессмысленно, как будто по заведенной пружине, - всё это невольно поражало всякого, встречавшего его в первый раз. Действительно, как-то странно было видеть такого отжившего свой век старика одного, без присмотра, тем более что он был похож на сумасшедшего, убежавшего от своих надзирателей. Поражала меня тоже его необыкновенная худоба: тела на нем почти не было, и как будто на кости его была наклеена только одна кожа. Большие, но тусклые глаза его, вставленные в какие-то синие круги, всегда глядели прямо перед собою, никогда в сторону и никогда ничего не видя, - я в этом уверен. Он хоть и смотрел на вас, но шел прямо на вас же, как будто перед ним пустое пространство. Я это несколько раз замечал. У Миллера он начал являться недавно, неизвестно откуда и всегда вместе с своей собакой.

Никто никогда не решался с ним говорить из посетителей кондитерской, и он сам ни с кем из них не заговаривал.

"И зачем он таскается к Миллеру, и что ему там делать? - думал я, стоя по другую сторону улицы и непреодолимо к нему приглядываясь. Какая-то досада - следствие болезни и усталости - закипала во мне. - Об чем он думает? - продолжал я про себя, - что у него в голове? Да и думает ли еще он о чем-нибудь? Лицо его до того умерло, что уж решительно ничего не выражает. И откуда он взял эту гадкую собаку, которая не отходит от него, как будто составляет с ним что-то целое, неразъединимое, и которая так на него похожа?"

Этой несчастной собаке, кажется, тоже было лет восемьдесят; да, это непременно должно было быть. Во-первых, с виду она была так стара, как не бывают никакие собаки, а во-вторых, отчего же мне, с первого раза, как я ее увидал, тотчас же пришло в голову, что эта собака не может быть такая, как все собаки; что она - собака необыкновенная; что в ней непременно должно быть что-то фантастическое, заколдованное; что это, может быть, какой-нибудь Мефистофель в собачьем виде и что судьба ее какими-то таинственными, неведомыми путями соединена с судьбою ее хозяина. Глядя на нее, вы бы тотчас же согласились, что, наверно, прошло уже лет двадцать, как она в последний раз ела. Худа она была, как скелет, или (чего же лучше?) как ее господин. Шерсть на ней почти вся вылезла, тоже и на хвосте, который висел, как палка, всегда крепко поджатый. Длинноухая голова угрюмо свешивалась вниз. В жизнь мою я не встречал такой противной собаки. Когда оба они шли по улице - господин впереди, а собака за ним следом, - то ее нос прямо касался полы его платья, как будто к ней приклеенный. И походка их и весь их вид чуть не проговаривали тогда с каждым шагом:

Стары-то мы, стары, господи, как мы стары!

Помню, мне еще пришло однажды в голову, что старик и собака как-нибудь выкарабкались из какой-нибудь страницы Гофмана, иллюстрированного Гаварни, и разгуливают по белому свету в виде ходячих афишек к изданью. Я перешел через улицу и вошел вслед за стариком в кондитерскую.

В кондитерской старик аттестовал себя престранно, и Миллер, стоя за своим прилавком, начал уже в последнее время делать недовольную гримасу при входе незваного посетителя. Во-первых, странный гость никогда ничего не спрашивал. Каждый раз он прямо проходил в угол к печке и там садился на стул. Если же его место у печки бывало занято, то он, постояв несколько времени в бессмысленном недоумении против господина, занявшего его место, уходил, как будто озадаченный, в другой угол к окну. Там выбирал какой-нибудь стул, медленно усаживался на нем, снимал шляпу, ставил ее подле себя на пол, трость клал возле шляпы и затем, откинувшись на спинку стула, оставался неподвижен в продолжение трех или четырех часов. Никогда он не взял в руки ни одной газеты, не произнес ни одного слова, ни одного звука; а только сидел, смотря перед собою во все глаза, но таким тупым, безжизненным взглядом, что можно было побиться об заклад, что он ничего не видит из всего окружающего и ничего не слышит. Собака же, покружившись раза два или три на одном месте, угрюмо укладывалась у ног его, втыкала свою морду между его сапогами, глубоко вздыхала и, вытянувшись во всю свою длину на полу, тоже оставалась неподвижною на весь вечер, точно умирала на это время. Казалось, эти два существа целый день лежат где-нибудь мертвые и, как зайдет солнце, вдруг оживают единственно для того, чтоб дойти до кондитерской Миллера и тем исполнить какую-то таинственную, никому не известную обязанность. Насидевшись часа три-четыре, старик наконец вставал, брал свою шляпу и отправлялся куда-то домой. Поднималась и собака и, опять поджав хвост и свесив голову, медленным прежним шагом машинально следовала за ним. Посетители кондитерской наконец начали всячески обходить старика и даже не садились с ним рядом, как будто он внушал им омерзение. Он же ничего этого не замечал.

Посетители этой кондитерской большею частию немцы. Они собираются сюда со всего Вознесенского проспекта - всё хозяева различных заведений: слесаря, булочники, красильщики, шляпные мастера, седельники - всё люди патриархальные в немецком смысле слова. У Миллера вообще наблюдалась патриархальность. Часто хозяин подходил к знакомым гостям и садился вместе с ними за стол, причем осушалось известное количество пунша. Собаки и маленькие дети хозяина тоже выходили иногда к посетителям, и посетители ласкали детей и собак. Все были между собою знакомы, и все взаимно уважали друг друга. И когда гости углублялись в чтение немецких газет, за дверью, в квартире хозяина, трещал августин, наигрываемый на дребезжащих фортепьянах старшей хозяйской дочкой, белокуренькой немочкой в локонах, очень похожей на белую мышку. Вальс принимался с удовольствием. Я ходил к Миллеру в первых числах каждого месяца читать русские журналы, которые у него получались.

Войдя в кондитерскую, я увидел, что старик уже сидит у окна, а собака лежит, как и прежде, растянувшись у ног его. Молча сел я в угол и мысленно задал себе вопрос: "Зачем я вошел сюда, когда мне тут решительно нечего делать, когда я болен и нужнее было бы спешить домой, выпить чаю и лечь в постель? Неужели в самом деле я здесь только для того, чтоб разглядывать этого старика?" Досада взяла меня. "Что мне за дело до него, - думал я, припоминая то странное, болезненное ощущение, с которым я глядел на него еще на улице. - И что мне за дело до всех этих скучных немцев? К чему это фантастическое настроение духа? К чему эта дешевая тревога из пустяков, которую я замечаю в себе в последнее время и которая мешает жить и глядеть ясно на жизнь, о чем уже заметил мне один глубокомысленный критик, с негодованием разбирая мою последнюю повесть?" Но, раздумывая и сетуя, я все-таки оставался на месте, а между тем болезнь одолевала меня всё более и более, и мне наконец стало жаль оставить теплую комнату. Я взял франкфуртскую газету, прочел две строки и задремал. Немцы мне не мешали. Они читали, курили и только изредка, в полчаса раз, сообщали друг другу, отрывочно и вполголоса, какую-нибудь новость из Франкфурта да еще какой-нибудь виц или шарфзин знаменитого немецкого остроумца Сафира; после чего с удвоенною национальною гордостью вновь погружались в "пение.

Я дремал с полчаса и очнулся от сильного озноба. Решительно надо было идти домой. Но в ту минуту одна немая сцена, происходившая в комнате, еще раз остановила меня. Я сказал уже, что старик, как только усаживался на своем стуле, тотчас же упирался куда-нибудь своим взглядом и уже не сводил его на другой предмет во весь вечер. Случалось и мне попадаться под этот взгляд, бессмысленно упорный и ничего не различающий: ощущение было пренеприятное, даже невыносимое, и я обыкновенно как можно скорее переменял место. В эту минуту жертвой старика был один маленький, кругленький и чрезвычайно опрятный немчик, со стоячими, туго накрахмаленными и воротничками и с необыкновенно красным лицом, приезжий гость, купец из Риги, Адам Иваныч Шульц, как узнал я после, короткий приятель Миллеру, но не знавший еще старика и многих из посетителей. С наслаждением почитывая "Dorfbarbier"[1] и попивая свой пунш, он вдруг, подняв голову, заметил над собой неподвижный взгляд старика. Это его озадачило. Адам Иваныч был человек очень обидчивый и щекотливый, как и вообще все "благородные" немцы. Ему показалось странным и обидным, что его так пристальной бесцеремонно рассматривают. С подавленным негодованием отвел он глаза от неделикатного гостя, пробормотал себе что-то под нос и молча закрылся газетой. Однако не вытерпел и минуты через две подозрительно выглянул из-за газеты: тот же упорный взгляд, то же бессмысленное рассматривание. Смолчал Адам Иваныч и в этот раз. Но когда то же обстоятельство повторилось и в третий, он вспыхнул и почел своею обязанностию защитить свое благородство и не уронить перед благородной публикой прекрасный город Ригу, которого, вероятно, считал себя представителем. С нетерпеливым жестом бросил он газету на стол, энергически стукнув палочкой, к которой она была прикреплена, и, пылая собственным достоинством, весь красный от пунша и от амбиции, в свою очередь уставился своими маленькими, воспаленными глазками на досадного старика. Казалось, оба они, и немец и его противник, хотели пересилить друг друга магнетическою силою своих взглядов и выжидали, кто раньше сконфузится и опустит глаза. Стук палочки и эксцентрическая позиция Адама Иваныча обратили на себя внимание всех посетителей. Все тотчас же отложили свои занятия и с важным, безмолвным любопытством наблюдали обоих противников. Сцена становилась очень

---

[1] "Деревенский брадобрей" (нем.)

комическою. Но магнетизм вызывающих глазок красненького Адама Ивановича совершенно пропал даром. Старик, не заботясь ни о чем, продолжал прямо смотреть на взбесившегося господина Шульца и решительно не замечал, что сделался предметом всеобщего любопытства, как будто голова его была на луне, а не на земле. Терпение Адама Иваныча наконец лопнуло, и он разразился.

- Зачем вы на меня так внимательно смотрите? - прокричал он по-немецки резким, пронзительным голосом и с угрожающим видом.

Но противник его продолжал молчать, как будто не понимал и даже не слыхал вопроса. Адам Иваныч решился заговорить по-русски.

- Я вас спросит, зачом ви на мне так прилежно взирайт? - прокричал он с удвоенною яростию. - Я ко двору известен, а ви неизвестен ко двору! - прибавил он, вскочив со стула.

Но старик даже и не пошевелился. Между немцами раздался ропот негодования. Сам Миллер, привлеченный шумом, вошел в комнату. Вникнув в дело, он подумал, что старик глух, и нагнулся к самому его уху.

- Каспадин Шульц вас просил прилежно не взирайт на него, - проговорил он как можно громче, пристально всматриваясь в непонятного посетителя.

Старик машинально взглянул на Миллера, и вдруг в лице его, доселе неподвижном, обнаружились признаки какой-то тревожной мысли, какого-то беспокойного волнения. Он засуетился, нагнулся, кряхтя, к своей шляпе, торопливо схватил ее вместе с палкой, поднялся со стула и с какой-то жалкой улыбкой - униженной улыбкой бедняка, которого гонят с занятого им по ошибке места, - приготовился выйти из комнаты. В этой смиренной, покорной торопливости бедного, дряхлого старика было столько вызывающего на жалость, столько такого, отчего иногда сердце точно перевертывается в груди, что вся публика, начиная с Адама Иваныча, тотчас же переменила свой взгляд на дело. Было ясно, что старик не только не мог кого-нибудь обидеть, но сам каждую минуту понимал, что его могут отовсюду выгнать как нищего.

Миллер был человек добрый и сострадательный.

- Нет, нет, - заговорил он, ободрительно трепля старика по плечу, - сидитт! Aber[2] гер Шульц очень просил вас прилежно не взирайт на него. Он у двора известен.

Но бедняк и тут не понял; он засуетился еще больше прежнего, нагнулся поднять свой платок, старый, дырявый синий платок, выпавший из шляпы, и стал кликать свою собаку, которая лежала не шевелясь на полу и, по-видимому, крепко спала, заслонив свою морду обеими лапами.

- Азорка, Азорка! - прошамкал он дрожащим, старческим голосом, - Азорка!
Азорка не пошевельнулся.

- Азорка, Азорка! - тоскливо повторял старик и пошевелил собаку палкой, но та оставалась в прежнем положении.

Палка выпала из рук его. Он нагнулся, стал на оба колена и обеими руками приподнял морду Азорки. Бедный Азорка! Он был мертв. Он умер неслышно, у ног своего господина, может быть от старости, а может быть и от голода. Старик с минуту глядел на него, как пораженный, как будто не понимая, что Азорка уже

---

[2] Но (нем.).

5

умер; потом тихо склонился к бывшему слуге и другу и прижал свое бледное лицо к его мертвой морде. Прошла минута молчанья. Все мы были тронуты... Наконец бедняк приподнялся. Он был очень бледен и дрожал, как в лихорадочном ознобе.

- Можно шушель сделать, - заговорил сострадательный Миллер, желая хоть чем-нибудь утешить старика. (Шушель означало чучелу). - Можно кароши сделать шушель; Федор Карлович Кригер отлично сделает шушель; Федор Карлович Кригер велики мастер сделать шушель, - твердил Миллер, подняв с земли палку и подавая ее старику.

- Да, я отлично сделает шушель, - скромно подхватил сам гер Кригер, выступая на первый план. Это был длинный, худощавый и добродетельный немец с рыжими клочковатыми волосами и очками на горбатом носу.

- Федор Карлович Кригер имеет велики талент, чтоб сделать всяки превосходны шушель, - прибавил Миллер, начиная приходить в восторг от своей идеи.

- Да, я имею велики талент, чтоб сделать всяки превосходны шушель, - снова подтвердил гер Кригер, - и я вам даром сделайт из ваша собачка шушель, - прибавил он в припадке великодушного самоотвержения.

- Нет, я вам заплатит за то, что ви сделайт шушель! - неистово вскричал Адам Иваныч Шульц, вдвое раскрасневшийся, в свою очередь сгорая великодушием и невинно считая себя причиною всех несчастий.

Старик слушал всё это, видимо не понимая и по-прежнему дрожа всем телом.

- Погодитт! Выпейте одну рюмку кароши коньяк! - вскричал Миллер, видя, что загадочный гость порывается уйти.

Подали коньяк. Старик машинально взял рюмку, но руки его тряслись, и, прежде чем он донес ее к губам, он расплескал половину и, не выпив ни капли, поставил ее обратно на поднос. Затем, улыбнувшись какой-то странной, совершенно не подходящей к делу улыбкой, ускоренным, неровным шагом вышел из кондитерской, оставив на месте Азорку. Все стояли в изумлении; послышались восклицания.

- Швернот! вас-фюр-эйне-гешихте! - говорили немцы, выпуча глаза друг на друга.

А я бросился вслед за стариком. В нескольких шагах от кондитерской, поворотя от нее направо, есть переулок, узкий и темный, обставленный огромными домами. Что-то подтолкнуло меня, что старик непременно повернул сюда. Тут второй дом направо строился и весь был обставлен лесами. Забор, окружавший дом, выходил чуть не на средину переулка, к забору была прилажена деревянная настилка для проходящих. В темном углу, составленном забором и домом, я нашел старика. Он сидел на приступке деревянного тротуара и обеими руками, опершись локтями на колена, поддерживал свою голову. Я сел подле него.

- Послушайте, - сказал я, почти не зная, с чего и начать, - не горюйте об Азорке. Пойдемте, я вас отвезу домой. Успокойтесь. Я сейчас схожу за извозчиком. Где вы живете?

Старик не отвечал. Я не знал, на что решиться. Прохожих не было. Вдруг он начал хватать меня за руку.

- Душно! - проговорил он хриплым, едва слышным голосом, - душно!

- Пойдемте к вам домой! - вскричал я, приподымаясь и насильно приподымая

6

его, -вы выпьете чаю и ляжете в постель... Я сейчас приведу извозчика. Я позову доктора... мне знаком один доктор...

Я не помню, что я еще говорил ему. Он было хотел приподняться, но, поднявшись немного, опять упал на землю и опять начал что-то бормотать тем же хриплым, удушливым голосом. Я нагнулся к нему еще ближе и слушал.

- На Васильевском острове, - хрипел старик, - в Шестой линии... в Ше-стой ли-нии... Он замолчал.

- Вы живете на Васильевском? Но вы не туда пошли; это будет налево, а не направо. Я вас сейчас довезу...

Старик не двигался. Я взял его за руку; рука упала, как мертвая. Я взглянул ему в лицо, дотронулся до него - он был уже мертвый. Мне казалось, что всё это происходит но сне.

Это приключение стоило мне больших хлопот, в продолжение которых прошла сама собою моя лихорадка.

Квартиру старика отыскали. Он, однако же, жил не на Васильевском острову, а в двух шагах от того места, где умер, в доме Клугена, под самою кровлею, в пятом этаже, в отдельной квартире, состоящей из одной маленькой прихожей и одной большой, очень низкой комнаты, с тремя щелями наподобие окон. Жил он ужасно бедно. Мебели было всего стол, два стула и старый-старый диван, твердый, как камень, и из которого со всех сторон высовывалась мочала; да и то оказалось хозяйское. Печь, по-видимому, уже давно не топилась; свечей тоже не отыскалось. Я серьезно теперь думаю, что старик выдумал ходить к Миллеру единственно для того, чтоб посидеть при свечах и погреться. На столе стояла пустая глиняная кружка и лежала старая, черствая корка хлеба. Денег не нашлось ни копейки. Даже не было другой перемены белья, чтоб похоронить его; кто-то дал уж свою рубашку. Ясно, что он не мог жить таким образом, совершенно один, и, верно, кто-нибудь, хоть изредка, навещал его. В столе отыскался его паспорт. Покойник был из иностранцев, но русский подданный, Иеремия Смит, машинист, семидесяти восьми лет от роду. На столе лежали две книги: краткая география и Новый завет в русском переводе, исчерченный карандашом на полях и с отметками ногтем. Книги эти я приобрел себе. Спрашивали жильцов, хозяина дома, - никто об нем почти ничего не знал. Жильцов в этом доме множество, почти всё мастеровые и немки, содержательницы квартир со столом и прислугою. Управляющий домом, из благородных, тоже немного мог сказать о бывшем своем постояльце, кроме разве того, что квартира ходила по шести рублей в месяц, что покойник жил в ней четыре месяца, но за два последних месяца не заплатил ни копейки, так что приходилось его сгонять с квартиры. Спрашивали: не ходил ли к нему кто-нибудь? Но никто не мог дать об этом удовлетворительного ответа. Дом большой: мало ли людей ходит в такой Ноев ковчег, всех не запомнишь. Дворник, служивший в этом доме лет пять и, вероятно, могущий хоть что-нибудь разъяснить, ушел две недели перед этим к себе на родину, на побывку, оставив вместо себя своего племянника, молодого парня, еще не узнавшего лично и половины жильцов. Не знаю наверно, чем именно кончились тогда все эти справки, но наконец старика похоронили. В эти дни между другими хлопотами я ходил на Васильевский остров, в Шестую линию, и, только придя туда, усмехнулся сам над собою: что мог я увидать в Шестой линии, кроме ряда обыкновенных домов? "Но зачем же, - думал я, - старик, умирая, говорил про Шестую линию и про Васильевский остров? Не в бреду ли?"

Я осмотрел опустевшую квартиру Смита, и мне она понравилась. Я оставил ее за собою. Главное, была большая комната, хоть и очень низкая, так что мне в первое время всё казалось, что я задену потолок головою. Впрочем, я скоро привык. За шесть рублей в месяц и нельзя было достать лучше. Особняк соблазнял меня; оставалось только похлопотать насчет прислуги, так как совершенно без прислуги нельзя было жить. Дворник на первое время обещался приходить хоть по разу в день, прислужить мне в каком-нибудь крайнем случае. "А кто знает, - думал я, - может быть, кто-нибудь и наведается о старике!" Впрочем, прошло уже пять дней, как он умер, а еще никто не приходил.

ГЛАВА II

В то время, именно год назад, я еще сотрудничал по журналам, писал статейки и твердо верил, что мне удастся написать какую-нибудь большую, хорошую вещь. Я сидел тогда за большим романом; но дело все-таки кончилось тем, что я - вот засел теперь в больнице и, кажется, скоро умру. А коли скоро умру, то к чему бы, кажется, и писать записки?

Вспоминается мне невольно и беспрерывно весь этот тяжелый, последний год моей жизни. Хочу теперь всё записать, и, если б я не изобрел себе этого занятия, мне кажется, я бы умер с тоски. Все эти прошедшие впечатления волнуют иногда меня до боли, до муки. Под пером они примут характер более успокоительный, более стройный; менее будут походить на бред, на кошмар. Так мне кажется. Один механизм письма чего стоит: он успокоит, расхолодит, расшевелит во мне прежние авторские привычки, обратит мои воспоминания и больные мечты в дело, в занятие... Да, я хорошо выдумал. К тому ж и наследство фельдшеру; хоть окна облепит моими записками, когда будет зимние рамы вставлять.

Но, впрочем, я начал мой рассказ, неизвестно почему, из средины. Коли уж всё записывать, то надо начинать сначала. Ну, и начнем сначала. Впрочем, не велика будет моя автобиография.

Родился я не здесь, а далеко отсюда, в -ской губернии. Должно полагать, что родители мои были хорошие люди, но оставили меня сиротой еще в детстве, и вырос я в доме Николая Сергеича Ихменева, мелкопоместного помещика, который принял меня из жалости. Детей у него была одна только дочь, Наташа, ребенок тремя годами моложе меня. Мы росли с ней как брат с сестрой. О мое милое детство! Как глупо тосковать и жалеть о тебе на двадцать пятом году жизни и, умирая, вспомянуть только об одном тебе с восторгом и благодарностию! Тогда на небе было такое ясное, такое непетербургское солнце и так резво, весело бились наши маленькие сердца. Тогда кругом были поля и леса, а не груда мертвых камней, как теперь. Что за чудный был сад и парк в Васильевском, где Николай Сергеич был управляющим; в этот сад мы с Наташей ходили гулять, а за садом был большой, сырой лес, где мы, дети, оба раз заблудились... Золотое, прекрасное время! Жизнь сказывалась впервые, таинственно и заманчиво, и так сладко было знакомиться с нею. Тогда за каждым кустом, за каждым деревом как будто еще кто-то жил, для нас таинственный и неведомый; сказочный мир сливался с действительным; и, когда, бывало, в глубоких долинах густел вечерний пар и седыми извилистыми космами цеплялся за кустарник, лепившийся по каменистым ребрам нашего большого оврага, мы с Наташей, на берегу, держась за руки, с боязливым любопытством заглядывали вглубь и ждали, что вот-вот выйдет кто-нибудь к нам или откликнется из тумана с овражьего дна и нянины сказки окажутся настоящей законной правдой. Раз, потом, уже долго спустя, я как-то напомнил Наташе, как достали нам тогда однажды "Детское чтение", как мы тотчас же убежали в сад, к пруду, где стояла под старым густым кленом наша любимая зеленая скамейка, уселись там и начали читать "Альфонса и Далинду" - волшебную повесть. Еще и теперь я не могу вспомнить эту повесть без какого-то странного сердечного движения, и когда я, год тому назад, припомнил Наташе две первые строчки: "Альфонс, герой моей повести, родился в Португалии; дон Рамир, его отец" и т. д., я чуть не заплакал. Должно быть, это вышло ужасно глупо, и потому-то, вероятно, Наташа так странно улыбнулась тогда моему восторгу. Впрочем, тотчас же спохватилась (я помню это) и для моего утешения сама принялась вспоминать про старое. Слово за словом, и сама расчувствовалась. Славный был этот вечер; мы всё перебрали: и то, когда меня отсылали в губернский город в пансион, - господи, как она тогда плакала! - и нашу последнюю разлуку, когда я уже навсегда расставался с Васильевским. Я уже кончил тогда с моим пансионом и отправлялся в Петербург готовиться в университет. Мне было тогда семнадцать лет, ей пятнадцатый. Наташа говорит, что я был тогда такой нескладный, такой долговязый и что на меня без смеху смотреть нельзя было. В минуту прощанья я отвел ее в сторону, чтоб сказать ей что-то ужасно важное; но язык мой как-то вдруг онемел и завяз. Она припоминает, что я был в большом волнении. Разумеется, наш разговор не клеился. Я не знал, что сказать, а она, пожалуй, и не поняла бы меня. Я только горько заплакал, да так и уехал, ничего не сказавши. Мы свиделись уже долго спустя, в Петербурге. Это было года два тому назад. Старик Ихменев приехал сюда хлопотать по своей тяжбе, а я только что выскочил тогда в литераторы.

ГЛАВА III

Николай Сергеич Ихменев происходил из хорошей фамилии, но давно уже обедневшей. Впрочем, после родителей ему досталось полтораста душ хорошего имения. Лет двадцати от роду он распорядился поступить в гусары. Всё шло хорошо; но на шестом году его службы случилось ему в один несчастный вечер проиграть всё свое состояние. Он не спал всю ночь. На следующий вечер он снова явился к карточному столу и поставил на карту свою лошадь - последнее, что у него осталось. Карта взяла, за ней другая, третья, и через полчаса он отыграл одну из деревень своих, сельцо Ихменевку, в котором числилось пятьдесят душ по последней ревизии. Он забастовал и на другой же день подал в отставку. Сто душ погибло безвозвратно. Через два месяца он был уволен поручиком и отправился в свое сельцо. Никогда в жизни он не говорил потом о своем проигрыше и, несмотря на известное свое добродушие, непременно бы рассорился с тем, кто бы решился ему об этом напомнить. В деревне он прилежно занялся хозяйством и тридцати пяти лет от роду женился на бедной дворяночке Анне Андреевне Шумиловой, совершенной бесприданнице, но получившей образование в губернском благородном пансионе у эмигрантки Мон-Ревеш, чем Анна Андреевна гордилась всю жизнь, хотя никто никогда не мог догадаться: в чем именно состояло это образование. Хозяином сделался Николай Сергеич превосходным. У него учились хозяйству соседи-помещики. Прошло несколько лет, как вдруг в соседнее имение, село Васильевское, в котором считалось девятьсот душ, приехал из Петербурга помещик, князь Петр Александрович Валковский. Его приезд произвел во всём околодке довольно сильное впечатление. Князь был еще молодой человек, хотя и не первой молодости, имел немалый чин, значительные связи, был красив собою, имел состояние и, наконец, был вдовец, что особенно было интересно для дам и девиц всего уезда. Рассказывали о блестящем приеме, сделанном ему в губернском городе губернатором, которому он приходился как-то сродни; о том, как все губернские дамы "сошли с ума от его любезностей", и проч., и проч. Одним словом, это был один из блестящих представителей высшего петербургского общества, которые редко появляются в губерниях и, появляясь, производят чрезвычайный эффект. Князь, однако же, был не из любезных, особенно с теми, в ком не нуждался и кого считал хоть немного ниже себя. С своими соседями по имению он не заблагорассудил познакомиться, чем тотчас же нажил себе много врагов. И потому все чрезвычайно удивились, когда вдруг ему вздумалось сделать визит к Николаю Сергеичу. Правда, что Николай Сергеич был одним из самых ближайших его соседей. В доме Ихменевых князь произвел сильное впечатление. Он тотчас же очаровал их обоих; особенно в восторге от него была Анна Андреевна. Немного спустя он был уже у них совершенно запросто, ездил каждый день, приглашал их к себе, острил, рассказывал анекдоты, играл на скверном их фортепьяно, пел. Ихменевы не могли надивиться: как можно было про такого дорогого, милейшего человека говорить, что он гордый, спесивый, сухой эгоист, о чем в один голос кричали все соседи? Надобно думать, что князю действительно понравился Николай Сергеич, человек простой, прямой, бескорыстный, благородный. Впрочем, вскоре всё объяснилось. Князь приехал в Васильевское, чтоб прогнать своего управляющего, одного блудного немца, человека амбиционного, агронома, одаренного почтенной сединой, очками и горбатым носом, но, при всех этих преимуществах, кравшего без стыда и цензуры и, сверх того, замучившего нескольких мужиков. Иван Карлович был наконец пойман и уличен на деле, очень обиделся, много говорил про немецкую честность; но, несмотря на всё это, был прогнан и даже с некоторым бесславием. Князю нужен был управитель, и выбор его пал на Николая Сергеича, отличнейшего хозяина и честнейшего человека, в чем, конечно, не могло быть и малейшего сомнения. Кажется, князю очень хотелось, чтоб Николай Сергеич сам предложил себя в управляющие; но этого не случилось, и князь в одно прекрасное утро сделал предложение сам, в форме самой дружеской и покорнейшей просьбы. Ихменев сначала отказывался; но значительное жалованье соблазнило Анну Андреевну, а удвоенные любезности просителя рассеяли и все остальные недоумения. Князь достиг своей цели. Надо думать, что он был большим знатоком людей. В короткое время своего знакомства с Ихменевым он совершенно узнал, с кем имеет дело, и понял, что Ихменева надо очаровать дружеским, сердечным образом, надобно привлечь к себе его сердце, и что без этого деньги не много сделают. Ему же нужен был такой управляющий, которому он мог бы слепо и навсегда довериться, чтоб уж и не заезжать никогда в Васильевское, как и действительно он рассчитывал. Очарование, которое он произвел в Ихменеве, было так сильно, что тот искренно поверил в его дружбу. Николай Сергеич был один из тех добрейших и наивно-романтических людей, которые так хороши у нас на Руси, что бы ни говорили о них, и которые, если уж полюбят кого (иногда бог знает за что), то отдаются ему всей душой, простирая иногда свою привязанность до комического.

Прошло много лет. Имение князя процветало. Сношения между владетелем Васильевского и его управляющим совершались без малейших неприятностей с обеих сторон и ограничивались сухой деловой перепиской. Князь, не вмешиваясь нисколько в распоряжения Николая Сергеича, давал ему иногда такие советы, которые удивляли Ихменева своею необыкновенною практичностью и деловитостью. Видно было, что он не только не любил тратить лишнего, но даже умел наживать. Лет пять после посещения Васильевского он прислал Николаю Сергеичу доверенность на покупку другого превосходнейшего имения в четыреста душ, в той же губернии. Николай Сергеич был в восторге; успехи князя, слухи об его удачах, о его возвышении он принимал к сердцу, как будто дело шло о родном его брате. Но восторг его дошел до последней степени, когда князь действительно показал ему в одном случае свою чрезвычайную доверенность. Вот как это произошло...

Впрочем, здесь я нахожу необходимым упомянуть о некоторых особенных подробностях из жизни этого князя Валковского, отчасти одного из главнейших лиц моего рассказа.

ГЛАВА IV

Я упомянул уже прежде, что он был вдов. Женат был он еще в первой молодости и женился на деньгах. От родителей своих, окончательно разорившихся в Москве, он не получил почти ничего. Васильевское было заложено и перезаложено; долги на нем лежали огромные. У двадцатидвухлетнего князя, принужденного тогда служить в Москве, в какой-то канцелярии, не оставалось ни копейки, и он вступал в жизнь как "голяк - потомок отрасли старинной". Брак на перезрелой дочери какого-то купца-откупщика спас его. Откупщик, конечно, обманул его на приданом, но все-таки на деньги жены можно было выкупить родовое именье и подняться на ноги. Купеческая дочка, доставшаяся князю, едва умела писать, не могла склеить двух слов, была дурна лицом и имела только одно важное достоинство: была добра и безответна. Князь воспользовался этим достоинством вполне: после первого года брака он оставил жену свою, родившую ему в это время сына, на руках ее отца-откупщика в Москве, а сам уехал служить в -ю губернию, где выхлопотал, через покровительство одного знатного петербургского родственника, довольно видное место. Душа его жаждала отличий, возвышений, карьеры, и, рассчитав, что с своею женой он не может жить ни в Петербурге, ни в Москве, он решился, в ожидании лучшего, начать свою карьеру с провинции. Говорят, что еще в первый год своего сожительства с женою он чуть не замучил ее своим грубым с ней обхождением. Этот слух всегда возмущал Николая Сергеича, и он с жаром стоял за князя, утверждая, что князь неспособен к неблагородному поступку. Но лет через семь умерла наконец княгиня, и овдовевший супруг ее немедленно переехал в Петербург. В Петербурге он произвел даже некоторое впечатление. Еще молодой, красавец собою, с состоянием, одаренный многими блестящими качествами, несомненным остроумием, вкусом, неистощимою веселостью, он явился не как искатель счастья и покровительства, а довольно самостоятельно. Рассказывали, что в нем действительно было что-то обаятельное, что-то покоряющее, что-то сильное.

Он чрезвычайно нравился женщинам, и связь с одной из светских красавиц доставила ему скандалезную славу. Он сыпал деньгами, не жалея их, несмотря на врожденную расчетливость, доходившую до скупости, проигрывал кому нужно в карты и не морщился даже от огромных проигрышей. Но не развлечений он приехал искать в Петербурге: ему надо было окончательно стать на дорогу и упрочить свою карьеру. Он достиг этого. Граф Наинский, его знатный родственник, который не обратил бы и внимания на него, если б он явился обыкновенным просителем, пораженный его успехами в обществе, нашел возможным и приличным обратить на него свое особенное внимание и даже удостоил взять в свой дом на воспитание его семилетнего сына. К этому-то времени относится и поездка князя в Васильевское и знакомство его с Ихменевыми. Наконец получив через посредство графа значительное место при одном из важнейших посольств, он отправился за границу. Далее слухи о нем становились несколько темными: говорили о каком-то неприятном происшествии, случившемся с ним за границей, но никто не мог объяснить, в чем оно состояло. Известно было только, что он успел прикупить четыреста душ, о чем уже я упоминал. Воротился он из-за границы уже много лет спустя, в важном чине, и немедленно занял в Петербурге весьма значительное место. В Ихменевке носились слухи, что он вступает во второй брак и родится с каким-то знатным, богатым и сильным домом. "Смотрит в вельможи!" - говорил Николай Сергеич, потирая руки от удовольствия. Я был тогда в Петербурге, в университете, и помню, что Ихменев нарочно писал ко мне и просил меня справиться: справедливы ли слухи о браке? Он писал тоже князю, прося у него для меня покровительства; но князь оставил письмо его без ответа. Я знал только, что сын его, воспитывавшийся сначала у графа, а потом в лицее, окончил тогда курс наук девятнадцати лет от роду. Я написал об этом к Ихменевым, а также и о том, что князь очень любит своего сына, балует его, рассчитывает уже и теперь его будущность. Всё это я узнал от товарищей-студентов, знакомых молодому князю. В это-то время Николай Сергеич в одно прекрасное утро получил от князя письмо, чрезвычайно его удивившее...

Князь, который до сих пор, как уже упомянул я, ограничивался в сношениях с Николаем Сергеичем одной сухой, деловой перепиской, писал к нему теперь самым подробным, откровенным и дружеским образом о своих семейных обстоятельствах: он жаловался на своего сына, писал, что сын огорчает его дурным своим поведением; что, конечно, на шалости такого мальчика нельзя еще смотреть слишком серьезно (он видимо старался оправдать его), но что он решился наказать сына, попугать его, а именно: сослать ого на некоторое время в деревню, под присмотр Ихменева. Князь писал, что вполне полагается на "своего добрейшего, благороднейшего Николая Сергеевича и в особенности на Анну Андреевну", просил их обоих принять его ветрогона в их семейство, поучить в уединении уму-разуму, полюбить его, если возможно, а главное, исправить его легкомысленный характер и "внушить спасительные и строгие правила, столь необходимые в человеческой жизни". Разумеется, старик Ихменев с восторгом принялся за дело. Явился и молодой князь; они приняли его как родного сына. Вскоре Николай Сергеич горячо полюбил его, не менее чем свою Наташу; даже потом, уже после окончательного разрыва между князем-отцом и Ихменевым, старик с веселым духом вспоминал иногда о своем Алеше - так привык он называть князя Алексея Петровича. В самом деле, это был премилейший мальчик: красавчик собою, слабый и нервный, как женщина, но вместе с тем веселый и простодушный, с душою отверстою и способною к благороднейшим ощущениям, с сердцем любящим, правдивым и признательным, - он сделался идолом в доме Ихменевых. Несмотря на свои девятнадцать лет, он был еще совершенный ребенок. Трудно было представить, за что его мог сослать отец, который, как говорили, очень любил его? Говорили, что молодой человек в Петербурге жил праздно и ветрено, служить не хотел и огорчал этим отца. Николай Сергеич не расспрашивал Алешу, потому что князь Петр Александрович, видимо, умалчивал в своем письме о настоящей причине изгнания сына. Впрочем, носились слухи про какую-то непростительную ветреность Алеши, про какую-то связь с одной дамой, про какой-то вызов на дуэль, про какой-то невероятный проигрыш в карты; доходили даже до каких-то чужих денег, им будто бы растраченных. Был тоже слух, что князь решился удалить сына вовсе не за вину, а вследствие каких-то особенных, эгоистических соображений. Николай Сергеич с негодованием отвергал этот слух, тем более что Алеша чрезвычайно любил своего отца, которого не знал в продолжение всего своего детства и отрочества; он говорил об нем с восторгом, с увлечением; видно было, что он вполне подчинился его влиянию. Алеша болтал тоже иногда про какую-то графиню, за которой волочились и он и отец вместе, но что он, Алеша, одержал верх, а отец на него за это ужасно рассердился. Он всегда рассказывал эту историю с восторгом, с детским простодушием, с звонким, веселым смехом; но Николай Сергеич тотчас же его останавливал. Алеша подтверждал тоже слух, что отец его хочет жениться.

Он выжил уже почти год в изгнании, в известные сроки писал к отцу почтительные и благоразумные письма и наконец до того сжился с Васильевским, что когда князь на лето сам приехал в деревню (о чем заранее уведомил Ихменевых), то изгнанник сам стал просить отца позволить ему как можно долее остаться в Васильевском, уверяя, что сельская жизнь - настоящее его назначение. Все решения и увлечения Алеши происходили от его чрезвычайной, слабонервной восприимчивости, от горячего сердца, от легкомыслия, доходившего иногда до бессмыслицы; от чрезвычайной способности подчиняться всякому внешнему влиянию и от совершенного отсутствия воли. Но князь как-то подозрительно выслушал его просьбу... Вообще Николай Сергеич с трудом узнавал своего прежнего "друга": князь Петр Александрович чрезвычайно изменился. Он сделался вдруг особенно придирчив к Николаю Сергеичу; в проверке счетов по именью выказал какую-то отвратительную жадность, скупость и непонятную мнительность. Всё это ужасно огорчило добрейшего Ихменева; он долго старался не верить самому себе. В этот раз всё делалось обратно в сравнении с первым посещением Васильевского, четырнадцать лет тому назад: в этот раз князь перезнакомился со всеми соседями, разумеется из важнейших; к Николаю же Сергеичу он никогда не ездил и обращался с ним как будто с своим подчиненным. Вдруг случилось непонятное происшествие: без всякой видимой причины последовал ожесточенный разрыв между князем и Николаем Сергеичем. Подслушаны были горячие, обидные слова, сказанные с обеих сторон. С негодованием удалился Ихменев из Васильевского, но история еще этим не кончилась. По всему околодку вдруг распространилась отвратительная сплетня. Уверяли, что Николай Сергеич, разгадав характер молодого князя, имел намерение употребить все недостатки его в свою пользу; что дочь его Наташа (которой уже было тогда семнадцать лет) сумела влюбить в себя двадцатилетнего юношу; что и отец и мать этой любви покровительствовали, хотя и делали вид, что ничего не замечают; что хитрая и "безнравственная" Наташа околдовала наконец совершенно молодого человека, не видавшего в целый год, ее стараниями, почти ни одной настоящей благородной девицы, которых так много зреет в почтенных домах соседних помещиков. Уверяли, наконец, что между любовниками уже было условлено обвенчаться, в пятнадцати верстах от Васильевского, в селе Григорьеве, по-видимому тихонько от родителей Наташи, но которые, однако же, знали всё до малейшей подробности и руководили дочь гнусными своими советами. Одним словом, в целой книге не уместить всего, что уездные кумушки обоего пола успели насплетничать по поводу этой истории. Но удивительнее всего, что князь поверил всему этому совершенно и даже приехал в Васильевское единственно по этой причине, вследствие какого-то анонимного доноса, присланного к нему в Петербург из провинции. Конечно, всякий, кто знал хоть сколько-нибудь Николая Сергеича, не мог бы, кажется, и одному слову поверить из всех взводимых на него обвинений; а между тем, как водится, все суетились, все говорили, все оговаривались, все покачивали головами и... осуждали безвозвратно. Ихменев же был слишком горд, чтоб оправдывать дочь свою пред кумушками, и настрого запретил своей Анне Андреевне вступать в какие бы то ни было объяснения с соседями. Сама же Наташа, так оклеветанная, даже еще целый год спустя, не знала почти ни одного слова из всех этих наговоров и сплетней: от нее тщательно скрывали всю историю, и она была весела и невинна, как двенадцатилетний ребенок.

Тем временем ссора шла всё дальше и дальше. Услужливые люди не дремали. Явились доносчики и свидетели, и князя успели наконец уверить, что долголетнее управление Николая Сергеича Васильевским далеко не отличалось образцовою честностью. Мало того: что три года тому назад при продаже рощи

Николай Сергеич утаил в свою пользу двенадцать тысяч серебром, что на это можно представить самые ясные, законные доказательства перед судом, тем более что на продажу рощи он не имел от князя никакой законной доверенности, а действовал по собственному соображению, убедив уже потом князя в необходимости продажи и предъявив за рощу сумму несравненно меньше действительно полученной. Разумеется, всё это были одни клеветы, как и оказалось впоследствии, но князь поверил всему и при свидетелях назвал Николая Сергеича вором. Ихменев не стерпел и отвечал равносильным оскорблением; произошла ужасная сцена. Немедленно начался процесс. Николай Сергеич, за неимением кой-каких бумаг, а главное, не имея ни покровителей, ни опытности в хождении по таким делам, тотчас же стал проигрывать в своей тяжбе. На имение его было наложено запрещение. Раздраженный старик бросил всё и решился наконец переехать в Петербург, чтобы лично хлопотать о своем деле, а в губернии оставил за себя опытного поверенного. Кажется, князь скоро стал понимать, что он напрасно оскорбил Ихменева. Но оскорбление с обеих сторон было так сильно, что не оставалось и слова на мир, и раздраженный князь употреблял все усилия, чтоб повернуть дело в свою пользу, то есть, в сущности, отнять у бывшего своего управляющего последний кусок хлеба.

ГЛАВА V

Итак, Ихменевы переехали в Петербург. Не стану описывать мою встречу с Наташей после такой долгой разлуки. Во все эти четыре года я не забывал ее никогда. Конечно, я сам не понимал вполне того чувства, с которым вспоминал о ней; но когда мы вновь свиделись, я скоро догадался, что она суждена мне судьбою. Сначала, в первые дни после их приезда, мне всё казалось, что она как-то мало развилась в эти годы, совсем как будто не переменилась и осталась такой же девочкой, как и была до нашей разлуки. Но потом каждый день я угадывал в ней что-нибудь новое, до тех пор мне совсем незнакомое, как будто нарочно скрытое от меня, как будто девушка нарочно от меня пряталась, - и что за наслаждение было это отгадывание! Старик, переехав в Петербург, первое время был раздражен и желчен. Дела его шли худо; он негодовал, выходил из себя, возился с деловыми бумагами, и ему было не до нас. Анна же Андреевна ходила как потерянная и сначала ничего сообразить не могла. Петербург ее пугал. Она вздыхала и трусила, плакала о прежнем житье-бытье, об Ихменевке, о том, что Наташа на возрасте, а об ней и подумать некому, и пускалась со мной в престранные откровенности, за неимением кого другого, более способного к дружеской доверенности.

Вот в это-то время, незадолго до их приезда, я кончил мой первый роман, тот самый, с которого началась моя литературная карьера, и, как новичок, сначала не знал, куда его сунуть. У Ихменевых я об этом ничего не говорил; они же чуть со мной не поссорились за то, что я живу праздно, то есть не служу и не стараюсь приискать себе места. Старик горько и даже желчно укорял меня, разумеется из отеческого ко мне участия. Я же просто стыдился сказать им, чем занимаюсь. Ну как, в самом деле, объявить прямо, что не хочу служить, а хочу сочинять романы, а потому до времени их обманывал, говорил, что места мне не дают, а что я ищу из всех сил. Ему некогда было поверять меня. Помню, как однажды Наташа, наслушавшись наших разговоров, таинственно отвела меня в сторону и со слезами умоляла подумать о моей судьбе, допрашивала меня, выпытывала: что я именно делаю, и, когда я перед ней не открылся, взяла с меня клятву, что я не сгублю себя как лентяй и праздношатайка. Правда, я хоть не признался и ей, чем занимаюсь, но помню, что за одно одобрительное слово ее о труде моем, о моем первом романе, я бы отдал все самые лестные для меня отзывы критиков и ценителей, которые потом о себе слышал. И вот вышел наконец мой роман. Еще задолго до появления его поднялся шум и гам в литературном мире. Б. обрадовался как ребенок, прочитав мою рукопись. Нет! Если я был счастлив когда-нибудь, то это даже и не во время первых упоительных минут моего успеха, а тогда, когда еще я не читал и не показывал никому моей рукописи: в те долгие ночи, среди восторженных надежд и мечтаний и страстной любви к труду; когда я сжился с моей фантазией, с лицами, которых сам создал, как с родными, как будто с действительно существующими; любил их, радовался и печалился с ними, а подчас даже и плакал самыми искренними слезами над незатейливым героем моим. И описать не могу, как обрадовались старики моему успеху, хотя сперва ужасно удивились: так странно их это поразило! Анна Андреевна, например, никак не хотела поверить, что новый, прославляемый всеми писатель - тот самый Ваня, который и т. д., и т. д., и всё качала головою. Старик долго не сдавался и сначала, при первых слухах, даже испугался; стал говорить о потерянной служебной карьере, о беспорядочном поведении всех вообще сочинителей. Но беспрерывные новые слухи, объявления в журналах и наконец несколько похвальных слов, услышанных им обо мне от таких лиц, которым он с благоговением верил, заставили его изменить свой взгляд на дело.

Когда же он увидел, что я вдруг очутился с деньгами, и узнал, какую плату можно получать за литературный труд, то и последние сомнения его рассеялись. Быстрый в переходах от сомнения к полной, восторженной вере, радуясь как ребенок моему счастью, он вдруг ударился в самые необузданные надежды, в самые ослепительные мечты о моей будущности. Каждый день создавал он для меня новые карьеры и планы, и чего-чего не было в этих планах! Он начал выказывать мне какое-то особенное, до тех пор небывалое ко мне уважение. Но все-таки, помню, случалось, сомнения вдруг опять осаждали его, часто среди самого восторженного фантазирования, и снова сбивали его с толку.

"Сочинитель, поэт! Как-то странно... Когда же поэты выходили в люди, в чины? Народ-то всё такой щелкопер, ненадежный!"

Я заметил, что подобные сомнения и все эти щекотливые вопросы приходили к нему всего чаще в сумерки (так памятны мне все подробности и всё то золотое время!). В сумерки наш старик всегда становился как-то особенно нервен, впечатлителен и мнителен. Мы с Наташей уж знали это и заранее посмеивались. Помню, я ободрял его анекдотами про генеральство Сумарокова, про то, как Державину прислали табакерку с червонцами, как сама императрица посетила Ломоносова; рассказывал про Пушкина, про Гоголя.

- Знаю, братец, всё знаю, - возражал старик, может быть, слышавший первый раз в жизни все эти истории. - Гм! Послушай, Ваня, а ведь я все-таки рад, что твоя стряпня не стихами писана. Стихи, братец, вздор; уж ты не спорь, а мне поверь, старику; я добра желаю тебе; чистый вздор, праздное употребление времени! Стихи гимназистам писать; стихи до сумасшедшего дома вашу братью, молодежь, доводят... Положим, что Пушкин велик, кто об этом! А все-таки стишки, и ничего больше; так, эфемерное что-то... Я, впрочем, его и читал-то мало... Проза другое дело! Тут сочинитель даже поучать может, - ну, там о любви к отечеству упомянуть или так, вообще про добродетели... да! Я, брат, только не умею выразиться, но ты меня понимаешь; любя говорю. А ну-ка, ну-ка прочти! - заключил он с некоторым видом покровительства, когда я наконец принес книгу и все мы после чаю уселись за круглый стол, - прочти-ка, что ты там настрочил; много кричат о тебе! Посмотрим, посмотрим!

Я развернул книгу и приготовился читать. В тот вечер только что вышел мой роман из печати, и я, достав наконец экземпляр, прибежал к Ихменевым читать свое сочинение.

Как я горевал и досадовал, что не мог им прочесть его ранее, по рукописи, которая была в руках у издателя! Наташа даже плакала с досады, ссорилась со мной, попрекала меня, что чужие прочтут мой роман раньше, чем она... Но вот наконец мы сидим за столом. Старик состроил физиономию необыкновенно серьезную и критическую. Он хотел строго, строго судить, "сам увериться". Старушка тоже смотрела необыкновенно торжественно; чуть ли она не надела к чтению нового чепчика/Она давно уже приметила, что я смотрю с бесконечной любовью на ее бесценную Наташу; что у меня дух занимается и темнеет в глазах, когда я с ней заговариваю, и что и Наташа тоже как-то яснее, чем прежде, на меня поглядывает. Да! пришло наконец это время, пришло в минуту удач, золотых надежд и самого полного счастья, всё вместе, всё разом пришло! Приметила тоже старушка, что и старик ее как-то уж слишком начал хвалить меня и как-то особенно взглядывает на меня и на дочь... и вдруг испугалась: всё же я был не граф, не князь, не владетельный принц или по крайней мере коллежский советник из правоведов, молодой, в орденах и красивый собою! Анна Андреевна не любила желать вполовину.

"Хвалят человека, - думала она обо мне, - а за что - неизвестно. Сочинитель, поэт... Да ведь что ж такое сочинитель?"

ГЛАВА VI

Я прочел им мой роман в один присест. Мы начали сейчас после чаю, а просидели до двух часов пополуночи. Старик сначала нахмурился. Он ожидал чего-то непостижимо высокого, такого, чего бы он, пожалуй, и сам не мог понять, но только непременно высокого; а вместо того вдруг такие будни и всё такое известное - вот точь-в-точь как то самое, что обыкновенно кругом совершается. И добро бы большой или интересный человек был герой, или из исторического что-нибудь, вроде Рославлева или Юрия Милославского; а то выставлен какой-то маленький, забитый и даже глуповатый чиновник, у которого и пуговицы на вицмундире обсыпались; и всё это таким простым слогом описано, ни дать ни взять, как мы сами говорим... Странно! Старушка вопросительно взглядывала на Николая Сергеича и даже немного надулась, точно чем-то обиделась: "Ну стоит, право, такой вздор печатать и слушать, да еще и деньги за это дают", - написано было на лице ее. Наташа была вся внимание, с жадностию слушала, не сводила с меня глаз, всматривалась в мои губы, как я произношу каждое слово, и сама шевелила своими хорошенькими губками. И что ж? Прежде чем я дочел до половины, у всех моих слушателей текли из глаз слезы. Анна Андреевна искренно плакала, от всей души сожалея моего героя и пренаивно желая хоть чем-нибудь помочь ему в его несчастиях, что понял я из ее восклицаний. Старик уже отбросил все мечты о высоком: "С первого шага видно, что далеко кулику до Петрова дня; так себе, просто рассказец; зато сердце захватывает, - говорил он, - зато становится понятно и памятно, что кругом происходит; зато познается, что самый забитый, последний человек есть тоже человек и называется брат мой!" Наташа слушала, плакала и под столом, украдкой, крепко пожимала мою руку. Кончилось чтение. Она встала; щечки ее горели, слезинки стояли в глазах; вдруг она схватила мою руку, поцеловала ее и выбежала вон из комнаты. Отец и мать переглянулись между собою.

- Гм! вот она какая восторженная, - проговорил старик, пораженный поступком дочери, - это ничего, впрочем, это хорошо, хорошо, благородный порыв! Она добрая девушка... - бормотал он, смотря вскользь на жену, как будто желая оправдать Наташу, а вместе с тем почему-то желая оправдать и меня.

Но Анна Андреевна, несмотря на то что во время чтения сама была в некотором волнении и тронута, смотрела теперь так, как будто хотела выговорить: "Оно конечно, Александр Македонский герой, но зачем же стулья ломать?" и т. д.

Наташа воротилась скоро, веселая и счастливая, и, проходя мимо, потихоньку ущипнула меня. Старик принялся было опять "серьезно" оценивать мою повесть, но от радости не выдержал характера и увлекся:

- Ну, брат Ваня, хорошо, хорошо! Утешил! Так утешил, что я даже и не ожидал. Не высокое, не великое, это видно... Вон у меня там "Освобождение Москвы" лежит, в Москве же и сочинили, - ну так оно с первой строки, братец, видно, что, так сказать, орлом воспарил человек... Но знаешь ли, Ваня, у тебя оно как-то проще, понятнее. Вот именно за то и люблю, что понятнее! Роднее как-то оно; как будто со мной самим всё это случилось. А то что высокое-то? И сам бы не понимал. Слог бы я выправил: я ведь хвалю, а что ни говори, все-таки мало возвышенного... Ну да уж теперь поздно: напечатано. Разве во втором издании? А что, брат, ведь и второе издание, чай, будет? Тогда опять деньги... Гм!

- И неужели вы столько денег получили, Иван Петрович? - заметила Анна Андреевна. - Гляжу на вас, и всё как-то не верится. Ах ты, господи, вот ведь за что теперь деньги стали давать!

- Знаешь, Ваня? - продолжал старик, увлекаясь всё более и более, - это хоть не служба, зато все-таки карьера, Прочтут и высокие лица. Вот ты говорил, Гоголь вспоможение ежегодное получает и за границу послан. А что если бы и ты? А? Или еще рано? Надо еще что-нибудь сочинить? Так сочиняй, брат, сочиняй поскорее! Не засыпай на лаврах. Чего глядеть-то!

И он говорил это с таким убежденным видом, с таким добродушием, что недоставало решимости остановить и расхолодить его фантазию.

- Или вот, например, табакерку дадут... Что ж? На милость ведь нет образца. Поощрить захотят. А кто знает, может, и ко двору попадешь, - прибавил он полушепотом и с значительным видом, прищурив свой левый глаз, - или нет? Или еще рано ко двору-то?

- Ну, уж и ко двору! - сказала Анна Андреевна, как будто обидевшись.

- Еще немного, и вы произведете меня в генералы, - отвечал я, смеясь от души. Старик тоже засмеялся. Он был чрезвычайно доволен.

- Ваше превосходительство, не хотите ли кушать? - закричала резвая Наташа, которая тем временем собрала нам поужинать.

Она захохотала, подбежала к отцу и крепко обняла его своими горячими ручками:

- Добрый, добрый папаша! Старик расчувствовался.

- Ну, ну, хорошо, хорошо! Я ведь так, спроста говорю. Генерал не генерал, а пойдемте-ка ужинать. Ах ты чувствительная! - прибавил он, потрепав свою Наташу по раскрасневшейся щечке, что любил делать при всяком удобном случае, - я, вот видишь ли, Ваня, любя говорил. Ну, хоть и не генерал (далеко до генерала!), а все-таки известное лицо, сочинитель!

- Нынче, папаша, говорят: писатель.

- А не сочинитель? Не знал я. Ну, положим, хоть и писатель; а я вот что хотел сказать: камергером, конечно, не сделают за то, что роман сочинил; об этом и думать нечего; а все-таки можно в люди пройти; ну сделаться каким-нибудь там атташе. За границу могут послать, в Италию, для поправления здоровья или там для усовершенствования в науках, что ли; деньгами помогут. Разумеется, надо, чтобы всё это и с твоей стороны было благородно; чтоб за дело, за настоящее дело деньги и почести брать, а не так, чтоб как-нибудь там, по протекции...

- Да ты не загордись тогда, Иван Петрович, - прибавила, смеясь, Анна Андреевна.

- Да уж поскорей ему звезду, папаша, а то что в самом деле, атташе да атташе!

И она опять ущипнула меня за руку.

- А эта всё надо мной подсмеивается! - вскричал старик, с восторгом смотря на Наташу, у которой разгорелись щечки, а глазки весело сияли, как звездочки. - Я, детки, кажется, и вправду далеко зашел, в Альнаскары записался; и всегда-то я был такой... а только знаешь, Ваня, смотрю я на тебя: какой-то ты у нас совсем простой...

- Ах, боже мой! Да какому же ему быть, папочка?

- Ну нет, я не то. А только все-таки, Ваня, у тебя какое-то эдак лицо... то есть совсем как будто не поэтическое... Эдак, знаешь, бледные они, говорят, бывают, поэты-то, ну и с волосами такими, и в глазах эдак что-то... Знаешь, там Гете какой-нибудь или проч. ... я это в "Аббаддонне" читал... а что? Опять соврал что-нибудь? Ишь, шалунья, так и заливается надо мной! Я, друзья мои, не ученый, только чувствовать могу. Ну, лицо не лицо, - это ведь не велика беда, лицо-то; для меня и твое хорошо, и очень нравится... Я ведь не к тому говорил... А только будь честен, Ваня, будь честен, это главное; живи честно, не возмечтай! Перед тобой дорога широкая. Служи честно своему делу; вот что я хотел сказать, вот именно это-то я и хотел сказать!

Чудное было время! Все свободные часы, все вечера проводил я у них. Старику приносил вести о литературном мире, о литераторах, которыми он вдруг, неизвестно почему, начал чрезвычайно интересоваться; даже начал читать критические статьи Б., про которого я много наговорил ему и которого он почти не понимал, но хвалил до восторга и горько жаловался на врагов его, писавших в "Северном трутне". Старушка зорко следила за мной и Наташей; но не уследила она за нами! Между нами уже было сказано одно словечко, и я услышал наконец, как Наташа, потупив головку и полураскрыв свои губки, почти шепотом сказала мне: да. Но узнали и старики; погадали, подумали; Анна Андреевна долго качала головою. Странно и жутко ей было. Не верила она мне.

- Ведь вот хорошо удача, Иван Петрович, - говорила она, - а вдруг не будет удачи или там что-нибудь; что тогда? Хоть бы служили вы где!

- А вот что я скажу тебе, Ваня, - решил старик, надумавшись, - я и сам это видел, заметил и, признаюсь, даже обрадовался, что ты и Наташа... ну, да чего тут! Видишь, Ваня: оба вы еще очень молоды, и моя Анна Андреевна права. Подождем. Ты, положим, талант, даже замечательный талант... ну, не гений, как об тебе там сперва прокричали, а так, просто талант (я еще вот сегодня читал на тебя эту критику в "Трутне"; слишком уж там тебя худо третируют; ну да ведь это что ж за газета!). Да! так видишь: ведь это еще не деньги в ломбарде, талант-то; а вы оба бедные. Подождем годика эдак полтора или хоть год: пойдешь хорошо, утвердишься крепко на своей дороге - твоя Наташа; не удастся тебе - сам рассуди!.. Ты человек честный; подумай!..

На этом и остановились. А через год вот что было.

Да, это было почти ровно через год! В ясный сентябрьский день, перед вечером, вошел я к моим старикам больной, с замиранием в душе и упал на стул чуть не в обмороке, так что даже они перепугались, на меня глядя. Но не оттого закружилась у меня тогда голова и тосковало сердце так, что я десять раз подходил к их дверям и десять раз возвращался назад, прежде чем вошел, -не оттого, что не удалась мне моя карьера и что не было у меня еще ни славы, ни денег; не оттого, что я еще не какой-нибудь "атташе" и далеко было до того, чтоб меня послали для поправления здоровья в Италию; а оттого, что можно прожить десять лет в один год, и прожила в этот год десять лет и моя Наташа. Бесконечность легла между нами... И вот, помню, сидел я перед стариком, молчал и доламывал рассеянной рукой и без того уже обломанные поля моей шляпы; сидел и ждал, неизвестно зачем, когда выйдет Наташа. Костюм мой был жалок и худо на мне сидел; лицом я осунулся, похудел, пожелтел, - а все-таки далеко не похож был я на поэта, и в глазах моих все-таки не было ничего великого, о чем так хлопотал когда-то добрый Николай Сергеич. Старушка смотрела на меня с непритворным и уж слишком торопливым сожалением, а сама про себя думала: "Ведь вот эдакой-то чуть не стал женихом Наташи, господи помилуй и сохрани!"

- Что, Иван Петрович, не хотите ли чаю? (самовар кипел на столе), да каково, батюшка, поживаете? Больные вы какие-то вовсе, - спросила она меня жалобным голосом, как теперь ее слышу.

И как теперь вижу: говорит она мне, а в глазах ее видна и другая забота, та же самая забота, от которой затуманился и ее старик и с которой он сидел теперь над простывающей чашкой и думал свою думу. Я знал, что их очень озабочивает в эту минуту процесс с князем Валковским, повернувшийся для них не совсем хорошо, и что у них случились еще новые неприятности, расстроившие Николая Сергеича до болезни. Молодой князь, из-за которого началась вся история этого процесса, месяцев пять тому назад нашел случай побывать у Ихменевых. Старик, любивший своего милого Алешу как родного сына, почти каждый день вспоминавший о нем, принял его с радостию. Анна Андреевна вспомнила про Васильевское и расплакалась. Алеша стал ходить к ним чаще и чаще, потихоньку от отца; Николай Сергеич, честный, открытый, прямодушный, с негодованием отверг все предосторожности. Из благородной гордости он не хотел и думать: что скажет князь, если узнает, что его сын опять принят в доме Ихменевых, и мысленно презирал все его нелепые подозрения. Но старик не знал, достанет ли у него сил вынести новые оскорбления. Молодой князь начал бывать у них почти каждый день. Весело было с ним старикам. Целые вечера и далеко за полночь просиживал он у них. Разумеется, отец узнал наконец обо всем. Вышла гнуснейшая сплетня. Он оскорбил Николая Сергеича ужасным письмом, всё на ту же тему, как и прежде, а сыну положительно запретил посещать Ихменевых. Это случилось за две недели до моего к ним прихода. Старик загрустил ужасно. Как! Его Наташу, невинную, благородную, замешивать опять в эту грязную клевету, в эту низость! Ее имя было оскорбительно произнесено уже и прежде обидевшим его человеком... И оставить всё это без удовлетворения! В первые дни он слег в постель от отчаяния. Всё это я знал. Вся история дошла до меня в подробности, хотя я, больной и убитый, всё это последнее время, недели три, у них не показывался и лежал у себя на квартире. Но я знал еще... нет! я тогда еще только предчувствовал, знал, да не верил, что кроме этой истории есть и у них теперь что-то, что должно беспокоить их больше всего на свете, и с мучительной тоской к ним приглядывался. Да, я мучился; я боялся угадать, боялся верить и всеми силами желал удалить роковую минуту. А между тем и пришел для нее. Меня точно тянуло к ним в этот вечер!

- Да, Ваня, - спросил вдруг старик, как будто опомнившись, - уж не был ли болен? Что долго не ходил? Я виноват перед тобой: давно хотел тебя навестить, да всё как-то того... - И он опять задумался.

- Я был нездоров, - ответил я.

- Гм! нездоров! - повторил он пять минут спустя. - То-то нездоров! Говорил я тогда, предостерегал, - не послушался! Гм! Нет, брат Ваня: муза, видно, испокон веку сидела на чердаке голодная, да и будет сидеть. Так-то!

Да, не в духе был старик. Не было б у него своей раны на сердце, не заговорил бы он со мною о голодной музе. Я всматривался в его лицо: оно пожелтело, в глазах его выражалось какое-то недоумение, какая-то мысль в форме вопроса, которого он не в силах был разрешить. Был он как-то порывист и непривычно желчен. Жена взглядывала на него с беспокойством и покачивала головою. Когда он раз отвернулся, она кивнула мне на него украдкой.

- Как здоровье Натальи Николаевны? Она дома? - спросил я озабоченную Анну Андреевну.

- Дома, батюшка, дома, - отвечала она, как будто затрудняясь моим вопросом. - Сейчас сама выйдет на вас поглядеть. Шутка ли! Три недели не видались! Да чтой-то она у нас какая-то стала такая, - не сообразишь с ней никак: здоровая ли, больная ли, бог с ней!

И она робко посмотрела на мужа.

- А что? Ничего с ней, - отозвался Николай Сергеич неохотно и отрывисто, - здорова. Так, в лета входит девица, перестала младенцем быть, вот и всё. Кто их разберет, эти девичьи печали да капризы?

- Ну, уж и капризы! - подхватила Анна Андреевна обидчивым голосом.

Старик смолчал и забарабанил пальцами по столу. "Боже, неужели уж было что-нибудь между ними?" - подумал я в страхе.

- Ну, а что, как там у вас? - начал он снова. - Что Б., всё еще критику пишет?

- Да, пишет, - отвечал я.

- Эх, Ваня, Ваня! - заключил он, махнув рукой. - Что уж тут критика!

Дверь отворилась, и вошла Наташа.

ГЛАВА VII

Она несла в руках свою шляпку и, войдя, положила ее на фортепиано; потом подошла ко мне и молча протянула мне руку. Губы ее слегка пошевелились; она как будто хотела мне что-то сказать, какое-то приветствие, но ничего не сказала.

Три недели как мы не видались. Я глядел на нее с недоумением и страхом. Как переменилась она в три недели! Сердце мое защемило тоской, когда я разглядел эти впалые бледные щеки, губы, запекшиеся, как в лихорадке, и глаза, сверкавшие из-под длинных, темных ресниц горячечным огнем и какой-то страстной решимостью.

Но боже, как она была прекрасна! Никогда, ни прежде, ни после, не видал я ее такою, как в этот роковой день. Та ли, та ли это Наташа, та ли это девочка, которая, еще только год тому назад, не спускала с меня глаз и, шевеля за мною губками, слушала мой роман и которая так весело, так беспечно хохотала и шутила в тот вечер с отцом и со мною за ужином? Та ли это Наташа, которая там, в той комнате, наклонив головку и вся загоревшись румянцем, сказала мне: да.

Раздался густой звук колокола, призывавшего к вечерне. Она вздрогнула, старушка перекрестилась.

- Ты к вечерне собиралась, Наташа, а вот уж и благовестят, - сказала она. - Сходи, Наташенька, сходи, помолись, благо близко! Да и прошлась бы заодно. Что взаперти-то сидеть? Смотри, какая ты бледная, ровно сглазили.

- Я... может быть... не пойду сегодня, - проговорила Наташа медленно и тихо, почти шепотом. - Я... нездорова, - прибавила она и побледнела как полотно.

- Лучше бы пойти, Наташа; ведь ты же хотела давеча и шляпку вот принесла. Помолись, Наташенька, помолись, чтоб тебе бог здоровья послал, - уговаривала Анна Андреевна, робко смотря на дочь, как будто боялась ее.

- Ну да; сходи; а к тому ж и пройдешься, - прибавил старик, тоже с беспокойством всматриваясь в лицо дочери, - мать правду говорит. Вот Ваня тебя и проводит.

Мне показалось, что горькая усмешка промелькнула на губах Наташи. Она подошла к фортепиано, взяла шляпку и надела ее; руки ее дрожали. Все движения ее были как будто бессознательны, точно она не понимала, что делала. Отец и мать пристально в нее всматривались.

- Прощайте! - чуть слышно проговорила она.

- И, ангел мой, что прощаться, далекий ли путь! На тебя хоть ветер подует; смотри, какая ты бледненькая. Ах! да ведь я и забыла (всё-то я забываю!) - ладонку я тебе кончила; молитву зашила в нее, ангел мой; монашенка из Киева научила прошлого года; пригодная молитва; еще давеча зашила. Надень, Наташа. Авось господь бог тебе здоровья пошлет. Одна ты у нас.

И старушка вынула из рабочего ящика нательный золотой крестик Наташи; на той же ленточке была привешена только что сшитая ладонка.

- Носи на здоровье! - прибавила она, надевая крест и крестя дочь, - когда-то я тебя каждую ночь так крестила на сон грядущий, молитву читала, а ты за мной причитывала. А теперь ты не та стала, и не дает тебе господь спокойного духа. Ах, Наташа, Наташа! Не помогают тебе и молитвы мои материнские! - И старушка заплакала.

Наташа молча поцеловала ее руку и ступила шаг к дверям; но вдруг быстро воротилась назад и подошла к отцу. Грудь ее глубоко волновалась.

- Папенька! Перекрестите и вы... свою дочь, - проговорила она задыхающимся голосом и опустилась перед ним на колени.

Мы все стояли в смущении от неожиданного, слишком торжественного ее поступка. Несколько мгновений отец смотрел на нее, совсем потерявшись.

- Наташенька, деточка моя, дочка моя, милочка, что с тобою! - вскричал он наконец, и слезы градом хлынули из глаз его. - Отчего ты тоскуешь? Отчего плачешь и день и ночь? Ведь я всё вижу; я ночей не сплю, встаю и слушаю у твоей комнаты!.. Скажи мне всё, Наташа, откройся мне во всем, старику, и мы...

Он не договорил, поднял ее и крепко обнял. Она судорожно прижалась к его груди и скрыла на его плече свою голову.

- Ничего, ничего, это так... я нездорова... - твердила она, задыхаясь от внутренних, подавленных слез.

- Да благословит же тебя бог, как я благословляю тебя, дитя мое милое, бесценное дитя! - сказал отец. - Да пошлет он тебе навсегда мир души и оградит тебя от всякого горя. Помолись богу, друг мой, чтоб грешная молитва моя дошла до него.

- И мое, и мое благословение над тобою! - прибавила старушка, заливаясь слезами.

- Прощайте! - прошептала Наташа.

У дверей она остановилась, еще раз взглянула на них, хотела было еще что-то сказать, но не могла и быстро вышла из комнаты. Я бросился вслед за нею, предчувствуя недоброе.

ГЛАВА VIII

Она шла молча, скоро, потупив голову и не смотря на меня. Но, пройдя улицу и ступив на набережную, вдруг остановилась и схватила меня за руку.

- Душно! - прошептала она, - сердце теснит... душно!

- Воротись, Наташа! - вскричал я в испуге.

- Неужели ж ты не видишь, Ваня, что я вышла совсем, ушла от них и никогда не возвращусь назад? - сказала она, с невыразимой тоской смотря на меня.

Сердце упало во мне. Всё это я предчувствовал, еще идя к ним; всё это уже представлялось мне, как в тумане, еще, может быть, задолго до этого дня; но теперь слова ее поразили меня как громом.

Мы печально шли по набережной. Я не мог говорить; я соображал, размышлял и потерялся совершенно. Голова у меня закружилась. Мне казалось это так безобразно, так невозможно!

- Ты винишь меня, Ваня? - сказала она наконец.

- Нет, но... но я не верю; этого быть не может!.. - отвечал я, не помня, что говорю.

- Нет, Ваня, это уж есть! Я ушла от них и не знаю, что с ними будет... не знаю, что будет и со мною!

- Ты к нему, Наташа? Да?

- Да!-отвечала она.

- Но это невозможно! - вскричал я в исступлении, - знаешь ли, что это невозможно, Наташа, бедная ты моя!

Ведь это безумие. Ведь ты их убьешь и себя погубишь! Знаешь ли ты это, Наташа?

- Знаю; но что же мне делать, не моя воля, - сказала она, и в словах ее слышалось столько отчаяния, как будто она шла на смертную казнь.

- Воротись, воротись, пока не поздно, - умолял я ее, и тем горячее, тем настойчивее умолял, чем больше сам сознавал всю бесполезность моих увещаний и всю нелепость их в настоящую минуту. - Понимаешь ли ты, Наташа, что ты сделаешь с отцом? Обдумала ль ты это? Ведь его отец враг твоему; ведь князь оскорбил твоего отца, заподозрил его в грабеже денег; ведь он его вором назвал. Ведь они тягаются... Да что! Это еще последнее дело, а знаешь ли ты, Наташа... (о боже, да ведь ты всё это знаешь!) знаешь ли, что князь заподозрил твоего отца и мать, что они сами, нарочно, сводили тебя с Алешей, когда Алеша гостил у нас в деревне? Подумай, представь себе только, каково страдал тогда твой отец от этой клеветы. Ведь он весь поседел в эти два года, - взгляни на него! А главное: ты ведь это всё знаешь, Наташа, господи боже мой! Ведь уж я не говорю, чего стоит им обоим тебя потерять навеки! Ведь ты их сокровище, всё, что у них осталось на старости. Я уж и говорить об этом не хочу: сама должна знать; припомни, что отец считает тебя напрасно оклеветанною, обиженною этими гордецами, неотомщенною! Теперь же, именно теперь, всё это вновь разгорелось, усилилась вся эта старая, наболевшая вражда из-за того, что вы принимали к себе Алешу. Князь опять оскорбил твоего отца, в старике еще злоба кипит от этой новой обиды, и вдруг всё, всё это, все эти обвинения окажутся теперь справедливыми! Все, кому дело известно, оправдают теперь князя и обвинят тебя и твоего отца. Ну, что теперь будет с ним? Ведь это убьет его сразу! Стыд, позор, и от кого же? Через тебя, его дочь, его единственное, бесценное дитя! А мать? Да ведь она не переживет старика... Наташа, Наташа! Что ты делаешь? Воротись! Опомнись!

Она молчала; наконец взглянула на меня как будто с упреком, и столько пронзительной боли, столько страдания было в ее взгляде, что я понял, какою кровью и без моих слов обливается теперь ее раненое сердце. Я понял, чего стоило ей ее решение и как я мучил, резал ее моими бесполезными, поздними словами; я всё это понимал и все-таки не мог удержать себя и продолжал говорить:

- Да ведь ты же сама говорила сейчас Анне Андреевне, может быть, не пойдешь из дому... ко всенощной. Стало быть, ты хотела и остаться; стало быть, не решилась еще совершенно?

Она только горько улыбнулась в ответ. И к чему я это спросил? Ведь я мог понять, что всё уже было решено невозвратно. Но я тоже был вне себя.

- Неужели ж ты так его полюбила? - вскричал я, с замиранием сердца смотря на нее и почти сам не понимая, что спрашиваю.

- Что мне отвечать тебе, Ваня? Ты видишь! Он велел мне прийти, и я здесь, жду его, - проговорила она с той же горькой улыбкой.

- Но послушай, послушай только, - начал я опять умолять ее, хватаясь за соломинку, - всё это еще можно поправить, еще можно обделать другим образом, совершенно другим каким-нибудь образом! Можно не уходить из дому. Я тебя научу, как сделать, Наташечка. Я берусь вам всё устроить, всё, и свидания, и всё... Только из дому-то не уходи!.. Я буду переносить ваши письма; отчего же не переносить? Это лучше, чем теперешнее. Я сумею это сделать; я вам угожу обоим; вот увидите, что угожу... И ты не погубишь себя, Наташечка, как теперь... А то ведь ты совсем себя теперь губишь, совсем! Согласись, Наташа: всё пойдет и прекрасно и счастливо, и любить вы будете друг друга сколько захотите... А когда отцы перестанут ссориться (потому что они непременно перестанут ссориться) - тогда...

- Полно, Ваня, оставь, - прервала она, крепко сжав мою руку и улыбнувшись сквозь слезы. - Добрый, добрый Ваня! Добрый, честный ты человек! И ни слова-то о себе! Я же тебя оставила первая, а ты всё простил, только об моем счастье и думаешь. Письма нам переносить хочешь...

Она заплакала.

- Я ведь знаю, Ваня, как ты любил меня, как до сих пор еще любишь, и ни одним-то упреком, ни одним горьким словом ты не упрекнул меня во всё это время! А я, я... Боже мой, как я перед тобой виновата! Помнишь, Ваня, помнишь и наше время с тобою? Ох, лучше б я не знала, не встречала б его никогда!.. Жила б я с тобой, Ваня, с тобой, добренький ты мой, голубчик ты мой!.. Нет, я тебя не стою! Видишь, я какая: в такую минуту тебе же напоминаю о нашем прошлом счастии, а ты и без того страдаешь! Вот ты три недели не приходил: клянусь же тебе, Ваня, ни одного разу не приходила мне в голову мысль, что ты меня проклял и ненавидишь. Я знала, отчего ты ушел: ты не хотел нам мешать и быть нам живым укором. А самому тебе разве не было тяжело на нас смотреть? А как я ждала тебя, Ваня, уж как ждала! Ваня, послушай, если я и люблю Алешу как безумная, как сумасшедшая, то тебя, может быть, еще больше, как друга моего, люблю. Я уж слышу, знаю, что без тебя я не проживу; ты мне надобен, мне твое сердце надобно, твоя душа золотая... Ох, Ваня! Какое горькое, какое тяжелое время наступает!

Она залилась слезами. Да, тяжело ей было!

- Ах, как мне хотелось тебя видеть! - продолжала она, подавив свои слезы. - Как ты похудел, какой ты больной, бледный; ты в самом деле был нездоров, Ваня? Что ж я, и не спрошу! Всё о себе говорю; ну, как же теперь твои дела с журналистами? Что твой новый роман, подвигается ли?

- До романов ли, до меня ли теперь, Наташа! Да и что мои дела! Ничего; так себе, да и бог с ними! А вот что, Наташа: это он сам потребовал, чтоб ты шла к нему?

- Нет, не он один, больше я. Он, правда, говорил, да я и сама... Видишь, голубчик, я тебе всё расскажу: ему сватают невесту, богатую и очень знатную; очень знатным людям родня. Отец непременно хочет, чтоб он женился на ней, а отец, ведь ты знаешь, - ужасный интриган; он все пружины в ход пустил: и в десять лет такого случая не нажить. Связи, деньги... А она, говорят, очень хороша собою; да и образованием и сердцем - всем хороша; уж Алеша увлекается ею. Да к тому же отец и сам его хочет поскорей с плеч долой сбыть, чтоб самому жениться, а потому непременно и во что бы то ни стало положил расторгнуть нашу связь. Он боится меня и моего влиянии на Алешу...

- Да разве князь, - прервал я ее с удивлением, - про вашу любовь знает? Ведь он только подозревал, да и то не наверно.

- Знает, всё знает.

- Да ему кто сказал?

- Алеша же всё и рассказал, недавно. Он мне сам говорил, что всё это рассказал отцу.

- Господи! Что ж это у вас происходит! Сам же всё и рассказал, да еще в такое время?..

- Не вини его, Ваня, - перебила Наташа, - не смейся над ним! Его судить нельзя, как всех других. Будь справедлив. Ведь он не таков, как вот мы с тобой. Он ребенок; его и воспитали не так. Разве он понимает, что делает?

Первое впечатление, первое чужое влияние способно его отвлечь от всего, чему он за минуту перед тем отдавался с клятвою. У него нет характера. Он вот поклянется тебе, да в тот же день, так же правдиво и искренно, другому отдастся; да еще сам первый к тебе придет рассказать об этом. Он и дурной поступок, пожалуй, сделает; да обвинить-то его за этот дурной поступок нельзя будет, а разве что пожалеть. Он и на самопожертвование способен и даже знаешь на какое! Да только до какого-нибудь нового впечатления: тут уж он опять всё забудет. Так и меня забудет, если я не буду постоянно при нем. Вот он какой!

- Ах, Наташа, да, может быть, это всё неправда, только слухи одни. Ну, где ему, такому еще мальчику, жениться!

- Соображения какие-то у отца особенные, говорю тебе.

- А почему ж ты знаешь, что невеста его так хороша и что он и ею уж увлекается?

- Да ведь он мне сам говорил,

- Как! Сам же и сказал тебе, что может другую любить, а от тебя потребовал теперь такой жертвы?

- Нет, Ваня, нет! Ты не знаешь его, ты мало с ним был; его надо короче узнать и уж потом судить. Нет сердца на свете правдивее и чище его сердца! Что ж? Лучше, что ль, если б он лгал? А что он увлекся, так ведь стоит только мне неделю с ним не видаться, он и забудет меня и полюбит другую, а потом как увидит меня, то и опять у ног моих будет. Нет! Это еще и хорошо, что я знаю, что не скрыто от меня это; а то бы я умерла от подозрений. Да, Ваня! Я уж решилась: если я не буду при нем всегда, постоянно, каждое мгновение, он разлюбит меня, забудет и бросит. Уж он такой: его всякая другая за собой увлечь может. А что же я тогда буду делать? Я тогда умру... да что умереть! Я бы и рада теперь умереть! А вот каково жить-то мне без него? Вот что хуже самой смерти, хуже всех мук! О Ваня, Ваня! Ведь есть же что-нибудь, что я вот бросила теперь для него и мать и отца! Не уговаривай меня: всё решено! Он должен быть подле меня каждый час, каждое мгновение; я не могу воротиться. Я знаю, что погибла и других погубила... Ах, Ваня! - вскричала она вдруг и вся задрожала, - что если он в самом деле уж не любит меня! Что если ты правду про него сейчас говорил (я никогда этого не говорил), что он только обманывает меня и только кажется таким правдивым и искренним, а сам злой и тщеславный! Я вот теперь защищаю его перед тобой; а он, может быть, в эту же минуту с другою и смеется про себя... а я, я, низкая, бросила всё и хожу по улицам, ищу его... Ох, Ваня!

Этот стон с такою болью вырвался из ее сердца, что вся душа моя заныла в тоске. Я понял, что Наташа потеряла уже всякую власть над собой. Только слепая, безумная ревность в последней степени могла довести ее до такого сумасбродного решения. Но во мне самом разгорелась ревность и прорвалась из сердца. Я не выдержал: гадкое чувство увлекло меня.

- Наташа, - сказал я, - одного только я не понимаю: как ты можешь любить его после того, что сама про него сейчас говорила? Не уважаешь его, не веришь даже в любовь его и идешь к нему без возврата, и всех для него губишь? Что ж это такое? Измучает он тебя на всю жизнь, да и ты его тоже. Слишком уж любишь ты его, Наташа, слишком! Не понимаю я такой любви.

- Да, люблю как сумасшедшая, - отвечала она, побледнев, как будто от боли. - Я тебя никогда так не любила, Ваня. Я ведь и сама знаю, что с ума сошла и не так люблю, как надо. Нехорошо я люблю его... Слушай, Ваня: я ведь и прежде знала и даже в самые счастливые минуты наши предчувствовала, что он даст мне одни только муки. Но что же делать, если мне теперь даже муки от него - счастье? Я разве на радость иду к нему? Разве я не знаю вперед, что меня у него ожидает и что я перенесу от него? Ведь вот он клялся мне любить меня, все обещания давал: а ведь я ничему не верю из его обещаний, ни во что их не ставлю и прежде не ставила, хоть и знала, что он мне не лгал, да и солгать не может. Я сама ему сказала, сама, что не хочу его ничем связывать. С ним это лучше: привязи никто не любит, я первая. А все-таки я рада быть его рабой, добровольной рабой; переносить от него всё, всё, только бы он был со мной, только бы я глядела на него! Кажется, пусть бы он и другую любил, только бы при мне это было, чтоб и я тут подле была... Экая низость, Ваня? - спросила она вдруг, смотря на меня каким-то горячечным, воспаленным взглядом. Одно мгновение мне казалось, будто она в бреду. - Ведь это низость, такие желания? Что же? Сама говорю, что низость, а если он бросит меня, я побегу за ним на край света, хоть и отталкивать, хоть и прогонять меня будет. Вот ты уговариваешь теперь меня воротиться, - а что будет из этого? Ворочусь, а завтра же опять уйду, прикажет - и уйду; свистнет, кликнет меня, как собачку, я и побегу за ним... Муки! Не боюсь я от него никаких мук! Я буду знать, что от него страдаю... Ох, да ведь этого не расскажешь, Ваня!

"А отец, а мать?" - подумал я. Она как будто уж и забыла про них.

- Так он и не женится на тебе, Наташа?

- Обещал, всё обещал. Он ведь для того меня и зовет теперь, чтоб завтра же обвенчаться потихоньку, за городом; да ведь он не знает, что делает. Он, может быть, как и венчаются-то, не знает. И какой он муж! Смешно, право. А женится, так несчастлив будет, попрекать начнет... Не хочу я, чтоб он когда-нибудь в чем-нибудь попрекнул меня. Всё ему отдам, а он мне пускай ничего. Что ж, коль он несчастлив будет от женитьбы, зачем же его несчастным делать?

- Нет, это какой-то чад, Наташа, - сказал я. - Что ж, ты теперь прямо к нему?

- Нет, он обещался сюда прийти, взять меня; мы условились...

И она жадно посмотрела вдаль, но никого еще не было.

- И его еще нет! И ты первая пришла! - вскричал я с негодованием. Наташа как будто пошатнулась от удара. Лицо ее болезненно исказилось.

- Он, может быть, и совсем не придет, - проговорила она с горькой усмешкой. -Третьего дня он писал, что если я не дам ему слово прийти, то он поневоле должен отложить свое решение - ехать и обвенчаться со мною; а отец увезет его к невесте. И так просто, так натурально написал, как будто это и совсем ничего... Что если он и вправду поехал к ней, Ваня?

Я не отвечал. Она крепко стиснула мне руку - и глаза ее засверкали.

- Он у ней, - проговорила она чуть слышно. - Он надеялся, что я не приду сюда, чтоб поехать к ней, а потом сказать, что он прав, что он заранее уведомлял, а я сама не пришла. Я ему надоела, вот он и отстает... Ох, боже! Сумасшедшая я! Да ведь он мне сам в последний раз сказал, что я ему надоела... Чего ж я жду!

- Вот он! - закричал я, вдруг завидев его вдали на набережной.

Наташа вздрогнула, вскрикнула, вгляделась в приближавшегося Алешу и вдруг, бросив мою руку, пустилась к нему. Он тоже ускорил шаги, и через минуту она была уже в его объятиях. На улице, кроме нас, никого почти не было. Они целовались, смеялись; Наташа смеялась и плакала, всё вместе, точно они встретились после бесконечной разлуки. Краска залила ее бледные щеки; она была как исступленная... Алеша заметил меня и тотчас же ко мне подошел.

ГЛАВА IX

Я жадно в него всматривался, хоть и видел его много раз до этой минуты; я смотрел в его глаза, как будто его взгляд мог разрешить все мои недоумения, мог разъяснить мне: чем, как этот ребенок мог очаровать ее, мог зародить в ней такую безумную любовь - любовь до забвения самого первого долга, до безрассудной жертвы всем, что было для Наташи до сих пор самой полной святыней? Князь взял

28

меня за обе руки, крепко пожал их, и его взгляд, кроткий и ясный, проник в мое сердце.

Я почувствовал, что мог ошибаться в заключениях моих на его счет уж по тому одному, что он был враг мой. Да, я не любил его, и, каюсь, я никогда не мог его полюбить, - только один я, может быть, из всех его знавших. Многое в нем мне упорно не нравилось, даже изящная его наружность, и, может быть, именно потому, что она была как-то уж слишком изящна. Впоследствии я понял, что и в этом судил пристрастно. Он был высок, строен, тонок; лицо его было продолговатое, всегда бледное; белокурые волосы, большие голубые глаза, кроткие и задумчивые, в которых вдруг, порывами, блистала иногда самая простодушная, самая детская веселость. Полные небольшие пунцовые губы его, превосходно обрисованные, почти всегда имели какую-то серьезную складку; тем неожиданнее и тем очаровательнее была вдруг появлявшаяся на них улыбка, до того наивная и простодушная, что вы сами, вслед за ним, в каком бы вы ни были настроении духа, ощущали немедленную потребность, в ответ ему, точно так же как и он, улыбнуться. Одевался он неизысканно, но всегда изящно; видно было, что ему не стоило ни малейшего труда это изящество во всем, что оно ему прирожденно. Правда, и в нем было несколько нехороших замашек, несколько дурных привычек хорошего тона: легкомыслие, самодовольство, вежливая дерзость. Но он был слишком ясен и прост душою и сам, первый обличал в себе эти привычки, каялся в них и смеялся над ними. Мне кажется, этот ребенок никогда, даже и в шутку, не мог бы солгать, а если б и солгал, то, право, не подозревая в этом дурного. Даже самый эгоизм был в нем как-то привлекателен, именно потому, может быть, что был откровенен, а не скрыт. В нем ничего не было скрытного. Он был слаб, доверчив и робок сердцем; воли у него не было никакой. Обидеть, обмануть его было бы и грешно и жалко, так же как грешно обмануть и обидеть ребенка. Он был не по летам наивен и почти ничего не понимал из действительной жизни; впрочем, и в сорок лет ничего бы, кажется, в ней не узнал. Такие люди как бы осуждены на вечное несовершеннолетие. Мне кажется, не было человека, который бы мог не полюбить его; он заласкался бы к вам, как дитя. Наташа сказала правду: он мог бы сделать и дурной поступок, принужденный к тому чьим-нибудь сильным влиянием: но, сознав последствия такого поступка, я думаю, он бы умер от раскаяния. Наташа инстинктивно чувствовала, что будет его госпожой, владычицей; что он будет даже жертвой ее. Она предвкушала наслаждение любить без памяти и мучить до боли того, кого любишь, именно за то, что любишь, и потому-то, может быть, и поспешила отдаться ему в жертву первая. Но и в его глазах сияла любовь, и он с восторгом смотрел на нее. Она с торжеством взглянула на меня. Она забыла в это мгновение всё - и родителей, и прощанье, и подозрения... Она была счастлива.

- Ваня! - вскричала она, - я виновата перед ним и не стою его! Я думала, что ты уже и не придешь, Алеша. Забудь мои дурные мысли, Ваня. Я заглажу это! - прибавила она, с бесконечною любовью смотря на него. Он улыбнулся, поцеловал у ней руку и, не выпуская ее руки, сказал, обращаясь ко мне:

- Не вините и меня. Как давно хотел я вас обнять как родного брата; как много она мне про вас говорила! Мы с вами до сих пор едва познакомились и как-то не сошлись. Будем друзьями и... простите нас, - прибавил он вполголоса и немного покраснев, но с такой прекрасной улыбкой, что я не мог не отозваться всем моим сердцем на его приветствие.

- Да, да, Алеша, - подхватила Наташа, - он наш, он наш брат, он уже простил нас, и без него мы не будем счастливы. Я уже тебе говорила... Ох, жестокие мы дети, Алеша! Но мы будем жить втроем... Ваня! - продолжала она, и губы ее задрожали, - вот ты воротишься теперь к ним, домой; у тебя такое золотое сердце, что хоть они и не простят меня, но, видя, что и ты простил, может быть, хоть немного смягчатся надо мной. Расскажи им всё, всё, своими словами из сердца; найди такие слова... Защити меня, спаси; передай им все причины, всё, как сам понял. Знаешь ли, Ваня, что я бы, может быть, и не решилась на это, если б тебя не случилось сегодня со мною! Ты спасение мое: я тотчас же на тебя понадеялась, что ты сумеешь им так передать, что по крайней мере этот первый-то ужас смягчишь для них. О боже мой, боже!.. Скажи им от меня, Ваня, что я знаю, простить меня уж нельзя теперь: они простят, бог не простит; но что если они и проклянут меня, то я все-таки буду благословлять их и молиться за них всю мою жизнь. Всё мое сердце у них! Ах, зачем мы не все счастливы! Зачем, зачем!.. Боже! Что это я такое сделала! - вскричала она вдруг, точно опомнившись, и, вся задрожав от ужаса, закрыла лицо руками. Алеша обнял ее и молча крепко прижал к себе. Прошло несколько минут молчания.

- И вы могли потребовать такой жертвы! - сказал я, с упреком смотря на него.

- Не вините меня! - повторил он, - уверяю вас, что теперь все эти несчастья, хоть они и очень сильны, - только на одну минуту. Я в этом совершенно уверен. Нужна только твердость, чтоб перенести эту минуту; то же самое и она мне говорила. Вы знаете: всему причиною эта семейная гордость, эти совершенно ненужные ссоры, какие-то там еще тяжбы!.. Но... (я об этом долго размышлял, уверяю вас) всё это должно прекратиться. Мы все соединимся опять и тогда уже будем совершенно счастливы, так что даже и старики помирятся, на нас глядя. Почему знать, может быть, именно наш брак послужит началом к их примирению! Я думаю, что даже и не может быть иначе. Как вы думаете?

- Вы говорите: брак. Когда же вы обвенчаетесь? - спросил я, взглянув на Наташу.

- Завтра или послезавтра; по крайней мере, послезавтра - наверно. Вот видите, я и сам еще не хорошо знаю и, по правде, ничего еще там не устроил. Я думал, что Наташа, может быть, еще и не придет сегодня. К тому же отец непременно хотел меня везти сегодня к невесте (ведь мне сватают невесту; Наташа вам сказывала? да я не хочу). Ну, так я еще и не мог рассчитать всего наверное. Но все-таки мы, наверное, обвенчаемся послезавтра. Мне, по крайней мере, так кажется, потому что ведь нельзя же иначе. Завтра же мы выезжаем по Псковской дороге. Тут у меня недалеко, в деревне, есть товарищ, лицейский, очень хороший человек; я вас, может быть, познакомлю. Там в селе есть и священник, а, впрочем, наверно не знаю, есть или нет. Надо было заранее справиться, да я не успел... А, впрочем, по-настоящему, всё это мелочи. Было бы главное-то в виду. Можно ведь из соседнего какого-нибудь села пригласить священника; как вы думаете? Ведь есть же там соседние села! Одно жаль, что я до сих пор не успел ни строчки написать туда; предупредить бы надо. Пожалуй, моего приятеля нет теперь и дома... Но - это последняя вещь! Была бы решимость, а там всё само собою устроится, не правда ли? А покамест, до завтра или хоть до послезавтра, она пробудет здесь у меня. Я нанял особую квартиру, в которой мы и воротясь будем жить. Я уж не пойду жить к отцу, не правда ли? Вы к нам придете; я премило устроился. Ко мне будут ходить наши лицейские; я заведу вечера...

Я с недоумением и тоскою смотрел на него. Наташа умоляла меня взглядом не судить его строго и быть снисходительнее. Она слушала его рассказы с какою-то грустною улыбкой, а вместе с тем как будто и любовалась им, так же как любуются милым, веселым ребенком, слушая его неразумную, но милую болтовню. Я с упреком поглядел на нее. Мне стало невыносимо тяжело.

- Но ваш отец? - спросил я, - твердо ли вы уверены, что он вас простит?

- Непременно; что ж ему останется делать? То есть он, разумеется, проклянет меня сначала; я даже в этом уверен. Он уж такой; и такой со мной строгий. Пожалуй, еще будет кому-нибудь жаловаться, употребит, одним словом, отцовскую власть. Но ведь всё это не серьезно. Он меня любит без памяти; посердится и простит. Тогда все помирятся, и все мы будем счастливы. Ее отец тоже.

- А если не простит? подумали ль вы об этом?

- Непременно простит, только, может быть, не так скоро. Ну что ж? Я докажу ему, что и у меня есть характер. Он всё бранит меня, что у меня нет характера, что я легкомысленный. Вот и увидит теперь, легкомыслен ли я или нет? Ведь сделаться семейным человеком не шутка; тогда уж я буду не мальчик... то есть я хотел сказать, что я буду такой же, как и другие... ну, там семейные люди. Я буду жить своими трудами. Наташа говорит, что это гораздо лучше, чем жить на чужой счет, как мы все живем. Если б вы только знали, сколько она мне говорит хорошего! Я бы сам этого никогда не выдумал; - не так я рос, не так меня воспитали. Правда, я и сам знаю, что я легкомыслен и почти ни к чему не способен; но, знаете ли, у меня третьего дня явилась удивительная мысль. Теперь хоть и не время, но я вам расскажу, потому что надо же и Наташе услышать, а вы нам дадите совет. Вот видите: я хочу писать повести и продавать в журналы, так же как и вы. Вы мне поможете с журналистами, не правда ли? Я рассчитывал на вас и вчера всю ночь обдумывал один роман, так, для пробы, и знаете ли: могла бы выйти премиленькая вещица. Сюжет я взял из одной комедии Скриба... Но я вам потом расскажу. Главное, за него дадут денег... ведь вам же платят! Я не мог не усмехнуться.

- Вы смеетесь, - сказал он, улыбаясь вслед за мною. - Нет, послушайте, - прибавил он с непостижимым простодушием, - вы не смотрите на меня, что я такой кажусь; право, у меня чрезвычайно много наблюдательности; вот вы увидите сами. Почему же не попробовать? Может, и выйдет что-нибудь... А впрочем, вы, кажется, и правы: я ведь ничего не знаю в действительной жизни; так мне и Наташа говорит; это, впрочем, мне и все говорят; какой же я буду писатель? Смейтесь, смейтесь, поправляйте меня; ведь это для нее же вы сделаете, а вы ее любите. Я вам правду скажу: я не стою ее; я это чувствую; мне это очень тяжело, и я не знаю, за что это она меня так полюбила? А я бы, кажется, всю жизнь за нее отдал! Право, я до этой минуты ничего не боялся, а теперь боюсь: что это мы затеваем! Господи! Неужели ж в человеке, когда он вполне предан своему долгу, как нарочно, недостанет уменья и твердости исполнить свой долг? Помогайте нам хоть вы, друг наш! вы один только друг у нас и остались. А ведь я что понимаю один-то! Простите, что я на вас так рассчитываю; я вас считаю слишком благородным человеком и гораздо лучше меня. Но я исправлюсь, будьте уверены, и буду достоин вас обоих.

Тут он опять пожал мне руку, и в прекрасных глазах его просияло доброе, прекрасное чувство. Он так доверчиво протягивал мне руку, так верил, что я ему друг!

- Она мне поможет исправиться, - продолжал он. - Вы, впрочем, не думайте чего-нибудь очень худого, не сокрушайтесь слишком об нас. У меня все-таки много надежд, а в материальном отношении мы будем совершенно обеспечены. Я, например, если не удастся роман (я, по правде, еще и давеча подумал, что роман глупость, а теперь только так про него рассказал, чтоб выслушать ваше решение), - если не удастся роман, то я ведь в крайнем случае могу давать уроки музыки. Вы не знали, что я знаю музыку? Я не стыжусь жить и таким трудом. Я совершенно новых идей в этом случае. Да, кроме того, у меня есть много дорогих безделушек, туалетных вещиц; к чему они? Я продам их, и мы, знаете, сколько времени проживем на это! Наконец, в самом крайнем случае, я, может быть, действительно займусь службой. Отец даже будет рад; он всё гонит меня служить, а я всё отговариваюсь нездоровьем. (Я, впрочем, куда-то уж записан). А вот как он увидит, что женитьба принесла мне пользу, остепенила меня и что я действительно начал служить, - обрадуется и простит меня...

- Но, Алексей Петрович, подумали ль вы, какая история выйдет теперь между вашим и ее отцом? Как вы думаете, что сегодня будет вечером у них в доме?

И я указал ему на помертвевшую от моих слов Наташу. Я был безжалостен.

- Да, да, вы правы, это ужасно! - отвечал он. - Я уже думал об этом и душевно страдал... Но что же делать? Вы правы: хотя только бы ее-то родители нас простили! А как я их люблю обоих, если б вы знали! Ведь они мне всё равно что родные, и вот чем я им плачу!.. Ох, уж эти ссоры, эти процессы! Вы не поверите, как это нам теперь неприятно! И за что они ссорятся! Все мы так друг друга любим, а ссоримся! Помирились бы, да и дело с концом! Право, я бы так поступил на их месте... Страшно мне от ваших слов. Наташа, это ужас, что мы с тобой затеваем! Я это и прежде говорил... Ты сама настаиваешь... Но послушайте, Иван Петрович, может быть, всё это уладится к лучшему; как вы думаете? Ведь помирятся же они наконец! Мы их помирим. Это так, это непременно; они не устоят против нашей любви... Пусть они нас проклинают, а мы их все-таки будем любить; они и не устоят. Вы не поверите, какое иногда бывает доброе сердце у моего старика! Он ведь это так только смотрит исподлобья, а ведь в других случаях он прерассудительный. Если б вы знали, как он мягко со мной говорил сегодня, убеждал меня! А я вот сегодня же против него иду; это мне очень грустно. А всё из-за этих негодных предрассудков! Просто - сумасшествие! Ну что если б он на нее посмотрел хорошенько и пробыл с нею хоть полчаса? Ведь он тотчас же всё бы нам позволил. - Говоря это, Алеша нежно и страстно взглянул на Наташу.

- Я тысячу раз с наслаждением воображал себе, - продолжал он свою болтовню, - как он полюбит ее, когда узнает, и как он их всех изумит. Ведь они все и не видывали никогда такой девушки! Отец убежден, что она просто какая-то интриганка. Моя обязанность восстановить ее честь, и я это сделаю! Ах, Наташа! тебя все полюбят, все; нет такого человека, который бы мог тебя не любить, - прибавил он в восторге. - Хоть я не стою тебя совсем, но ты люби меня, Наташа, а уж я... ты ведь знаешь меня! Да и много ль нужно нам для нашего счастья! Нет, я верю, верю, что этот вечер должен принесть нам всем и счастье, и мир, и согласие! Будь благословен этот вечер! Так ли, Наташа? Но что с тобой? Боже мой, что с тобой?

Она была бледна как мертвая. Всё время, как разглагольствовал Алеша, она пристально смотрела на него; но взгляд ее становился всё мутнее и неподвижнее, лицо всё бледнее и бледнее. Мне казалось, что она, наконец, уж и не слушала, а была в каком-то забытьи. Восклицание Алеши как будто вдруг разбудило ее. Она очнулась, осмотрелась и вдруг - бросилась ко мне. Наскоро, точно торопясь и как будто прячась от Алеши, она вынула из кармана письмо и подала его мне. Письмо было к старикам и еще накануне писано. Отдавая мне его, она пристально смотрела на меня, точно приковалась ко мне своим взглядом. Во взгляде этом было отчаяние; я никогда не забуду этого страшного взгляда. Страх охватил и меня; я видел, что она теперь только вполне почувствовала весь ужас своего поступка. Она силилась мне что-то сказать; даже начала говорить и вдруг упала в обморок. Я успел поддержать ее. Алеша побледнел от испуга; он тер ей виски, целовал руки, губы. Минуты через две она очнулась. Невдалеке стояла извозчичья карета, в которой приехал Алеша; он подозвал ее. Садясь в карету, Наташа как безумная схватила мою руку, и горячая слезинка обожгла мои пальцы. Карета тронулась. Я еще долго стоял на месте, провожая ее глазами. Всё мое счастье погибло в эту минуту, и жизнь переломилась надвое. Я больно это почувствовал... Медленно пошел я назад, прежней дорогой, к старикам. Я не знал, что скажу им, как войду к ним? Мысли мои мертвели, ноги подкашивались...

И вот вся история моего счастия; так кончилась и разрешилась моя любовь. Буду теперь продолжать прерванный рассказ.

ГЛАВА X

Дней через пять после смерти Смита я переехал на его квартиру. Весь тот день мне было невыносимо грустно. Погода была ненастная и холодная; шел мокрый снег, пополам с дождем. Только к вечеру, на одно мгновение, проглянуло солнце и какой-то заблудший луч, верно из любопытства, заглянул и в мою комнату. Я стал раскаиваться, что переехал сюда. Комната, впрочем, была большая, но такая низкая, закопченная, затхлая и так неприятно пустая, несмотря на кой-какую мебель. Тогда же подумал я, что непременно сгублю в этой квартире и последнее здоровье свое. Так оно и случилось.

Всё это утро я возился с своими бумагами, разбирая их и приводя в порядок. За неимением портфеля я перевез их в подушечной наволочке; всё это скомкалось и перемешалось. Потом я засел писать. Я всё еще писал тогда мой большой роман; но дело опять повалилось из рук; не тем была полна голова...

33

Я бросил перо и сел у окна. Смеркалось, а мне становилось всё грустнее и грустнее. Разные тяжелые мысли осаждали меня. Всё казалось мне, что в Петербурге я, наконец, погибну. Приближалась весна; так бы и ожил, кажется, думал я, вырвавшись из этой скорлупы на свет божий, дохнув запахом свежих полей и лесов: а я так давно не видал их!.. Помню, пришло мне тоже на мысль, как бы хорошо было, если б каким-нибудь волшебством или чудом совершенно забыть всё, что было, что прожилось в последние годы; всё забыть, освежить голову и опять начать с новыми силами. Тогда еще я мечтал об этом и надеялся на воскресение. "Хоть бы в сумасшедший дом поступить, что ли, - решил я наконец, - чтоб перевернулся как-нибудь весь мозг в голове и расположился по-новому, а потом опять вылечиться". Была же жажда жизни и вера в нее!.. Но, помню, я тогда же засмеялся. "Что же бы делать пришлось после сумасшедшего-то дома? Неужели опять романы писать?.."

Так я мечтал и горевал, а между тем время уходило. Наступала ночь. В этот вечер у меня было условлено свидание с Наташей; она убедительно звала меня к себе запиской еще накануне. Я вскочил и стал собираться. Мне и без того хотелось вырваться поскорей из квартиры хоть куда-нибудь, хоть на дождь, на слякоть.

По мере того как наступала темнота, комната моя становилась как будто просторнее, как будто она всё более и более расширялась. Мне вообразилось, что я каждую ночь в каждом углу буду видеть Смита: он будет сидеть и неподвижно глядеть на меня, как в кондитерской на Адама Ивановича, а у ног его будет Азорка. И вот в это-то мгновение случилось со мной происшествие, которое сильно поразило меня.

Впрочем, надо сознаться во всем откровенно: от расстройства ли нерв, от новых ли впечатлений в новой квартире, от недавней ли хандры, но я мало-помалу и постепенно, с самого наступления сумерек, стал впадать в то состояние души, которое так часто приходит ко мне теперь, в моей болезни, по ночам, и которое я называю мистическим ужасом. Это - самая тяжелая, мучительная боязнь чего-то, чего я сам определить не могу, чего-то непостигаемого и несуществующего в порядке вещей, но что непременно, может быть сию же минуту, осуществится, как бы в насмешку всем доводам разума придет ко мне и станет передо мною как неотразимый факт, ужасный, безобразный и неумолимый. Боязнь эта возрастает обыкновенно всё сильнее и сильнее, несмотря ни на какие доводы рассудка, так что наконец ум, несмотря на то что приобретает в эти минуты, может быть, еще большую ясность, тем не менее лишается всякой возможности противодействовать ощущениям. Его не слушаются, он становится бесполезен, и это раздвоение еще больше усиливает пугливую тоску ожидания. Мне кажется, такова отчасти тоска людей, боящихся мертвецов. Но в моей тоске неопределенность опасности еще более усиливает мучения.

Помню, я стоял спиной к дверям и брал со стола шляпу, и вдруг в это самое мгновение мне пришло на мысль, что когда я обернусь назад, то непременно увижу Смита: сначала он тихо растворит дверь, станет на пороге и оглядит комнату; потом тихо, склонив голову, войдет, станет передо мной, уставится на меня своими мутными глазами и вдруг засмеется мне прямо в глаза долгим, беззубым и неслышным смехом, и всё тело его заколышется и долго будет колыхаться от этого смеха. Всё это привидение чрезвычайно ярко и отчетливо нарисовалось внезапно в моем воображении, а вместе с тем вдруг установилась во мне самая полная, самая неотразимая уверенность, что всё это непременно, неминуемо случится, что это уж и случилось, но только я не вижу, потому что стою задом к двери, и что именно в это самое мгновение, может быть, уже отворяется дверь. Я быстро оглянулся, и что же? - дверь действительно отворялась, тихо, неслышно, точно так, как мне представлялось минуту назад. Я вскрикнул. Долго никто не показывался, как будто дверь отворялась сама собой; вдруг на пороге явилось какое-то странное существо; чьи-то глаза, сколько я мог различить в темноте, разглядывали меня пристально и упорно. Холод пробежал по всем моим членам. К величайшему моему ужасу, я увидел, что это ребенок, девочка, и если б это был даже сам Смит, то и он бы, может быть, не так испугал меня, как это странное, неожиданное появление незнакомого ребенка в моей комнате в такой час и в такое время.

Я уже сказал, что дверь она отворяла так неслышно и медленно, как будто боялась войти. Появившись, она стала на пороге и долго смотрела на меня с изумлением, доходившим до столбняка; наконец тихо, медленно ступила два шага вперед и остановилась передо мною, всё еще не говоря ни слова. Я разглядел ее ближе. Это была девочка лет двенадцати или тринадцати, маленького роста, худая, бледная, как будто только что встала от жестокой болезни. Тем ярче сверкали ее большие черные глаза. Левой рукой она придерживала у груди старый, дырявый платок, которым прикрывала свою, еще дрожавшую от вечернего холода, грудь. Одежду на ней можно было вполне назвать рубищем; густые черные волосы были неприглажены и всклочены. Мы простояли так минуты две, упорно рассматривая друг друга.

- Где дедушка? - спросила она наконец едва слышным и хриплым голосом, как будто у ней болела грудь или горло.

Весь мой мистический ужас соскочил с меня при этом вопросе. Спрашивали Смита; неожиданно проявлялись следы его.

- Твой дедушка? да ведь он уже умер! - сказал я вдруг, совершенно не приготовившись отвечать на ее вопрос, и тотчас раскаялся. С минуту стояла она в прежнем положении и вдруг вся задрожала, но так сильно, как будто в ней приготовлялся какой-нибудь опасный нервический припадок. Я схватился было поддержать ее, чтоб она не упала. Через несколько минут ей стало лучше, и я ясно видел, что она употребляет над собой неестественные усилия, скрывая передо мною свое волнение.

- Прости, прости меня, девочка! Прости, дитя мое! - говорил я, - я так вдруг объявил тебе, а может быть, это еще и не то... бедненькая!.. Кого ты ищешь? Старика, который тут жил?

- Да, - прошептала она с усилием и с беспокойством смотря на меня.

- Его фамилия была Смит? Да?

- Д-да!

- Так он... ну да, так это он и умер... Только ты не печалься, голубчик мой. Что ж ты не приходила? Ты теперь откуда? Его похоронили вчера; он умер вдруг, скоропостижно... Так ты его внучка?

Девочка не отвечала на мои скорые и беспорядочные вопросы. Молча отвернулась она и тихо пошла из комнаты. Я был так поражен, что уж и не удерживал и не расспрашивал ее более. Она остановилась еще раз на пороге и, полуоборотившись ко мне, спросила:

- Азорка тоже умер?

- Да, и Азорка тоже умер, - отвечал я, и мне показался странным ее вопрос: точно и она была уверена, что Азорка непременно должен был умереть вместе со стариком. Выслушав мой ответ, девочка неслышно вышла из комнаты, осторожно притворив за собою дверь.

Через минуту я выбежал за ней в погоню, ужасно досадуя, что дал ей уйти! Она так тихо вышла, что я не слыхал, как отворила она другую дверь на лестницу. С лестницы она еще не успела сойти, думал я, и остановился в сенях прислушаться. Но всё было тихо, и не слышно было ничьих шагов. Только хлопнула где-то дверь в нижнем этаже, и опять всё стало тихо.

Я стал поспешно сходить вниз. Лестница прямо от моей квартиры, с пятого этажа до четвертого, шла винтом; с четвертого же начиналась прямая. Это была грязная, черная и всегда темная лестница, из тех, какие обыкновенно бывают в капитальных домах с мелкими квартирами. В ту минуту на ней уже было совершенно темно. Ощупью сойдя в четвертый этаж, я остановился, и вдруг меня как будто подтолкнуло, что здесь, в сенях, кто-то был и прятался от меня. Я стал ощупывать руками; девочка была тут, в самом углу, и, оборотившись к стене лицом, тихо и неслышно плакала.

- Послушай, чего ж ты боишься? - начал я. - Я так испугал тебя; я виноват. Дедушка, когда умирал, говорил о тебе; это были последние его слова... У меня и книги остались; верно, твои. Как тебя зовут? где ты живешь? Он говорил, что в Шестой линии...

Но я не докончил. Она вскрикнула в испуге, как будто оттого, что я знаю, где она живет, оттолкнула меня своей худенькой костлявой рукой и бросилась вниз по лестнице. Я за ней; ее шаги еще слышались мне внизу. Вдруг они прекратились...Когда я выскочил на улицу, ее уже не было. Пробежав вплоть до Вознесенского проспекта, я увидел, что все мои поиски тщетны: она исчезла. "Вероятно, где-нибудь спряталась от меня, - подумал я, - когда еще сходила с лестницы".

ГЛАВА XI

Но только что я ступил на грязный, мокрый тротуар проспекта, как вдруг столкнулся с одним прохожим, который шел, по-видимому, в глубокой задумчивости, наклонив голову, скоро и куда-то торопясь. К величайшему моему изумлению, я узнал старика Ихменева. Это был для меня вечер неожиданных встреч. Я знал, что старик дня три тому назад крепко прихворнул, и вдруг я встречаю его в такую сырость на улице. К тому же он и прежде почти никогда не выходил в вечернее время, а с тех пор, как ушла Наташа, то есть почти уже с полгода, сделался настоящим домоседом. Он как-то не по-обыкновенному мне обрадовался, как человек, нашедший наконец друга, с которым он может разделить свои мысли, схватил меня за руку, крепко сжал ее и, не спросив, куда я иду, потащил меня за собою. Был он чем-то встревожен, тороплив и порывист. "Куда же это он ходил?" - подумал я про себя. Спрашивать его было излишне; он сделался страшно мнителен и иногда в самом простом вопросе или замечании видел обидный намек, оскорбление.

Я оглядел его искоса: лицо у него было больное; в последнее время он очень похудел; борода его была с неделю небритая. Волосы, совсем поседевшие, в беспорядке выбивались из-под скомканной шляпы и длинными космами лежали на воротнике его старого, изношенного пальто. Я еще прежде заметил, что в иные минуты он как будто забывался; забывал, например, что он не один в комнате, разговаривал сам с собою, жестикулировал руками. Тяжело было смотреть на него.

- Ну что, Ваня, что? - заговорил он. - Куда шел? А я вот, брат, вышел; дела. Здоров ли?

- Вы-то здоровы ли? - отвечал я, - так еще недавно были больны, а выходите.

Старик не отвечал, как будто не расслушал меня.

- Как здоровье Анны Андреевны?

- Здорова, здорова... Немножко, впрочем, и она хворает. Загрустила она у меня что-то... о тебе поминала: зачем не приходишь. Да ты ведь теперь-то к нам, Ваня? Аль нет? Я, может, тебе помешал, отвлекаю тебя от чего-нибудь? - спросил он вдруг, как-то недоверчиво и подозрительно в меня всматриваясь. Мнительный старик стал до того чуток и раздражителен, что, отвечай я ему теперь, что шел не к ним, он бы непременно обиделся и холодно расстался со мной. Я поспешил отвечать утвердительно, что я именно шел проведать Анну Андреевну, хоть и знал, что опоздаю, а может, и совсем не успею попасть к Наташе.

- Ну вот и хорошо, - сказал старик, совершенно успокоенный моим ответом, - это хорошо... - и вдруг замолчал и задумался, как будто чего-то не договаривая.

- Да, это хорошо! - машинально повторил он минут через пять, как бы очнувшись после глубокой задумчивости. - Гм... видишь, Ваня, ты для нас был всегда как бы родным сыном; бог не благословил нас с Анной Андреевной... сыном... и послал нам тебя; я так всегда думал. Старуха тоже... да! и ты всегда вел себя с нами почтительно, нежно, как родной, благодарный сын. Да благословит тебя бог за это, Ваня, как и мы оба, старики, благословляем и любим тебя... да!

Голос его задрожал; он переждал с минуту.

- Да... ну, а что? Не хворал ли? Что же долго у нас не был?

Я рассказал ему всю историю с Смитом, извиняясь, что смитовское дело меня задержало, что, кроме того, я чуть не заболел и что за всеми этими хлопотами к ним, на Васильевский (они жили тогда на Васильевском), было далеко идти. Я чуть было не проговорился, что все-таки нашел случай быть у Наташи и в это время, но вовремя замолчал.

История Смита очень заинтересовала старика. Он сделался внимательнее. Узнав, что новая моя квартира сыра и, может быть, еще хуже прежней, а стоит шесть рублей в месяц, он даже разгорячился. Вообще он сделался чрезвычайно порывист и нетерпелив. Только Анна Андреевна умела еще ладить с ним в такие минуты, да и то не всегда.

- Гм... это все твоя литература, Ваня! - вскричал он почти со злобою, - довела до чердака, доведет и до кладбища! Говорил я тебе тогда, предрекал!.. А что Б. всё еще критику пишет?

- Да ведь он уже умер, в чахотке. Я вам, кажется, уж и говорил об этом.

- Умер, гм... умер! Да так и следовало. Что ж, оставил что-нибудь жене и детям? Ведь ты говорил, что у него там жена, что ль, была... И на что эти люди женятся!

- Нет, ничего не оставил, - отвечал я.

- Ну, так и есть! - вскричал он с таким увлечением, как будто это дело близко, родственно до него касалось и как будто умерший Б. был его брат родной. - Ничего! То-то ничего! А знаешь, Ваня, я ведь это заранее предчувствовал, что так с ним кончится, еще тогда, когда, помнишь, ты мне его всё расхваливал. Легко сказать: ничего не оставил! Гм... славу заслужил. Положим, может быть, и бессмертную славу, но ведь слава не накормит. Я, брат, и о тебе тогда же всё предугадал, Ваня; хвалил тебя, а про себя всё предугадал. Так умер Б.? Да и как не умереть! И житье хорошо и... место хорошее, смотри!

И он быстрым, невольным жестом руки указал мне на туманную перспективу улицы, освещенную слабо мерцающими в сырой мгле фонарями, на грязные дома, на сверкающие от сырости плиты тротуаров, на угрюмых, сердитых и промокших прохожих, на всю эту картину, которую обхватывал черный, как будто залитый тушью, купол петербургского неба. Мы выходили уж на площадь; перед нами во мраке вставал памятник, освещенный снизу газовыми рожками, и еще далее подымалась темная, огромная масса Исакия, неясно отделявшаяся от мрачного колорита неба.

- Ты ведь говорил, Ваня, что он был человек хороший, великодушный, симпатичный, с чувством, с сердцем. Ну, так вот они все таковы, люди-то с сердцем, симпатичные-то твои! Только и умеют, что сирот размножать! Гм... да и умирать-то, я думаю, ему было весело!.. Э-э-эх! Уехал бы куда-нибудь отсюда, хоть в Сибирь!.. Что ты, девочка? - спросил он вдруг, увидев на тротуаре ребенка, просившего милостыню.

Это была маленькая, худенькая девочка, лет семи-восьми, не больше, одетая в грязные отрепья; маленькие ножки ее были обуты на босу ногу в дырявые башмаки. Она силилась прикрыть свое дрожащее от холоду тельце каким-то ветхим подобием крошечного капота, из которого она давно уже успела вырасти. Тощее, бледное и больное ее личико было обращено к нам; она робко и безмолвно смотрела на нас и с каким-то покорным страхом отказа протягивала нам свою дрожащую ручонку. Старик так и задрожал весь, увидя ее, и так быстро к ней оборотился, что даже ее испугал. Она вздрогнула и отшатнулась от него.

- Что, что тебе, девочка? - вскричал он. - Что? Просишь? Да? Вот, вот тебе... возьми, вот!

И он, суетясь и дрожа от волнения, стал искать у себя в кармане и вынул две или три серебряные монетки. Но ему показалось мало; он достал портмоне и, вынув из него рублевую бумажку, - всё, что там было, - положил деньги в руку маленькой нищей.

- Христос тебя да сохранит, маленькая... дитя ты мое! Ангел божий да будет с тобою!

И он несколько раз дрожавшею рукою перекрестил бедняжку; но вдруг, увидав, что и я тут и смотрю на него, нахмурился и скорыми шагами пошел далее.

- Это я, видишь, Ваня, смотреть не могу, - начал он после довольно продолжительного сердитого молчания, - как эти маленькие, невинные создания дрогнут от холоду на улице... из-за проклятых матерей и отцов. А впрочем, какая же мать вышлет такого ребенка на такой ужас, если уж не самая несчастная!.. Должно быть, там в углу у ней еще сидят сироты, а это старшая; сама больна, старуха-то; и... гм! Не княжеские дети! Много, Ваня, на свете... не княжеских детей! гм!

Он помолчал с минуту, как бы затрудняясь чем-то.

- Я, видишь, Ваня, обещал Анне Андреевне, - начал он, немного путаясь и сбиваясь, - обещал ей... то есть, мы согласились вместе с Анной Андреевной сиротку какую-нибудь на воспитание взять... так, какую-нибудь; бедную то есть и маленькую, в дом, совсем; понимаешь? А то скучно нам, старикам, одним-то, гм... только видишь: Анна Андреевна что-то против этого восставать стала. Так ты поговори с ней, эдак знаешь, не от меня, а как бы с своей стороны... урезонь ее... понимаешь? Я давно тебя собирался об этом попросить... чтоб ты уговорил ее согласиться, а мне как-то неловко очень-то просить самому... ну, да что о пустяках толковать! Мне что девочка? и не нужна; так, для утехи... чтоб голос чей-нибудь детский слышать... а впрочем, по правде, я ведь для старухи это делаю; ей же веселее будет, чем с одним со мной. Но всё это вздор! Знаешь, Ваня, эдак мы долго не дойдем: возьмем-ка извозчика; идти далеко, а Анна Андреевна нас заждалась...

Было половина восьмого, когда мы приехали к Анне Андреевне.

ГЛАВА XII

Старики очень любили друг друга. И любовь, и долговременная свычка связали их неразрывно. Но Николай Сергеич не только теперь, но даже и прежде, в самые счастливые времена, был как-то несообщителен с своей Анной Андреевной, даже иногда суров, особливо при людях. В иных натурах, нежно и тонко чувствующих, бывает иногда какое-то упорство, какое-то целомудренное нежелание высказываться и выказывать даже милому себе существу свою нежность не только при людях, но даже и наедине; наедине еще больше; только изредка прорывается в них ласка, и прорывается тем горячее, тем порывистее, чем дольше она была сдержана. Таков отчасти был и старик Ихменев с своей Анной Андреевной, даже смолоду. Он уважал ее и любил беспредельно, несмотря на то что это была женщина только добрая и ничего больше не умевшая, как только любить его, и ужасно досадовал на то, что она в свою очередь была с ним, по простоте своей, даже иногда слишком и неосторожно наружу. Но после ухода Наташи они как-то нежнее стали друг к другу; они болезненно почувствовали, что остались одни на свете. И хотя Николай Сергеич становился иногда чрезвычайно угрюм, тем не менее оба они, даже на два часа, не могли расстаться друг с другом без тоски и без боли. О Наташе они как-то безмолвно условились не говорить ни слова, как будто ее и на свете не было. Анна Андреевна не осмеливалась даже намекать о ней ясно при муже, хотя это было для нее очень тяжело. Она давно уже простила Наташу в сердце своем. Между нами как-то установилось, чтоб с каждым приходом моим я приносил ей известие о ее милом, незабвенном дитяти.

Старушка становилась больна, если долго не получала известий, а когда я приходил с ними, интересовалась самою малейшею подробностию, расспрашивала с судорожным любопытством, "отводила душу" на моих рассказах и чуть не умерла от страха, когда Наташа однажды заболела, даже чуть было не пошла к ней сама. Но это был крайний случай. Сначала она даже и при мне не решалась выражать желание увидеться с дочерью и почти всегда после наших разговоров, когда, бывало, уже всё у меня выспросит, считала необходимостью как-то сжаться передо мною и непременно подтвердить, что хоть она и интересуется судьбою дочери, но все-таки Наташа такая преступница, которую и простить нельзя. Но всё это было напускное. Бывали случаи, когда Анна Андреевна тосковала до изнеможения, плакала, называла при мне Наташу самыми милыми именами, горько жаловалась на Николая Сергеича, а при нем начинала намекать, хоть и с большою осторожностью, на людскую гордость, на жестокосердие, на то, что мы не умеем прощать обид и что бог не простит непрощающих, но дальше этого при нем не высказывалась. В такие минуты старик тотчас же черствел и угрюмел, молчал, нахмурившись, или вдруг, обыкновенно чрезвычайно неловко и громко, заговаривал о другом, или, наконец, уходил к себе, оставляя нас одних и давая таким образом Анне Андреевне возможность вполне излить передо мной свое горе в слезах и сетованиях. Точно так же он уходил к себе всегда при моих посещениях, бывало только что успеет со мною поздороваться, чтоб дать мне время сообщить Анне Андреевне все последние новости о Наташе. Так сделал он и теперь.

- Я промок, - сказал он ей, только что ступив в комнату, - пойду-ка к себе, а ты, Ваня, тут посиди. Вот с ним история случилась, с квартирой; расскажи-ка ей. А я сейчас и ворочусь...

И он поспешил уйти, стараясь даже и не глядеть на нас, как будто совестясь, что сам же нас сводил вместе. В таких случаях, и особенно когда возвращался к нам, он становился всегда суров и желчен и со мной и с Анной Андреевной, даже придирчив, точно сам на себя злился и досадовал за свою мягкость и уступчивость.

- Вот он какой, - сказала старушка, оставившая со мной в последнее время всю чопорность и все свои задние мысли, - всегда-то он такой со мной; а ведь знает, что мы все его хитрости понимаем. Чего ж бы передо мной виды-то на себя напускать! Чужая я ему, что ли? Так он и с дочерью. Ведь простить-то бы мог, даже, может быть, и желает простить, господь его знает. По ночам плачет, сама слышала! А наружу крепится. Гордость его обуяла... Батюшка, Иван Петрович, рассказывай поскорее: куда он ходил?

- Николай Сергеич? Не знаю; я у вас хотел спросить.

- А я так и обмерла, как он вышел. Больной ведь он, в такую погоду, на ночь глядя; ну, думаю, верно, за чем-нибудь важным; а чему ж и быть-то важнее известного вам дела? Думаю я это про себя, а спросить-то и не смею. Ведь я теперь его ни о чем не смею расспрашивать. Господи боже, ведь так и обомлела и за него и за нее. Ну как, думаю, к ней пошел; уж не простить ли решился? Ведь он всё узнал, все последние известия об ней знает; я наверное полагаю, что знает, а откуда ему вести приходят, не придумаю. Больно уж тосковал он вчера, да и сегодня тоже. Да что же вы молчите! Говорите, батюшка, что там еще случилось? Как ангела божия ждала вас, все глаза высмотрела. Ну, что же, оставляет злодей-то Наташу?

Я тотчас же рассказал Анне Андреевне всё, что сам знал. С ней я был всегда и вполне откровенен. Я сообщил ей, что у Наташи с Алешей действительно как будто идет на разрыв и что это серьезнее, чем прежние их несогласия; что Наташа прислала мне вчера записку, в которой умоляла меня прийти к ней сегодня вечером, в девять часов, а потому я даже и не предполагал сегодня заходить к ним; завел же меня сам Николай Сергеич. Рассказал и объяснил ей подробно, что положение теперь вообще критическое; что отец Алеши, который недели две как воротился из отъезда, и слышать ничего не хочет, строго взялся за Алешу; но важнее всего, что Алеша, кажется, и сам не прочь от невесты и, слышно, что даже влюбился в нее. Прибавил я еще, что записка Наташи, сколько можно угадывать, написана ею в большом волнении; пишет она, что сегодня вечером всё решится, а что? - неизвестно; странно тоже, что пишет от вчерашнего дня, а назначает прийти сегодня, и час определила: девять часов. А потому я непременно должен идти, да и поскорее.

- Иди, иди, батюшка, непременно иди, - захлопотала старушка, - вот только он выйдет, ты чайку выпей... Ах, самовар-то не несут! Матрена! Что ж ты самовар? Разбойница, а не девка!.. Ну, так чайку-то выпьешь, найди предлог благовидный, да и ступай. А завтра непременно ко мне и всё расскажи; да пораньше забеги. Господи! Уж не вышло ли еще какой беды! Уж чего бы, кажется, хуже теперешнего! Ведь Николай-то Сергеич всё уж узнал, сердце мне говорит, что узнал. Я-то вот через Матрену много узнаю, а та через Агашу, а Агаша-то крестница Марьи Васильевны, что у князя в доме проживает... ну, да ведь ты сам знаешь. Сердит был сегодня ужасно мой, Николай-то. Я было то да се, а он чуть было не закричал на меня, а потом словно жалко ему стало, говорит: денег мало. Точно бы он из-за денег кричал. После обеда пошел было спать. Я заглянула к нему в щелку (щелка такая есть в дверях; он и не знает про нее), а он-то, голубчик, на коленях перед киотом богу молится. Как увидала я это, у меня и ноги подкосились. И чаю не пил и не спал, взял шапку и пошел. В пятом вышел. Я и спросить не посмела: закричал бы он на меня. Часто он кричать начал, всё больше на Матрену, а то и на меня; а как закричит, у меня тотчас ноги мертвеют и от сердца отрывается. Ведь только блажит, знаю, что блажит, а всё страшно. Богу целый час молилась, как он ушел, чтоб на благую мысль его навел. Где же записка-то ее, покажи-ка!

Я показал. Я знал, что у Анны Андреевны была одна любимая, заветная мысль, что Алеша, которого она звала то злодеем, то бесчувственным, глупым мальчишкой, женится наконец на Наташе и что отец его, князь Петр Александрович, ему это позволит. Она даже и проговаривалась передо мной, хотя в другие разы раскаивалась и отпиралась от слов своих. Но ни за что не посмела бы она высказать свои надежды при Николае Сергеиче, хотя и знала, что старик их подозревает в ней и даже не раз попрекал ее косвенным образом. Я думаю, он окончательно бы проклял Наташу и вырвал ее из своего сердца навеки, если б узнал про возможность этого брака.

41

Все мы так тогда думали. Он ждал дочь всеми желаниями своего сердца, но он ждал ее одну, раскаявшуюся, вырвавшую из своего сердца даже воспоминание о своем Алеше. Это было единственным условием прощения, хотя и не высказанным, но, глядя на него, понятным и несомненным.

- Бесхарактерный он, бесхарактерный мальчишка, бесхарактерный и жестокосердый, я всегда это говорила, - начала опять Анна Андреевна. - И воспитывать его не умели, так, ветрогон какой-то вышел; бросает ее за такую любовь, господи боже мой! Что с ней будет, с бедняжкой! И что он в новой-то нашел, удивляюсь!

- Я слышал, Анна Андреевна, - возразил я, - что эта невеста очаровательная девушка, да и Наталья Николаевна про нее то же говорила...

- А ты не верь! - перебила старушка. - Что за очаровательная? Для вас, щелкоперов, всякая очаровательная, только бы юбка болталась. А что Наташа ее хвалит, так это она по благородству души делает. Не умеет она удержать его, всё ему прощает, а сама страдает. Сколько уж раз он ей изменял! Злодеи жестокосердые! А на меня, Иван Петрович, просто ужас находит. Гордость всех обуяла. Смирил бы хоть мой-то себя, простил бы ее, мою голубку, да и привел бы сюда. Обняла б ее, посмотрела б на нее! Похудела она?

- Похудела, Анна Андреевна.

- Голубчик мой! А у меня, Иван Петрович, беда! Всю ночь да весь день сегодня проплакала... да что! После расскажу! Сколько раз я заикалась говорить ему издалека, чтоб простил-то; прямо-то не смею, так издалека, ловким этаким манером заговаривала. А у самой сердце так и замирает: рассердится, думаю, да и проклянет ее совсем! Проклятия-то я еще от него не слыхала... так вот и боюсь, чтоб проклятия не наложил. Тогда ведь что будет? Отец проклял, и бог покарает. Так и живу, каждый день дрожу от ужаса. Да и тебе, Иван Петрович, стыдно: кажется, в нашем доме взрос и отеческие ласки от всех у нас видел: тоже выдумал, очаровательная! А вот Марья Васильевна ихняя лучше говорит. (Я ведь согрешила, да ее раз на кофей и позвала, когда мой на всё утро по делам уезжал). Она мне всю подноготную объяснила. Князь-то, отец-то Алешин, с графиней-то в непозволительной связи находился. Графиня давно, говорят, попрекала его: что он на ней не женится, а тот всё отлынивал. А графиня-то эта, когда еще муж ее был жив, зазорным поведением отличалась. Умер муж-то - она за границу: всё итальянцы да французы пошли, баронов каких-то у себя завела; там и князя Петра Александровича подцепила. А падчерица ее, первого ее мужа, откупщика, дочь меж тем росла да росла. Графиня-то, мачеха-то, всё прожила, а Катерина Федоровна меж тем подросла, да и два миллиона, что ей отец-откупщик в ломбарде оставил, подросли. Теперь, говорят, у ней три миллиона; князь-то и смекнул: вот бы Алешу женить! (не промах! своего не пропустит). Граф-то, придворный-то, знатный-то, помнишь, родственник-то ихний, тоже согласен; три миллиона не шутка. Хорошо, говорит, поговорите с этой графиней. Князь и сообщает графине свое желание. Та и руками и ногами: без правил, говорят, женщина, буянка такая! Ее уже здесь не все, говорят, принимают; не то что за границей. Нет, говорит, ты, князь, сам на мне женись, а не бывать моей падчерице за Алешей. А девица-то, падчерица-то, души, говорят, в своей мачехе не слышит;

чуть на нее не молится и во всем ей послушна. Кроткая, говорят, такая, ангельская душа! Князь-то видит, в чем дело, да и говорит: ты, графиня, не беспокойся. Именье-то свое прожила, и долги на тебе неоплатные. А как твоя падчерица выйдет за Алешу, так их будет пара: и твоя невинная, и Алеша мой дурачок; мы их и возьмем под начало и будем сообща опекать; тогда и у тебя деньги будут. А то что, говорит, за меня замуж тебе идти? Хитрый человек! Масон! Так полгода тому назад было, графиня не решалась, а теперь, говорят, в Варшаву ездили, там и согласились. Вот как я слышала. Всё это Марья Васильевна мне рассказала, всю подноготную, от верного человека сама она слышала. Ну, так вот что тут: денежки, миллионы, а то что - очаровательная!

Рассказ Анны Андреевны меня поразил. Он совершенно согласовался со всем тем, что я сам недавно слышал от самого Алеши. Рассказывая, он храбрился, что ни за что не женится на деньгах. Но Катерина Федоровна поразила и увлекла его. Я слышал тоже от Алеши, что отец его сам, может быть, женится, хоть и отвергает эти слухи, чтоб не раздражить до времени графини. Я сказал уже, что Алеша очень любил отца, любовался и хвалился им и верил в него как в оракула.

- Ведь не графского же рода и она, твоя очаровательная-то!- продолжала Анна Андреевна, крайне раздраженная моей похвалой будущей невесте молодого князя.
- А Наташа ему еще лучше была бы партия. Та откупщица, а Наташа-то из старинного дворянского дома, высокоблагородная девица. Старик-то мой вчера (я забыла вам рассказать) сундучок свой отпер, кованый, - знаете? - да целый вечер против меня сидел да старые грамоты наши разбирал. Да серьезный такой сидит. Я чулок вяжу, да и не гляжу на него, боюсь. Так он видит, что я молчу, рассердился да сам и окликнул меня и целый-то вечер мне нашу родословную толковал. Так вот и выходит, что мы-то, Ихменевы-то, еще при Иване Васильевиче Грозном дворянами были, а что мой род, Шумиловых, еще при Алексее Михайловиче известен был, и документы есть у нас, и в истории Карамзина упомянуто. Так вот как, батюшка, мы, видно, тоже не хуже других с этой черты. Как начал мне старик толковать, я и поняла, что у него на уме. Знать, и ему обидно, что Наташей пренебрегают. Богатством только и взяли перед нами. Ну, да пусть тот, разбойник-то, Петр-то Александрович, о богатстве хлопочет; всем известно: жестокосердая, жадная душа. В иезуиты, говорят, тайно в Варшаве записался? Правда ли это?

- Глупый слух, - отвечал я, невольно заинтересованный устойчивостью этого слуха. Но известие о Николае Сергеиче, разбиравшем свои грамоты, было любопытно. Прежде он никогда не хвалился своею родословною.

- Всё злодеи жестокосердые! - продолжала Анна Андреевна, - ну, что же она, мой голубчик, горюет, плачет? Ах, пора тебе идти к ней! Матрена, Матрена! Разбойник, а не девка!.. Не оскорбляли ее? Говори же, Ваня.

Что было ей отвечать? Старушка заплакала. Я спросил, какая у ней еще случилась беда, про которую она мне давеча собиралась рассказать?

- Ах, батюшка, мало было одних бед, так, видно, еще не вся чаша выпита! Помнишь, голубчик, или не помнишь? был у меня медальончик, в золото оправленный, так для сувенира сделано, а в нем портрет Наташечки, в детских летах; восьми лет она тогда была, ангельчик мой. Еще тогда мы с Николаем Сергеичем его проезжему живописцу заказывали, да ты забыл, видно, батюшка!

Хороший был живописец, купидоном ее изобразил: волосики светленькие такие у ней тогда были, взбитые; в рубашечке кисейной представил ее, так что и тельце просвечивает, и такая она вышла хорошенькая, что и наглядеться нельзя. Просила я живописца, чтоб крылышки ей подрисовал, да не согласился живописец. Так вот, батюшка, я, после ужасов-то наших тогдашних, медальончик из шкатулки и вынула, да на грудь себе и повесила на шнурке, так и носила возле креста, а сама-то боюсь, чтоб мой не увидал. Ведь он тогда же все ее вещи приказал из дому выкинуть или сжечь, чтоб ничто и не напоминало про нее у нас. А мне-то хоть бы на портрет ее поглядеть; иной раз поплачу, на него глядя, - всё легче станет, а в другой раз, когда одна остаюсь, не нацелуюсь, как будто ее самое целую; имена нежные ей прибираю да и на ночь-то каждый раз перекрещу. Говорю с ней вслух, когда одна остаюсь, спрошу что-нибудь и представляю, как будто она мне ответила, и еще спрошу. Ох, голубчик Ваня, тяжело и рассказывать-то! Ну, вот я и рада, что хоть про медальон-то он не знает и не заметил; только хвать вчера утром, а медальона и нет, только шнурочек болтается, перетерся, должно быть, а я и обронила. Так и замерла. Искать; искала-искала, искала-искала - нет! Сгинул да пропал! И куда ему сгинуть? Наверно, думаю, в постели обронила; всё перерыла - нет! Коли сорвался да упал куда-нибудь, так, может, кто и нашел его, а кому найти, кроме него али Матрены? Ну, на Матрену и думать нельзя: она мне всей душой предана... (Матрена, да ты скоро ли самовар-то?) Ну, думаю, если он найдет, что тогда будет? Сижу себе, грущу, да и плачу-плачу, слез удержать не могу. А Николай Сергеич всё ласковей да ласковей со мной; на меня глядя, грустит, как будто и он знает, о чем я плачу, и жалеет меня. Вот и думаю про себя: почему он может знать? Не сыскал ли он и в самом деле медальон, да и выбросил в форточку. Ведь в сердцах он на это способен; выбросил, а сам теперь и грустит - жалеет, что выбросил. Уж я и под окошко, под форточкой, искать ходила с Матреной - ничего не нашла. Как в воду кануло. Всю ночь проплакала. Первый раз я ее на ночь не перекрестила. Ох, к худу это, к худу, Иван Петрович, не предвещает добра; другой день, глаз не осушая, плачу. Вас-то ждала, голубчика, как ангела божия, хоть душу отвести... И старушка горько заплакала.

- Ах, да, и забыла вам сообщить! - заговорила она вдруг, обрадовавшись, что вспомнила, - слышали вы от него что-нибудь про сиротку?

- Слышал, Анна Андреевна, говорил он мне, что будто вы оба надумались и согласились взять бедную девочку, сиротку, на воспитание. Правда ли это?

- И не думала, батюшка, и не думала! И никакой сиротки не хочу! Напоминать она мне будет горькую долю нашу, наше несчастье. Кроме Наташи, никого не хочу. Одна была дочь, одна и останется. А только что ж это значит, батюшка, что он сиротку-то выдумал? Как ты думаешь, Иван Петрович? Мне в утешение, что ль, на мои слезы глядя, аль чтоб родную дочь даже совсем из воспоминания изгнать да к другому детищу привязаться? Что он обо мне дорогой говорил с вами? Каков он вам показался - суровый, сердитый? Тс! Идет! После, батюшка, доскажете, после!.. Завтра-то прийти не забудь...

ГЛАВА XIII

Вошел старик. Он с любопытством и как будто чего-то стыдясь оглядел нас, нахмурился и подошел к столу.

- Что ж самовар, - спросил он, - неужели до сих пор не могли подать?

- Несут, батюшка, несут; ну, вот и принесли, - захлопотала Анна Андреевна.

Матрена тотчас же, как увидала Николая Сергеича, и явилась с самоваром, точно ждала его выхода, чтоб подать. Это была старая, испытанная и преданная служанка, но самая своенравная ворчунья из всех служанок в мире, с настойчивым и упрямым характером. Николая Сергеича она боялась и при нем всегда прикусывала язык. Зато вполне вознаграждала себя перед Анной Андреевной, грубила ей на каждом шагу и показывала явную претензию господствовать над своей госпожой, хотя в то же время душевно и искренно любила ее и Наташу. Эту Матрену я знал еще в Ихменевке.

- Гм... ведь неприятно, когда промокнешь; а тут тебе и чаю не хотят приготовить, - ворчал вполголоса старик.

Анна Андреевна тотчас же подмигнула мне на него. Он терпеть не мог этих таинственных подмигиваний и хоть в эту минуту и старался не смотреть на нас, но по лицу его можно было заметить, что Анна Андреевна именно теперь мне на него подмигнула и что он вполне это знает.

- По делам ходил, Ваня, - заговорил он вдруг. - Дрянь такая завелась. Говорил я тебе? Меня совсем осуждают. Доказательств, вишь, нет; бумаг нужных нет; справки неверны выходят... Гм...

Он говорил про свой процесс с князем; этот процесс всё еще тянулся, но принимал самое худое направление для Николая Сергеича. Я молчал, не зная, что ему отвечать. Он подозрительно взглянул на меня.

- А что ж! - подхватил он вдруг, как будто раздраженный нашим молчанием, - чем скорей, тем лучше. Подлецом меня не сделают, хоть и решат, что я должен заплатить. Со мной моя совесть, и пусть решают. По крайней мере дело кончено; развяжут, разорят... Брошу всё и уеду в Сибирь.

- Господи, куда ехать! Да зачем бы это в такую даль! - не утерпела не сказать Анна Андреевна.

- А здесь от чего близко? - грубо спросил он, как , бы обрадовавшись возражению.

- Ну, все-таки... от людей... - проговорила было Анна Андреевна и с тоскою взглянула на меня.

- От каких людей? - вскричал он, переводя горячий взгляд от меня на нее и обратно, - от каких людей? От грабителей, от клеветников, от предателей? Таких везде много; не беспокойся, и в Сибири найдем. А не хочешь со мной ехать, так, пожалуй, и оставайся; я не насилую.

- Батюшка, Николай Сергеич! Да на кого ж я без тебя останусь! - закричала бедная Анна Андреевна. - Ведь у меня, кроме тебя, в целом свете нет ник...

Она заикнулась, замолчала и обратила ко мне испуганный взгляд, как бы прося заступления и помощи. Старик был раздражен, ко всему придирался; противоречить ему было нельзя.

- Полноте, Анна Андреевна, - сказал я, - в Сибири совсем не так дурно, как кажется. Если случится несчастье и вам надо будет продать Ихменевку, то намерение Николая Сергеевича даже и очень хорошо. В Сибири можно найти порядочное частное место, и тогда...

- Ну, вот по крайней мере, хоть ты, Иван, дело говоришь. Я так и думал. Брошу всё и уеду.

- Ну, вот уж и не ожидала! - вскрикнула Анна Андреевна, всплеснув руками, - и ты, Ваня, туда же! Уж от тебя-то, Иван Петрович, не ожидала... Кажется, кроме ласки, вы от нас ничего не видали, а теперь...

- Ха-ха-ха! А ты чего ожидала! Да чем же мы жить-то здесь будем, подумай! Деньги прожиты, последнюю копейку добиваем! Уж не прикажешь ли к князю Петру Александровичу пойти да прощения просить?

Услышав про князя, старушка так и задрожала от страха. Чайная ложечка в ее руке звонко задребезжала о блюдечко.

- Нет, в самом деле, - подхватил Ихменев, разгорячая сам себя с злобною, упорною радостию, - как ты думаешь, Ваня, ведь, право, пойти! На что в Сибирь ехать! А лучше я вот завтра разоденусь, причешусь да приглажусь; Анна Андреевна манишку новую приготовит (к такому лицу уж нельзя иначе!), перчатки для полного бонтону купить да и пойти к его сиятельству: батюшка, ваше сиятельство, кормилец, отец родной! Прости и помилуй, дай кусок хлеба, - жена, дети маленькие!.. Так ли, Анна Андреевна? Этого ли хочешь?

- Батюшка... я ничего не хочу! Так, сдуру сказала; прости, коли в чем досадила, да только не кричи, - проговорила она, всё больше и больше дрожа от страха.

Я уверен, что в душе его всё ныло и перевертывалось в эту минуту, глядя на слезы и страх своей бедной подруги; я уверен, что ему было гораздо больнее, чем ей; но он не мог удержаться. Так бывает иногда с добрейшими, но слабонервными людьми, которые, несмотря на всю свою доброту, увлекаются до самонаслаждения собственным горем и гневом, ища высказаться во что бы то ни стало, даже до обиды другому, невиноватому и преимущественно всегда самому ближнему к себе человеку. У женщины, например, бывает иногда потребность чувствовать себя несчастною, обиженною, хотя бы не было ни обид, ни несчастий. Есть много мужчин, похожих в этом случае на женщин, и даже мужчин не слабых, в которых вовсе не так много женственного. Старик чувствовал потребность ссоры, хотя сам страдал от этой потребности.

Помню, у меня тут же мелькнула мысль: уж и в самом деле не сделал ли он перед этим какой-нибудь выходки, вроде предположений Анны Андреевны! Чего доброго, не надоумил ли его господь и не ходил ли он в самом деле к Наташе, да одумался дорогой, или что-нибудь не удалось, сорвалось в его намерении, - как и должно было случиться, - и вот он воротился домой, рассерженный и уничтоженный, стыдясь своих недавних желаний и чувств, ища, на ком сорвать сердце за свою же слабость, и выбирая именно тех, кого наиболее подозревал в таких же желаниях и чувствах. Может быть, желая простить дочь, он именно воображал себе восторг и радость своей бедной Анны Андреевны, и, при неудаче, разумеется, ей же первой и доставалось за это.

Но убитый вид ее, дрожавшей перед ним от страха, тронул его. Он как будто устыдился своего гнева и на минуту сдержал себя. Мы все молчали; я старался не глядеть на него. Но добрая минута тянулась недолго. Во что бы ни стало надо было высказаться, хотя бы взрывом, хотя бы проклятием.

- Видишь, Ваня, - сказал он вдруг, - мне жаль, мне не хотелось бы говорить, но пришло такое время, и я должен объясниться откровенно, без закорючек, как следует всякому прямому человеку... понимаешь, Ваня? Я рад, что ты пришел, и потому хочу громко сказать при тебе же, так, чтоб и другие слышали, что весь этот вздор, все эти слезы, вздохи, несчастья мне наконец надоели. То, что я вырвал из сердца моего, может быть с кровью и болью, никогда опять не воротится в мое сердце. Да! Я сказал и сделаю. Я говорю про то, что было полгода назад, понимаешь, Ваня! И говорю про это так откровенно, так прямо именно для того, чтоб ты никак не мог ошибиться в словах моих, - прибавил он, воспаленными глазами смотря на меня и, видимо, избегая испуганных взглядов жены. - Повторяю: это вздор; я не желаю!.. Меня именно бесит, что меня, как дурака, как самого низкого подлеца, все считают способным иметь такие низкие, такие слабые чувства... думают, что я с ума схожу от горя... Вздор! Я отбросил, я забыл старые чувства! Для меня нет воспоминаний... да! да! да! и да!..

Он вскочил со стула и ударил кулаком по столу так, что чашки зазвенели.

- Николай Сергеич! Неужели вам не жаль Анну Андреевну? Посмотрите, что вы над ней делаете, - сказал я, не в силах удержаться и почти с негодованием смотря на него. Но я только к огню подлил масла.

- Не жаль! - закричал он, задрожав и побледнев, - не жаль, потому что и меня не жалеют! Не жаль, потому что в моем же доме составляются заговоры против поруганной моей головы, за развратную дочь, достойную проклятия и всех наказаний!..

- Батюшка, Николай Сергеич, не проклинай!.. всё, что хочешь, только дочь не проклинай! - вскричала Анна Андреевна.

- Прокляну! - кричал старик вдвое громче, чем прежде, - потому что от меня же, обиженного, поруганного, требуют, чтоб я шел к этой проклятой и у ней же просил прощения! Да, да, это так! Этим мучат меня каждодневно, денно и нощно, у меня же в доме, слезами, вздохами, глупыми намеками! Хотят меня разжалобить... Смотри, смотри, Ваня, - прибавил он, поспешно вынимая дрожащими руками из бокового своего кармана бумаги, - вот тут выписки из нашего дела! По этому делу выходит теперь, что я вор, что я обманщик, что я обокрал моего благодетеля!.. Я ошельмован, опозорен из-за нее! Вот, вот, смотри, смотри!..

И он начал выбрасывать из бокового кармана своего сюртука разные бумаги, одну за другою, на стол, нетерпеливо отыскивая между ними ту, которую хотел мне показать; но нужная бумага, как нарочно, не отыскивалась. В нетерпении он рванул из кармана всё, что захватил в нем рукой, и вдруг - что-то звонко и тяжело упало на стол... Анна Андреевна вскрикнула. Это был потерянный медальон.

Я едва верил глазам своим. Кровь бросилась в голову старика и залила его щеки; он вздрогнул. Анна Андреевна стояла, сложив руки, и с мольбою смотрела на него.

Лицо ее просияло светлою, радостною надеждою. Эта краска в лице, это смущение старика перед нами... да, она не ошиблась, она понимала теперь, как пропал ее медальон!

Она поняла, что он нашел его, обрадовался своей находке и, может быть, дрожа от восторга, ревниво спрятал его у себя от всех глаз; что где-нибудь один, тихонько от всех, он с беспредельною любовью смотрел на личико своего возлюбленного дитяти, - смотрел и не мог насмотреться, что, может быть, он так же, как и бедная мать, запирался один от всех разговаривать с своей бесценной Наташей, выдумывать ее ответы, отвечать на них самому, а ночью, в мучительной тоске, с подавленными в груди рыданиями, ласкал и целовал милый образ и вместо проклятий призывал прощение и благословение на ту, которую не хотел видеть и проклинал перед всеми.

- Голубчик мой, так ты ее еще любишь! - вскричала Анна Андреевна, не удерживаясь более перед суровым отцом, за минуту проклинавшим ее Наташу.

Но лишь только он услышал ее крик, безумная ярость сверкнула в глазах его. Он схватил медальон, с силою бросил его на пол и с бешенством начал топтать ногою.

- Навеки, навеки будь проклята мною! - хрипел он, задыхаясь. - Навеки, навеки!

- Господи! - закричала старушка, - ее, ее! Мою Наташу! ее личико... топчет ногами! ногами!.. тиран! бесчувственный, жестокосердый гордец!

Услышав вопль жены, безумный старик остановился в ужасе от того, что сделалось. Вдруг он схватил с полу медальон и бросился вон из комнаты, но, сделав два шага, упал на колени, уперся руками на стоявший перед ним диван и в изнеможении склонил свою голову.

Он рыдал как дитя, как женщина. Рыдания теснили грудь его, как будто хотели ее разорвать. Грозный старик в одну минуту стал слабее ребенка. О, теперь уж он не мог проклинать; он уже не стыдился никого из нас и, в судорожном порыве любви, опять покрывал, при нас, бесчисленными поцелуями портрет, который за минуту назад топтал ногами. Казалось, вся нежность, вся любовь его к дочери, так долго в нем сдержанная, стремилась теперь вырваться наружу с неудержимою силою и силою порыва разбивала всё существо его.

- Прости, прости ее! - восклицала, рыдая, Анна Андреевна, склонившись над ним и обнимая его. - Вороти ее в родительский дом, голубчик, и сам бог на страшном суде своем зачтет тебе твое смирение и милосердие!..

- Нет, нет! Ни за что, никогда! - восклицал он хриплым, задушаемым голосом. - Никогда! Никогда!

ГЛАВА XIV

Я пришел к Наташе уже поздно, в десять часов. Она жила тогда на Фонтанке, у Семеновского моста, в грязном "капитальном" доме купца Колотушкина, в четвертом этаже. В первое время после ухода из дому она и Алеша жили в прекрасной квартире, небольшой, но красивой и удобной, в третьем этаже, на Литейной. Но скоро ресурсы молодого князя истощились. Учителем музыки он не сделался, но начал занимать и вошел в огромные для него долги. Деньги он употреблял на украшение квартиры, на подарки Наташе, которая восставала против его мотовства, журила его, иногда даже плакала. Чувствительный и проницательный сердцем, Алеша, иногда целую неделю обдумывавший с наслаждением, как бы ей что подарить и как-то она примет подарок, делавший из этого для себя настоящие праздники, с восторгом сообщавший мне заранее свои ожидания и мечты, впадал в уныние от ее журьбы и слез, так что его становилось жалко, а впоследствии между ними бывали из-за подарков упреки, огорчения и ссоры. Кроме того, Алеша много проживал денег тихонько от Наташи; увлекался за товарищами, изменял ей; ездил к разным Жозефинам и Миннам; а между тем он все-таки очень любил ее. Он любил ее как-то с мучением; часто он приходил ко мне расстроенный и грустный, говоря, что не стоит мизинчика своей Наташи; что он груб и зол, не в состоянии понимать ее и недостоин ее любви. Он был отчасти прав; между ними было совершенное неравенство; он чувствовал себя перед нею ребенком, да и она всегда считала его за ребенка. Со слезами каялся он мне в знакомстве с Жозефиной, в то же время умоляя не говорить об этом Наташе; и когда, робкий и трепещущий, он отправлялся, бывало, после всех этих откровенностей, со мною к ней (непременно со мною, уверяя, что боится взглянуть на нее после своего преступления и что я один могу поддержать его), то Наташа с первого же взгляда на него уже знала, в чем дело. Она была очень ревнива и, не понимаю каким образом, всегда прощала ему все его ветрености.

Обыкновенно так случалось: Алеша войдет со мною, робко заговорит с ней, с робкою нежностию смотрит ей в глаза. Она тотчас же угадает, что он виноват, но не покажет и вида, никогда не заговорит об этом первая, ничего не выпытывает, напротив, тотчас же удвоит к нему свои ласки, станет нежнее, веселее, - и это не была какая-нибудь игра или обдуманная хитрость с ее стороны. Нет; для этого прекрасного создания было какое-то бесконечное наслаждение прощать и миловать; как будто в самом процессе прощения Алеши она находила какую-то особенную, утонченную прелесть. Правда, тогда еще дело касалось одних Жозефин. Видя ее кроткую и прощающую, Алеша уже не мог утерпеть и тотчас же сам во всем каялся, без всякого спроса, - чтоб облегчить сердце и "быть по-прежнему", говорил он. Получив прощение, он приходил в восторг, иногда даже плакал от радости и умиления, целовал, обнимал ее. Потом тотчас же развеселялся и начинал с ребяческою откровенностью рассказывать все подробности своих похождений с Жозефиной, смеялся, хохотал, благословлял и восхвалял Наташу, и вечер кончался счастливо и весело. Когда прекратились у него все деньги, он начал продавать вещи. По настоянию Наташи отыскана была маленькая, но дешевая квартира на Фонтанке. Вещи продолжали продаваться, Наташа продала даже спои платья и стала искать работы; когда Алеша узнал об этом, отчаянию его не было пределов: он проклинал себя, кричал, что сам себя презирает, а между тем ничем не поправил дела. В настоящее время прекратились даже и эти последние ресурсы; оставалась только одна работа, но плата за нее была самая ничтожная.

С самого начала, когда они еще жили вместе, Алеша сильно поссорился за это с отцом. Тогдашние намерения князя женить сына на Катерине Федоровне Филимоновой, падчерице графини, были еще только в проекте, но он сильно настаивал на этом проекте; он возил Алешу к будущей невесте, уговаривал его стараться ей понравиться, убеждал его и строгостями и резонами; но дело расстроилось из-за графини. Тогда и отец стал смотреть на связь сына с Наташей сквозь пальцы, предоставляя всё времени, и надеялся, зная ветреность и легкомыслие Алеши, что любовь его скоро пройдет. О том же, что он может жениться на Наташе, князь, до самого последнего времени, почти перестал заботиться. Что же касается до любовников, то у них дело отлагалось до формального примирения с отцом и вообще до перемены обстоятельств. Впрочем, Наташа, видимо, не хотела заводить об этом разговоров. Алеша проговорился мне тайком, что отец как будто немножко и рад был всей этой истории: ему нравилось во всем этом деле унижение Ихменева. Для формы же он продолжал изъявлять свое неудовольствие сыну: уменьшил и без того небогатое содержание его (он был чрезвычайно с ним скуп), грозил отнять всё; но вскоре уехал в Польшу, за графиней, у которой были там дела, всё еще без устали преследуя свой проект сватовства. Правда, Алеша был еще слишком молод для женитьбы; но невеста была слишком богата, и упустить такой случай было невозможно. Князь добился наконец цели. До нас дошли слухи, что дело о сватовстве пошло наконец на лад. В то время, которое я описываю, князь только что воротился в Петербург. Сына он встретил ласково, но упорность его связи с Наташей неприятно изумила его. Он стал сомневаться, трусить. Строго и настоятельно потребовал он разрыва; но скоро догадался употребить гораздо лучшее средство и повез Алешу к графине. Ее падчерица была почти красавица, почти еще девочка, но с редким сердцем, с ясной, непорочной душой, весела, умна, нежна. Князь рассчитал, что все-таки полгода должны были взять свое, что Наташа уже не имела для его сына прелести новизны и что теперь он уже не такими глазами будет смотреть на будущую свою невесту, как полгода назад. Он угадал только отчасти... Алеша действительно увлекся. Прибавлю еще, что отец вдруг стал необыкновенно ласков к сыну (хотя все-таки не давал ему денег). Алеша чувствовал, что под этой лаской скрывается непреклонное, неизменное решение, и тосковал, - не так, впрочем, как бы он тосковал, если б не видал ежедневно Катерины Федоровны. Я знал, что он уже пятый день не показывался к Наташе. Идя к ней от Ихменевых, я тревожно угадывал, что бы такое она хотела сказать мне? Еще издали я различил свет в ее окне. Между нами уже давно было условлено, чтоб она ставила свечку на окно, если ей очень и непременно надо меня видеть, так что если мне случалось проходить близко (а это случалось почти каждый вечер), то я все-таки, по необыкновенному свету в окне, мог догадаться, что меня ждут и что я ей нужен. В последнее время она часто выставляла свечу...

ГЛАВА XV

Я застал Наташу одну. Она тихо ходила взад и вперед по комнате, сложа руки на груди, в глубокой задумчивости. Потухавший самовар стоял на столе и уже давно ожидал меня. Молча и с улыбкою протянула она мне руку. Лицо ее было бледно, с болезненным выражением. В улыбке ее было что-то страдальческое, нежное, терпеливое. Голубые ясные глаза ее стали как будто больше, чем прежде, волосы как будто гуще, - всё это так казалось от худобы и болезни.

- А я думала, ты уж не придешь, - сказала она, подавая мне руку, - хотела даже Мавру послать к тебе узнать; думала, не заболел ли опять?

- Нет, не заболел, меня задержали, сейчас расскажу. Ну что с тобой, Наташа? Что случилось?

- Ничего не случилось, - отвечала она, как бы удивленная. - А что?

- Да ты писала... вчера написала, чтоб пришел, да еще назначила час, чтоб не раньше, не позже; это как-то не по-обыкновенному.

- Ах, да! Это я его вчера ждала.

- Что ж он, всё еще не был?

- Нет. Я и думала: если не придет, так с тобой надо будет переговорить, - прибавила она, помолчав.

- А сегодня вечером ожидала его?

- Нет, не ждала; он вечером там.

- Что же ты думаешь, Наташа, он уж совсем никогда не придет?

- Разумеется, придет, - отвечала она, как-то особенно серьезно взглянув на меня.

Ей не нравилась скорость моих вопросов. Мы замолчали, продолжая ходить по комнате.

- Я всё тебя ждала, Ваня, - начала она вновь с улыбкой, - и знаешь, что делала? Ходила здесь взад и вперед и стихи наизусть читала; помнишь, - колокольчик, зимняя дорога: "Самовар мой кипит на дубовом столе...", мы еще вместе читали:

Улеглася метелица; путь озарен,
Ночь глядит миллионами тусклых очей...
....

И потом:
То вдруг слышится мне - страстный голос поет,
С колокольчиком дружно звеня:
"Ах, когда-то, когда-то мой милый придет,
Отдохнуть на груди у меня!
У меня ли не жизнь! Чуть заря на стекле
Начинает лучами с морозом играть,
Самовар мой кипит на дубовом столе,
И трещит моя печь, озаряя в угле
За цветной занавеской кровать..."

- Как это хорошо! Какие это мучительные стихи, Ваня, и какая фантастическая, раздающаяся картина. Канва одна, и только намечен узор, - вышивай что хочешь. Два ощущения: прежнее и последнее. Этот самовар, этот ситцевый занавес, - так это всё родное... Это как в мещанских домиках в уездном нашем городке; я и дом этот как будто вижу: новый, из бревен, еще досками не обшитый... А потом другая картина:
То вдруг слышится мне - тот же голос поет,
С колокольчиком грустно звеня:
"Где-то старый мой друг? Я боюсь, он войдет
И, ласкаясь, обнимет меня!

Что за жизнь у меня! - И тесна, и темна,
И скучна моя горница; дует в окно...
За окошком растет только вишня одна,
Да и та за промерзлым стеклом не видна
И, быть может, погибла давно.
Что за жизнь! Полинял пестрый полога цвет;
Я больная брожу и не еду к родным,
Побранить меня некому - милого нет...
Лишь старуха ворчит..."

- "Я больная брожу"... эта "больная", как тут хорошо поставлено! "Побранить меня некому", - сколько нежности, неги в этом стихе и мучений от воспоминаний, да еще мучений, которые сам вызвал, да и любуешься ими... Господи, как это хорошо! Как это бывает!

Она замолчала, как будто подавляя начинавшуюся горловую спазму.

- Голубчик мой, Ваня! - сказала она мне через минуту и вдруг опять замолчала, как будто сама забыла, что хотела сказать, или сказала так, без мысли, от какого-то внезапного ощущения.

Между тем мы всё прохаживались по комнате. Перед образом горела лампадка. В последнее время Наташа становилась всё набожнее и набожнее и не любила, когда об этом с ней заговаривали.

- Что, завтра праздник? - спросил я, - у тебя лампадка горит.

- Нет, не праздник... да что ж, Ваня, садись, должно быть устал. Хочешь чаю? Ведь ты еще не пил?

- Сядем, Наташа. Чай я пил.

- Да ты откуда теперь?

- От них. - Мы с ней всегда так называли родной дом.

- От них? Как ты успел? Сам зашел? Звали?..

Она засыпала меня вопросами. Лицо ее сделалось еще бледнее от волнения. Я рассказал ей подробно мою встречу с стариком, разговор с матерью, сцену с медальоном, - рассказал подробно и со всеми оттенками. Я никогда ничего не скрывал от нее. Она слушала жадно, ловя каждое мое слово. Слезы блеснули на ее глазах. Сцена с медальоном сильно ее взволновала.

- Постой, постой, Ваня, - говорила она, часто прерывая мой рассказ, - говори подробнее, всё, всё, как можно подробнее, ты не так подробно рассказываешь!..

Я повторил второй и третий раз, поминутно отвечая на ее беспрерывные вопросы о подробностях.

- И ты в самом деле думаешь, что он ходил ко мне?

- Не знаю, Наташа, и мнения даже составить не могу. Что грустит о тебе и любит тебя, это ясно; но что он ходил к тебе, это... это...

- И он целовал медальон? - перебила она, - что он говорил, когда целовал?

- Бессвязно, одни восклицания; называл тебя самыми нежными именами, звал тебя...

- Звал?

- Да.

Она тихо заплакала.

- Бедные! - сказала она. - А если он всё знает, - прибавила она после некоторого молчания, - так это не мудрено. Он и об отце Алеши имеет большие известия.

- Наташа, - сказал я робко, - пойдем к ним...

- Когда?- спросила она, побледнев и чуть-чуть привстав с кресел. Она думала, что я зову ее сейчас.

- Нет, Ваня, - прибавила она, положив мне обе руки на плечи и грустно улыбаясь, - нет, голубчик; это всегдашний твой разговор, но... не говори лучше об этом.

- Так неужели ж никогда, никогда не кончится этот ужасный раздор! - вскричал я грустно. - Неужели ж ты до того горда, что не хочешь сделать первый шаг! Он за тобою; ты должна его первая сделать. Может быть, отец только того и ждет, чтоб простить тебя... Он отец; он обижен тобою! Уважь его гордость; она законна, она естественна! Ты должна это сделать. Попробуй, и он простит тебя без всяких условий.

- Без условий! Это невозможно; и не упрекай меня, Ваня, напрасно. Я об этом дни и ночи думала и думаю. После того как я их покинула, может быть, не было дня, чтоб я об этом не думала. Да и сколько раз мы с тобой же об этом говорили! Ведь ты знаешь сам, что это невозможно!

- Попробуй!

- Нет, друг мой, нельзя. Если и попробую, то еще больше ожесточу его против себя. Безвозвратного не воротишь, и знаешь, чего именно тут воротить нельзя? Не воротишь этих детских, счастливых дней, которые я прожила вместе с ними. Если б отец и простил, то все-таки он бы не узнал меня теперь. Он любил еще девочку, большого ребенка. Он любовался моим детским простодушием; лаская, он еще гладил меня по голове, так же как когда я была еще семилетней девочкой и, сидя у него на коленях, пела ему мои детские песенки. С первого детства моего до самого последнего дня он приходил к моей кровати и крестил меня на ночь. За месяц до нашего несчастья он купил мне серьги, тихонько от меня (а я всё узнала), и радовался как ребенок, воображая, как я буду рада подарку, и ужасно рассердился на всех и на меня первую, когда узнал от меня же, что мне давно уже известно о покупке серег. За три дня до моего ухода он приметил, что я грустна, тотчас же и сам загрустил до болезни, и - как ты думаешь? - чтоб развеселить меня, он придумал взять билет в театр!.. Ей-богу, он хотел этим излечить меня! Повторяю тебе, он знал и любил девочку и не хотел и думать о том, что я когда-нибудь тоже стану женщиной... Ему это и в голову не приходило. Теперь же, если б я воротилась домой, он бы меня и не узнал. Если он и простит, то кого же встретит теперь? Я уж не та, уж не ребенок, я много прожила. Если я и угожу ему, он все-таки будет вздыхать о прошедшем счастье, тосковать, что я совсем не та, как прежде, когда еще он любил меня ребенком; а старое всегда лучше кажется! С мучениями вспоминается! О, как хорошо прошедшее, Ваня! - вскричала она, сама увлекаясь и прерывая себя этим восклицанием, с болью вырвавшимся из ее сердца.

- Это всё правда, - сказал я, - что ты говоришь, Наташа. Значит, ему надо теперь узнать и полюбить тебя вновь. А главное: узнать. Что ж? Он и полюбит тебя. Неужели ж ты думаешь, что он не в состоянии узнать и понять тебя, он, он, такое сердце!

- Ох, Ваня, не будь несправедлив! И что особенного во мне понимать? Я не про

53

то говорила. Видишь, что еще: отеческая любовь тоже ревнива. Ему обидно, что без него всё это началось и разрешилось с Алешей, а он не знал, проглядел. Он знает, что и не предчувствовал этого, и несчастные последствия нашей любви, мой побег, приписывает именно моей "неблагодарной" скрытности. Я не пришла к нему с самого начала, я не каялась потом перед ним в каждом движении моего сердца, с самого начала моей любви; напротив, я затаила всё в себе, я пряталась от него, и, уверяю тебя, Ваня, втайне ему это обиднее, оскорбительнее, чем самые последствия любви, - то, что я ушла от них и вся отдалась моему любовнику. Положим, он встретил бы меня теперь как отец, горячо и ласково, но семя вражды останется. На второй, на третий день начнутся огорчения, недоумения, попреки. К тому же он не простит без условий. Я, положим, скажу, и скажу правду, из глубины сердца, что понимаю, как его оскорбила, до какой степени перед ним виновата. И хоть мне и больно будет, если он не захочет понять, чего мне самой стоило всё это счастье с Алешей, какие я сама страдания перенесла, то я подавлю свою боль, всё перенесу, - но ему и этого будет мало. Он потребует от меня невозможного вознаграждения: он потребует, чтоб я прокляла мое прошедшее, прокляла Алешу и раскаялась в моей любви к нему. Он захочет невозможного-воротить прошедшее и вычеркнуть из нашей жизни последние полгода. Но я не прокляну никого, я не могу раскаяться... Уж так оно пришлось, так случилось... Нет, Ваня, теперь нельзя. Время еще не пришло.

- Когда же придет время?

- Не знаю... Надо как-нибудь выстрадать вновь наше будущее счастье; купить его какими-нибудь новыми муками. Страданием всё очищается... Ох, Ваня, сколько в жизни боли!

Я замолчал и задумчиво смотрел на нее.

- Что ты так смотришь на меня, Алеша, то бишь - Ваня? - проговорила она, ошибаясь и улыбнувшись своей ошибке.

- Я смотрю теперь на твою улыбку, Наташа. Где ты взяла ее? У тебя прежде не было такой.

- А что же в моей улыбке?

- Прежнее детское простодушие, правда, в ней еще есть... Но когда ты улыбаешься, точно в то же время у тебя как-нибудь сильно заболит на сердце. Вот ты похудела, Наташа, а волосы твои стали как будто гуще... Что это у тебя за платье? Это еще у них было сделано?

- Как ты меня любишь, Ваня! - отвечала она, ласково взглянув на меня. - Ну, а ты, что ты теперь делаешь? Как твои-то дела?

- Не изменились; всё роман пишу; да тяжело, не дается. Вдохновение выдохлось. Сплеча-то и можно бы написать, пожалуй, и занимательно бы вышло; да хорошую идею жаль портить. Эта из любимых. А к сроку непременно надо в журнал. Я даже думаю бросить роман и придумать повесть поскорее, так, что-нибудь легонькое и грациозное и отнюдь без мрачного направления... Это уж отнюдь... Все должны веселиться и радоваться!..

- Бедный ты труженик! А что Смит?

- Да Смит умер.

- Не приходил к тебе? Я серьезно говорю тебе, Ваня: ты болен, у тебя нервы расстроены, такие всё мечты. Когда ты мне рассказывал про наем этой квартиры, я всё это в тебе заметила. Что, квартира сыра, нехороша?

- Да! У меня еще случилась история, сегодня вечером... Впрочем, я потом расскажу.

Она меня уже не слушала и сидела в глубокой задумчивости.

- Не понимаю, как я могла уйти тогда от них; я в горячке была, - проговорила она наконец, смотря на меня таким взглядом, которым не ждала ответа.

Заговори я с ней в эту минуту, она бы и не слыхала меня.

- Ваня, - сказала она чуть слышным голосом, - я просила тебя за делом.

- Что такое?

- Я расстаюсь с ним.

- Рассталась или расстаешься?

- Надо кончить с этой жизнью. Я и звала тебя, чтоб выразить всё, всё, что накопилось теперь и что я скрывала от тебя до сих пор. - Она всегда так начинала со мной, поверяя мне свои тайные намерения, и всегда почти выходило, что все эти тайны я знал от нее же.

- Ах, Наташа, я тысячу раз это от тебя слышал! Конечно, вам жить вместе нельзя; ваша связь какая-то странная; между вами нет ничего общего. Но... достанет ли сил у тебя?

- Прежде были только намерения, Ваня; теперь же я решилась совсем. Я люблю его бесконечно, а между тем выходит, что я ему первый враг; я гублю его будущность. Надо освободить его. Жениться он на мне не может; он не в силах пойти против отца. Я тоже не хочу его связывать. И потому я даже рада, что он влюбился в невесту, которую ему сватают. Ему легче будет расстаться со мной. Я это должна! Это долг... Если я люблю его, то должна всем для него пожертвовать, должна доказать ему любовь мою, это долг! Не правда ли?

- Но ведь ты не уговоришь его.

- Я и не буду уговаривать. Я буду с ним по-прежнему, войди он хоть сейчас. Но я должна приискать средство, чтоб ему было легко оставить меня без угрызений совести. Вот что меня мучит, Ваня; помоги. Не присоветуешь ли чего-нибудь?

- Такое средство одно, - сказал я, - разлюбить его совсем и полюбить другого. Но вряд ли это будет средством. Ведь ты знаешь его характер? Вот он к тебе пять дней не ездит. Предположи, что он совсем оставил тебя; тебе стоит только написать ему, что ты сама его оставляешь, а он тотчас же прибежит к тебе.

- За что ты его не любишь, Ваня?

- Я!

- Да, ты, ты! Ты ему враг, тайный и явный! Ты не можешь говорить о нем без мщения. Я тысячу раз замечала, что тебе первое удовольствие унижать и чернить его! Именно чернить, я правду говорю!

- И тысячу раз уже говорила мне это. Довольно, Наташа; оставим этот разговор,

- Я бы хотела переехать на другую квартиру, - заговорила она опять после некоторого молчания. - Да ты не сердись, Ваня...

- Что ж, он придет и на другую квартиру, а я, ей-богу, не сержусь.

- Любовь сильна; новая любовь может удержать его. Если и воротится ко мне, так только разве на минуту, как ты думаешь?

- Не знаю, Наташа, в нем всё в высшей степени ни с чем не сообразно, он хочет и на той жениться и тебя любить. Он как-то может всё это вместе делать.

- Если б я знала наверно, что он любит ее, я бы решилась... Ваня! Не таи от меня ничего! Знаешь ты что-нибудь, чего мне не хочешь сказать, или нет?

Она смотрела на меня беспокойным, выпытывающим взглядом.

- Ничего не знаю, друг мой, даю тебе честное слово; с тобой я был всегда откровенен. Впрочем, я вот что еще думаю: может быть, он вовсе не влюблен в падчерицу графини так сильно, как мы думаем. Так, увлечение...

- Ты думаешь, Ваня? Боже, если б я это знала наверное! О, как бы я желала его видеть в эту минуту, только взглянуть на него. Я бы по лицу его всё узнала! И нет его! Нет его!

- Да разве ты ждешь его, Наташа?

- Нет, он у ней; я знаю; я посылала узнавать. Как бы я желала взглянуть и на нее... Послушай, Ваня, я скажу вздор, но неужели же мне никак нельзя ее увидеть, нигде нельзя с нею встретиться? Как ты думаешь?

Она с беспокойством ожидала, что я скажу.

- Увидать еще можно. Но ведь только увидать - мало.

- Довольно бы того хоть увидать, а там я бы и сама угадала. Послушай: я ведь так глупа стала; хожу-хожу здесь, всё одна, всё одна, - всё думаю; мысли как какой-то вихрь, так тяжело! Я и выдумала, Ваня: нельзя ли тебе с ней познакомиться? Ведь графиня (тогда ты сам рассказывал) хвалила твой роман; ты ведь ходишь иногда на вечера к князю Р *** ; она там бывает. Сделай, чтоб тебе ей там представили. А то, пожалуй, и Алеша мог бы тебя с ней познакомить. Вот ты бы мне всё и рассказал про нее.

- Наташа, друг мой, об этом после. А вот что: неужели ты серьезно думаешь, что у тебя достанет сил на разлуку? Посмотри теперь на себя: неужели ты покойна?

- Дос-та-нет! - отвечала она чуть слышно. - Всё для него! Вся жизнь моя для него! Но знаешь, Ваня, не могу я перенести, что он теперь у нее, обо мне позабыл, сидит возле нее, рассказывает, смеется, помнишь, как здесь, бывало, сидел... Смотрит ей прямо в глаза; он всегда так смотрит; и в мысль ему не приходит теперь, что я вот здесь... с тобой.

Она не докончила и с отчаянием взглянула на меня.

- Как же ты, Наташа, еще сейчас, только сейчас говорила...

- Пусть мы вместе, все вместе расстанемся! - перебила она с сверкающим взглядом. - Я сама его благословлю на это. Но тяжело, Ваня, когда он сам, первый, забудет меня? Ах, Ваня, какая это мука! Я сама не понимаю себя: умом выходит так, а на деле не так! Что со мною будет!

- Полно, полно, Наташа, успокойся!..

- И вот уже пять дней, каждый час, каждую минуту... Во сне ли, сплю ли - всё об нем, об нем! Знаешь, Ваня: пойдем туда, проводи меня!

- Полно, Наташа.

- Нет, пойдем! Я тебя только ждала, Ваня! Я уже три дня об этом думаю. Об этом-то деле я и писала к тебе... Ты меня должен проводить; ты не должен отказать мне в этом... Я тебя ждала... Три дня... Там сегодня вечер... он там... пойдем!

Она была как в бреду. В прихожей раздался шум; Мавра как будто спорила с кем-то.

- Стой, Наташа, кто это? - спросил я, - слушай! Она прислушалась с недоверчивою улыбкою и вдруг страшно побледнела.

- Боже мой! Кто там? - проговорила она чуть слышным голосом.

Она хотела было удержать меня, но я вышел в прихожую к Мавре. Так и есть! Это был Алеша. Он об чем-то расспрашивал Мавру; та сначала не пускала его.

- Откудова такой явился? - говорила она, как власть имеющая. - Что? Где рыскал? Ну уж иди, иди! А меня тебе не подмаслить! Ступай-ка; что-то ответишь?

- Я никого не боюсь! Я войду! - говорил Алеша, немного, впрочем, сконфузившись.

- Ну ступай! Прыток ты больно!

- И пойду! А! И вы здесь! - сказал он, увидев меня, - как это хорошо, что и вы здесь! Ну вот и я; видите; как же мне теперь...

- Да просто войдите, - отвечал я, - чего вы боитесь?

- Я ничего не боюсь, уверяю вас, потому что я, ей-богу, не виноват. Вы думаете, я виноват? Вот увидите, я сейчас оправдаюсь. Наташа, можно к тебе? - вскрикнул он с какой-то выделанною смелостию, остановясь перед затворенною дверью.

Никто не отвечал.

- Что ж это? - спросил он с беспокойством.

- Ничего, она сейчас там была, - отвечал я, - разве что-нибудь...

Алеша осторожно отворил дверь и робко окинул глазами комнату. Никого не было.

Вдруг он увидал ее в углу, между шкафом и окном. Она стояла там, как будто спрятавшись, ни жива ни мертва. Как вспомню об этом, до сих пор не могу не улыбнуться. Алеша тихо и осторожно подошел к ней.

- Наташа, что ты? Здравствуй, Наташа, - робко проговорил он, с каким-то испугом смотря на нее.

- Ну что ж, ну... ничего!.. - отвечала она в ужасном смущении, как будто она же и была виновата. - Ты... хочешь чаю?

- Наташа, послушай... - говорил Алеша, совершенно потерявшись. - Ты, может быть, уверена, что я виноват... Но я не виноват; я нисколько не виноват! Вот видишь ли, я тебе сейчас расскажу.

- Да зачем же это? - прошептала Наташа, - нет, нет, не надо... лучше дай руку и... кончено... как всегда... - И она вышла из угла; румянец стал показываться на щеках ее.

Она смотрела вниз, как будто боясь взглянуть на Алешу.

- О боже мой! - вскрикнул он в восторге, - если б только был виноват, я бы не смел, кажется, и взглянуть на нее после этого! Посмотрите, посмотрите! - кричал он, обращаясь ко мне, - вот: она считает меня виноватым; всё против меня, все видимости против меня! Я пять дней не езжу! Есть слухи, что я у невесты, - и что ж? Она уж прощает меня! Она уж говорит: "Дай руку, и кончено!" Наташа, голубчик мой, ангел мой, ангел мой! Я не виноват, и ты знай это! Я не виноват ни настолечко! Напротив! Напротив!

- Но... Но ведь ты теперь там... Тебя теперь туда звали... Как же ты здесь? Ко... который час?..

- Половина одиннадцатого! Я и был там... Но я сказался больным и уехал и -

это первый, первый раз в эти пять дней, что я свободен, что я был в состоянии урваться от них, и приехал к тебе, Наташа. То есть я мог и прежде приехать, но я нарочно не ехал! А почему? ты сейчас узнаешь, объясню; я затем и приехал, чтоб объяснить; только, ей-богу, в этот раз я ни в чем перед тобой не виноват, ни в чем! Ни в чем!

Наташа подняла голову и взглянула на него... Но ответный взгляд его сиял такою правдивостью, лицо его было так радостно, так честно, так весело, что не было возможности ему не поверить. Я думал, они вскрикнут и бросятся друг другу в объятия, как это уже несколько раз прежде бывало при подобных же примирениях. Но Наташа, как будто подавленная счастьем, опустила на грудь голову и вдруг... тихо заплакала. Тут уж Алеша не мог выдержать. Он бросился к ногам ее. Он целовал ее руки, ноги; он был как в исступлении. Я придвинул ей кресла. Она села. Ноги ее подкашивались.

ЧАСТЬ ВТОРАЯ

ГЛАВА I

Через минуту мы все смеялись как полуумные.

- Да дайте же, дайте мне рассказать, - покрывал нас всех Алеша своим звонким голосом. - Они думают, что всё это, как и прежде... что я с пустяками приехал... Я вам говорю, что у меня самое интересное дело. Да замолчите ли вы когда-нибудь!

Ему чрезвычайно хотелось рассказать. По виду его можно было судить, что у него важные новости. Но его приготовленная важность от наивной гордости владеть такими новостями тотчас же рассмешила Наташу. Я невольно засмеялся вслед за ней. И чем больше он сердился на нас, тем больше мы смеялись. Досада и потом детское отчаяние Алеши довели наконец нас до той степени, когда стоит только показать пальчик, как гоголевскому мичману, чтоб тотчас же и покатиться со смеху. Мавра, вышедшая из кухни, стояла в дверях и с серьезным негодованием смотрела на нас, досадуя, что не досталось Алеше хорошей головомойки от Наташи, как ожидала она с наслаждением все эти пять дней, и что вместо того все так веселы.

Наконец Наташа, видя, что наш смех обижает Алешу, перестала смеяться.

- Что же ты хочешь рассказать? - спросила она.

- А что, поставить, что ль, самовар? - спросила Мавра, без малейшего уважения перебивая Алешу.

- Ступай, Мавра, ступай, - отвечал он, махая на нее руками и торопясь прогнать ее. - Я буду рассказывать всё, что было, всё, что есть, и всё, что будет, потому что я всё это знаю. Вижу, друзья мои, вы хотите знать, где я был эти пять дней, - это-то я и хочу рассказать; а вы мне не даете. Ну, и, во-первых, я тебя всё время обманывал, Наташа, всё это время, давным-давно уж обманывал, и это-то и есть самое главное.

- Обманывал?

- Да, обманывал, уже целый месяц; еще до приезда отца начал; теперь пришло время полной откровенности. Месяц тому назад, когда еще отец не приезжал, я вдруг получил от него огромнейшее письмо и скрыл это от вас обоих. В письме он прямо и просто - и заметьте себе, таким серьезным тоном, что я даже испугался, - объявлял мне, что дело о моем сватовстве уже кончилось, что невеста моя совершенство; что я, разумеется, ее не стою, но что все-таки непременно должен на ней жениться. И потому, чтоб приготовлялся, чтоб выбил из головы все мои вздоры и так далее, и так далее, - ну, уж известно, какие это вздоры. Вот это-то письмо я от вас и утаил...

- Совсем не утаил! - перебила Наташа, - вот чем хвалится! Л выходит, что всё тотчас же нам рассказал. Я еще помню, как ты вдруг сделался такой послушный, такой нежный и не отходил от меня, точно провинился в чем-нибудь, и всё письмо нам по отрывкам и рассказал.

- Не может быть, главного, наверно, не рассказал. Может быть, вы оба угадали что-нибудь, это уж ваше дело, а я не рассказывал. Я скрыл и ужасно страдал.

- Я помню, Алеша, вы со мной тогда поминутно советовались и всё мне рассказали, отрывками, разумеется, в виде предположений, - прибавил я, смотря на Наташу.

- Всё рассказал! Уж не хвастайся, пожалуйста! - подхватила она. - Ну, что ты можешь скрыть? Ну, тебе ли быть обманщиком? Даже Мавра всё узнала. Знала ты, Мавра?

- Ну, как не знать! - отозвалась Мавра, просунув к нам свою голову, - всё в три же первые дни рассказал. Не тебе бы хитрить!

- Фу, какая досада с вами разговаривать! Ты всё это из злости делаешь, Наташа! А ты, Мавра, тоже ошибаешься. Я, помню, был тогда как сумасшедший; помнишь, Мавра?

- Как не помнить. Ты и теперь как сумасшедший.

- Нет, нет, я не про то говорю. Помнишь! Тогда еще у нас денег не было, и ты ходила мою сигарочницу серебряную закладывать; а главное, позволь тебе заметить, Мавра, ты ужасно передо мной забываешься. Это всё тебя Наташа приучила. Ну, положим, я действительно всё вам рассказал тогда же, отрывками (я это теперь припоминаю). Но тона, тона письма вы не знаете, а ведь в письме главное тон. Про это я и говорю.

- Ну, а какой же тон? - спросила Наташа.

- Послушай, Наташа, ты спрашиваешь - точно шутишь. Не шути. Уверяю тебя, это очень важно. Такой тон, что я и руки опустил. Никогда отец так со мной не говорил. То есть скорее Лиссабон провалится, чем не сбудется по его желанию; вот какой тон!

- Ну-ну, рассказывай; зачем же тебе надо было скрывать от меня?

- Ах, боже мой! да чтоб тебя не испугать. Я надеялся всё сам уладить. Ну, так вот, после этого письма, как только отец приехал, пошли мои муки. Я приготовился ему отвечать твердо, ясно, серьезно, да всё как-то не удавалось. А он даже и не расспрашивал; хитрец! Напротив, показывал такой вид, как будто уже всё дело решено и между нами уже не может быть никакого спора и недоумения. Слышишь, не может быть даже; такая самонадеянность! Со мной же стал такой ласковый, такой милый. Я просто удивлялся. Как он умен, Иван Петрович, если б вы знали! Он всё читал, всё знает; вы на него только один раз посмотрите, а уж он все ваши мысли, как свои, знает. Вот за это-то, верно, и прозвали его иезуитом. Наташа не любит, когда я его хвалю. Ты не сердись, Наташа. Ну, так вот... а кстати! Он мне денег сначала не давал, а теперь дал, вчера. Наташа! Ангел мой! Кончилась теперь наша бедность! Вот, смотри! Всё, что уменьшил мне в наказание, за все эти полгода, всё вчера додал; смотрите сколько; я еще не сосчитал. Мавра, смотри, сколько денег! Теперь уж не будем ложки да запонки закладывать!

Он вынул из кармана довольно толстую пачку денег, тысячи полторы серебром, и положил на стол. Мавра с удовольствием на нее посмотрела и похвалила Алешу. Наташа сильно торопила его.

- Ну, так вот - что мне делать, думаю? - продолжал Алеша, - ну как против него пойти? То есть, клянусь вам обоим, будь он зол со мной, а не такой добрый, я бы и не думал ни о чем. Я прямо бы сказал ему, что не хочу, что я уж сам вырос и стал человеком, и теперь - кончено! И, поверьте, настоял бы на своем. А тут - что я ему скажу? Но не вините и меня. Я вижу, ты как будто недовольна, Наташа. Чего вы оба переглядываетесь? Наверно, думаете: вот уж его сейчас и оплели и ни капли в нем твердости нет. Есть твердость, есть, и еще больше, чем вы думаете!

А доказательство, что, несмотря на мое положение, я тотчас же сказал себе: это мой долг; я должен всё, всё высказать отцу, и стал говорить, и высказал, и он меня выслушал.

- Да что же, что именно ты высказал? - с беспокойством спросила Наташа.

- А то, что не хочу никакой другой невесты, а что у меня есть своя, - это ты. То есть я прямо этого еще до сих пор не высказал, но я его приготовил к этому, а завтра скажу; так уж я решил. Сначала я стал говорить о том, что жениться на деньгах стыдно и неблагородно и что нам считать себя какими-то аристократами - просто глупо (я ведь с ним совершенно откровенно, как брат с братом). Потом объяснил ему тут же, что я tiers état и что tiers état c'est l'essentiel[3]; что я горжусь тем, что похож на всех, и не хочу ни от кого отличаться... Я говорил горячо, увлекательно. Я сам себе удивлялся. Я доказал ему наконец и с его точки зрения... я прямо сказал: какие мы князья? Только по роду; а в сущности что в нас княжеского? Особенного богатства, во-первых, нет, а богатство - главное. Нынче самый главный князь - Ротшильд. Во-вторых, в настоящем-то большом свете об нас уж давно не слыхивали. Последний был дядя, Семен Валковский, да тот только в Москве был известен, да и то тем, что последние триста душ прожил, и если б отец не нажил сам денег, то его внуки, может быть, сами бы землю пахали, как и есть такие князья. Так нечего и нам заноситься. Одним словом, я всё высказал, что у меня накипело, - всё, горячо и откровенно, даже еще прибавил кой-что. Он даже и не возражал, а просто начал меня упрекать, что я бросил дом графа Наинского, а потом сказал, что надо подмазаться к княгине К., моей крестной матери, и что если княгиня К. меня хорошо примет, так, значит, и везде

---

[3] третье сословие... третье сословие - это главное (франц.).

примут и карьера сделана, и пошел, и пошел расписывать! Это всё намеки на то, что я, как сошелся с тобой, Наташа, то всех их бросил; что это, стало быть, твое влияние. Но прямо он до сих пор не говорил про тебя, даже, видимо, избегает. Мы оба хитрим, выжидаем, ловим друг друга, и будь уверена, что и на нашей улице будет праздник.

- Да хорошо уж; чем же кончилось, как он-то решил? Вот что главное. И какой ты болтун, Алеша...

- А господь его знает, совсем и не разберешь, как он решил; а я вовсе не болтун, я дело говорю: он даже и не решал, а только на все мои рассуждения улыбался, но такой улыбкой, как будто ему жалко меня. Я ведь понимаю, что это унизительно, да я не стыжусь. Я, говорит, совершенно с тобой согласен, а вот поедем-ка к графу Наинскому, да смотри, там этого ничего не говори. Я-то тебя понимаю, да они-то тебя не поймут. Кажется, и его самого они все не совсем хорошо принимают; за что-то сердятся. Вообще в свете отца теперь что-то не любят! Граф сначала принимал меня чрезвычайно величаво, совсем свысока, даже совсем как будто забыл, что я вырос в его доме, припоминать начал, ей-богу! Он просто сердится на меня за неблагодарность, а, право, тут не было никакой от меня неблагодарности; в его доме ужасно скучно - ну, я и не ездил. Он и отца принял ужасно небрежно; так небрежно, так небрежно, что я даже не понимаю, как он туда ездит. Всё это меня возмутило. Бедный отец должен перед ним чуть не спину гнуть; я понимаю, что всё это для меня, да мне-то ничего не нужно. Я было хотел потом высказать отцу все мои чувства да удержался. Да и зачем! Убеждений его я не переменю, а только его раздосадую; а ему и без того тяжело. Ну, думаю, пущусь на хитрости, перехитрю их всех, заставлю графа уважать себя - и что ж? Тотчас же всего достиг, в какой-нибудь один день всё переменилось! Граф Наинский не знает теперь, куда меня посадить. И всё это я сделал, один я, через свою собственную хитрость, так что отец только руки расставил!..

- Послушай, Алеша, ты бы лучше рассказывал о деле! - вскричала нетерпеливая Наташа. - Я думала, ты что-нибудь про наше расскажешь, а тебе только хочется рассказать, как ты там отличился у графа Наинского. Какое мне дело до твоего графа!

- Какое дело! Слышите, Иван Петрович, какое дело? Да в этом-то и самое главное дело. Вот ты увидишь сама; всё под конец объяснится. Только дайте мне рассказать... А наконец (почему же не сказать откровенно!), вот что, Наташа, да и вы тоже, Иван Петрович, я, может быть, действительно иногда очень, очень нерассудителен; ну, да, положим даже (ведь иногда и это бывало), просто глуп. Но тут, уверяю вас, я выказал много хитрости... ну... и, наконец, даже ума; так что я думал, вы сами будете рады, что я не всегда же... неумен.

- Ах, что ты, Алеша, полно! Голубчик ты мой!..

Наташа сносить не могла, когда Алешу считали неумным. Сколько раз, бывало, она дулась на меня, не высказывая на словах, если я, не слишком церемонясь, доказывал Алеше, что он сделал какую-нибудь глупость; это было больное место в ее сердце. Она не могла снести унижения Алеши и, вероятно, тем более, что про себя сознавалась в его ограниченности. Но своего мнения отнюдь ему не высказывала и боялась этого, чтоб не оскорбить его самолюбия. Он же в этих случаях был как-то особенно проницателен и всегда угадывал ее тайные чувства. Наташа это видела и очень печалилась, тотчас же льстила ему, ласкала его. Вот почему теперь слова его больно отозвались в ее сердце...

- Полно, Алеша, ты только легкомыслен, а ты вовсе не такой, - прибавила она, - с чего ты себя унижаешь?

- Ну, и хорошо; ну, так вот и дайте мне досказать. После приема у графа отец даже разозлился на меня. Думаю, постой! Мы тогда ехали к княгине; я давно уже слышал, что она от старости почти из ума выжила и вдобавок глухая, и ужасно любит собачонок. У ней целая стая, и она души в них не слышит. Несмотря на всё это, она с огромным влиянием в свете, так что даже граф Наинский, le superbe[4], у ней antichambre делает[5]. Вот я дорогою и основал план всех дальнейших действий, и как вы думаете, на чем основал? На том, что меня все собаки любят, ей-богу! Я это заметил. Или во мне магнетизм какой-нибудь сидит, или потому, что я сам очень люблю всех животных, уж не знаю, только любят собаки, да и только! Кстати о магнетизме, я тебе еще не рассказывал, Наташа, мы на днях духов вызывали, я был у одного вызывателя; это ужасно любопытно, Иван Петрович, даже поразило меня. Я Юлия Цезаря вызывал.

- Ах, боже мой! Ну, зачем тебе Юлия Цезаря? - вскричала Наташа, заливаясь смехом. - Этого недоставало!

- Да почему же... точно я какой-нибудь... Почему же я не имею права вызвать Юлия Цезаря? Что ему сделается? Вот смеется!

- Да ничего, конечно, не сделается... ах, голубчик ты мой! Ну, что ж тебе сказал Юлий Цезарь?

- Да ничего не сказал. Я только держал карандаш, а карандаш сам ходил по бумаге и писал. Это, говорят, Юлий Цезарь пишет. Я этому не верю.

- Да что ж написал-то?

- Да написал что-то вроде "обмокни", как у Гоголя... да полно смеяться!

- Да рассказывай про княгиню-то!

- Ну, да вот вы всё меня перебиваете. Приехали мы к княгине, и я начал с того, что стал куртизанить с Мими. Эта Мими - старая, гадкая, самая мерзкая собачонка, к тому же упрямая и кусака. Княгиня без ума от нее, не надышит; она, кажется, ей ровесница. Я начал с того, что стал Мими конфетами прикармливать и в какие-нибудь десять минут выучил подавать лапку, чему во всю жизнь не могли ее выучить. Княгиня пришла просто в восторг; чуть не плачет от радости: "Мими! Мими! Мими лапку дает!" Приехал кто-то: "Мими лапку дает! Вот выучил крестник!" Граф Наинский вошел: "Мими лапку дает!" На меня смотрит чуть не со слезами умиления. Предобрейшая старушка; даже жалко ее. Я не промах, тут опять ей польстил: у ней на табакерке ее собственный портрет, когда еще она невестой была, лет шестьдесят назад. Вот и урони она табакерку, я подымаю да и говорю, точно не знаю: Quelle charmante peinture![6] Это идеальная красота! Ну, тут она уж совсем растаяла; со мной и о том и о сем, и где я учился, и у кого бываю, и какие у меня славные волосы, и пошла, и пошла. Я тоже: рассмешил ее, историю скандалезную ей рассказал. Она это любит; только пальцем мне погрозила, а

---

[4] гордец (франц.).
[5] является на поклон (франц.).
[6] Какое прелестное изображение! (франц.).

впрочем, очень смеялась. Отпускает меня - целует и крестит, требует, чтоб каждый день я приезжал ее развлекать. Граф мне руку жмет, глаза у него стали масленые; а отец, хоть он и добрейший, и честнейший, и благороднейший человек, но верьте или не верьте, а чуть не плакал от радости, когда мы вдвоем домой приехали; обнимал меня, в откровенности пустился, в какие-то таинственные откровенности, насчет карьеры, связей, денег, браков, так что я многого и не понял. Тут-то он и денег мне дал. Это вчера было. Завтра я опять к княгине, но отец все-таки благороднейший человек - не думайте чего-нибудь, и хоть отдаляет меня от тебя, Наташа, но это потому, что он ослеплен, потому что ему миллионов Катиных хочется, а у тебя их нет; и хочет он их для одного меня, и только по незнанию несправедлив к тебе. А какой отец не хочет счастья своему сыну? Ведь он не виноват, что привык считать в миллионах счастье. Так уж они все. Ведь смотреть на него нужно только с этой точки, не иначе, - вот он тотчас же и выйдет прав. Я нарочно спешил к тебе, Наташа, уверить тебя в этом, потому, я знаю, ты предубеждена против него и, разумеется, в этом не виновата. Я тебя не виню...

- Так только-то и случилось с тобой, что ты карьеру у княгини сделал? В этом и вся хитрость? - спросила Наташа.

- Какое! Что ты! Это только начало... я потому рассказал про княгиню, что, понимаешь, я через нее отца в руки возьму, а главная моя история еще и не начиналась.

- Ну, так рассказывай же!

- Со мной сегодня случилось еще происшествие, и даже очень странное, и я до сих пор еще поражен, - продолжал Алеша. - Надо вам заметить, что хоть у отца с графиней и порешено наше сватовство, но официально еще до сих пор решительно ничего не было, так что мы хоть сейчас разойдемся и никакого скандала; один только граф Наинский знает, но ведь это считается родственник и покровитель. Мало того, хоть я в эти две недели и очень сошелся с Катей, но до самого сегодняшнего вечера мы ни слова не говорили с ней о будущем, то есть о браке и... ну, и о любви. Кроме того, положено сначала испросить согласие княгини К., от которой ждут у нас всевозможного покровительства и золотых дождей. Что скажет она, то скажет и свет; у ней такие связи... А меня непременно хотят вывести в свет и в люди. Но особенно на всех этих распоряжениях настаивает графиня, мачеха Кати. Дело в том, что княгиня, за все ее заграничные штуки, пожалуй, еще ее и не примет, а княгиня не примет, так и другие, пожалуй, не примут; так вот и удобный случай - сватовство мое с Катей. И потому графиня, которая прежде была против сватовства, страшно обрадовалась сегодня моему успеху у княгини, но это в сторону, а вот что главное: Катерину Федоровну я знал еще с прошлого года; но ведь я был тогда еще мальчиком и ничего не мог понимать, а потому ничего и не разглядел тогда в ней...

- Просто ты тогда любил меня больше, - прервала Наташа, - оттого и не разглядел, а теперь...

- Ни слова, Наташа, - вскричал с жаром Алеша, - ты совершенно ошибаешься и меня оскорбляешь!.. Я даже не возражаю тебе; выслушай дальше, и ты всё увидишь... Ох, если б ты знала Катю! Если б ты знала, что это за нежная, ясная, голубиная душа! Но ты узнаешь; только дослушай до конца! Две недели тому назад, когда по приезде их отец повез меня к Кате, я стал в нее пристально вглядываться. Я заметил, что и она в меня вглядывается. Это завлекло мое любопытство вполне; уж я не говорю про то, что у меня было свое особенное намерение узнать ее поближе, - намерение еще с того самого письма от отца, которое меня так поразило. Не буду ничего говорить, не буду хвалить ее, скажу только одно: она яркое исключение из всего круга. Это такая своеобразная натура, такая сильная и правдивая душа, сильная именно своей чистотой и правдивостью, что я перед ней просто мальчик, младший брат ее, несмотря на то что ей всего только семнадцать лет. Одно еще я заметил: в ней много грусти, точно тайны какой-то; она неговорлива; в доме почти всегда молчит, точно запугана... Она как будто что-то обдумывает. Отца моего как будто боится. Мачеху не любит - я догадался об этом; это сама графиня распускает, для каких-то целей, что падчерица ее ужасно любит; всё это неправда: Катя только слушается ее беспрекословно и как будто уговорилась с ней в этом; четыре дня тому назад, после всех моих наблюдений, я решился исполнить мое намерение и сегодня вечером исполнил его. Это: рассказать всё Кате, признаться ей во всем, склонить ее на нашу сторону и тогда разом покончить дело...

- Как! Что рассказать, в чем признаться? - спросила с беспокойством Наташа.

- Всё, решительно всё, - отвечал Алеша, - и благодарю бога, который внушил мне эту мысль; но слушайте, слушайте! Четыре дня тому назад я решил так: удалиться от вас и кончить всё самому. Если б я был с вами, я бы всё колебался, я бы слушал вас и никогда бы не решился. Один же, поставив именно себя в такое положение, что каждую минуту должен был твердить себе, что надо кончить и что я должен кончить, я собрался с духом и - кончил! Я положил воротиться к вам с решением и воротился с решением!

- Что же, что же? Как было дело? Рассказывай поскорее!

- Очень просто! Я подошел к ней прямо, честно и смело... Но, во-первых, я должен вам рассказать один случай перед этим, который ужасно поразил меня. Перед тем как нам ехать, отец получил какое-то письмо. Я в это время входил в его кабинет и остановился у двери. Он не видал меня. Он до того был поражен этим письмом, что говорил сам с собою, восклицал что-то, вне себя ходил по комнате и наконец вдруг захохотал, а в руках письмо держит. Я даже побоялся войти, переждал еще и потом вошел. Отец был так рад чему-то, так рад; заговорил со мной как-то странно; потом вдруг прервал и велел мне тотчас же собираться ехать, хотя еще было очень рано. У них сегодня никого не было, только мы одни, и ты напрасно думала, Наташа, что там был званый вечер. Тебе не так передали...

- Ах, не отвлекайся, Алеша, пожалуйста; говори, как ты рассказывал всё Кате!

- Счастье в том, что мы с ней целых два часа оставались одни. Я просто объявил ей, что хоть нас и хотят сосватать, но брак наш невозможен; что в сердце моем все симпатии к ней и что она одна может спасти меня. Тут я открыл ей всё. Представь себе, она ничего не знала из нашей истории, про нас с тобой, Наташа! Если б ты могла видеть, как она была тронута; сначала даже испугалась. Побледнела вся. Я рассказал ей всю нашу историю: как ты бросила для меня свой дом, как мы жили одни, как мы теперь мучимся, боимся всего и что теперь мы прибегаем к ней (я и от твоего имени говорил, Наташа), чтоб она сама взяла нашу сторону и прямо сказала бы мачехе, что не хочет идти за меня, что в этом всё наше спасение и что нам более нечего ждать ниоткуда. Она с таким любопытством слушала, с такой симпатией. Какие у ней были глаза в ту минуту! Кажется, вся душа ее перешла в ее взгляд. У ней совсем голубые глаза. Она благодарила меня, что я не усомнился в ней, и дала слово помогать нам всеми силами. Потом о тебе стала расспрашивать, говорила, что очень хочет познакомиться с тобой, просила передать, что уже любит тебя как сестру и чтоб и ты ее любила как сестру, а когда узнала, что я уже пятый день тебя не видал, тотчас же стала гнать меня к тебе...

Наташа была тронута.

- И ты прежде этого мог рассказывать о своих подвигах у какой-то глухой княгини! Ах, Алеша, Алеша! - вскрикнула она, с упреком на него глядя. - Ну что ж Катя? Была рада, весела, когда отпускала тебя?

- Да, она была рада, что удалось ей сделать благородное дело, а сама плакала. Потому что она ведь тоже любит меня, Наташа! Она призналась, что начинала уже любить меня; что она людей не видит и что я понравился ей уже давно; она отличила меня особенно Потому, что кругом всё хитрость и ложь, а я показался ей человеком искренним и честным. Она встала и сказала: "Ну, бог с вами, Алексей Петрович, а я думала..." Не договорила, заплакала и ушла. Мы решили, что завтра же она и скажет мачехе, что не хочет за меня, и что завтра же я должен всё сказать отцу и высказать твердо и смело. Она упрекала меня, зачем я раньше ему не сказал: "Честный человек ничего не должен бояться!" Она такая благородная. Отца моего она тоже не любит; говорит, что он хитрый и ищет денег. Я защищал его; она мне не поверила. Если же не удастся завтра у отца (а она наверное думает, что не удастся), тогда и она соглашается, чтоб я прибегнул к покровительству княгини К. Тогда уже никто из них не осмелится идти против. Мы с ней дали друг другу слово быть как брат с сестрой. О, если б ты знала и ее историю, как она несчастна, с каким отвращением смотрит на свою жизнь у мачехи, на всю эту обстановку... Она прямо не говорила, точно и меня боялась, но я по некоторым словам угадал. Наташа, голубчик мой! Как бы залюбовалась она на тебя, если б увидала! И какое у ней сердце доброе! С ней так легко! Вы обе созданы быть одна другой сестрами и должны любить друг друга. Я всё об этом думал. И право: я бы свел вас обеих вместе, а сам бы стоял возле да любовался на вас. Не думай же чего-нибудь, Наташечка, и позволь мне про нее говорить. Мне именно с тобой хочется про нее говорить, а с ней про тебя. Ты ведь знаешь, что я тебя больше всех люблю, больше ее... Ты мое всё!

Наташа молча смотрела на него, ласково и как-то грустно. Его слова как будто ласкали и как будто чем-то мучили ее.

- И давно, еще две недели назад, я оценил Катю, - продолжал он. - Я ведь каждый вечер к ним ездил. Ворочусь, бывало, домой и всё думаю, всё думаю о вас обеих, всё сравниваю вас между собою.

- Которая же из нас выходила лучше? - спросила, улыбаясь, Наташа.

- Иной раз ты, другой она. Но ты всегда лучше оставалась. Когда же я говорю с ней, я всегда чувствую, что сам лучше становлюсь, умнее, благороднее как-то. Но завтра, завтра всё решится!

- И не жаль ее тебе? Ведь она любит тебя; ты говоришь, что сам это заметил?

- Жаль, Наташа! Но мы будем все трое любить друг друга, и тогда...

65

- А тогда и прощай! - проговорила тихо Наташа как будто про себя. Алеша с недоумением посмотрел на нее.

Но разговор наш вдруг был прерван самым неожиданным образом. В кухне, которая в то же время была и переднею, послышался легкий шум, как будто кто-то вошел. Через минуту Мавра отворила дверь и украдкой стала кивать Алеше, вызывая его. Все мы оборотились к ней.

- Там вот спрашивают тебя, пожалуй-ка, - сказала она каким-то таинственным голосом.

- Кто меня может теперь спрашивать? - проговорил Алеша, с недоумением глядя на нас. - Пойду!

В кухне стоял ливрейный лакей князя, его отца. Оказалось, что князь, возвращаясь домой, остановил свою карету у квартиры Наташи и послал узнать, у ней ли Алеша? Объявив это, лакей тотчас же вышел.

- Странно! Этого еще никогда не было, - говорил Алеша, в смущении нас оглядывая, - что это?

Наташа с беспокойством смотрела на него. Вдруг Мавра опять отворила к нам дверь.

- Сам идет, князь! - сказала она ускоренным шепотом и тотчас же спряталась.

Наташа побледнела и встала с места. Вдруг глаза ее загорелись. Она стала, слегка опершись на стол, и в волнении смотрела на дверь, в которую должен был войти незваный гость.

- Наташа, не бойся, ты со мной! Я не позволю обидеть тебя, - прошептал смущенный, но не потерявшийся Алеша.

Дверь отворилась, и на пороге явился сам князь Валковский своею собственною особою.

ГЛАВА II

Он окинул нас быстрым, внимательным взглядом. По этому взгляду еще нельзя было угадать: явился он врагом или другом? Но опишу подробно его наружность. В этот вечер он особенно поразил меня.

Я видел его и прежде. Это был человек лет сорока пяти, не больше, с правильными и чрезвычайно красивыми чертами лица, которого выражение изменялось судя по обстоятельствам; но изменялось резко, вполне, с необыкновенною быстротою, переходя от самого приятного до самого угрюмого или недовольного, как будто внезапно была передернута какая-то пружинка. Правильный овал лица несколько смуглого, превосходные зубы, маленькие и довольно тонкие губы, красиво обрисованные, прямой, несколько продолговатый нос, высокий лоб, на котором еще не видно было ни малейшей морщинки, серые, довольно большие глаза - всё это составляло почти красавца, а между тем лицо его не производило приятного впечатления. Это лицо именно отвращало от себя тем, что выражение его было как будто не свое, а всегда напускное, обдуманное, заимствованное, и какое-то слепое убеждение зарождалось в вас, что вы никогда и не добьетесь до настоящего его выражения. Вглядываясь пристальнее, вы начинали подозревать под всегдашней маской что-то злое, хитрое и в высочайшей степени эгоистическое. Особенно останавливали ваше внимание его прекрасные с виду глаза, серые, открытые. Они одни как будто не могли подчиняться его воле. Он бы и хотел смотреть мягко и ласково, но лучи его взглядов как будто раздваивались и между мягкими, ласковыми лучами мелькали жесткие, недоверчивые, пытливые, злые... Он был довольно высокого роста, сложен изящно, несколько худощаво и казался несравненно моложе своих лет. Темно-русые мягкие волосы его почти еще и не начинали седеть. Уши, руки, оконечности ног его были удивительно хороши. Это была вполне породистая красивость. Одет он был с утонченною изящностию и свежестию, но с некоторыми замашками молодого человека, что, впрочем, к нему шло. Он казался старшим братом Алеши. По крайней мере его никак нельзя было принять за отца такого взрослого сына.

Он подошел прямо к Наташе и сказал ей, твердо смотря на нее:

- Мой приход к вам в такой час и без доклада - странен и вне принятых правил; но я надеюсь, вы поверите, что, по крайней мере, я в состоянии сознать всю эксцентричность моего поступка. Я знаю тоже, с кем имею дело; знаю, что вы проницательны и великодушны. Подарите мне только десять минут, и я надеюсь, вы сами меня поймете и оправдаете.

Он выговорил всё это вежливо, но с силой и с какой-то настойчивостью.

- Садитесь, - сказала Наташа, еще не освободившаяся от первого смущения и некоторого испуга.

Он слегка поклонился и сел.

- Прежде всего позвольте мне сказать два слова ему, - начал он, указывая на сына. - Алеша, только что ты уехал, не дождавшись меня и даже не простясь с нами, графине доложили, что с Катериной Федоровной дурно. Она бросилась было к ней, но Катерина Федоровна вдруг вошла к нам сама, расстроенная и в сильном волнении. Она сказала нам прямо, что не может быть твоей женой. Она сказала еще, что пойдет в монастырь, что ты просил ее помощи и сам признался ей, что любишь Наталью Николаевну... Такое невероятное признание от Катерины Федоровны и, наконец, в такую минуту, разумеется, было вызвано чрезвычайною странностию твоего объяснения с нею. Она была почти вне себя. Ты понимаешь, как я был поражен и испуган. Проезжая теперь мимо, я заметил в ваших окнах огонь, - продолжал он, обращаясь к Наташе. - Тогда мысль, которая преследовала меня уже давно, до того вполне овладела мною, что я не в состоянии был противиться первому влечению и вошел к вам. Зачем? Скажу сейчас, но прошу наперед, не удивляйтесь некоторой резкости моего объяснения. Всё это так внезапно...

- Я надеюсь, что пойму и как должно... оценю то, что вы скажете, - проговорила, запинаясь, Наташа.

Князь пристально в нее всматривался, как будто спешил разучить ее вполне в одну какую-нибудь минуту.

- Я и надеюсь на вашу проницательность, - продолжал он, - и если позволил себе прийти к вам теперь, то именно потому, что знал, с кем имею дело. Я давно уже знаю вас, несмотря на то что когда-то был так несправедлив и виноват перед вами. Выслушайте: вы знаете, между мной и отцом вашим - давнишние неприятности. Не оправдываю себя; может быть, я более виноват перед ним, чем сколько полагал до сих пор. Но если так, то я сам был обманут. Я мнителен и сознаюсь в том. Я склонен подозревать дурное прежде хорошего - черта несчастная, свойственная сухому сердцу. Но я не имею привычки скрывать свои недостатки. Я поверил всем наговорам и, когда вы оставили ваших родителей, я ужаснулся за Алешу. Но я вас еще не знал. Справки, сделанные мною мало-помалу, ободрили меня совершенно. Я наблюдал, изучал и наконец убедился, что подозрения мои неосновательны. Я узнал, что вы рассорились с вашим семейством, знаю тоже, что ваш отец всеми силами против вашего брака с моим сыном. И уж одно то, что вы, имея такое влияние, такую, можно сказать, власть над Алешей, не воспользовались до сих пор этою властью и не заставили его жениться на себе, уж одно это выказывает вас со стороны слишком хорошей. И все-таки, сознаюсь перед вами вполне, я всеми силами решился тогда препятствовать всякой возможности вашего брака с моим сыном. Я знаю, я выражаюсь слишком откровенно, но в эту минуту откровенность с моей стороны нужнее всего; вы сами согласитесь с этим, когда меня дослушаете. Скоро после того, как вы оставили ваш дом, я уехал из Петербурга; но, уезжая, я уже не боялся за Алешу. Я надеялся на благородную гордость вашу. Я понял, что вы сами не хотели брака прежде окончания наших фамильных неприятностей; не хотели нарушать согласия между Алешей и мною, потому что я никогда бы не простил ему его брака с вами; не хотели тоже, чтоб сказали про вас, что вы искали жениха-князя и связей с нашим домом. Напротив, вы даже показали пренебрежение к нам и, может быть, ждали той минуты, когда я сам приду просить вас сделать нам честь отдать вашу руку моему сыну. Но все-таки я упорно оставался вашим недоброжелателем. Оправдывать себя не стану, но причин моих от вас не скрою. Вот они: вы не знатны и не богаты. Я хоть и имею состояние, но нам надо больше. Наша фамилия в упадке. Нам нужно связей и денег. Падчерица графини Зинаиды Федоровны хоть и без связей, но очень богата. Промедлить немного, и явились бы искатели и отбили бы у нас невесту; а нельзя было терять такой случай, и, несмотря на то что Алеша еще слишком молод, я решился его сватать. Видите, я не скрываю ничего. Вы можете с презрением смотреть на отца, который сам сознается в том, что наводил сына, из корысти и из предрассудков, на дурной поступок; потому что бросить великодушную девушку, пожертвовавшую ему всем и перед которой он так виноват, - это дурной поступок. Но не оправдываю себя. Вторая причина предполагавшегося брака моего сына с падчерицею графини Зинаиды Федоровны та, что эта девушка в высшей степени достойна любви и уважения. Она хороша собой, прекрасно воспитана, с превосходным характером и очень умна, хотя во многом еще ребенок. Алеша без характера, легкомыслен, чрезвычайно нерассудителен, в двадцать два года еще совершенно ребенок и разве только с одним достоинством, с добрым сердцем, - качество даже опасное при других недостатках. Уже давно я заметил, что мое влияние на него начинает уменьшаться: пылкость, юношеские увлечения берут свое и даже берут верх над некоторыми настоящими обязанностями. Я его, может быть, слишком горячо люблю, но убеждаюсь, что ему уже мало одного меня руководителем. А между тем он непременно должен быть под чьим-нибудь постоянным, благодетельным влиянием. Его натура подчиняющаяся, слабая, любящая, предпочитающая любить и повиноваться, чем повелевать. Так он и останется на всю свою жизнь. Можете себе представить, как я обрадовался, встретив в Катерине Федоровне идеал девушки, которую бы я желал в жены своему сыну. Но я обрадовался поздно; над ним уже неразрушимо царило другое влияние - ваше. Я зорко наблюдал его, воротясь месяц тому назад в Петербург, и с удивлением заметил в нем значительную перемену к лучшему. Легкомыслие, детскость - в нем почти еще те же, но в нем укрепились некоторые благородные внушения; он начинает интересоваться не одними игрушками, а тем, что возвышенно, благородно, честно. Идеи его странны, неустойчивы, иногда нелепы; но желания, влечения, но сердце - лучше, а это фундамент для всего; и всё это лучшее в нем - бесспорно от вас. Вы перевоспитали его. Признаюсь вам, у меня тогда же промелькнула мысль, что вы, более чем кто-нибудь, могли бы составить его счастье. Но я прогнал эту мысль, я не хотел этих мыслей. Мне надо было отвлечь его от вас во что бы то ни стало; я стал действовать и думал, что достиг своей цели. Еще час тому назад я думал, что победа на моей стороне. Но происшествие в доме графини разом перевернуло все мои предположения, и прежде всего меня поразил неожиданный факт: странная в Алеше серьезность, строгость привязанности к вам, упорство, живучесть этой привязанности. Повторяю вам: вы перевоспитали его окончательно. Я вдруг увидел, что перемена в нем идет еще дальше, чем даже я полагал. Сегодня он вдруг выказал передо мною признак ума, которого я отнюдь не подозревал в нем, и в то же время необыкновенную тонкость, догадливость сердца. Он выбрал самую верную дорогу, чтоб выйти из положения, которое считал затруднительным. Он затронул и возбудил самые благороднейшие способности человеческого сердца, именно - способность прощать и отплачивать за зло великодушием. Он отдался во власть обиженного им существа и прибег к нему же с просьбою об участии и помощи. Он затронул всю гордость женщины, уже любившей его, прямо признавшись ей, что у нее есть соперница, и в то же время возбудил в ней симпатию к ее сопернице, а для себя прощение и обещание бескорыстной братской дружбы. Идти на такое объяснение и в то же время не оскорбить, не обидеть - на это иногда не способны даже самые ловкие мудрецы, а способны именно сердца свежие, чистые и хорошо направленные, как у него. Я уверен, что вы, Наталья Николаевна, не участвовали в его сегодняшнем поступке ни словом, ни советом. Вы, может быть, только сейчас узнали обо всем от него же. Я не ошибаюсь? Не правда ли?

- Вы не ошибаетесь, - повторила Наташа, у которой пылало всё лицо и глаза сияли каким-то странным блеском, точно вдохновением. Диалектика князя начинала производить свое действие. - Я пять дней не видала Алеши, - прибавила она. - Всё это он сам выдумал, сам и исполнил.

- Непременно так, -подтвердил князь, -но, несмотря на то, вся эта неожиданная его прозорливость, вся эта решимость, сознание долга, наконец вся эта благородная твердость - всё это вследствие вашего влияния над ним. Всё это я окончательно сообразил и обдумал сейчас, едучи домой, а обдумав, вдруг ощутил в себе силу решиться. Сватовство наше с домом графини разрушено и восстановиться не может; но если б и могло - ему не бывать уже более. Что ж, если я сам убедился, что вы одна только можете составить его счастие, что вы - настоящий руководитель его, что вы уже положили начало его будущему счастью! Я не скрыл от вас ничего, не скрываю и теперь; я очень люблю карьеры, деньги, знатность, даже чины; сознательно считаю многое из этого предрассудком, но люблю эти предрассудки и решительно не хочу попирать их. Но есть обстоятельства, когда надо допустить и другие соображения, когда нельзя всё мерить на одну мерку... Кроме того, я люблю моего сына горячо. Одним словом, я пришел к заключению, что Алеша не должен разлучаться с вами, потому что без вас погибнет. И признаться ли? Я, может быть, целый месяц как решил это и только теперь сам узнал, что я решил справедливо. Конечно, чтоб высказать вам всё это, я бы мог посетить вас и завтра, а не беспокоить вас почти в полночь. Но теперешняя поспешность моя, может быть, покажет вам, как горячо и, главное, как искренно я берусь за это дело. Я не мальчик; я не мог бы в мои лета решиться на шаг необдуманный. Когда я входил сюда, уже всё было решено и обдумано. Но я чувствую, что мне еще долго надо будет ждать, чтоб убедить вас вполне в моей искренности... Но к делу! Объяснять ли мне теперь вам, зачем я пришел сюда? Я пришел, чтоб исполнить мой долг перед вами и - торжественно, со всем беспредельным моим к вам уважением, прошу вас осчастливить моего сына и отдать ему вашу руку. О, не считайте, что я явился как грозный отец, решившийся наконец простить моих детей и милостиво согласиться на их счастье. Нет! Нет! Вы унизите меня, предположив во мне такие мысли. Не сочтите тоже, что я был заранее уверен в вашем согласии, основываясь на том, чем вы пожертвовали для моего сына; опять нет! Я первый скажу вслух, что он вас не стоит и... (он добр и чистосердечен) - он сам подтвердит это. Но этого мало. Меня влекло сюда, в такой час, не одно это... я пришел сюда... (и он почтительно и с некоторою торжественностью приподнялся с своего места) я пришел сюда для того, чтоб стать вашим другом! Я знаю, я не имею на это ни малейшего права, напротив! Но - позвольте мне заслужить это право! Позвольте мне надеяться!

Почтительно наклонясь перед Наташей, он ждал ее ответа. Всё время, как он говорил, я пристально наблюдал его. Он заметил это.

Проговорил он свою речь холодно, с некоторыми притязаниями на диалектику, а в иных местах даже с некоторою небрежностью. Тон всей его речи даже иногда не соответствовал порыву, привлекшему его к нам в такой неурочный час для первого посещения и особенно при таких отношениях. Некоторые выражения его были приметно выделены, а в иных местах его длинной и странной своею длиннотою речи он как бы искусственно напускал на себя вид чудака, силящегося скрыть пробивающееся чувство под видом юмора, небрежности и шутки. Но всё это я сообразил потом; тогда же было другое дело. Последние слова он проговорил так одушевленно, с таким чувством, с таким видом самого искреннего уважения к Наташе, что победил нас всех. Даже что-то вроде слезы промелькнуло на его ресницах. Благородное сердце Наташи было побеждено совершенно. Она, вслед за ним, приподнялась с своего места и молча, в глубоком волнении протянула ему свою руку. Он взял ее и нежно, с чувством поцеловал. Алеша был вне себя от восторга.

- Что я говорил тебе, Наташа! - вскричал он. - Ты не верила мне! Ты не верила, что это благороднейший человек в мире! Видишь, видишь сама!..

Он бросился к отцу и горячо обнял его. Тот отвечал ему тем же, но поспешил сократить чувствительную сцену, как бы стыдясь выказать свои чувства.

- Довольно, - сказал он и взял свою шляпу, - я еду. Я просил у вас только десять минут, а просидел целый час, - прибавил он, усмехаясь. - Но я ухожу в самом горячем нетерпении свидеться с вами опять как можно скорее. Позволите ли мне посещать вас как можно чаще?

- Да, да! - отвечала Наташа, - как можно чаще! Я хочу поскорей... полюбить вас... - прибавила она в замешательстве.

- Как вы искренни, как вы честны! - сказал князь, улыбаясь словам ее. - Вы даже не хотите схитрить, чтоб сказать простую вежливость. Но ваша искренность дороже всех этих поддельных вежливостей. Да! Я сознаю, что я долго, долго еще должен заслуживать любовь вашу!

- Полноте, не хвалите меня... довольно! - шептала в смущении Наташа. Как хороша она была в эту минуту!

- Пусть так! - решил князь, - но еще два слова о деле. Можете ли вы представить, как я несчастлив! Ведь завтра я не могу быть у вас, ни завтра, ни послезавтра. Сегодня вечером я получил письмо, до того для меня важное (требующее немедленного моего участия в одном деле), что никаким образом я не могу избежать его. Завтра утром я уезжаю из Петербурга. Пожалуйста, не подумайте, что я зашел к вам так поздно именно потому, что завтра было бы некогда, ни завтра, ни послезавтра. Вы, разумеется, этого не подумаете, но вот вам образчик моей мнительности! Почему мне показалось, что вы непременно должны были это подумать? Да, много помешала мне эта мнительность в моей жизни, и весь раздор мой с семейством вашим, может быть, только последствия моего жалкого характера!.. Сегодня у нас вторник. В среду, в четверг, в пятницу меня не будет в Петербурге. В субботу же я непременно надеюсь воротиться и в тот же день буду у вас. Скажите, я могу прийти к вам на целый вечер?

- Непременно, непременно! - вскричала Наташа, - в субботу вечером я вас жду! С нетерпением жду!

- А как я-то счастлив! Я более и более буду узнавать вас! но... иду! И все-таки я не могу уйти, чтоб не пожать вашу руку, - продолжал он, вдруг обращаясь ко мне. - Извините! Мы все теперь говорим так бессвязно... Я имел уже несколько раз удовольствие встречаться с вами, и даже раз мы были представлены друг другу. Не могу выйти отсюда, не выразив, как бы мне приятно было возобновить с вами знакомство.

- Мы с вами встречались, это правда, - отвечал я, принимая его руку, - но, виноват, не помню, чтоб мы с вами знакомились.

- У князя Р. прошлого года.

- Виноват, забыл. Но, уверяю вас, в этот раз не забуду. Этот вечер для меня особенно памятен.

- Да, вы правы, мне тоже. Я давно знаю, что вы настоящий, искренний друг Натальи Николаевны и моего сына. Я надеюсь быть между вами троими четвертым. Не так ли? - прибавил он, обращаясь к Наташе.

- Да, он наш искренний друг, и мы должны быть все вместе! - отвечала с глубоким чувством Наташа. Бедненькая! Она так и засияла от радости, когда увидела, что князь не забыл подойти ко мне. Как она любила меня!

- Я встречал много поклонников вашего таланта, - продолжал князь, - и знаю двух самых искренних ваших почитательниц. Им так приятно будет узнать вас лично. Это графиня, мой лучший друг, и ее падчерица, Катерина Федоровна Филимонова. Позвольте мне надеяться, что вы не откажете мне в удовольствии представить вас этим дамам.

- Мне очень лестно, хотя теперь я мало имею знакомств...

- Но мне вы дадите ваш адрес! Где вы живете? Я буду иметь удовольствие...

- Я не принимаю у себя, князь, по крайней мере в настоящее время.

- Но я, хоть и не заслужил исключения... но...

- Извольте, если вы требуете, и мне очень приятно. Я живу в -м переулке, в доме Клугена.

- В доме Клугена! - вскричал он, как будто чем-то пораженный. - Как! Вы... давно там живете?

- Нет, недавно, - отвечал я, невольно в него всматриваясь. - Моя квартира сорок четвертый номер.

- В сорок четвертом? Вы живете... один?

- Совершенно один.

- Д-да! Я потому... что, кажется, знаю этот дом. Тем лучше... Я непременно буду у вас, непременно! Мне о многом нужно переговорить с вами, и я многого ожидаю от вас. Вы во многом можете обязать меня. Видите, я прямо начинаю с просьбы. Но до свидания! Еще раз вашу руку!

Он пожал руку мне и Алеше, еще раз поцеловал ручку Наташи и вышел, не пригласив Алешу следовать за собою.

Мы трое остались в большом смущении. Всё это случилось так неожиданно, так нечаянно. Все мы чувствовали, что в один миг всё изменилось и начинается что-то новое, неведомое. Алеша молча присел возле Наташи и тихо целовал ее руку. Изредка он заглядывал ей в лицо, как бы ожидая, что она скажет?

- Голубчик Алеша, поезжай завтра же к Катерине Федоровне, - проговорила наконец она.

- Я сам это думал, - отвечал он, - непременно поеду.

- А может быть, ей и тяжело будет тебя видеть... как сделать?

- Не знаю, друг мой. И про это я тоже думал. Я посмотрю... увижу... так и решу. А что, Наташа, ведь у нас всё теперь переменилось, - не утерпел не заговорить Алеша.

Она улыбнулась и посмотрела на него долгим и нежным взглядом.

- И какой он деликатный. Видел, какая у тебя бедная квартира, и ни слова...

- О чем?

- Ну... чтоб переехать на другую... или что-нибудь, - прибавил он, закрасневшись.

- Полно, Алеша, с какой же бы стати!

- То-то я и говорю, что он такой деликатный. А как хвалил тебя! Я ведь говорил тебе... говорил! Нет, он может всё понимать и чувствовать! А про меня как про ребенка говорил; все-то они меня так почитают! Да что ж, я ведь и в самом деле такой.

- Ты ребенок, да проницательнее нас всех. Добрый ты, Алеша!

- А он сказал, что мое доброе сердце вредит мне. Как это? Не понимаю. А знаешь что, Наташа. Не поехать ли мне поскорей к нему? Завтра чем свет у тебя буду.

- Поезжай, поезжай, голубчик. Это ты хорошо придумал. И непременно покажись ему, слышишь? А завтра приезжай как можно раньше. Теперь уж не будешь от меня по пяти дней бегать? - лукаво прибавила она, лаская его взглядом. Все мы были в какой-то тихой, в какой-то полной радости.

- Со мной, Ваня? - крикнул Алеша, выходя из комнаты.

- Нет, он останется; мы еще поговорим с тобой, Ваня. Смотри же, завтра чем свет!

- Чем свет! Прощай, Мавра!

Мавра была в сильном волнении. Она всё слышала, что говорил князь, всё подслушала, но многого не поняла. Ей бы хотелось угадать и расспросить. А покамест она смотрела так серьезно, даже гордо. Она тоже догадывалась, что многое изменилось.

Мы остались одни. Наташа взяла меня за руку и несколько времени молчала, как будто ища, что сказать.

- Устала я! - проговорила она наконец слабым голосом. - Слушай: ведь ты пойдешь завтра к нашим?

- Непременно.

- Маменьке скажи, а ему не говори.

- Да я ведь и без того никогда об тебе с ним не говорю.

- То-то; он и без того узнает. А ты замечай, что он скажет? Как примет? Господи, Ваня! Что, неужели ж он в самом деле проклянет меня за этот брак? Нет, не может быть!

- Всё должен уладить князь, - подхватил я поспешно. - Он должен непременно с ним помириться, а тогда и всё уладится.

- О боже мой! Если б! Если б! - с мольбою вскричала она.

- Не беспокойся, Наташа, всё уладится. На то идет. Она пристально поглядела на меня.

- Ваня! Что ты думаешь о князе?

- Если он говорил искренно, то, по-моему, он человек вполне благородный.

- Если он говорил искренно? Что это значит? Да разве он мог говорить неискренно?

- И мне тоже кажется, - отвечал я. "Стало быть, у ней мелькает какая-то мысль, - подумал я про себя. - Странно!"

- Ты всё смотрел на него... так пристально...

- Да, он немного странен; мне показалось.

- И мне тоже. Он как-то всё так говорит... Устала я, голубчик. Знаешь что? Ступай и ты домой. А завтра приходи ко мне как можно пораньше от них. Да слушай еще: это не обидно было, когда я сказала ему, что хочу поскорее полюбить его?

- Нет... почему ж обидно?

- И... не глупо? То есть ведь это значило, что покамест я еще не люблю его.

- Напротив, это было прекрасно, наивно, быстро. Ты так хороша была в эту минуту! Глуп будет он, если не поймет этого с своей великосветскостью.

- Ты как будто на него сердишься, Ваня? А какая, однако ж, я дурная, мнительная и какая тщеславная! Не смейся; я ведь перед тобой ничего не скрываю. Ах, Ваня, друг ты мой дорогой! Вот если я буду опять несчастна, если опять горе придет, ведь уж ты, верно, будешь здесь подле меня; один, может быть, и будешь! Чем заслужу я тебе за всё! Не проклинай меня никогда, Ваня!..

Воротясь домой, я тотчас же разделся и лег спать. В комнате у меня было сыро и темно, как в погребе. Много странных мыслей и ощущений бродило во мне, и я еще долго не мог заснуть.

Но как, должно быть, смеялся в эту минуту один человек, засыпая в комфортной своей постели, - если, впрочем, он еще удостоил усмехнуться над нами! Должно быть, не удостоил!

ГЛАВА III

На другое утро часов в десять, когда я выходил из квартиры, торопясь на Васильевский остров к Ихменевым, чтоб пройти от них поскорее к Наташе, я вдруг столкнулся в дверях со вчерашней посетительницей моей, внучкой Смита. Она входила ко мне. Не знаю почему, но, помню, я ей очень обрадовался. Вчера я еще и разглядеть не успел ее, и днем она еще более удивила меня. Да и трудно было встретить более странное, более оригинальное существо, по крайней мере по наружности. Маленькая, с сверкающими, черными, какими-то нерусскими глазами, с густейшими черными всклоченными волосами и с загадочным, немым и упорным взглядом, она могла остановить внимание даже всякого прохожего на улице. Особенно поражал ее взгляд: в нем сверкал ум, а вместе с тем и какая-то инквизиторская недоверчивость и даже подозрительность. Ветхое и грязное ее платьице при дневном свете еще больше вчерашнего походило на рубище. Мне казалось, что она больна в какой-нибудь медленной, упорной и постоянной болезни, постепенно, но неумолимо разрушающей ее организм. Бледное и худое ее лицо имело какой-то ненатуральный смугло-желтый, желчный оттенок. Но вообще, несмотря на всё безобразие нищеты и болезни, она была даже недурна собою. Брови ее были резкие, тонкие и красивые; особенно был хорош ее широкий лоб, немного низкий, и губы, прекрасно обрисованные, с какой-то гордой, смелой складкой, но бледные, чуть-чуть только окрашенные.

- Ах, ты опять! - вскричал я, - ну, я так и думал, что ты придешь. Войди же!

Она вошла, медленно переступив через порог, как и вчера, и недоверчиво озираясь кругом. Она внимательно осмотрела комнату, в которой жил ее дедушка, как будто отмечая, насколько изменилась комната от другого жильца. "Ну, каков дедушка, такова и внучка, - подумал я. - Уж не сумасшедшая ли она?" Она всё еще молчала; я ждал.

- За книжками! - прошептала она наконец, опустив глаза в землю.

- Ах, да! Твои книжки; вот они, возьми! Я нарочно их сберег для тебя.

Она с любопытством на меня посмотрела и как-то странно искривила рот, как будто хотела недоверчиво улыбнуться. Но позыв улыбки прошел и сменился тотчас же прежним суровым и загадочным выражением.

- А разве дедушка вам говорил про меня? - спросила она, иронически оглядывая меня с ног до головы.

- Нет, про тебя он не говорил, но он...

- А почему ж вы знали, что я приду? Кто вам сказал? - спросила она, быстро перебивая меня.

- Потому, мне казалось, твой дедушка не мог жить один, всеми оставленный. Он был такой старый, слабый; вот я и думал, что кто-нибудь ходил к нему. Возьми, вот твои книги. Ты по ним учишься?

- Нет.

- Зачем же они тебе?

- Меня учил дедушка, когда я ходила к нему.

- А разве потом не ходила?

- Потом не ходила... я больна сделалась, - прибавила она, как бы оправдываясь.

- Что ж у тебя, семья, мать, отец?

Она вдруг нахмурила свои брови и даже с каким-то испугом взглянула на меня. Потом потупилась, молча повернулась и тихо пошла из комнаты, не удостоив меня ответом, совершенно как вчера. Я с изумлением провожал ее глазами. Но она остановилась на пороге.

- Отчего он умер? - отрывисто спросила она, чуть-чуть оборотясь ко мне, совершенно с тем же жестом и движением, как и вчера, когда, тоже выходя и стоя лицом к дверям, спросила об Азорке.

Я подошел к ней и начал ей наскоро рассказывать. Она молча и пытливо слушала, потупив голову и стоя ко мне спиной. Я рассказал ей тоже, как старик, умирая, говорил про Шестую линию. "Я и догадался, - прибавил я, - что там, верно, кто-нибудь живет из дорогих ему, оттого и ждал, что придут о нем наведаться. Верно, он тебя любил, когда в последнюю минуту о тебе поминал".

- Нет, - прошептала она как бы невольно, - не любил.

Она была сильно взволнована. Рассказывая, я нагибался к ней и заглядывал в ее лицо. Я заметил, что она употребляла ужасные усилия подавить свое волнение, точно из гордости передо мной. Она всё больше и больше бледнела и крепко закусила свою нижнюю губу. Но особенно поразил меня странный стук ее сердца. Оно стучало всё сильнее и сильнее, так что, наконец, можно было слышать его за два, за три шага, как в аневризме. Я думал, что она вдруг разразится слезами, как и вчера; но она преодолела себя.

- А где забор?

- Какой забор?

- Под которым он умер.

- Я тебе покажу его... когда выйдем. Да, послушай, как тебя зовут?

- Не надо...

- Чего не надо?

- Не надо; ничего... никак не зовут, - отрывисто и как будто с досадой проговорила она и сделала движение уйти. Я остановил ее.

- Подожди, странная ты девочка! Ведь я тебе добра желаю; мне тебя жаль со вчерашнего дня, когда ты там в углу на лестнице плакала. Я вспомнить об этом не могу... К тому же твой дедушка у меня на руках умер, и, верно, он об тебе вспоминал, когда про Шестую линию говорил, значит, как будто тебя мне на руки оставлял. Он мне во сне снится... Вот и книжки я тебе сберег, а ты такая дикая, точно боишься меня. Ты, верно, очень бедна и сиротка, может быть, на чужих руках; так или нет?

Я убеждал ее горячо и сам не знаю, чем влекла она меня так к себе. В чувстве моем было еще что-то другое, кроме одной жалости. Таинственность ли всей обстановки, впечатление ли, произведенное Смитом, фантастичность ли моего собственного настроения, - не знаю, но что-то непреодолимо влекло меня к ней. Мои слова, казалось, ее тронули; она как-то странно поглядела на меня, но уж не сурово, а мягко и долго; потом опять потупилась как бы в раздумье.

- Елена, - вдруг прошептала она, неожиданно и чрезвычайно тихо.

- Это тебя зовут Елена?

- Да...

- Что же, ты будешь приходить ко мне?

- Нельзя... не знаю... приду, - прошептала она как бы в борьбе и раздумье. В эту минуту вдруг где-то ударили стенные часы. Она вздрогнула и, с невыразимой болезненной тоскою смотря на меня, прошептала:- Это который час?

- Должно быть, половина одиннадцатого. Она вскрикнула от испуга.

- Господи! - проговорила она и вдруг бросилась бежать. Но я остановил ее еще раз в сенях.

- Я тебя так не пущу, - сказал я. - Чего ты боишься? Ты опоздала?

- Да, да, я тихонько ушла! Пустите! Она будет бить меня! - закричала она, видимо проговорившись и вырываясь из моих рук.

- Слушай же и не рвись; тебе на Васильевский, и я туда же, в Тринадцатую линию. Я тоже опоздал и хочу взять извозчика. Хочешь со мной? Я довезу. Скорее, чем пешком-то...

- Ко мне нельзя, нельзя, - вскричала она еще в сильнейшем испуге. Даже черты ее исказились от какого-то ужаса при одной мысли, что я могу прийти туда, где она живет.

- Да говорю тебе, что я в Тринадцатую линию, по своему делу, а не к тебе! Не пойду я за тобою. На извозчике скоро доедем. Пойдем!

Мы поспешно сбежали вниз. Я взял первого попавшегося ваньку, на скверной гитаре. Видно, Елена очень торопилась, коли согласилась сесть со мною. Всего загадочнее было то, что я даже и расспрашивать ее не смел. Она так и замахала руками и чуть не соскочила с дрожек, когда я спросил, кого она дома так боится? "Что за таинственность?" - подумал я.

На дрожках ей было очень неловко сидеть. При каждом толчке она, чтоб удержаться, схватывалась за мое пальто левой рукой, грязной, маленькой, в каких-то цыпках. В другой руке она крепко держала свои книги; видно было по всему, что книги эти ей очень дороги.

Поправляясь, она вдруг обнажила свою ногу, и, к величайшему удивлению моему, я увидел, что она была в одних дырявых башмаках, без чулок. Хоть я и решился было ни о чем ее не расспрашивать, но тут опять не мог утерпеть.

- Неужели ж у тебя нет чулок? - спросил я. - Как можно ходить на босу ногу в такую сырость и в такой холод?

- Нет, - отвечала она отрывисто.

- Ах, боже мой, да ведь ты живешь же у кого-нибудь! Ты бы попросила у других чулки, коли надо было выйти.

- Я так сама хочу.

- Да ты заболеешь, умрешь.

- Пускай умру.

Она, видимо, не хотела отвечать и сердилась на мои вопросы.

- Вот здесь он и умер, - сказал я, указывая ей на дом, у которого умер старик.

Она пристально посмотрела и вдруг, с мольбою обратившись ко мне, сказала:

- Ради бога не ходите за мной. А я приду, приду! Как только можно будет, так и приду!

- Хорошо, я сказал уже, что не пойду к тебе. Но чего ты боишься! Ты, верно, какая-то несчастная. Мне больно смотреть на тебя...

- Я никого не боюсь, - отвечала она с каким-то раздражением в голосе.

- Но ты давеча сказала: "Она прибьет меня!"

- Пусть бьет! - отвечала она, и глаза ее засверкали. - Пусть бьет! Пусть бьет! - горько повторяла она, и верхняя губка ее как-то презрительно приподнялась и задрожала.

Наконец мы приехали на Васильевский. Она остановила извозчика в начале Шестой линии и спрыгнула с дрожек, с беспокойством озираясь кругом.

- Поезжайте прочь; я приду, приду! - повторяла она в страшном беспокойстве, умоляя меня не ходить за ней. - Ступайте же скорее, скорее!

Я поехал. Но, проехав по набережной несколько шагов, отпустил извозчика и, воротившись назад в Шестую линию, быстро перебежал на другую сторону улицы. Я увидел ее; она не успела еще много отойти, хотя шла очень скоро и всё оглядывалась; даже остановилась было на минутку, чтоб лучше высмотреть: иду ли я за ней или нет? Но я притаился в попавшихся мне воротах, и она меня не заметила. Она пошла далее, я за ней, всё по другой стороне улицы.

Любопытство мое было возбуждено в последней степени. Я хоть и решил не входить за ней, но непременно хотел узнать тот дом, в который она войдет, на всякий случай. Я был под влиянием тяжелого и странного впечатления, похожего на то, которое произвел во мне в кондитерской ее дедушка, когда умер Азорка...

ГЛАВА IV

Мы шли долго, до самого Малого проспекта. Она чуть не бежала; наконец вошла в лавочку. Я остановился подождать ее. "Ведь не живет же она в лавочке", - подумал я.

Действительно, через минуту она вышла, но уже книг с ней не было. Вместо книг в ее руках была какая-то глиняная чашка. Пройдя немного, она вошла в ворота одного невзрачного дома. Дом был небольшой, но каменный, старый, двухэтажный, окрашенный грязно-желтою краской. В одном из окон нижнего этажа, которых было всего три, торчал маленький красный гробик, - вывеска незначительного гробовщика. Окна верхнего этажа были чрезвычайно малые и совершенно квадратные, с тусклыми, зелеными и надтреснувшими стеклами, сквозь которые просвечивали розовые коленкоровые занавески. Я перешел через улицу, подошел к дому и прочел на железном листе, над воротами дома: дом мещанки Бубновой.

Но только что я успел разобрать надпись, как вдруг на дворе у Бубновой раздался пронзительный женский визг и затем ругательства. Я заглянул в калитку; на ступеньке деревянного крылечка стояла толстая баба, одетая как мещанка, в головке и в зеленой шали. Лицо ее было отвратительно-багрового цвета; маленькие, заплывшие и налитые кровью глаза сверкали от злости. Видно было, что она нетрезвая, несмотря на дообеденное время. Она визжала на бедную Елену, стоявшую перед ней в каком-то оцепенении с чашкой в руках. С лестницы из-за спины багровой бабы выглядывало полурастрепанное, набеленное и нарумяненное женское существо. Немного погодя отворилась дверь с подвальной лестницы в нижний этаж, и на ступеньках ее показалась, вероятно привлеченная криком, бедно одетая средних лет женщина, благообразной и скромной наружности. Из полуотворенной же двери выглядывали и другие жильцы нижнего этажа, дряхлый старик и девушка. Рослый и дюжий мужик, вероятно дворник, стоял посреди двора, с метлой в руке, и лениво посматривал на всю сцену.

- Ах ты, проклятая, ах ты, кровопивица, гнида ты эдакая! - визжала баба, залпом выпуская из себя все накопившиеся ругательства, большею частию без запятых и без точек, но с каким-то захлебыванием, - так-то ты за мое попеченье воздаешь, лохматая! За огурцами только послали ее, а она уж и улизнула! Сердце мое чувствовало, что улизнет, когда посылала. Ныло сердце мое, ныло! Вчера ввечеру все вихры ей за это же оттаскала, а она и сегодня бежать! Да куда тебе ходить, распутница, куда ходить! К кому ты ходишь, идол проклятый, лупоглазая гадина, яд, к кому! Говори, гниль болотная, или тут же тебя задушу!

И разъяренная баба бросилась на бедную девочку, но, увидав смотревшую с крыльца женщину, жилицу нижнего этажа, вдруг остановилась и, обращаясь к ней, завопила еще визгливее прежнего, размахивая руками, как будто беря ее в свидетельницы чудовищного преступления ее бедной жертвы.

- Мать издохла у ней! Сами знаете, добрые люди: одна ведь осталась как шиш на свете. Вижу у вас, бедных людей, на руках, самим есть нечего; дай, думаю, хоть для Николая-то Угодника потружусь, приму сироту. Приняла. Что ж бы вы думали? Вот уж два месяца содержу, - кровь она у меня в эти два месяца выпила, белое тело мое поела! Пиявка! Змей гремучий! Упорная сатана! Молчит, хоть бей, хоть брось, всё молчит; словно себе воды в рот наберет, - всё молчит! Сердце мое надрывает - молчит! Да за кого ты себя почитаешь, фря ты эдакая, облизьяна зеленая? Да без меня ты бы на улице с голоду померла. Ноги мои должна мыть да воду эту пить, изверг, черная ты шпага французская. Околела бы без меня!

- Да что вы, Анна Трифоновна, так себя надсаждаете? Чем она вам опять досадила? - почтительно спросила женщина, к которой обращалась разъяренная мегера.

- Как чем, добрая ты женщина, как чем? Не хочу, чтоб против меня шли! Не делай своего хорошего, а делай мое дурное, - вот я какова! Да она меня чуть в гроб сегодня не уходила! За огурцами в лавочку ее послала, а она через три часа воротилась! Сердце мое предчувствовало, когда посылала; ныло оно, ныло; ныло-ныло! Где была? Куда ходила? Каких себе покровителей нашла? Я ль ей не благодетельствовала! Да я ее поганке-матери четырнадцать целковых долгу простила, на свой счет похоронила, чертенка ее на воспитание взяла, милая ты женщина, знаешь, сама знаешь! Что ж, не вправе я над ней после этого? Она бы чувствовала, а вместо чувствия она супротив идет! Я ей счастья хотела. Я ее, поганку, в кисейных платьях водить хотела, в Гостином ботинки купила, как паву нарядила, - душа у праздника! Что ж бы вы думали, добрые люди! В два дня всё платье изорвала, в кусочки изорвала да в клочочки, да так и ходит, так и ходит! Да ведь что вы думаете, нарочно изорвала, - не хочу лгать, сама подглядела; хочу, дескать, в затрапезном ходить, не хочу в кисейном! Ну, отвела тогда душу над ней, исколотила ее, так ведь я лекаря потом призывала, ему деньги платила. А ведь задавить тебя, гнида ты эдакая, так только неделю молока не пить, - всего-то наказанья за тебя только положено! За наказание полы мыть ее заставила; что ж бы вы думали: моет! Моет, стерьва, моет! Горячит мое сердце, - моет! Ну, думаю: бежит она от меня! Да только подумала, глядь - она и бежала вчера! Сами слышали, добрые люди, как я вчера ее за это била, руки обколотила все об нее, чулки, башмаки отняла - не уйдет на босу ногу, думаю; а она и сегодня туда же! Где была? Говори! Кому, семя крапивное, жаловалась, кому на меня доносила? Говори, цыганка, маска привозная, говори!

И в исступлении она бросилась на обезумевшую от страха девочку, вцепилась ей в волосы и грянула ее оземь. Чашка с огурцами полетела в сторону и разбилась; это еще более усилило бешенство пьяной мегеры. Она била свою жертву по лицу, по голове; но Елена упорно молчала, и ни одного звука, ни одного крика, ни одной жалобы не проронила она, даже и под побоями. Я бросился на двор, почти не помня себя от негодования, прямо к пьяной бабе.

- Что вы делаете? как смеете вы так обращаться с бедной сиротой! - вскричал я, хватая эту фурию за руку.

- Это что! Да ты кто такой? - завизжала она, бросив Елену и подпершись руками в боки. - Вам что в моем доме угодно?

- То угодно, что вы безжалостная! - кричал я. - Как вы смеете так тиранить бедного ребенка? Она не ваша; я сам слышал, что она только ваш приемыш, бедная сирота...

- Господи Иисусе! - завопила фурия, - да ты кто таков навязался! Ты с ней пришел, что ли? Да я сейчас к частному приставу! Да меня сам Андрон Тимофеич как благородную почитает! Что она, к тебе, что ли, ходит? Кто такой? В чужой дом буянить пришел. Караул!

И она бросилась на меня с кулаками. Но в эту минуту вдруг раздался пронзительный, нечеловеческий крик. Я взглянул, - Елена, стоявшая как без чувств, вдруг с страшным, неестественным криком ударилась оземь и билась в страшных судорогах. Лицо ее исказилось. С ней был припадок падучей болезни.

Растрепанная девка и женщина снизу подбежали, подняли ее и поспешно понесли наверх.

- А хоть издохни, проклятая! - завизжала баба вслед за ней. - В месяц уж третий припадок... Вон, маклак! - и она снова бросилась на меня.

- Чего, дворник, стоишь? За что жалованье получаешь?

- Пошел! Пошел! Хочешь, чтоб шею нагладили, - лениво пробасил дворник, как бы для одной только проформы. - Двоим любо, третий не суйся. Поклон, да и вон!

Нечего делать, я вышел за ворота, убедившись, что выходка моя была совершенно бесполезна. Но негодование кипело во мне. Я стал на тротуаре против ворот и глядел в калитку. Только что я вышел, баба бросилась наверх, а дворник, сделав свое дело, тоже куда-то скрылся. Через минуту женщина, помогавшая снести Елену, сошла с крыльца, спеша к себе вниз. Увидев меня, она остановилась и с любопытством на меня поглядела. Ее доброе и смирное лицо ободрило меня. Я снова ступил на двор и прямо подошел к ней.

- Позвольте спросить, - начал я, - что такое здесь эта девочка и что делает с ней эта гадкая баба? Не думайте, пожалуйста, что я из простого любопытства расспрашиваю. Эту девочку я встречал и по одному обстоятельству очень ею интересуюсь.

- А коль интересуетесь, так вы бы лучше ее к себе взяли али место какое ей нашли, чем ей тут пропадать, - проговорила как бы нехотя женщина, делая движение уйти от меня.

- Но если вы меня не научите, что ж я сделаю? Говорю вам, я ничего не знаю. Это, верно, сама Бубнова, хозяйка дома?

- Сама хозяйка.

- Так как же девочка-то к ней попала? У ней здесь мать умерла?

- А так и попала... Не наше дело. - И она опять хотела уйти.

- Да сделайте же одолжение; говорю вам, меня это очень интересует. Я, может быть, что-нибудь и в состоянии сделать. Кто ж эта девочка? Кто была ее мать, - вы знаете?

- А словно из иностранок каких-то, приезжая; у нас внизу и жила; да больная такая; в чахотке и померла.

- Стало быть, была очень бедная, коли в углу в подвале жила?

- Ух, бедная! Всё сердце на нее изныло. Мы уж на што перебиваемся, а и нам шесть рублей в пять месяцев, что у нас прожила, задолжала. Мы и похоронили; муж и гроб делал.

- А как же Бубнова говорит, что она похоронила?

- Какое похоронила!

- А как была ее фамилия?

- А и не выговорю, батюшка; мудрено; немецкая, должно быть.

- Смит?

- Нет, что-то не так. А Анна Трифоновна сироту-то к себе и забрала; на воспитание, говорит. Да нехорошо оно вовсе...

- Верно, для целей каких-нибудь забрала?

- Нехорошие за ней дела, - отвечала женщина, как бы в раздумье и колеблясь: говорить или нет? - Нам что, мы посторонние...

- А ты бы лучше язык-то на привязи подержала! - раздался сзади нас мужской голос. Это был пожилых лет человек в халате и в кафтане сверх халата, с виду мещанин - мастеровой, муж моей собеседницы.

- Ей, батюшка, с вами нечего разговаривать; не наше это дело... - промолвил он, искоса оглядев меня. - А ты пошла! Прощайте, сударь; мы гробовщики. Коли что по мастерству надоть, с нашим полным удовольствием... А окромя того нечего нам с вами происходить...

Я вышел из этого дома в раздумье и в глубоком волнении. Сделать я ничего не мог, но чувствовал, что мне тяжело оставить всё это так. Некоторые слова гробовщицы особенно меня возмутили. Тут скрывалось какое-то нехорошее дело: я это предчувствовал.

Я шел, потупив голову и размышляя, как вдруг резкий голос окликнул меня по фамилии. Гляжу - передо мной стоит хмельной человек, чуть не покачиваясь, одетый довольно чисто, но в скверной шинели и в засаленном картузе. Лицо очень знакомое. Я стал всматриваться. Он подмигнул мне и иронически улыбнулся. - Не узнаешь?

ГЛАВА V

- А! Да это ты, Маслобоев! - вскричал я, вдруг узнав в нем прежнего школьного товарища, еще по губернской гимназии, -ну, встреча!

- Да, встреча! Лет шесть не встречались. То есть и встречались, да ваше превосходительство не удостоивали взглядом-с. Ведь вы генералы-с, литературные то есть-с!.. - Говоря это, он насмешливо улыбался.

- Ну, брат Маслобоев, это ты врешь, - прервал я его. - Во-первых, генералы, хоть бы и литературные, и с виду не такие бывают, как я, а второе, позволь тебе сказать, я действительно припоминаю, что раза два тебя на улице встретил, да ты сам видимо избегал меня, а мне что ж подходить, коли вижу, человек избегает. И знаешь, что я думаю? Не будь ты теперь хмелен, ты бы и теперь меня не окликнул. Не правда ли? Ну, здравствуй! Я, брат, очень, очень рад, что тебя встретил.

- Право! А не компрометирую я тебя моим... не тем видом? Ну, да нечего об этом расспрашивать; не суть важное; я, брат Ваня, всегда помню, какой ты был славный мальчуга. А помнишь, тебя за меня высекли? Ты смолчал, а меня не выдал, а я, вместо благодарности, над тобой же неделю трунил. Безгрешная ты душа! Здравствуй, душа моя, здравствуй! (Мы поцеловались). Ведь я уж сколько лет один маюсь, - день да ночь - сутки прочь, а старого не забыл. Не забывается! А ты-то, ты-то?

- Да что я-то, и я один маюсь...

Он долго глядел на меня с сильным чувством расслабленного от вина человека. Впрочем, он и без того был чрезвычайно добрый человек.

- Нет, Ваня, ты не то, что я! - проговорил он наконец трагическим тоном. - Я ведь читал; читал, Ваня, читал!.. Да послушай: поговорим по душе! Спешишь?

- Спешу; и, признаюсь тебе, ужасно расстроен одним делом. А вот что лучше: где ты живешь?

- Скажу. Но это не лучше; а сказать ли, что лучше?

- Ну, что?

- А вот что! Видишь? - И он указал мне на вывеску в десяти шагах от того места, где мы стояли, - видишь: кондитерская и ресторан, то есть попросту ресторация, но место хорошее. Предупрежу, помещение приличное, а водка, и не говори! Из Киева пешком пришла! Пил, многократно пил, знаю; а мне худого здесь и не смеют подать. Знают Филиппа Филиппыча. Я ведь Филипп Филиппыч. Что? Гримасничаешь? Нет, ты дай мне договорить. Теперь четверть двенадцатого, сейчас смотрел; ну, так ровно в тридцать пять минут двенадцатого я тебя и отпущу. А тем временем муху задавим. Двадцать минут на старого друга, - идет?

- Если только двадцать минут, то идет; потому, душа моя, ей-богу, дело...

- А идет, так идет. Только вот что, два слова прежде всего: лицо у тебя нехорошее, точно сейчас тебе чем надосадили, правда?

- Правда.

- То-то я и угадал. Я, брат, теперь в физиономистику пустился, тоже занятие! Ну, так пойдем, поговорим. В двадцать минут, во-первых, успею вздушить адмирала Чаинского и пропущу березовки, потом зорной, потом померанцевой, потом parfait amour[7], а потом еще что-нибудь изобрету. Пью, брат! Только по праздникам перед обедней и хорош. А ты хоть и не пей. Мне просто тебя одного надо. А выпьешь, особенное благородство души докажешь. Пойдем! Сболтнем слова два, да и опять лет на десять врозь. Я, брат, тебе, Ваня, не пара!

- Ну, да ты не болтай, а поскорей пойдем. Двадцать минут твои, а там и пусти.

В ресторацию надо было попасть, поднявшись по деревянной двухколенчатой лестнице с крылечком во второй этаж. Но на лестнице мы вдруг столкнулись с двумя сильно выпившими господами. Увидя нас, они, покачиваясь, посторонились.

Один из них был очень молодой и моложавый парень, еще безбородый, с едва пробивающимися усиками и с усиленно глуповатым выражением лица. Одет он был франтом, но как-то смешно: точно он был в чужом платье, с дорогими перстнями на пальцах, с дорогой булавкой в галстухе и чрезвычайно глупо причесанный, с каким-то коком. Он всё улыбался и хихикал. Товарищ его был уже лет пятидесяти, толстый, пузатый, одетый довольно небрежно, тоже с большой булавкой в галстухе, лысый и плешивый, с обрюзглым, пьяным и рябым лицом и в очках на носу, похожем на пуговку. Выражение этого лица было злое и чувственное. Скверные, злые и подозрительные глаза заплыли жиром и глядели как из щелочек. По-видимому, они оба знали Маслобоева, но пузан при встрече с нами скорчил досадную, хоть и мгновенную гримасу, а молодой так и ушел в какую-то подобострастно-сладкую улыбку. Он даже снял картуз. Он был в картузе.

- Простите, Филипп Филиппыч, - пробормотал он, умильно смотря на него.

- А что?

---

[7] Букв.: прекрасная любовь (франц.).

- Виноват-с... того-с... (он щелкнул по воротнику). Там Митрошка сидит-с. Так он, выходит, Филипп Филиппыч-с, подлец-с.

- Да что такое?

- Да уж так-с... А ему вот (он кивнул на товарища) на прошлой неделе, через того самого Митрошку-с, в неприличном месте рожу в сметане вымазали-с... кхи!

Товарищ с досадой подтолкнул его локтем.

- А вы бы с нами, Филипп Филиппыч, полдюжинки распили-с, у Дюссо-с, прикажете надеяться-с?

- Нет, батюшка, теперь нельзя, - отвечал Маслобоев. - Дело есть.

- Кхи! И у меня дельце есть, до вас-с... - Товарищ опять подтолкнул его локтем.

- После, после!

Маслобоев как-то видимо старался не смотреть на них. Но только что мы вошли в первую комнату, через которую, по всей длине ее, тянулся довольно опрятный прилавок, весь уставленный закусками, подовыми пирогами, расстегаями и графинами с настойками разных цветов, как Маслобоев быстро отвел меня в угол и сказал:

- Молодой - это купеческий сын Сизобрюхов, сын известного лабазника, получил полмиллиона после отца и теперь кутит. В Париж ездил, денег там видимо-невидимо убил, там бы, может, и всё просадил, да после дяди еще наследство получил и вернулся из Парижа; так здесь уж и добивает остальное. Через год-то он, разумеется, пойдет по миру. Глуп как гусь - и по первым ресторанам, и в подвалах и кабаках, и по актрисам, и в гусары просился - просьбу недавно подавал. Другой, пожилой, - Архипов, тоже что-то вроде купца или управляющего, шлялся и по откупам; бестия, шельма и теперешний товарищ Сизобрюхова, Иуда и Фальстаф, всё вместе, двукратный банкрот и отвратительно чувственная тварь, с разными вычурами. В этом роде я знаю за ним одно уголовное дело; вывернулся. По одному случаю я очень теперь рад, что его здесь встретил; я его ждал... Архипов, разумеется, обирает Сизобрюхова. Много разных закоулков знает, тем и драгоценен для этаких вьюношей. Я, брат, на него уже давно зубы точу. Точит на него зубы и Митрошка, вот тот молодцеватый парень, в богатой поддевке, - там, у окна стоит, цыганское лицо. Он лошадьми барышничает и со всеми здешними гусарами знаком. Я тебе скажу, такой плут, что в I лапах у тебя будет фальшивую бумажку делать, а ты хоть и видел, а все-таки ему ее разменяешь. Он в поддевке, правда в бархатной, и похож на славянофила (да это, по-моему, к нему и идет), а наряди его сейчас в великолепнейший фрак и тому подобное, отведи его в английский клуб да скажи там: такой-то, дескать, владетельный граф Барабанов, так там его два часа за графа почитать будут, - и в вист сыграет, и говорить по-графски будет, и не догадаются; надует. Он плохо кончит. Так вот этот Митрошка на пузана крепко зубы точит, потому у Митрошки теперь тонко, а пузан у него Сизобрюхова отбил, прежнего приятеля, с которого он не успел еще шерсточку обстричь. Если они сошлись теперь в ресторации, так тут, верно, какая-нибудь штука была, Я даже знаю какая и предугадываю, что Митрошка, а не кто другой, известил меня, что Архипов с Сизобрюховым будут здесь и шныряют по этим местам за каким-то скверным делом. Ненавистью Митрошки к Архипову я хочу воспользоваться, потому что имею свои причины; да и явился я здесь почти по этой причине. Виду же Митрошке не хочу показывать, да и ты на него не засматривался. Л когда будем выходить отсюда, то он, наверно, сам ко мне подойдет и скажет то, что мне надо... А теперь пойдем, Ваня, вон в ту комнату, видишь? Ну, Степан, - продолжал он, обращаясь к половому, - понимаешь, чего мне надо?

- Понимаю-с.

- И удовлетворишь?

- Удовлетворю-с.

- Удовлетвори. Садись, Ваня. Ну, что ты так на меня смотришь? Я вижу ведь, ты на меня смотришь. Удивляешься? Не удивляйся. Всё может с человеком случиться, что даже и не снилось ему никогда, и уж особенно тогда... ну, да хоть тогда, когда мы с тобой зубрили Корнелия Непота! Вот что, Ваня, верь одному: Маслобоев хоть и сбился с дороги, но сердце в нем то же осталось, а обстоятельства только переменились. Я хоть и в саже, да никого не гаже. И в доктора поступал, и в учителя отечественной словесности готовился, и об Гоголе статью написал, и в золотопромышленники хотел, и жениться собирался- жива-душа калачика хочет, и она соглашалась, хотя в доме такая благодать, что нечем кошки из избы было выманить. Я было уж к свадебной церемонии и сапоги крепкие занимать хотел, потому у самого были уж полтора года в дырьях... Да и не женился. Она за учителя вышла, а я стал в конторе служить, то есть не в коммерческой конторе, а так, просто в конторе. Ну, тут пошла музыка не та. Протекли годы, и я теперь хоть и не служу, но денежки наживаю удобно: взятки беру и за правду стою; молодец против овец, а против молодца и сам овца. Правила имею: знаю, например, что один в поле не воин, и - дело делаю. Дело же мое больше по подноготной части... понимаешь? . - Да ты уж не сыщик ли какой-нибудь?

- Нет, не то чтобы сыщик, а делами некоторыми занимаюсь, отчасти и официально, отчасти и по собственному призванию. Вот что, Ваня: водку пью. А так как ума я никогда не пропивал, то знаю и мою будущность. Время мое прошло, черного кобеля не отмоешь добела. Одно скажу: если б во мне не откликался еще человек, не подошел бы я сегодня к тебе, Ваня. Правда твоя, встречал я тебя, видал и прежде, много раз хотел подойти, да всё не смел, всё откладывал. Не стою я тебя. И правду ты сказал, Ваня, что если и подошел, так только потому, что хмельной. И хоть всё это сильнейшая ерунда, но мы обо мне покончим. Давай лучше о тебе говорить. Ну, душа: читал! Читал, ведь и я прочел! Я, дружище, про твоего первенца говорю. Как прочел - я, брат, чуть порядочным человеком не сделался! Чуть было; да только пораздумал и предпочел лучше остаться непорядочным человеком. Так-то...

И много еще он мне говорил. Он хмелел всё больше и больше и начал крепко умиляться, чуть не до слез. Маслобоев был всегда славный малый, но всегда себе на уме и развит как-то не по силам; хитрый, пронырливый, пролаз и крючок еще с самой школы, но в сущности человек не без сердца; погибший человек. Таких людей между русскими людьми много. Бывают они часто с большими способностями; но всё это в них как-то перепутывается, да сверх того они в состоянии сознательно идти против своей совести из слабости на известных пунктах, и не только всегда погибают, но и сами заранее знают, что идут к погибели. Маслобоев, между прочим, потонул в вине.

- Теперь, друг, еще одно слово, - продолжал он. - Слышал я, как твоя слава сперва прогремела; читал потом на тебя разные критики (право, читал; ты думаешь, я уж ничего не читаю); встречал тебя потом в худых сапогах, в грязи без калош, в обломанной шляпе и кой о чем догадался. По журналистам теперь промышляешь?

- Да, Маслобоев.

- Значит, в почтовые клячи записался?

- Похоже на то.

- Ну, так на это я, брат, вот что скажу: пить лучше! Я вот напьюсь, лягу себе на диван (а у меня диван славный, с пружинами) и думаю, что вот я, например, какой-нибудь Гомер или Дант, или какой-нибудь Фридрих Барбаруса, - ведь всё можно себе представить. Ну, а тебе нельзя представлять себе, что ты Дант или Фридрих Барбаруса, во-первых, потому что ты хочешь быть сам по себе, а во-вторых, потому что тебе всякое хотение запрещено, ибо ты почтовая кляча. У меня воображение, а у тебя действительность. Послушай же откровенно и прямо, по-братски (не то на десять лет обидишь и унизишь меня), - не надо ли денег? Есть. Да ты не гримасничай. Деньги возьми, расплатись с антрепренерами, скинь хомут, потом обеспечь себе целый год жизни и садись за любимую мысль, пиши великое произведение! А? Что скажешь?

- Слушай, Маслобоев! Братское твое предложение ценю, но ничего не могу теперь отвечать - а почему - долго рассказывать. Есть обстоятельства. Впрочем, обещаюсь: всё расскажу тебе потом, по-братски. За предложение благодарю: обещаюсь, что приду к тебе и приду много раз. Но вот в чем дело: ты со мной откровенен, а потому и я решаюсь спросить у тебя совета, тем более что ты в этих делах мастак.

И я рассказал ему всю историю Смита и его внучки, начиная с самой кондитерской. Странное дело: когда я рассказывал, мне по глазам его показалось, что он кой-что знает из этой истории. Я спросил его об этом.

- Нет, не то, - отвечал он. - Впрочем, так кой-что о Смите я слышал, что умер какой-то старик в кондитерской. А об мадам Бубновой я действительно кой-что знаю. С этой дамы я уж взял два месяца тому назад взятку. Je prends mon bien, où je le trouve 1 и только в этом смысле похож на Мольера. Но хотя я и содрал с нее сто рублей, все-таки я тогда же дал себе слово скрутить ее уже не на сто, а на пятьсот рублей. Скверная баба! Непозволительными делами занимается. Оно бы ничего, да иногда уж слишком до худого доходит. Ты не считай меня, пожалуйста, Дон-Кихотом. Дело всё в том, что может крепко мне перепасть, и когда я, полчаса тому назад, Сизобрюхова встретил, то очень обрадовался. Сизобрюхова, очевидно, сюда привели, и привел его пузан, а так как я знаю, по какого рода делам пузан особенно промышляет, то и заключаю... Ну, да уж я его накрою! Я очень рад, что от тебя про эту девочку услыхал; теперь я на другой след попал. Я ведь, брат, разными частными комиссиями занимаюсь, да еще с какими людьми знаком! Разыскивал я недавно одно дельце, для одного князя, так я тебе скажу - такое дельце, что от этого князя и ожидать нельзя было. А то, хочешь, другую историю про мужнюю жену расскажу? Ты, брат, ко мне ходи, я тебе таких сюжетов наготовил, что, опиши их, так не поверят тебе...

- А как фамилия того князя? - перебил я его, предчувствуя что-то.

- А тебе на что? Изволь: Валковский.

- Петр?

- Он. Ты знаком?

- Знаком, да не очень. Ну, Маслобоев, я об этом господине к тебе не раз понаведаюсь, - сказал я, вставая, - ты меня ужасно заинтересовал.

- Вот видишь, старый приятель, наведывайся сколько хочешь. Сказки я умею рассказывать, но ведь до известных пределов, - понимаешь? Не то кредит и честь потеряешь, деловую то есть, ну и так далее.

- Ну, насколько честь позволит.

Я был даже в волнении. Он это заметил.

- Ну, что ж теперь скажешь мне про ту историю, которую я сейчас тебе рассказал. Придумал ты что или нет?

- Про твою историю? А вот подожди меня две минутки; я расплачусь.

Он пошел к буфету и там, как бы нечаянно, вдруг очутился вместе с тем парнем в поддевке, которого так бесцеремонно звали Митрошкой. Мне показалось, что Маслобоев знал его несколько ближе, чем сам признавался мне. По крайней мере, видно было, что сошлись они теперь не в первый раз. Митрошка был с виду парень довольно оригинальный. В своей поддевке, в шелковой красной рубашке, с резкими, но благообразными чертами лица, еще довольно моложавый, смуглый, с смелым сверкающим взглядом, он производил и любопытное и не отталкивающее впечатление. Жест его был как-то выделанно удалой, а вместе с тем в настоящую минуту он, видимо, сдерживал себя, всего более желая себе придать вид чрезвычайной деловитости и солидности.

- Вот что, Ваня, - сказал Маслобоев, воротясь ко мне, - наведайся-ка ты сегодня ко мне в семь часов, так я, может, кой-что и скажу тебе. Один-то я, видишь ли, ничего не значу; прежде значил, а теперь только пьяница и удалился от дел. Но у меня остались прежние сношения; могу кой о чем разведать, с разными тонкими людьми перенюхаться; этим и беру; правда, в свободное, то есть трезвое, время и сам кой-что делаю, тоже через знакомых... больше по разведкам... Ну, да что тут! Довольно... Вот и адрес мой: в Шестилавочной. А теперь, брат, я уж слишком прокис. Пропущу еще золотую, да и домой. Полежу. Придешь - с Александрой Семеновной познакомлю, а будет время, о поэзии поговорим.

- Ну, а о том-то?

- Ну, и о том, может быть.

- Пожалуй, приду, наверно приду...

ГЛАВА VI

Анна Андреевна уже давно дожидалась меня. То, что я вчера сказал ей о записке Наташи, сильно завлекло ее любопытство, и она ждала меня гораздо раньше утром, по крайней мере часов в десять. Когда же я явился к ней во втором часу пополудни, то муки ожидания достигли в бедной старушке последней степени своей силы. Кроме того, ей очень хотелось объявить мне о своих новых надеждах, возродившихся в ней со вчерашнего дня, и об Николае Сергеиче, который со вчерашнего дня прихворнул, стал угрюм, а между тем и как-то особенно с нею нежен. Когда я появился, она приняла было меня с недовольной и холодной складкой в лице, едва цедила сквозь зубы и не показывала ни малейшего любопытства, как будто чуть не проговорила: "Зачем пришел? Охота тебе, батюшка, каждый день шляться". Она сердилась за поздний приход. Но я спешил и потому без дальнейших проволочек рассказал ей всю вчерашнюю сцену у Наташи. Как только старушка услышала о посещении старшего князя и о торжественном его предложении, как тотчас же соскочила с нее вся напускная хандра. Недостает у меня слов описать, как она обрадовалась, даже как-то потерялась, крестилась, плакала, клала перед образом земные поклоны, обнимала меня и хотела тотчас же бежать к Николаю Сергеичу и объявить ему свою радость.

- Помилуй, батюшка, ведь это он всё от разных унижений и оскорблений хандрит, а вот теперь узнает, что Наташе полное удовлетворение сделано, так мигом всё позабудет.

Насилу я отговорил ее. Добрая старушка, несмотря на то что двадцать пять лет прожила с мужем, еще плохо знала его. Ей ужасно тоже захотелось тотчас же поехать со мной к Наташе. Я представил ей, что Николай Сергеич не только, может быть, не одобрит ее поступка, но еще мы этим повредим всему делу. Насилу-то она одумалась, но продержала меня еще полчаса лишних и всё время говорила только сама. "С кем же я-то теперь останусь, - говорила она, - с такой радостью да сидя одна в четырех стенах?" Наконец я убедил ее отпустить меня, представив ей, что Наташа теперь ждет меня не дождется. Старушка перекрестила меня несколько раз на дорогу, послала особое благословение Наташе и чуть не заплакала, когда я решительно отказался прийти в тот же день еще раз, вечером, если с Наташей не случится чего особенного. Николая Сергеича в этот раз я не видал: он не спал всю ночь, жаловался на головную боль, на озноб и теперь спал в своем кабинете.

Тоже и Наташа прождала меня всё утро. Когда я вошел, она, по обыкновению своему, ходила по комнате, сложа руки и о чем-то раздумывая. Даже и теперь, когда я вспоминаю о ней, я не иначе представляю ее, как всегда одну в бедной комнатке, задумчивую, оставленную, ожидающую, с сложенными руками, с опущенными вниз глазами, расхаживающую бесцельно взад и вперед.

Она тихо, всё еще продолжая ходить, спросила, почему я так поздно? Я рассказал ей вкратце все мои похождения, но она меня почти и не слушала. Заметно было, что она чем-то очень озабочена. "Что нового?" - спросил я. "Нового ничего", - отвечала она, но с таким видом, по которому я тотчас догадался, что новое у ней есть и что она для того и ждала меня, чтоб рассказать это новое, но, по обыкновению своему, расскажет не сейчас, а когда я буду уходить. Так всегда у нас было. Я уж применился к ней и ждал.

Мы, разумеется, начали разговор о вчерашнем. Меня особенно поразило то, что мы совершенно сходимся с ней в впечатлении нашем о старом князе: ей он решительно не нравился, гораздо больше не нравился, чем вчера. И когда мы перебрали по черточкам весь его вчерашний визит, Наташа вдруг сказала:

- Послушай, Ваня, а ведь так всегда бывает, что вот если сначала человек не понравится, то уж это почти признак, что он непременно понравится потом. По крайней мере, так всегда бывало со мною.

- Дай бог так, Наташа. К тому же вот мое мнение, и окончательное: я всё перебрал и вывел, что хоть князь, может быть, и иезуитничает, но соглашается он на ваш брак вправду и серьезно.

Наташа остановилась среди комнаты и сурово взглянула на меня. Всё лицо ее изменилось; даже губы слегка вздрогнули.

- Да как же бы он мог в таком случае начать хитрить и... лгать? - спросила она с надменным недоумением.

- То-то, то-то! - поддакнул я скорее.

- Разумеется, не лгал. Мне кажется, и думать об этом нечего. Нельзя даже предлога приискать к какой-нибудь хитрости. И, наконец, что ж я такое в глазах его, чтоб до такой степени смеяться надо мной? Неужели человек может быть способен на такую обиду?

- Конечно, конечно! - подтверждал я, а про себя подумал: "Ты, верно, об этом только и думаешь теперь, ходя по комнате, моя бедняжка, и, может, еще больше сомневаешься, чем я".

- Ах, как бы я желала, чтоб он поскорее воротился! - сказала она. - Целый вечер хотел просидеть у меня, и тогда... Должно быть, важные дела, коль всё бросил да уехал. Не знаешь ли, какие, Ваня? Не слыхал ли чего-нибудь?

- А господь его знает. Ведь он всё деньги наживает.

Я слышал, участок в каком-то подряде здесь в Петербурге берет. Мы, Наташа, в делах ничего не смыслим.

- Разумеется, не смыслим. Алеша говорил про какое-то письмо вчера.

- Известие какое-нибудь. А был Алеша?

- Был.

- Рано?

- В двенадцать часов: да ведь он долго спит. Посидел. Я прогнала его к Катерине Федоровне; нельзя же, Ваня.

- А разве сам он не собирался туда?

- Нет, и сам собирался...

Она хотела что-то еще прибавить и замолчала. Я глядел на нее и выжидал. Лицо у ней было грустное. Я бы и спросил ее, да она очень иногда не любила расспросов.

- Странный этот мальчик, - сказала она наконец, слегка искривив рот и как будто стараясь не глядеть на меня.

- А что! Верно, что-нибудь у вас было?

- Нет, ничего; так... Он был, впрочем, и милый... Только уж...

- Вот теперь все его горести и заботы кончились, - сказал я.

Наташа пристально и пытливо взглянула на меня. Ей, может быть, самой хотелось бы ответить мне: "Немного-то было у него горестей и забот и прежде"; но ей показалось, что в моих словах та же мысль, она и надулась.

Впрочем, тотчас же опять стала и приветлива, и любезна. В этот раз она была чрезвычайно кротка. Я просидел у ней более часу. Она очень беспокоилась. Князь пугал ее. Я заметил по некоторым ее вопросам, что ей очень бы хотелось узнать наверно, какое именно произвела она на него вчера впечатление? Так ли она себя держала? Не слишком ли она выразила перед ним свою радость? Не была ли слишком обидчива? Или, наоборот, уж слишком снисходительна? Не подумал бы он чего-нибудь? Не просмеял бы? Не почувствовал бы презрения к ней?.. От этой мысли щеки ее вспыхнули как огонь.

- Неужели можно так волноваться из-за того только, что дурной человек что-нибудь подумает? Да пусть его думает! - сказал я.

- Почему же он дурной? - спросила она.

Наташа была мнительна, но чиста сердцем и прямодушна. Мнительность ее происходила из чистого источника. Она была горда, и благородно горда, и не могла перенести, если то, что считала выше всего, предалось бы на посмеяние в ее же глазах. На презрение человека низкого она, конечно, отвечала бы только презрением, но все-таки болела бы сердцем за насмешку над тем, что считала святынею, кто бы ни смеялся. Не от недостатка твердости происходило это. Происходило отчасти и от слишком малого знания света, от непривычки к людям, от замкнутости в своем угле. Она всю жизнь прожила в своем угле, почти не выходя из него. И, наконец, свойство самых добродушных людей, может быть перешедшее к ней от отца, - захвалить человека, упорно считать его лучше, чем он в самом деле,. сгоряча преувеличивать в нем все доброе - было в ней развито в сильной степени. Тяжело таким людям потом разочаровываться; еще тяжеле, когда чувствуешь, что сам виноват. Зачем ожидал более, чем могут дать? А таких людей поминутно ждет такое разочарование. Всего лучше, если они спокойно сидят в своих углах и не выходят на свет; я даже заметил, что они действительно любят свои углы до того, что даже дичают в них. Впрочем, Наташа перенесла много несчастий, много оскорблений. Это было уже больное существо, и ее нельзя винить, если только в моих словах есть обвинение.

Но я спешил и встал уходить. Она изумилась и чуть не заплакала, что я ухожу, хотя всё время, как я сидел, не показывала мне никакой особенной нежности, напротив, даже была со мной как будто холоднее обыкновенного. Она горячо поцеловала меня и как-то долго посмотрела мне в глаза.

- Послушай, - сказала она, - Алеша был пресмешной сегодня и даже удивил меня. Он был очень мил, очень счастлив с виду, но влетел таким мотыльком, таким фатом, всё перед зеркалом вертелся. Уж он слишком как-то без церемонии теперь... да и сидел-то недолго. Представь: мне конфет привез.

- Конфет? Что ж, это очень мило и простодушно. Ах, какие вы оба! Вот уж и пошли теперь наблюдать друг за другом, шпионить, лица друг у друга изучать, тайные мысли на них читать (а ничего-то вы в них и не понимаете!). Еще он ничего. Он веселый и школьник по-прежнему. А ты-то, ты-то!

И всегда, когда Наташа переменяла тон и подходила, бывало, ко мне или с жалобой на Алешу, или для разрешения каких-нибудь щекотливых недоумений, или с каким-нибудь секретом и с желанием, чтоб я понял его с полслова, то, помню, она всегда смотрела на меня, оскаля зубки и как будто вымаливая, чтоб я непременно решил как-нибудь так, чтоб ей тотчас же стало легче на сердце. Но помню тоже, я в таких случаях всегда как-то принимал суровый и резкий тон, точно распекая кого-то, и делалось это у меня совершенно нечаянно, но всегда удавалось. Суровость и важность моя были кстати, казались авторитетнее, а ведь иногда человек чувствует непреодолимую потребность, чтоб его кто-нибудь пораспек. По крайней мере, Наташа уходила от меня иногда совершенно утешенная.

- Нет, видишь, Ваня, - продолжала она, держа одну свою ручку на моем плече, другою сжимая мне руку, а глазками заискивая в моих глазах, - мне показалось, что он был как-то мало проникнут... он показался мне таким уж mari[8], - знаешь, как будто десять лет женат, но всё еще любезный с женой человек. Не рано ли уж очень?.. Смеялся, вертелся, но как будто это всё ко мне только так, только уж отчасти относится, а не так, как прежде... Очень торопился к Катерине Федоровне... Я ему говорю, а он не слушает или об другом заговаривает, знаешь, эта скверная, великосветская привычка, от которой мы оба его так отучали. Одним словом, был такой... даже как будто равнодушный... Но что я! Вот и пошла, вот и начала! Ах, какие мы все требовательные, Ваня, какие капризные деспоты! Только теперь вижу! Пустой перемены в лице человеку не простим, а у него еще бог знает отчего переменилось лицо! Ты прав, Ваня, что сейчас укорял меня! Это я одна во всем виновата! Сами себе горести создаем, да еще жалуемся... Спасибо, Ваня, ты меня совершенно утешил. Ах, кабы он сегодня приехал! Да чего! Пожалуй, еще рассердится за давешнее.

- Да неужели вы уж поссорились! - вскричал я с удивлением.

- И виду не подала! Только я была немного грустна, а он из веселого стал вдруг задумчивым и, мне показалось, сухо со мной простился. Да я пошлю за ним... Приходи и ты, Ваня, сегодня.

- Непременно, если только не задержит одно дело.

- Ну вот, какое там дело?

- Да навязал себе! А впрочем, кажется, непременно приду.

ГЛАВА VII

Ровно в семь часов я был у Маслобоева. Он жил в Шестилавочной, в небольшом доме, во флигеле, в довольно неопрятной квартире о трех комнатах, впрочем не бедно меблированных. Виден был даже некоторый достаток и в то же время чрезвычайная нехозяйственность. Мне отворила прехорошенькая девушка лет девятнадцати, очень просто, но очень мило одетая, очень чистенькая и с предобрыми, веселыми глазками. Я тотчас догадался, что это и есть та самая Александра Семеновна, о которой он упомянул вскользь давеча, подманивая меня с ней познакомиться. Она спросила: кто я, и, услышав фамилию, сказала, что он ждет меня, но что теперь спит в своей комнате, куда меня и повела. Маслобоев спал на прекрасном, мягком диване, накрытый своею грязною шинелью, с

---

[8] мужем (франц.).

кожаной истертой подушкой и головах. Сон у него был очень чуткий; только что мы вошли, он тотчас же окликнул меня по имени.

- А! Это ты? Жду. Сейчас во сне видел, что ты пришел и меня будишь. Значит, пора. Едем.

- Куда едем?

- К даме.

- К какой? Зачем?

- К мадам Бубновой, затем чтобы ее раскассировать. А какая красотка-то! - протянул он, обращаясь к Александре Семеновне, и даже поцеловал кончики пальцев при воспоминании о мадам Бубновой.

- Ну уж пошел, выдумал! - проговорила Александра Семеновна, считая непременным долгом немного рассердиться.

- Незнаком? Познакомься, брат: вот, Александра Семеновна, рекомендую тебе, это литературный генерал; их только раз в год даром осматривают, а в прочее время за деньги.

- Ну, вот дуру нашел. Вы его, пожалуйста, не слушайте, всё смеется надо мной. Какие они генералы?

- Я про то вам и говорю, что особенные. А ты, ваше превосходительство, не думай, что мы глупы; мы гораздо умнее, чем с первого взгляда кажемся.

- Да не слушайте его! Вечно-то застыдит при хороших людях, бесстыдник. Хоть бы в театр когда свез.

- Любите, Александра Семеновна, домашние свои... А не забыли, что любить-то надо? Словечко-то не забыли? Вот которому я вас учил?

- Конечно, не забыла. Вздор какой-нибудь значит.

- Ну, да какое ж словечко-то?

- Вот стану я страмиться при госте. Оно, может быть, страм какой значит. Язык отсохни, коли скажу.

- Значит, забыли-с?

- А вот и не забыла; пенаты! Любите свои пенаты... ведь вот что выдумает! Может, никаких пенатов и не было; и за что их любить-то? Всё врет!

- Зато у мадам Бубновой...

- Тьфу ты с своей Бубновой! - и Александра Семеновна выбежала в величайшем негодовании. - Пора! идем! Прощайте, Александра Семеновна!

Мы вышли.

- Видишь, Ваня, во-первых, сядем на этого извозчика. Так. А во-вторых, я давеча, как с тобой простился, кой-что еще узнал и узнал уж не по догадкам, а в точности. Я еще на Васильевском целый час оставался. Этот пузан - страшная каналья, грязный, гадкий, с вычурами и с разными подлыми вкусами. Эта Бубнова давно уж известна кой-какими проделками в этом же роде. Она на днях с одной девочкой из честного дома чуть не попалась. Эти кисейные платья, в которые она рядила эту сиротку (вот ты давеча рассказывал), не давали мне покоя; потому что я кой-что уже до этого слышал. Давеча я кой-что еще разузнал, правда совершенно случайно, но, кажется, наверно. Сколько лет девочке?

- По лицу лет тринадцать.

- А по росту меньше. Ну, так она и сделает. Коли надо, скажет одиннадцать, а то пятнадцать. И так как у бедняжки ни защиты, ни семейства, то...

- Неужели?

- А ты что думал? Да уж мадам Бубнова из одного сострадания не взяла бы к себе сироту. А уж если пузан туда повадился, так уж так. Он с ней давеча утром виделся. А болвану Сизобрюхову обещана сегодня красавица, мужняя жена, чиновница и штаб-офицерка. Купецкие дети из кутящих до этого падки; всегда про чин спросят. Это как в латинской грамматике, помнишь: значение предпочитается окончанию. А впрочем, я еще, кажется, с давешнего пьян. Ну, а Бубнова такими делами заниматься не смей. Она и полицию надуть хочет; да врешь! А потому я и пугну, так как она знает, что я по старой памяти... ну и прочее - понимаешь?

Я был страшно поражен. Все эти известия взволновали мою душу. Я всё боялся, что мы опоздаем, и погонял извозчика.

- Не беспокойся; меры приняты, - говорил Маслобоев. - Там Митрошка. Сизобрюхов ему поплатится деньгами, а пузатый подлец - натурой. Это еще давеча решено было. Ну, а Бубнова на мой пай приходится... Потому она не смей...

Мы приехали и остановились у ресторации; но человека, называвшегося Митрошкой, там не было. Приказав извозчику нас дожидаться у крыльца ресторации, мы пошли к Бубновой. Митрошка поджидал нас у ворот. В окнах разливался яркий свет, и слышался пьяный, раскатистый смех Сизобрюхова.

- Там они все, с четверть часа будет, - известил Митрошка. - Теперь самое время.

- Да как же мы войдем? - спросил я.

- Как гости, - возразил Маслобоев. - Она меня знает; да и Митрошку знает. Правда, всё на запоре, да только не для нас.

Он тихо постучал в ворота, и они тотчас же отворились. Отворил дворник и перемигнулся с Митрошкой. Мы вошли тихо; в доме нас не слыхали. Дворник провел нас по лесенке и постучался. Его окликнули; он отвечал, что один: "дескать, надоть". Отворили, и мы все вошли разом. Дворник скрылся.

- Ай, кто это? - закричала Бубнова, пьяная и растрепанная, стоявшая в крошечной передней со свечою в руках.

- Кто? - подхватил Маслобоев. - Как же вы это, Анна Трифоновна, дорогих гостей не узнаете? Кто же, как не мы?.. Филипп Филиппыч.

- Ах, Филипп Филиппыч! это вы-с... дорогие гости... Да как же вы-с... я-с... ничего-с... пожалуйте сюда-с.

И она совсем заметалась.

- Куда сюда? Да тут перегородка... Нет, вы нас принимайте получше. Мы у вас холодненького выпьем, да машерочек нет ли?

Хозяйка мигом ободрилась.

- Да для таких дорогих гостей из-под земли найду; из китайского государства выпишу.

- Два слова, голубушка Анна Трифоновна: здесь Сизобрюхов?

- З... здесь.

- Так его-то мне и надобно. Как же он смел, подлец, без меня кутить!

- Да он вас, верно, не позабыл. Всё кого-то поджидал, верно, вас.

Маслобоев толкнул дверь, и мы очутились в небольшой комнате, в два окна, с геранями, плетеными стульями и с сквернейшими фортепианами; всё как следовало. Но еще прежде, чем мы вошли, еще когда мы разговаривали в передней, Митрошка стушевался. Я после узнал, что он и не входил, а пережидал за дверью. Ему было кому потом отворить. Растрепанная и нарумяненная женщина, выглядывавшая давеча утром из-за плеча Бубновой, приходилась ему кума.

Сизобрюхов сидел на тоненьком диванчике под красное дерево, перед круглым столом, покрытым скатертью. На столе стояли две бутылки теплого шампанского, бутылка скверного рому; стояли тарелки с кондитерскими конфетами, пряниками и орехами трех сортов. За столом, напротив Сизобрюхова, сидело отвратительное существо лет сорока и рябое, в черном тафтяном платье и с бронзовыми браслетами и брошками. Это была штаб-офицерка, очевидно поддельная. Сизобрюхов был пьян и очень доволен. Пузатого его спутника с ним не было.

- Так-то люди делают! - заревел во всё горло Маслобоев, - а еще к Дюссо приглашает!

- Филипп Филиппыч, осчастливили-с! - пробормотал Сизобрюхов, с блаженным видом подымаясь нам навстречу.

- Пьешь?

- Извините-с.

- Да ты не извиняйся, а приглашай гостей. С тобой погулять приехали. Вот привел еще гостя: приятель! - Маслобоев указал на меня.

- Рады-с, то есть осчастливили-с... Кхи! - Ишь, шампанское называется! На кислые щи похоже.

- Обижаете-с.

- Знать, ты к Дюссо-то и показываться не смеешь; а еще приглашает!

- Он сейчас рассказывал, что в Париже был, - подхватила штаб-офицерка, - вот врет-то, должно быть!

- Федосья Титишна, не обижайте-с. Были-с. Ездили-с.

- Ну, такому ли мужику в Париже быть?

- Были-с. Могли-с. Мы там с Карпом Васильичем отличались. Карпа Васильича изволите знать-с?

- А на что мне знать твоего Карпа Васильича?

- Да уж так-с... из политики дело-с. А мы с ним там, в местечке Париже-с, у мадам Жубер-с, англицкую трюму разбили-с.

- Что разбили?

- Трюму-с. Трюма такая была, во всю стену до потолка простиралась; а уж Карп Васильич так пьян, что уж с мадам Жубер-с по-русски заговорил. Он это у трюмы стал, да и облокотился. А Жуберта-то и кричит ему, по-свойски то есть: "Трюма семьсот франков стоит (по-нашему четвертаков), разобьешь!" Он ухмыляется да на меня смотрит; а я супротив сижу на канапе, и красота со мной, да не такое рыло, как вот ефта-с, а с киксом, словом сказать-с. Он и кричит: "Степан Терентьич, а Степан Терентьич! Пополам идет, что ли?" Я говорю: "Идет!"- как он кулачищем-то по трюме-то стукнет - дзынь! Только осколки посыпались. Завизжала Жуберта, так в рожу ему прямо и лезет: "Что ты, разбойник, куда пришел?" (по-ихнему то есть). А он ей: "Ты, говорит, мадам

Жубер-с, деньги бери, а ндраву моему не препятствуй", да тут же ей шестьсот пятьдесят франков и отвалил. Полсотни выторговали-с.

В эту минуту страшный, пронзительный крик раздался где-то за несколькими дверями, за две или за три комнатки от той, в которой мы были. Я вздрогнул и тоже закричал. Я узнал этот крик: это был голос Елены. Тотчас же вслед за этим жалобным криком раздались другие крики, ругательства, возня и наконец ясные, звонкие, отчетливые удары ладонью руки по лицу. Это, вероятно, расправлялся Митрошка по своей части. Вдруг с силой отворилась дверь и Елена, бледная, с помутившимися глазами, в белом кисейном, но совершенно измятом и изорванном платье, с расчесанными, но разбившимися, как бы в борьбе, волосами, ворвалась в комнату. Я стоял против дверей, а она бросилась прямо ко мне и обхватила меня руками. Все вскочили, все переполошились. Визги и крики раздались при ее появлении. Вслед за ней показался в дверях Митрошка, волоча за волосы своего пузатого недруга в самом растерзанном виде. Он доволок его до порога и вбросил к нам в комнату.

- Вот он! Берите его! - произнес Митрошка с совершенно довольным видом.

- Слушай, - проговорил Маслобоев, спокойно подходя ко мне и стукнув меня по плечу, - бери нашего извозчика, бери девочку и поезжай к себе, а здесь тебе больше нечего делать. Завтра уладим и остальное.

Я не заставил себе повторять два раза. Схватив за руку Елену, я вывел ее из этого вертепа. Уж не знаю, как там у них кончилось. Нас не останавливали: хозяйка была поражена ужасом. Всё произошло так скоро, что она и помешать не могла. Извозчик нас дожидался, и через двадцать минут я был уже на своей квартире.

Елена была как полумертвая. Я расстегнул крючки у ее платья, спрыснул ее водой и положил на диван. С ней начался жар и бред. Я глядел на ее бледное личико, на бесцветные ее губы, на ее черные, сбившиеся на сторону, но расчесанные волосок к волоску и напомаженные волосы, на весь ее туалет, на эти розовые бантики, еще уцелевшие кой-где на платье, - и понял окончательно всю эту отвратительную историю. Бедная! Ей становилось всё хуже и хуже. Я не отходил от нее и решился не ходить этот вечер к Наташе. Иногда Елена подымала свои длинные ресницы и взглядывала на меня, и долго и пристально глядела, как бы узнавая меня. Уже поздно, часу в первом ночи, она заснула. Я заснул подле нее на полу.

ГЛАВА VIII

Я встал очень рано. Всю ночь я просыпался почти каждые полчаса, подходил к моей бедной гостье и внимательно к ней присматривался. У нее был жар и легкий бред. Но к утру она заснула крепко. Добрый знак, подумал я, но, проснувшись утром, решился поскорей, покамест бедняжка еще спала, сбегать к доктору. Я знал одного доктора, холостого и добродушного старичка, с незапамятных времен жившего у Владимирской вдвоем с своей экономкой-немкой. К нему-то я и отправился. Он обещал быть у меня в десять часов. Было восемь, когда я приходил к нему. Мне ужасно хотелось зайти по дороге к Маслобоеву, но я раздумал: он, верно, еще спал со вчерашнего, да к тому же Елена могла проснуться и, пожалуй, без меня испугалась бы, увидя себя в моей квартире. В болезненном своем состоянии она могла забыть: как, когда и каким образом попала ко мне.

Она проснулась в ту самую минуту, когда я входил в комнату. Я подошел к ней и осторожно спросил: как она себя чувствует? Она не отвечала, но долго-долго и пристально на меня смотрела своими выразительными черными глазами. Мне показалось из ее взгляда, что она всё понимает и в полной памяти. Не отвечала же она мне, может быть, по своей всегдашней привычке. И вчера и третьего дня, как приходила ко мне, она на иные мои вопросы не приговаривала ни слова, а только начинала вдруг смотреть мне в глаза своим длинным, упорным взглядом, в котором вместе с недоумением и диким любопытством была еще какая-то странная гордость. Теперь же я заметил в ее взгляде суровость и даже как будто недоверчивость, Я было приложил руку к ее лбу, чтоб пощупать, есть ли жар, но она молча и тихо своей маленькой ручкой отвела мою и отвернулась от меня лицом к стене. Я отошел, чтоб уж и не беспокоить ее.

У меня был большой медный чайник. Я уже давно употреблял его вместо самовара и кипятил в нем воду. Дрова у меня были, дворник разом носил мне их дней на пять. Я затопил печь, сходил за водой и наставил чайник. На столе же приготовил мой чайный прибор. Елена повернулась ко мне и смотрела на всё с любопытством. Я спросил ее, не хочет ли и она чего? Но она опять от меня отвернулась и ничего не ответила.

"На меня-то за что ж она сердится? - подумал я. - Странная девочка!"

Мой старичок доктор пришел, как сказал, в десять часов. Он осмотрел больную со всей немецкой внимательностью и сильно обнадежил меня, сказав, что хоть и есть лихорадочное состояние, но особенной опасности нет никакой. Он прибавил, что у ней должна быть другая, постоянная болезнь, что-нибудь вроде неправильного сердцебиения, "но что этот пункт будет требовать особенных наблюдений, теперь же она вне опасности". Он прописал ей микстуру и каких-то порошков, более для обычая, чем для надобности, и тотчас же начал меня расспрашивать: каким образом она у меня очутилась? В то же время он с удивлением рассматривал мою квартиру. Этот старичок был ужасный болтун.

Елена же его поразила; она вырвала у него свою руку, когда он щупал ее пульс, и не хотела показать ему язык.

На все вопросы его не отвечала ни слова, но всё время только пристально смотрела на его огромный Станислав, качавшийся у него на шее. "У нее, верно, голова очень болит, - заметил старичок, - но только как она глядит!" Я не почел за нужное ему рассказывать о Елене и отговорился тем, что это длинная история.

- Дайте мне знать, если надо будет, - сказал он, уходя. - А теперь нет опасности.

Я решился на весь день остаться с Еленой и, по возможности, до самого выздоровления оставлять ее как можно реже одну. Но зная, что Наташа и Анна Андреевна могут измучиться, ожидая меня понапрасну, решился хоть Наташу уведомить по городской почте письмом, что сегодня у ней не буду. Анне же Андреевне нельзя было писать. Она сама просила меня, чтоб я, раз навсегда, не

95

присылал ей писем, после того как я однажды послал было ей известие во время болезни Наташи. "И старик хмурится, как письмо твое увидит, - говорила она, - узнать-то ему очень хочется, сердечному, что в письме, да и спросить-то нельзя, не решается. Вот и расстроится на весь день. Да к тому же, батюшка, письмом-то ты меня только раздразнишь. Ну что десять строк! Захочется подробнее расспросить, а тебя-то и нет". И потому я написал одной Наташе и, когда относил в аптеку рецепт, отправил зараз и письмо.

Тем временем Елена опять заснула. Во сне она слегка стонала и вздрагивала. Доктор угадал: у ней сильно болела голова. Порой она слегка вскрикивала и просыпалась. На меня она взглядывала даже с досадою, как будто ей особенно тяжело было мое внимание. Признаюсь, мне было это очень больно.

В одиннадцать часов пришел Маслобоев. Он был озабочен и как будто рассеян; зашел он только на минутку и очень куда-то торопился.

- Ну, брат, я ожидал, что ты живешь неказисто, - заметил он, осматриваясь, - но, право, не думал, что найду тебя в таком сундуке. Ведь это сундук, а не квартира. Ну, да это-то, положим, ничего, а главная беда в том, что тебя все эти посторонние хлопоты только отвлекают от работы. Я об этом думал еще вчера, когда мы ехали к Бубновой. Я ведь, брат, по натуре моей и по социальному моему положению принадлежу к тем людям, которые сами путного ничего не делают, а другим наставления читают, чтоб делали. Теперь слушай: я, может быть, завтра или послезавтра зайду к тебе, а ты непременно побывай у меня в воскресенье утром. К тому времени дело этой девочки, надеюсь, совсем кончится; в тот же раз я с тобой серьезно переговорю, потому что за тебя надо серьезно приняться. Эдак жить нельзя. Я тебе вчера только намекнул, а теперь логически представлять буду. Да и, наконец, скажи: что ж ты за бесчестье, что ли, считаешь взять у меня денег на время?..

- Да не ссорься! - прервал я его. - Лучше скажи, чем у вас там вчера-то кончилось!

- Да что, кончилось благополучнейшим образом, и цель достигнута, понимаешь? Теперь же мне некогда. На минутку зашел только уведомить, что мне некогда и не до тебя; да, кстати, узнать: что, ты ее поместишь куда-нибудь или у себя держать хочешь? Потому это надо обдумать и решить.

- Этого я еще наверно не знаю и, признаюсь, ждал тебя, чтоб с тобой посоветоваться. Ну на каком, например, основании я буду ее у себя держать?

- Э, чего тут, да хоть в виде служанки...

- Прошу тебя только, говори тише. Она хоть и больна, но совершенно в памяти, и как тебя увидела, я заметил, как будто вздрогнула. Значит, вчерашнее вспомнила...

Тут я ему рассказал об ее характере и всё, что я в ней заметил. Слова мои заинтересовали Маслобоева. Я прибавил, что, может быть, помещу ее в один дом, и слегка рассказал ему про моих стариков. К удивлению моему, он уже отчасти знал историю Наташи и на вопрос мой: откуда он знает?

- Так; давно, как-то мельком слышал, к одному делу приходилось. Ведь я уже говорил тебе, что знаю князя Валковского. Это ты хорошо делаешь, что хочешь отправить ее к тем старикам. А то стеснит она тебя только. Да вот еще что: ей нужен какой-нибудь вид. Об этом не беспокойся; на себя беру. Прощай, заходи чаще. Что она теперь, спит?

- Кажется, - отвечал я.

Но только что он ушел, Елена тотчас же меня окликнула.

- Кто это? - спросила она. Голос ее дрожал, но смотрела она на меня всё тем же пристальным и как будто надменным взглядом. Иначе я не умею выразиться.

Я назвал ей фамилию Маслобоева и прибавил, что через него-то я и вырвал ее от Бубновой и что Бубнова его очень боится. Щеки ее вдруг загорелись как будто заревом, вероятно от воспоминаний.

- И она теперь никогда не придет сюда? - спросила Елена, пытливо смотря на меня.

Я поспешил ее обнадежить. Она замолчала, взяла было своими горячими пальчиками мою руку, но тотчас же отбросила ее, как будто опомнившись. "Не может быть, чтоб она в самом деле чувствовала ко мне такое отвращение, - подумал я. - Это ее манера, или... или просто бедняжка видела столько горя, что уж не доверяет никому на свете".

В назначенное время я сходил за лекарством и вместе с тем в знакомый трактир, в котором я иногда обедал и где мне верили в долг. В этот раз, выходя из дому, я захватил с собой судки и взял в трактире порцию супу из курицы для Елены. Но она не хотела есть, и суп до времени остался в печке.

Дав ей лекарство, я сел за свою работу. Я думал, что она спит, но, нечаянно взглянув на нее, вдруг увидел, что она приподняла голову и пристально следила, как я пишу. Я притворился, что не заметил ее.

Наконец она и в самом деле заснула и, к величайшему моему удовольствию, спокойно, без бреду и без стонов. На меня напало раздумье; Наташа не только могла, не зная, в чем дело, рассердиться на меня за то, что я не приходил к ней сегодня, но даже, думал я, наверно будет огорчена моим невниманием именно в такое время, когда, может быть, я ей наиболее нужен. У нее даже наверно могли случиться теперь какие-нибудь хлопоты, какое-нибудь дело препоручить мне, а меня, как нарочно, и нет.

Что же касается до Анны Андреевны, то я совершенно не знал, как завтра отговорюсь перед нею. Я думал-думал и вдруг решился сбегать и туда и сюда. Всё мое отсутствие могло продолжаться всего только два часа. Елена же спит и не услышит, как я схожу. Я вскочил, накинул пальто, взял фуражку, но только было хотел уйти, как вдруг Елена позвала меня. Я удивился: неужели ж она притворялась, что спит?

Замечу кстати: хоть Елена и показывала вид, что как будто не хочет говорить со мною, но эти оклики, довольно частые, эта потребность обращаться ко мне со всеми недоумениями, доказывали противное и, признаюсь, были мне даже приятны.

- Куда вы хотите отдать меня? - спросила она, когда я к ней подошел. Вообще она задавала свои вопросы как-то вдруг, совсем для меня неожиданно. В этот раз я даже не сейчас ее понял.

- Давеча вы говорили с вашим знакомым, что хотите отдать меня в какой-то дом. Я никуда не хочу.

Я нагнулся к ней: она была опять вся в жару; с ней был опять лихорадочный кризис. Я начал утешать ее и обнадеживать; уверял ее, что если она хочет остаться у меня, то я никуда ее не отдам. Говоря это, я снял пальто и фуражку. Оставить ее одну в таком состоянии я не решился.

- Нет, ступайте! - сказала она, тотчас догадавшись, что я хочу остаться. - Я спать хочу; я сейчас засну. - Да как же ты одна будешь?.. - говорил я в недоумении. - Я, впрочем, наверно через два часа назад буду...

- Ну, и ступайте. А то целый год больна буду, так вам целый год из дому не уходить, - и она попробовала улыбнуться и как-то странно взглянула на меня, как будто борясь с каким-то добрым чувством, отозвавшимся в ее сердце. Бедняжка! Добренькое, нежное ее сердце выглядывало наружу, несмотря на всю ее нелюдимость и видимое ожесточение.

Сначала я сбегал к Анне Андреевне. Она ждала меня с лихорадочным нетерпением и встретила упреками; сама же была в страшном беспокойстве: Николай Сергеич сейчас после обеда ушел со двора, а куда - неизвестно. Я предчувствовал, что старушка не утерпела и рассказала ему всё, по своему обыкновению, намеками. Она, впрочем, мне почти что призналась в этом сама, говоря, что не могла утерпеть, чтоб не поделиться с ним такою радостью, но что Николай Сергеич стал, по ее собственному выражению, чернее тучи, ничего не сказал, "всё молчал, даже на вопросы мои не отвечал", и вдруг после обеда собрался и был таков. Рассказывая это, Анна Андреевна чуть не дрожала от страху и умоляла меня подождать с ней вместе Николая Сергеича. Я отговорился и сказал ей почти наотрез, что, может быть, и завтра не приду и что я собственно потому и забежал теперь, чтобы об этом предуведомить. В этот раз мы чуть было не поссорились. Она заплакала; резко и горько упрекала меня, и только когда я уже выходил из двери, она вдруг бросилась ко мне на шею, крепко обняла меня обеими руками и сказала, чтоб я не сердился на нее, "сироту", и не принимал в обиду слов ее.

Наташу, против ожидания, я застал опять одну, и - странное дело, мне показалось, что она вовсе не так была мне в этот раз рада, как вчера и вообще в другие разы. Как будто я ей в чем-нибудь досадил или помешал. На мой вопрос: был ли сегодня Алеша? - она отвечала: разумеется, был, но недолго. Обещался сегодня вечером быть, - прибавила она, как бы в раздумье.

- А вчера вечером был?

- Н-нет. Его задержали, - прибавила она скороговоркой. - Ну, что, Ваня, как твой дела?

Я видел, что она хочет зачем-то замять наш разговор и свернуть на другое. Я оглядел ее пристальнее: она была видимо расстроена. Впрочем, заметив, что я пристально слежу за ней и в нее вглядываюсь, она вдруг быстро и как-то гневно взглянула на меня и с такою силою, что как будто обожгла меня взглядом. "У нее опять горе, - подумал я, - только она говорить мне не хочет".

В ответ на ее вопрос о моих делах я рассказал ей всю историю Елены, со всеми подробностями. Ее чрезвычайно заинтересовал и даже поразил мой рассказ.

- Боже мой! И ты мог ее оставить одну, больную! - вскричала она.

Я объяснил, что хотел было совсем не приходить к ней сегодня, но думал, что она на меня рассердится и что во мне могла быть какая-нибудь нужда.

- Нужда, - проговорила она про себя, что-то обдумывая, - нужда-то, пожалуй, есть в тебе, Ваня, но лучше уж в другой раз. Был у наших?

Я рассказал ей.

- Да; бог знает, как отец примет теперь все эти известия. А впрочем, что и принимать-то...

- Как что принимать? - спросил я, - такой переворот!

- Да уж так... Куда ж это он опять пошел? В тот раз вы думали, что он ко мне ходил. Видишь, Ваня, если можешь, зайди ко мне завтра. Может быть, я кой-что и скажу тебе... Совестно мне только тебя беспокоить; а теперь шел бы ты домой к своей гостье. Небось часа два прошло, как ты вышел из дома?

- Прошло. Прощай, Наташа. Ну, а каков был сегодня с тобой Алеша?

- Да что Алеша, ничего... Удивляюсь даже твоему любопытству.

- До свидания, друг мой.

- Прощай. - Она подала мне руку как-то небрежно и отвернулась от моего последнего прощального взгляда.

Я вышел от нее несколько удивленный. "А впрочем, - подумал я, - есть же ей об чем и задуматься. Дела не шуточные. А завтра всё первая же мне и расскажет".

Возвратился я домой грустный и был страшно поражен, только что вошел в дверь. Было уже темно. Я разглядел, что Елена сидела на диване, опустив на грудь голову, как будто в глубокой задумчивости. На меня она и не взглянула, точно была в забытьи. Я подошел к ней; она что-то шептала про себя. "Уж не в бреду ли?" - подумал я.

- Елена, друг мой, что с тобой? - спросил я, садясь подле нее и охватив ее рукою.

- Я хочу отсюда... Я лучше хочу к ней, - проговорила она, не подымая ко мне головы.

- Куда? К кому? - спросил я в удивлении.

- К ней, к Бубновой. Она всё говорит, что я ей должна много денег, что она маменьку на свои деньги похоронила... Я не хочу, чтобы она бранила маменьку, я хочу у ней работать и всё ей заработаю... Тогда от нее сама и уйду. А теперь я опять к ней пойду.

- Успокойся, Елена, к ней нельзя, - говорил я. - Она тебя замучает; она тебя погубит...

- Пусть погубит, пусть мучает, - с жаром подхватила Елена, - не я первая; другие и лучше меня, да мучаются. Это мне нищая на улице говорила. Я бедная и хочу быть бедная. Всю жизнь буду бедная; так мне мать велела, когда умирала. Я работать буду... Я не хочу это платье носить...

- Я завтра же тебе куплю другое. Я и книжки твои тебе принесу. Ты будешь у меня жить. Я тебя никому не отдам, если сама не захочешь; успокойся...

- Я в работницы наймусь.

- Хорошо, хорошо! Только успокойся, ляг, засни!

Но бедная девочка залилась слезами. Мало-помалу слезы ее обратились в рыдания. Я не знал, что с ней делать; подносил ей воды, мочил ей виски, голову. Наконец она упала на диван в совершенном изнеможении, и с ней опять начался лихорадочный озноб. Я окутал ее, чем нашлось, и она заснула, но беспокойно, поминутно вздрагивая и просыпаясь. Хоть я и не много ходил в этот день, но устал ужасно и рассудил сам лечь как можно раньше. Мучительные заботы роились в моей голове. Я предчувствовал, что с этой девочкой мне будет много хлопот. Но более всего заботила меня Наташа и ее дела. Вообще, вспоминаю теперь, я редко был в таком тяжелом расположении духа, как засыпая в эту несчастную ночь.

ГЛАВА IX

Проснулся я больной, поздно, часов в десять утра. У меня кружилась и болела голова. Я взглянул на постель Елены: постель была пуста. В то же время из правой моей комнатки долетали до меня какие-то звуки, как будто кто-то шуркал по полу веником. Я вышел посмотреть. Елена, держа в руке веник и придерживая другой рукой свое нарядное платьице, которое она еще и не снимала с того самого вечера, мела пол. Дрова, приготовленные в печку, были сложены в уголку; со стола стерто, чайник вычищен; одним словом, Елена хозяйничала.

- Послушай, Елена, - закричал я, - кто же тебя заставляет пол мести? Я этого не хочу, ты больна; разве ты в работницы пришла ко мне?

- Кто ж будет здесь пол мести? - отвечала она, выпрямляясь и прямо смотря на меня. - Теперь я не больна.

- Но я не для работы взял тебя, Елена. Ты как будто боишься, что я буду попрекать тебя, как Бубнова, что ты у меня даром живешь? И откуда ты взяла этот гадкий веник? У меня не было веника, - прибавил я, смотря на нее с удивлением.

- Это мой веник. Я его сама сюда принесла. Я и дедушке здесь пол мела. А веник вот тут, под печкой с того времени и лежал.

Я воротился в комнату в раздумье. Могло быть, что я грешил; но мне именно казалось, что ей как будто тяжело было мое гостеприимство и что она всячески хотела доказать мне, что живет у меня не даром. "В таком случае какой же это озлобленный характер?" - подумал я. Минуты две спустя вошла и она и молча села на свое вчерашнее место на диване, пытливо на меня поглядывая. Между тем я вскипятил чайник, заварил чай, налил ей чашку и подал с куском белого хлеба. Она взяла молча и беспрекословно. Целые сутки она почти ничего не ела.

- Вот и платьице хорошенькое запачкала веником, - сказал я, заметив большую грязную полосу на подоле ее юбки.

Она осмотрелась и вдруг, к величайшему моему удивлению, отставила чашку, ущипнула обеими руками, по-видимому хладнокровно и тихо, кисейное полотнище юбки и одним взмахом разорвала его сверху донизу. Сделав это, она молча подняла на меня свой упорный, сверкающий взгляд. Лицо ее было бледно.

- Что ты делаешь, Елена? - закричал я, уверенный, что вижу перед собою сумасшедшую.

- Это нехорошее платье, - проговорила она, почти задыхаясь от волнения. - Зачем вы сказали, что это хорошее платье? Я не хочу его носить, - вскричала она вдруг, вскочив с места. - Я его изорву. Я не просила ее рядить меня. Она меня нарядила сама, насильно. Я уж разорвала одно платье, разорву и это, разорву! Разорву! Разорву!..

100

И она с яростию накинулась на свое несчастное платьице. В один миг она изорвала его чуть не в клочки. Когда она кончила, она была так бледна, что едва стояла на месте. Я с удивлением смотрел на такое ожесточение. Она же смотрела на меня каким-то вызывающим взглядом, как будто и я был тоже в чем-нибудь виноват перед нею. Но я уже знал, что мне делать.

Я положил, не откладывая, сегодня же утром купить ей новое платье. На это дикое, ожесточенное существо нужно было действовать добротой. Она смотрела так, как будто никогда и не видывала добрых людей. Если она уж раз, несмотря на жестокое наказание, изорвала в клочки свое первое, такое же платье, то с каким же ожесточением она должна была смотреть на него теперь, когда оно напоминало ей такую ужасную недавнюю минуту.

На Толкучем можно было очень дешево купить хорошенькое и простенькое платьице. Беда была в том, что у меня в ту минуту почти совсем не было денег. Но я еще накануне, ложась спать, решил отправиться сегодня в одно место, где была надежда достать их, и как раз приходилось идти в ту самую сторону, где Толкучий. Я взял шляпу. Елена пристально следила за мной, как будто чего-то ждала.

- Вы опять запрете меня? - спросила она, когда я взялся за ключ, чтоб запереть за собой квартиру, как вчера и третьего дня.

- Друг мой, - сказал я, подходя к ней, - не сердись за это. Я потому запираю, что может кто-нибудь прийти. Ты же больная, пожалуй испугаешься. Да и бог знает, кто еще придет; может быть, Бубнова вздумает прийти...

Я нарочно сказал ей это. Я запирал ее, потому что не доверял ей. Мне казалось, что она вдруг вздумает уйти от меня. До времени я решился быть осторожнее. Елена промолчала, и я-таки запер ее и в этот раз.

Я знал одного антрепренера, издававшего уже третий год одну многотомную книгу. У него я часто доставал работу, когда нужно было поскорей заработать сколько-нибудь денег. Платил он исправно. Я отправился к нему, и мне удалось получить двадцать пять рублей вперед, с обязательством доставить через неделю компилятивную статью. Но я надеялся выгадать время на моем романе. Это я часто делал, когда приходила крайняя нужда.

Добыв денег, я отправился на Толкучий. Там скоро я отыскал знакомую мне старушку торговку, продававшую всякое тряпье. Я ей рассказал примерно рост Елены, и она мигом выбрала мне светленькое ситцевое, совершенно крепкое и не более одного раза мытое платьице за чрезвычайно дешевую цену. Кстати уж я захватил и шейный платочек. Расплачиваясь, я подумал, что надо же Елене какую-нибудь шубейку, мантильку или что-нибудь в этом роде. Погода стояла холодная, а у ней ровно ничего не было. Но я отложил эту покупку до другого раза. Елена была такая обидчивая, гордая. Господь знает, как примет она и это платье, несмотря на то что я нарочно выбирал как можно проще и неказистее, самое буднишнее, какое только можно было выбрать. Впрочем, я все-таки купил две пары чулок нитяных и одни шерстяные. Это я мог отдать ей под предлогом того, что она больна, а в комнате холодно. Ей надо было тоже белья. Но всё это я оставил до тех пор, пока поближе с ней познакомлюсь. Зато я купил старые занавески к кровати - вещь необходимую и которая могла принесть Елене большое удовольствие.

Со всем этим я воротился домой уже в час пополудни. Замок мой отпирался почти неслышно, так что Елена не сейчас услыхала, что я воротился. Я заметил, что она стояла у стола и перебирала мои книги и бумаги. Услышав же меня, она быстро захлопнула книгу, которую читала, и отошла от стола, вся покраснев. Я взглянул на эту книгу: это был мой первый роман, изданный отдельной книжкой и на заглавном листе которого выставлено было мое имя.

- А сюда кто-то без вас стучался, - сказала она таким тоном, как будто поддразнивая меня: зачем, дескать, запирал?

- Уж не доктор ли, - сказал я, - ты не окликнула его, Елена?

- Нет.

Я не отвечал, взял узелок, развязал его и вынул купленное платье.

- Вот, друг мой Елена, - сказал я, подходя к ней, - в таких клочьях, как ты теперь, ходить нельзя. Я и купил тебе платье, буднишнее, самое дешевое, так что тебе нечего беспокоиться; оно всего рубль двадцать копеек стоит. Носи на здоровье.

Я положил платье подле нее. Она вспыхнула и смотрела на меня некоторое время во все глаза.

Она была чрезвычайно удивлена, и вместе с тем мне показалось, ей было чего-то ужасно стыдно. Но что-то мягкое, нежное засветилось в глазах ее. Видя, что она молчит, я отвернулся к столу. Поступок мой, видимо, поразил ее. Но она с усилием превозмогала себя и сидела, опустив глаза в землю.

Голова моя болела и кружилась всё более и более. Свежий воздух не принес мне ни малейшей пользы. Между тем надо было идти к Наташе. Беспокойство мое об ней не уменьшалось со вчерашнего дня, напротив - возрастало всё более и более. Вдруг мне показалось, что Елена меня окликнула. Я оборотился к ней.

- Вы, когда уходите, не запирайте меня, - проговорила она, смотря в сторону и пальчиком теребя на диване покромку, как будто бы вся была погружена в это занятие. - Я от вас никуда не уйду.

- Хорошо, Елена, я согласен. Но если кто-нибудь придет чужой? Пожалуй, еще бог знает кто?

- Так оставьте ключ мне, я и запрусь изнутри; а будут стучать, я и скажу: нет дома. - И она с лукавством посмотрела на меня, как бы приговаривая: "Вот ведь как это просто делается!"

- Вам кто белье моет? - спросила она вдруг, прежде чем я успел ей отвечать что-нибудь.

- Здесь, в этом доме, есть женщина.

- Я умею мыть белье. А где вы кушанье вчера взяли?

- В трактире.

- Я и стряпать умею. Я вам кушанье буду готовить.

- Полно, Елена; ну что ты можешь уметь стряпать? Всё это ты не к делу говоришь...

Елена замолчала и потупилась. Ее, видимо, огорчило мое замечание. Прошло по крайней мере минут десять; мы оба молчали.

- Суп, - сказала она вдруг, не поднимая головы.

- Как суп? Какой суп? - спросил я, удивляясь.

- Суп умею готовить. Я для маменьки готовила, когда она была больна. Я и на рынок ходила.

- Вот видишь, Елена, вот видишь, какая ты гордая, - сказал я, подходя к ней и садясь с ней на диван рядом. - Я с тобой поступаю, как мне велит мое сердце. Ты теперь одна, без родных, несчастная. Я тебе помочь хочу. Так же бы и ты мне помогла, когда бы мне было худо. Но ты не хочешь так рассудить, и вот тебе тяжело от меня самый простой подарок принять. Ты тотчас же хочешь за него заплатить, заработать, как будто я Бубнова и тебя попрекаю. Если так, то это стыдно, Елена.

Она не отвечала, губы ее вздрагивали. Кажется, ей хотелось что-то сказать мне; но она скрепилась и смолчала. Я встал, чтоб идти к Наташе. В этот раз я оставил Елене ключ, прося ее, если кто придет и будет стучаться, окликнуть и спросить: кто такой? Я совершенно был уверен, что с Наташей случилось что-нибудь очень нехорошее, а что она до времени таит от меня, как это и не раз бывало между нами. Во всяком случае, я решился зайти к ней только на одну минутку, иначе я мог раздражить ее моею назойливостью.

Так и случилось. Она опять встретила меня недовольным, жестким взглядом. Надо было тотчас же уйти; а у меня ноги подкашивались.

- Я к тебе на минутку, Наташа, - начал я, - посоветоваться: что мне делать с моей гостьей? - И я начал поскорей рассказывать всё про Елену. Наташа выслушала меня молча.

- Не знаю, что тебе посоветовать, Ваня, - отвечала она. - По всему видно, что это престранное существо. Может быть, она была очень обижена, очень напугана. Дай ей по крайней мере выздороветь. Ты ее хочешь к нашим?

- Она всё говорит, что никуда от меня не пойдет. Да и бог знает, как там ее примут, так что я и не знаю. Ну что, друг мой, как ты? Ты вчера была как будто нездорова! - спросил я ее робея.

- Да... у меня и сегодня что-то голова болит, - отвечала она рассеянно. - Не видал ли кого из наших? - Нет. Завтра схожу. Ведь вот завтра суббота...

- Так что же?

- Вечером будет князь...

- Так что же? Я не забыла.

- Нет, я ведь только так...

Она остановилась прямо передо мной и долго и пристально посмотрела мне в глаза. В ее взгляде была какая-то решимость, какое-то упорство; что-то лихорадочное, горячечное.

- Знаешь что, Ваня, - сказала она, - будь добр, уйди от меня, ты мне очень мешаешь...

Я встал с кресел и с невыразимым удивлением смотрел на нее.

- Друг мой, Наташа! Что с тобой? Что случилось? - вскричал я в испуге.

- Ничего не случилось! Всё, всё завтра узнаешь, а теперь я хочу быть одна. Слышишь, Ваня: уходи сейчас. Мне так тяжело, так тяжело смотреть на тебя!

- Но скажи мне по крайней мере...

- Всё, всё завтра узнаешь! О боже мой! Да уйдешь ли ты?

Я вышел. Я был так поражен, что едва помнил себя. Мавра выскочила за мной в сени.

- Что, сердится? - спросила она меня. - Я уж и подступиться к ней боюсь.

- Да что с ней такое?

- А то, что наш-то третий день носу к нам не показывал!

- Как третий день? - спросил я в изумлении, - да она сама вчера говорила, что он вчера утром был да еще вчера вечером хотел приехать...

- Какое вечером! Он и утром совсем не был! Говорю тебе, с третьего дня глаз не кажет. Неужто сама вчера сказывала, что утром был?

- Сама говорила.

- Ну, - сказала Мавра в раздумье, - значит, больно ее задело, когда уж перед тобой признаться не хочет, что не был. Ну, молодец!

- Да что ж это такое! - вскричал я.

- А то такое, что и не знаю, что с ней делать, -продолжала Мавра, разводя руками. - Вчера еще было меня к нему посылала, да два раза с дороги воротила. А сегодня так уж и со мной говорить не хочет. Хоть бы ты его повидал. Я уж и отойти от нее не смею.

Я бросился вне себя вниз по лестнице.

- К вечеру-то будешь у нас? - закричала мне вслед Мавра.

- Там увидим, - отвечал я с дороги. - Я, может, только к тебе забегу и спрошу: что и как? Если только сам жив буду.

Я действительно почувствовал, что меня как будто что ударило в самое сердце.

ГЛАВА X

Я отправился прямо к Алеше. Он жил у отца в Малой Морской. У князя была довольно большая квартира, несмотря на то что он жил один. Алеша занимал в этой квартире две прекрасные комнаты. Я очень редко бывал у него, до этого раза всего, кажется, однажды. Он же заходил ко мне чаще, особенно сначала, в первое время его связи с Наташей.

Его не было дома. Я прошел прямо в его половину и написал ему такую записку:

"Алеша, вы, кажется, сошли с ума. Так как вечером во вторник ваш отец сам просил Наташу сделать вам честь быть вашей женою, вы же этой просьбе были рады, чему я свидетель, то, согласитесь сами, ваше поведение в настоящем случае несколько странно. Знаете ли, что вы делаете с Наташей? Во всяком случае, моя записка вам напомнит, что поведение ваше перед вашей будущей женою в высшей степени недостойно и легкомысленно. Я очень хорошо знаю, что не имею никакого права вам читать наставления, но не обращаю на это никакого внимания.

P. S. О письме этом она ничего не знает, и даже не она мне говорила про вас".

Я напечатал записку и оставил у него на столе. На вопрос мой слуга отвечал, что Алексей Петрович почти совсем не бывает дома и что и теперь воротится не раньше, как ночью, перед рассветом.

Я едва дошел домой. Голова моя кружилась, ноги слабели и дрожали. Дверь ко мне была отворена. У меня сидел Николай Сергеич Ихменев и дожидался меня.

Он сидел у стола и молча, с удивлением смотрел на Елену, которая тоже с неменьшим удивлением его рассматривала, хотя упорно молчала. "То-то, - думал я, - она должна ему показаться странною".

- Вот, брат, целый час жду тебя и, признаюсь, никак не ожидал... тебя так найти, - продолжал он, осматриваясь в комнате и неприметно мигая мне на Елену. В глазах его изображалось изумление. Но, вглядевшись в него ближе, я заметил в нем тревогу и грусть. Лицо его было бледнее обыкновенного.

- Садись-ка, садись, - продолжал он с озабоченным и хлопотливым видом, - вот спешил к тебе, дело есть; да что с тобой? На тебе лица нет.

- Нездоровится. С самого утра кружится голова.

- Ну, смотри, этим нечего пренебрегать. Простудился, что ли?

- Нет, просто нервный припадок. У меня это иногда бывает. Да вы-то здоровы ли?

- Ничего, ничего! Это так, сгоряча. Есть дело. Садись. Я придвинул стул и уселся лицом к нему у стола. Старик слегка нагнулся ко мне и начал полушепотом:

- Смотри не гляди на нее и показывай вид, как будто мы говорим о постороннем. Это что у тебя за гостья такая сидит?

- После вам всё объясню, Николай Сергеич. Это бедная девочка, совершенная сирота, внучка того самого Смита, который здесь жил и умер в кондитерской.

- А, так у него была и внучка! Ну, братец, чудак же она! Как глядит, как глядит! Просто говорю: еще бы ты минут пять не пришел, я бы здесь не высидел. Насилу отперла и до сих пор ни слова; просто жутко с ней, на человеческое существо не похожа. Да как она здесь очутилась? А, понимаю, верно, к деду пришла, не зная, что он умер.

- Да. Она была очень несчастна. Старик, еще умирая, об ней вспоминал.

- Гм! каков дед, такова и внучка. После всё это мне расскажешь. Может быть, можно будет и помочь чем-нибудь, так чем-нибудь, коль уж она такая несчастная... Ну, а теперь нельзя ли, брат, ей сказать, чтоб она ушла, потому что поговорить с тобой надо серьезно.

- Да уйти-то ей некуда. Она здесь и живет. Я объяснил старику, что мог, в двух словах, прибавив, что можно говорить и при ней, потому что она дитя.

- Ну да... конечно, дитя. Только ты, брат, меня ошеломил. С тобой живет, господи боже мой!

И старик в изумлении посмотрел на нее еще раз. Елена, чувствуя, что про нее говорят, сидела молча, потупив голову и щипала пальчиками покромку дивана. Она уже успела надеть на себя новое платьице, которое вышло ей совершенно впору. Волосы ее были приглажены тщательнее обыкновенного, может быть, по поводу нового платья. Вообще если б не странная дикость ее взгляда, то она была бы премиловидная девочка.

- Коротко и ясно, вот в чем, брат, дело, - начал опять старик, - длинное дело, важное дело...

Он сидел потупившись, с важным и соображающим видом и, несмотря на свою торопливость и на "коротко и ясно", не находил слов для начала речи. "Что-то будет?" - подумал я.

- Видишь, Ваня, пришел я к тебе с величайшей просьбой. Но прежде... так как я сам теперь соображаю, надо бы тебе объяснить некоторые обстоятельства... чрезвычайно щекотливые обстоятельства...

Он откашлянулся и мельком взглянул на меня; взглянул и покраснел; покраснел и рассердился на себя за свою ненаходчивость; рассердился и решился:

- Ну, да что тут еще объяснять! Сам понимаешь. Просто-запросто я вызываю князя на дуэль, а тебя прошу устроить это дело и быть моим секундантом.

Я отшатнулся на спинку стула и смотрел на него вне себя от изумления.

- Ну что смотришь! Я ведь не сошел с ума.

- Но, позвольте, Николай Сергеич! Какой же предлог, какая цель? И, наконец, как это можно...

- Предлог! цель! - вскричал старик, - вот прекрасно!..

- Хорошо, хорошо, знаю, что вы скажете; но чему же вы поможете вашей выходкой! Какой выход представляет дуэль? Признаюсь, ничего не понимаю.

- Я так и думал, что ты ничего не поймешь. Слушай: тяжба наша кончилась (то есть кончится на днях; остаются только одни пустые формальности); я осужден. Я должен заплатить до десяти тысяч; так присудили. За них отвечает Ихменевка. Следственно, теперь уж этот подлый человек обеспечен в своих деньгах, а я, предоставив Ихменевку, заплатил и делаюсь человеком посторонним. Тут-то я и поднимаю голову. Так и так, почтеннейший князь, вы меня оскорбляли два года; вы позорили мое имя, честь моего семейства, и я должен был всё это переносить! Я не мог тогда вас вызвать на поединок. Вы бы мне прямо сказали тогда: "А, хитрый человек, ты хочешь убить меня, чтоб не платить мне денег, которые, ты предчувствуешь, присудят тебя мне заплатить, рано ли, поздно ли! Нет, сначала посмотрим, как решится тяжба, а потом вызывай". Теперь, почтенный князь, процесс решен, вы обеспечены, следовательно, нет никаких затруднений, и потому не угодно ли сюда, к барьеру. Вот в чем дело. Что ж, по-твоему, я не вправе, наконец, отметить за себя, за всё, за всё!

Глаза его сверкали. Я долго смотрел на него молча. Мне хотелось проникнуть в его тайную мысль.

- Послушайте, Николай Сергеич, - отвечал я наконец, решившись сказать главное слово, без которого мы бы не понимали друг друга. - Можете ли вы быть со мною совершенно откровенны?

- Могу, - отвечал он с твердостью.

- Скажите же прямо: одно ли чувство мщения побуждает вас к вызову или у вас в виду и другие цели?

- Ваня, - отвечал он, - ты знаешь, что я не позволяю никому в разговорах со мною касаться некоторых пунктов; но для теперешнего раза делаю исключение, потому что ты своим ясным умом тотчас же догадался, что обойти этот пункт невозможно. Да, у меня есть другая цель. Эта цель: спасти мою погибшую дочь и избавить ее от пагубного пути, на который ставят ее теперь последние обстоятельства.

- Но как же вы спасете ее этой дуэлью, вот вопрос?

- Помешав всему тому, что там теперь затевается. Слушай: не думай, что во мне говорит какая-нибудь там отцовская нежность и тому подобные слабости. Всё это вздор! Внутренность сердца моего я никому не показываю. Не знаешь его и ты. Дочь оставила меня, ушла из моего дома с любовником, и я вырвал ее из моего сердца, вырвал раз навсегда, в тот самый вечер - помнишь? Если ты видел меня рыдающим над ее портретом, то из этого еще не следует, что я желаю простить ее. Я не простил и тогда. Я плакал о потерянном счастии, о тщетной мечте, но не о ней, как она теперь. Я, может быть, и часто плачу; я не стыжусь в этом признаться, так же как и не стыжусь признаться, что любил прежде дитя мое больше всего на свете. Всё это, по-видимому, противоречит моей теперешней выходке. Ты можешь сказать мне: если так, если вы равнодушны к судьбе той, которую уже не считаете вашей дочерью, то для чего же вы вмешиваетесь в то, что там теперь затевается? Отвечаю: во-первых, для того, что не хочу дать восторжествовать низкому и коварному человеку, а во-вторых, из чувства самого обыкновенного человеколюбия. Если она мне уже не дочь, то она все-таки слабое, незащищенное и обманутое существо, которое обманывают еще больше, чтоб погубить окончательно. Ввязаться в дело прямо я не могу, а косвенно, дуэлью, могу. Если меня убьют или прольют мою кровь, неужели она перешагнет через наш барьер, а может быть, через мой труп и пойдет с сыном моего убийцы к венцу, как дочь того царя (помнишь, у нас была книжка, по которой ты учился читать), которая переехала через труп своего отца в колеснице?

Да и, наконец, если пойдет на дуэль, так князья-то наши и сами свадьбы не захотят. Одним словом, я не хочу этого брака и употреблю все усилия, чтоб его не было. Понял меня теперь?

- Нет. Если вы желаете Наташе добра, то каким образом вы решаетесь помешать ее браку, то есть именно тому, что может восстановить ее доброе имя? Ведь ей еще долго жить на свете; ей нужно доброе имя.

- А плевать на все светские мнения, вот как она должна думать! Она должна сознать, что главнейший позор заключается для нее в этом браке, именно в связи с этими подлыми людьми, с этим жалким светом. Благородная гордость - вот ответ ее свету. Тогда, - может быть, и я соглашусь протянуть ей руку, и увидим, кто тогда осмелится опозорить дитя мое!

Такой отчаянный идеализм изумил меня. Но я тотчас догадался, что он был сам не в себе и говорил сгоряча.

- Это слишком идеально, - отвечал я ему, - следственно, жестоко. Вы требуете от нее силы, которой, может быть, вы не дали ей при рождении. И разве она соглашается на брак потому, что хочет быть княгиней? Ведь она любит; ведь это страсть, это фатум. И наконец: вы требуете от нее презрения к светскому мнению, а сами перед ним преклоняетесь. Князь вас обидел, публично заподозрил вас в низком побуждении обманом породниться с его княжеским домом, и вот вы теперь рассуждаете: если она сама откажет им теперь, после формального предложения с их стороны, то, разумеется, это будет самым полным и явным опровержением прежней клеветы. Вот вы чего добиваетесь, вы преклоняетесь перед мнением самого князя, вы добиваетесь, чтоб он сам сознался в своей ошибке. Вас тянет осмеять его, отметить ему, и для этого вы жертвуете счастьем дочери. Разве это не эгоизм?

Старик сидел мрачный и нахмуренный и долго не отвечал ни слова.

- Ты несправедлив ко мне, Ваня, - проговорил он наконец, и слеза заблистала на его ресницах, - клянусь тебе, несправедлив, но оставим это! Я не могу выворотить перед тобой мое сердце, - продолжал он, приподнимаясь и берясь за шляпу, - одно скажу: ты заговорил сейчас о счастье дочери. Я решительно и буквально не верю этому счастью, кроме того, что этот брак и без моего вмешательства никогда не состоится.

- Как так! Почему вы думаете? Вы, может быть, знаете что-нибудь? - вскричал я с любопытством.

- Нет, особенного ничего не знаю. Но эта проклятая лисица не могла решиться на такое дело. Всё это вздор, одни козни. Я уверен в этом, и помяни мое слово, что так и сбудется. Во-вторых: если б этот брак и сбылся, то есть в таком только случае, если у того подлеца есть свой особый, таинственный, никому не известный расчет, по которому этот брак ему выгоден, - расчет, которого я решительно не понимаю, то реши сам, спроси свое собственное сердце: будет ли она счастлива в этом браке? Попреки, унижения, подруга мальчишки, который уж и теперь тяготится ее любовью, а как женится - тотчас же начнет ее не уважать, обижать, унижать; в то же время сила страсти с ее стороны, по мере охлаждения с другой; ревность, муки, ад, развод, может быть, само преступление... нет, Ваня! Если вы там это стряпаете, а ты еще помогаешь, то, предрекаю тебе, дашь ответ богу, но уж будет поздно! Прощай!

Я остановил его.

- Послушайте, Николай Сергеич, решим так: подождем. Будьте уверены, что не одни глаза смотрят за этим делом, и, может быть, оно разрешится самым лучшим образом, само собою, без насильственных и искусственных разрешений, как например эта дуэль. Время - самый лучший разрешитель! А наконец, позвольте вам сказать, что весь ваш проект совершенно невозможен. Неужели ж вы могли хоть одну минуту думать, что князь примет ваш вызов?

- Как не примет? Что ты, опомнись!

- Клянусь вам, не примет, и поверьте, что найдет отговорку совершенно достаточную; сделает всё это с педантскою важностью, а между тем вы будете совершенно осмеяны...

- Помилуй, братец, помилуй! Ты меня просто сразил после этого! Да как же это он не примет? Нет, Ваня, ты просто какой-то поэт; именно, настоящий поэт! Да что ж, по-твоему, неприлично, что ль, со мной драться? Я не хуже его. Я старик, оскорбленный отец; ты - русский литератор, и потому лицо тоже почетное, можешь быть секундантом и... и... Я уж и не понимаю, чего ж тебе еще надобно...

- Вот увидите. Он такие предлоги подведет, что вы сами, вы, первый, найдете, что вам с ним драться - в высшей степени невозможно.

- Гм... хорошо, друг мой, пусть будет по-твоему! Я пережду, до известного времени, разумеется. Посмотрим, что сделает время. Но вот что, друг мой: дай мне честное слово, что ни там, ни Анне Андреевне ты не объявишь нашего разговора?

- Даю.

- Второе, Ваня, сделай милость, не начинай больше никогда со мной говорить об этом.

- Хорошо, даю слово.

- И, наконец, еще просьба: я знаю, мой милый, тебе у нас, может быть, и скучно, но ходи к нам почаще, если только можешь. Моя бедная Анна Андреевна так тебя любит и... и... так без тебя скучает... понимаешь, Ваня?

И он крепко сжал мою руку. Я от всего сердца дал ему обещание.

- А теперь, Ваня, последнее щекотливое дело: есть у тебя деньги?

- Деньги! - повторил я с удивлением.

- Да (и старик покраснел и опустил глаза); смотрю я, брат, на твою квартиру... на твои обстоятельства... и как подумаю, что у тебя могут быть другие экстренные траты (и именно теперь могут быть), то... вот, брат, сто пятьдесят рублей, на первый случай...

- Сто пятьдесят, да еще на первый случай, тогда как вы сами проиграли тяжбу!

- Ваня, ты, как я вижу, меня совсем не понимаешь! Могут быть экстренные надобности, пойми это. В иных случаях деньги способствуют независимости положения, независимости решения. Может быть, тебе теперь и не нужно, но не надо ль на что-нибудь в будущем? Во всяком случае, я у тебя их оставлю. Это всё, что я мог собрать. Не истратишь, так воротишь. А теперь прощай! Боже мой, какой ты бледный! Да ты весь больной...

Я не возражал и взял деньги. Слишком ясно было, на что он их оставлял у меня.

- Я едва стою на ногах, - отвечал я ему.

- Не пренебрегай этим, Ваня, голубчик, не пренебрегай! Сегодня никуда не ходи. Анне Андреевне так и скажу, в каком ты положении. Не надо ли доктора? Завтра навещу тебя; по крайней мере всеми силами постараюсь, если только сам буду ноги таскать. А теперь лег бы ты... Ну, прощай. Прощай, девочка; отворотилась! Слушай, друг мой! Вот еще пять рублей; это девочке. Ты, впрочем, ей не говори, что я дал, а так, просто истрать на нее, ну там башмачонки какие-нибудь, белье... мало ль что понадобится! Прощай, друг мой...

Я проводил его до ворот. Мне нужно было попросить дворника сходить за кушаньем. Елена до сих пор не обедала...

ГЛАВА XI

Но только что я воротился к себе, голова моя закружилась, и я упал посреди комнаты. Помню только крик Елены: она всплеснула руками и бросилась ко мне поддержать меня. Это было последнее мгновение, уцелевшее в моей памяти...

Помню потом себя уже на постели. Елена рассказывала мне впоследствии, что она вместе с дворником, принесшим в это время нам кушанье, перенесла меня на диван. Несколько раз я просыпался и каждый раз видел склонившееся надо мной сострадательное, заботливое личико Елены. Но всё это я помню как сквозь сон, как в тумане, и милый образ бедной девочки мелькал передо мной среди забытья, как виденье, как картинка; она подносила мне пить, оправляла меня на постели или сидела передо мной, грустная, испуганная, и приглаживала своими пальчиками мои волосы. Один раз вспоминаю ее тихий поцелуй на моем лице. В другой раз, вдруг очнувшись ночью, при свете нагоревшей свечи, стоявшей передо мной на придвинутом к дивану столике, я увидел, что Елена прилегла лицом на мою подушку и пугливо спала, полураскрыв свои бледные губки и приложив ладонь к своей теплой щечке. Но очнулся я хорошо уже только рано утром. Свеча догорела вся; яркий, розовый луч начинавшейся зари уже играл на стене. Елена сидела на стуле перед столом и, склонив свою усталую головку на левую руку, улегшуюся на столе, крепко спала, и, помню, я загляделся на ее детское личико, полное и во сне как-то не детски грустного выражения и какой-то странной, болезненной красоты; бледное, с длинными ресницами на худеньких щеках, обрамленное черными как смоль волосами, густо и тяжело ниспадавшими небрежно завязанным узлом на сторону. Другая рука ее лежала на моей подушке. Я тихо-тихо поцеловал эту худенькую ручку, но бедное дитя не проснулось, только как будто улыбка проскользнула на ее бледных губках. Я смотрел-смотрел на нее и тихо заснул покойным, целительным сном. В этот раз я проспал чуть не до полудня. Проснувшись, я почувствовал себя почти выздоровевшим. Только слабость и тягость во всех членах свидетельствовали о недавней болезни. Подобные нервные и быстрые припадки бывали со мною и прежде; я знал их хорошо. Болезнь обыкновенно почти совсем проходила в сутки, что, впрочем, не мешало ей действовать в эти сутки сурово и круто.

Был уже почти полдень. Первое, что я увидел, это протянутые в углу, на снурке, занавесы, купленные мною вчера. Распорядилась Елена и отмежевала себе в комнате особый уголок. Она сидела перед печкой и кипятила чайник. Заметив, что я проснулся, она весело улыбнулась и тотчас же подошла ко мне.

- Друг ты мой, - сказал я, взяв ее за руку, - ты целую ночь за мной смотрела. Я не знал, что ты такая добрая.

- А вы почему знаете, что я за вами смотрела; может быть, я всю ночь проспала? - спросила она, смотря на меня с добродушным и стыдливым лукавством и в то же время застенчиво краснея от своих слов.

- Я просыпался и видел всё. Ты заснула только перед рассветом...

- Хотите чаю? - перебила она, как бы затрудняясь продолжать этот разговор, что бывает со всеми целомудренными и сурово честными сердцами, когда об них им же заговорят с похвалою.

- Хочу, - отвечал я. - Но обедала ли ты вчера?

- Не обедала, а ужинала. Дворник принес. Вы, впрочем, не разговаривайте, а лежите покойно: вы еще не совсем здоровы, - прибавила она, поднося мне чаю и садясь на мою постель.

- Какое лежите! До сумерек, впрочем, буду лежать, а там пойду со двора. Непременно надо, Леночка.

- Ну, уж и надо! К кому вы пойдете? Уж не к вчерашнему ли гостю?

- Нет, не к нему.

- Вот и хорошо, что не к нему. Это он вас расстроил вчера. Так к его дочери?

- А ты почему знаешь про его дочь?

- Я всё вчера слышала, - отвечала она потупившись. Лицо ее нахмурилось. Брови сдвинулись над глазами.

- Он дурной старик, - прибавила она потом.

- Разве ты знаешь его? Напротив, он очень добрый человек.

- Нет, нет; он злой; я слышала, - отвечала она с увлечением.

- Да что же ты слышала?

- Он свою дочь не хочет простить...

- Но он любит ее. Она перед ним виновата, а он об ней заботится, мучается.

- А зачем не прощает? Теперь, как простит, дочь и не шла бы к нему.

- Как так? Почему же?

- Потому что он не стоит, чтоб его дочь любила, - отвечала она с жаром. - Пусть она уйдет от него навсегда и лучше пусть милостыню просит, а он пусть видит, что дочь просит милостыню, да мучается.

Глаза ее сверкали, щечки загорелись. "Верно, она неспроста так говорит", - подумал я про себя.

- Это вы меня к нему-то в дом хотели отдать? - прибавила она, помолчав.

- Да, Елена.

- Нет, я лучше в служанки наймусь.

- Ах, как не хорошо это всё, что ты говоришь, Леночка. И какой вздор: ну к кому ты можешь наняться?

- Ко всякому мужику, - нетерпеливо отвечала она, всё более и более потупляясь. Она была приметно вспыльчива.

- Да мужику и не надо такой работницы, - сказал я усмехаясь.

- Ну к господам.

- С твоим ли характером жить у господ?

- С моим. - Чем более раздражалась она, тем отрывистее отвечала.

- Да ты не выдержишь.

- Выдержу. Меня будут бранить, а я буду нарочно молчать. Меня будут бить, а я буду всё молчать, всё молчать, пусть бьют, ни за что не заплачу. Им же хуже будет от злости, что я не плачу.

- Что ты; Елена! Сколько в тебе озлобления; и гордая ты какая! Много, знать, ты видала горя...

Я встал и подошел к моему большому столу. Елена осталась на диване, задумчиво смотря в землю, и пальчиками щипала покромку. Она молчала. "Рассердилась, что ли, она на мои слова?" - думал я.

Стоя у стола, я машинально развернул вчерашние книги, взятые мною для компиляции, и мало-помалу завлекся чтением. Со мной это часто случается: подойду, разверну книгу на минутку справиться и зачитаюсь так, что забуду всё.

- Что вы тут всё пишете? - с робкой улыбкой спросила Елена, тихонько подойдя к столу.

- А так, Леночка, всякую всячину. За это мне деньги дают.

- Просьбы?

- Нет, не просьбы. - И я объяснил ей сколько мог, что описываю разные истории про разных людей: из этого выходят книги, которые называются повестями и романами. Она слушала с большим любопытством.

- Что же, вы тут всё правду описываете?

- Нет, выдумываю.

- Зачем же вы неправду пишете?

- А вот прочти, вот видишь, вот эту книжку; ты уж раз ее смотрела. Ты ведь умеешь читать?

- Умею.

- Ну вот и увидишь. Эту книжку я написал.

- Вы? прочту...

111

Ей что-то очень хотелось мне сказать, но она, очевидно, затруднялась и была в большом волнении. Под ее вопросами что-то крылось.

- А вам много за это платят? - спросила она наконец.

- Да как случится. Иногда много, а иногда и ничего нет, потому что работа не работается. Эта работа трудная, Леночка.

- Так вы не богатый?

- Нет, не богатый.

- Так я буду работать и вам помогать...

Она быстро взглянула на меня, вспыхнула, опустила глаза и, ступив ко мне два шага, вдруг обхватила меня обеими руками, а лицом крепко-крепко прижалась к моей груди. Я с изумлением смотрел на нее.

- Я вас люблю... я не гордая, - проговорила она. - Вы сказали вчера, что я гордая. Нет, нет... я не такая... я вас люблю. Вы только один меня любите...

Но уже слезы задушили ее. Минуту спустя они вырвались из ее груди с такою силою, как вчера во время припадка. Она упала передо мной на колени, целовала мои руки, ноги...

- Вы любите меня!.. - повторяла она, - вы только один, один!..

Она судорожно сжимала мои колени своими руками. Всё чувство ее, сдерживаемое столько времени, вдруг разом вырвалось наружу в неудержимом порыве, и мне стало понятно это странное упорство сердца, целомудренно, таящего себя до времени и тем упорнее, тем суровее, чем сильнее потребность излить себя, высказаться, и всё это до того неизбежного порыва, когда всё существо вдруг до самозабвения отдается этой потребности любви, благодарности, ласкам, слезам...

Она рыдала до того, что с ней сделалась истерика. Насилу я развел ее руки, обхватившие меня. Я поднял ее и отнес на диван. Долго еще она рыдала, укрыв лицо в подушки, как будто стыдясь смотреть на меня, но крепко стиснув мою руку в своей маленькой ручке и не отнимая ее от своего сердца.

Мало-помалу она утихла, но всё еще не подымала ко мне своего лица. Раза два, мельком, ее глаза скользнули по моему лицу, и в них было столько мягкости и какого-то пугливого и снова прятавшегося чувства. Наконец она покраснела и улыбнулась.

- Легче ли тебе? - спросил я, - чувствительная ты моя Леночка, больное ты мое дитя?

- Не Леночка, нет... - прошептала она, всё еще пряча от меня свое личико.

- Не Леночка? Как же?

- Нелли.

- Нелли? Почему же непременно Нелли? Пожалуй, это очень хорошенькое имя. Так я тебя и буду звать, коли ты сама хочешь.

- Так меня мамаша звала... И никто так меня не звал, никогда, кроме нее... И я не хотела сама, чтоб меня кто звал так, кроме мамаши... А вы зовите; я хочу... Я вас буду всегда любить, всегда любить...

"Любящее и гордое сердечко, - подумал я, - а как долго надо мне было заслужить, чтоб ты для меня стала... Нелли". Но теперь я уже знал, что ее сердце предано мне навеки.

- Нелли, послушай, - спросил я, как только она успокоилась. - Ты вот говоришь, что тебя любила только одна мамаша и никто больше. А разве твой дедушка и вправду не любил тебя?

- Не любил...

- А ведь ты плакала здесь о нем, помнишь, на лестнице.

Она на минуту задумалась.

- Нет, не любил... Он был злой. - И какое-то больное чувство выдавилось на ее лице.

- Да ведь с него нельзя было и спрашивать, Нелли. Он, кажется, совсем уже выжил из ума. Он и умер как безумный. Ведь я тебе рассказывал, как он умер.

- Да; но он только в последний месяц стал совсем забываться. Сидит, бывало, здесь целый день, и, если б я не приходила к нему, он бы и другой, и третий день так сидел, не пивши, не евши. А прежде он был гораздо лучше.

- Когда же прежде?

- Когда еще мамаша не умирала.

- Стало быть, это ты ему приносила пить и есть, Нелли?

- Да, и я приносила.

- Где ж ты брала, у Бубновой?

- Нет, я никогда ничего не брала у Бубновой, - настойчиво проговорила она каким-то вздрогнувшим голосом.

- Где же ты брала, ведь у тебя ничего не было? Нелли помолчала и страшно побледнела; потом долгим-долгим взглядом посмотрела на меня.

- Я на улицу милостыню ходила просить... Напрошу пять копеек, и куплю ему хлеба и табаку нюхального...

- И он позволял! Нелли! Нелли!

- Я сначала сама пошла и ему не сказала. А он, как узнал, потом уж сам стал меня прогонять просить. Я стою на мосту, прошу у прохожих, а он ходит около моста, дожидается; и как увидит, что мне дали, так и бросится на меня и отнимет деньги, точно я утаить от него хочу, не для него собираю.

Говоря это, она улыбнулась какою-то едкою, горькою улыбкою.

- Это всё было, когда мамаша умерла, - прибавила она. - Тут он уж совсем стал как безумный.

- Стало быть, он очень любил твою мамашу? Как же он не жил с нею?

- Нет, не любил... Он был злой и ее не прощал... как вчерашний злой старик, - проговорила она тихо, совсем почти шепотом и бледнея всё больше и больше.

Я вздрогнул. Завязка целого романа так и блеснула в моем воображении. Эта бедная женщина, умирающая в подвале у гробовщика, сиротка дочь ее, навещавшая изредка дедушку, проклявшего ее мать; обезумевший чудак старик, умирающий в кондитерской после смерти своей собаки!..

- А ведь Азорка-то был прежде маменькин, - сказала вдруг Нелли, улыбаясь какому-то воспоминанию. - Дедушка очень любил прежде маменьку, и когда мамаша ушла от него, у него и остался мамашин Азорка. Оттого-то он и любил так Азорку... Мамашу не простил, а когда собака умерла, так сам умер, - сурово прибавила Нелли, и улыбка исчезла с лица ее.

- Нелли, кто ж он был такой прежде? - спросил я, подождав немного.

- Он был прежде богатый... Я не знаю, кто он был, - отвечала она. - У него был какой-то завод... Так мамаша мне говорила. Она сначала думала, что я маленькая, и всего мне не говорила. Всё, бывало, целует меня, а сама говорит: всё узнаешь; придет время, узнаешь, бедная, несчастная! И всё меня бедной и несчастной звала. И когда ночью, бывало, думает, что я сплю (а я нарочно, не сплю, притворюсь, что сплю), она всё плачет надо мной, целует меня и говорит: бедная, несчастная!

- Отчего же умерла твоя мамаша?

- От чахотки; теперь шесть недель будет.

- А ты помнишь, когда дедушка был богат?

- Да ведь я еще тогда не родилась. Мамаша еще прежде, чем я родилась, ушла от дедушки.

- С кем же ушла?

- Не знаю, - отвечала Нелли, тихо и как бы задумываясь. - Она за границу ушла, а я там и родилась.

- За границей? Где же?

- В Швейцарии. Я везде была, и в Италии была, и в Париже была. Я удивился.

- И ты помнишь, Нелли?

- Многое помню.

- Как же ты так хорошо по-русски знаешь, Нелли?

- Мамаша меня еще и там учила по-русски. Она была русская, потому что ее мать была русская, а дедушка был англичанин, но тоже как русский. А как мы сюда с мамашей воротились полтора года назад, я и научилась совсем. Мамаша была уже тогда больная. Тут мы стали всё беднее и беднее. Мамаша всё плакала. Она сначала долго отыскивала в Петербурге дедушку и всё говорила, что перед ним виновата, и всё плакала... Так плакала, так плакала! А как узнала, что дедушка бедный, то еще больше плакала. Она к нему и письма часто писала, он всё не отвечал.

- Зачем же мамаша воротилась сюда? Только к отцу?

- Не знаю. А там нам так хорошо было жить, - и глаза Нелли засверкали. - Мамаша жила одна, со мной. У ней был один друг, добрый, как вы... Он ее еще здесь знал. Но он там умер, мамаша и воротилась...

- Так с ним-то мамаша твоя и ушла от дедушки?

- Нет, не с ним. Мамаша ушла с другим от дедушки, а тот ее и оставил...

- С кем же, Нелли?

Нелли взглянула на меня и ничего не отвечала. Она, очевидно, знала, с кем ушла ее мамаша и кто, вероятно, был и ее отец. Ей было тяжело даже и мне назвать его имя...

Я не хотел ее мучать расспросами. Это был характер странный, неровный и пылкий, но подавлявший в себе свои порывы; симпатичный, но замыкавшийся в гордость и недоступность. Всё время, как я ее знал, она, несмотря на то что любила меня всем сердцем своим, самою светлою и ясною любовью, почти наравне с своею умершею матерью, о которой даже не могла вспоминать без боли, - несмотря на то, она редко была со мной наружу и, кроме этого дня, редко чувствовала потребность говорить со мной о своем прошедшем; даже, напротив, как-то сурово таилась от меня. Но в этот день, в продолжение нескольких часов, среди мук и судорожных рыданий, прерывавших рассказ ее, она передала мне всё, что наиболее волновало и мучило ее в ее воспоминаниях, и никогда не забуду я этого страшного рассказа. Но главная история ее еще впереди...

Это была страшная история; это история покинутой женщины, пережившей свое счастье; больной, измученной и оставленной всеми; отвергнутой последним существом, на которое она могла надеяться, - отцом своим, оскорбленным когда-то ею и в свою очередь выжившим из ума от нестерпимых страданий и унижений. Это история женщины, доведенной до отчаяния; ходившей с своею девочкой, которую она считала еще ребенком, по холодным, грязным петербургским улицам и просившей милостыню; женщины, умиравшей потом целые месяцы в сыром подвале и которой отец отказывал в прощении до последней минуты ее жизни и только в последнюю минуту опомнившийся и прибежавший простить ее, но уже заставший один холодный труп вместо той, которую любил больше всего на свете. Это был странный рассказ о таинственных, даже едва понятных отношениях выжившего из ума старика с его маленькой внучкой, уже понимавшей его, уже понимавшей, несмотря на свое детство, многое из того, до чего не развивается иной в целые годы своей обеспеченной и гладкой жизни. Мрачная это была история, одна из тех мрачных и мучительных историй, которые так часто и неприметно, почти таинственно, сбываются под тяжелым петербургским небом, в темных, потаенных закоулках огромного города, среди взбалмошного кипения жизни, тупого эгоизма, сталкивающихся интересов, угрюмого разврата, сокровенных преступлений, среди всего этого кромешного ада бессмысленной и ненормальной жизни... Но эта история еще впереди...

ЧАСТЬ ТРЕТЬЯ

ГЛАВА I

Давно уже наступили сумерки, настал вечер, и только тогда я очнулся от мрачного кошмара и вспомнил о настоящем.

- Нелли, - сказал я, - вот ты теперь больна, расстроена, а я должен тебя оставить одну, взволнованную и в слезах. Друг мой! Прости меня и узнай, что тут есть тоже одно любимое и непрощенное существо, несчастное, оскорбленное и покинутое. Она ждет меня. Да и меня самого влечет теперь после твоего рассказа так, что я, кажется, не перенесу, если не увижу ее сейчас, сию минуту....

Не знаю, поняла ли Нелли всё, что я ей говорил. Я был взволнован и от рассказа и от недавней болезни; но я бросился к Наташе. Было уже поздно, час девятый, когда я вошел к ней.

Еще на улице, у ворот дома, в котором жила Наташа, я заметил коляску, и мне показалось, что это коляска князя. Вход к Наташе был со двора. Только что я стал входить на лестницу, я заслышал перед собой, одним всходом выше, человека, взбиравшегося ощупью, осторожно, очевидно незнакомого с местностью. Мне вообразилось, что это должен быть князь; но вскоре я стал разуверяться. Незнакомец, взбираясь наверх, ворчал и проклинал дорогу и всё сильнее и энергичнее, чем выше он подымался. Конечно, лестница была узкая, грязная, крутая, никогда не освещенная; но таких ругательств, какие начались в третьем этаже, я бы никак не мог приписать князю: взбиравшийся господин ругался, как извозчик. Но с третьего этажа начался свет; у Наташиных дверей горел маленький фонарь. У самой двери я нагнал моего незнакомца, и каково же было мое изумление, когда я узнал в нем князя. Кажется, ему чрезвычайно было неприятно так нечаянно столкнуться со мною. Первое мгновение он не узнал меня; но вдруг всё лицо его преобразилось. Первый, злобный и ненавистный взгляд его на меня сделался вдруг приветливым и веселым, и он с какою-то необыкновенною радостью протянул мне обе руки.

- Ах, это вы! А я только что хотел было стать на колена и молить бога о спасении моей жизни. Слышали, как я ругался?

И он захохотал простодушнейшим образом. Но вдруг лицо его приняло серьезное и заботливое выражение.

- И Алеша мог поместить Наталью Николаевну в такой квартире! - сказал он, покачивая головою. - Вот эти-то так называемые мелочи и обозначают человека. Я боюсь за него. Он добр, у него благородное сердце, но вот вам пример: любит без памяти, а помещает ту, которую любит, в такой конуре. Я даже слышал, что иногда хлеба не было, - прибавил он шепотом, отыскивая ручку колокольчика. - У меня голова трещит, когда подумаю о его будущности, а главное, о будущности Анны Николаевны, когда она будет его женой...

Он ошибся именем и не заметил того, с явною досадою не находя колокольчика. Но колокольчика и не было. Я подергал ручку замка, и Мавра тотчас же нам отворила, суетливо встречая нас. В кухне, отделявшейся от крошечной передней деревянной перегородкой, сквозь отворенную дверь заметны были некоторые приготовления: всё было как-то не по-всегдашнему, вытерто и вычищено; в печи горел огонь; на столе стояла какая-то новая посуда. Видно было, что нас ждали. Мавра бросилась снимать наши пальто.

- Алеша здесь? - спросил я ее.

- Не бывал, - шепнула она мне как-то таинственно.

Мы вошли к Наташе. В ее комнате не было никаких особенных приготовлений; всё было по-старому. Впрочем, у нее всегда было всё так чисто и мило, что нечего было и прибирать. Наташа встретила нас, стоя перед дверью. Я поражен был болезненной худобой и чрезвычайной бледностью ее лица, хотя румянец и блеснул на одно мгновение на ее помертвевших щеках. Глаза были лихорадочные. Она молча и торопливо протянула князю руку, приметно суетясь и теряясь. На меня же она и не взглянула. Я стоял и ждал молча.

- Вот и я! - дружески и весело заговорил князь, - только несколько часов как воротился. Всё это время вы не выходили из моего ума (он нежно поцеловал ее руку), - и сколько, сколько я передумал о вас! Сколько выдумал вам сказать, передать... Ну, да мы наговоримся! Во-первых, мой ветрогон, которого, я вижу, еще здесь нет...

- Позвольте, князь, - перебила его Наташа, покраснев и смешавшись, - мне надо сказать два слова Ивану Петровичу. Ваня, пойдем... два слова...

116

Она схватила меня за руку и повела за ширмы.

- Ваня, - сказала она шепотом, заведя меня в самый темный угол, - простишь ты меня или нет?

- Наташа, полно, что ты!

- Нет, нет, Ваня, ты слишком часто и слишком много прощал мне, но ведь есть же конец всякому терпению. Ты меня никогда не разлюбишь, я знаю, но ты меня назовешь неблагодарною, а я вчера и третьего дня была пред тобой неблагодарная, эгоистка, жестокая...

Она вдруг залилась слезами и прижалась лицом к моему плечу.

- Полно, Наташа, - спешил я разуверить ее. - Ведь я был очень болен всю ночь: даже и теперь едва стою на ногах, оттого и не заходил ни вечером вчера, ни сегодня, а ты и думаешь, что я рассердился... Друг ты мой дорогой, да разве я не знаю, что теперь в твоей душе делается?

- Ну и хорошо... значит, простил, как всегда, - сказала она, улыбаясь сквозь слезы и сжимая до боли мою руку. - Остальное после. Много надо сказать тебе, Ваня. А теперь к нему...

- Поскорей, Наташа; мы так его вдруг оставили...

- Вот ты увидишь, увидишь, что будет, - наскоро шепнула она мне. - Я теперь знаю всё, всё угадала. Виноват всему он. Этот вечер много решит. Пойдем!

Я не понял, но спросить было некогда. Наташа вышла к князю с светлым лицом. Он всё еще стоял со шляпой в руках. Она весело перед ним извинилась, взяла у него шляпу, сама придвинула ему стул, и мы втроем уселись кругом ее столика.

- Я начал о моем ветренике, - продолжал князь, - я видел его только одну минуту и то на улице, когда он садился ехать к графине Зинаиде Федоровне. Он ужасно спешил и, представьте, даже не хотел встать, чтоб войти со мной в комнаты после четырех дней разлуки. И, кажется, я в том виноват, Наталья Николаевна, что он теперь не у вас и что мы пришли прежде него; я воспользовался случаем, и так как сам не мог быть сегодня у графини, то дал ему одно поручение. Но он явится сию минуту.

- Он вам наверно обещал приехать сегодня? - спросила Наташа с самым простодушным видом, смотря на князя.

- Ах, боже мой, еще бы он не приехал; как это вы спрашиваете! - воскликнул он с удивлением, всматриваясь в нее. - Впрочем, понимаю: вы на него сердитесь. Действительно, как будто дурно с его стороны прийти всех позже. Но, повторяю, виноват в этом я. Не сердитесь и на него. Он легкомысленный, ветреник; я его не защищаю, но некоторые особенные обстоятельства требуют, чтоб он не только не оставлял теперь дома графини и некоторых других связей, но, напротив, как можно чаще являлся туда. Ну, а так как он, вероятно, не выходит теперь от вас и забыл всё на свете, то, пожалуйста, не сердитесь, если я буду иногда брать его часа на два, не больше, по моим поручениям. Я уверен, что он еще ни разу не был у княгини К. с того вечера, и так досадую, что не успел давеча расспросить его!..

Я взглянул на Наташу. Она слушала князя с легкой полунасмешливой улыбкой. Но он говорил так прямо, так натурально. Казалось, не было возможности в чем-нибудь подозревать его.

- И вы вправду не знали, что он у меня во все эти дни ни разу не был? - спросила Наташа тихим и спокойным голосом, как будто говоря о самом обыкновенном для нее происшествии.

- Как! Ни разу не был? Позвольте, что вы говорите! - сказал князь, по-видимому в чрезвычайном изумлении.

- Вы были у меня во вторник, поздно вечером; на другое утро он заезжал ко мне на полчаса, и с тех пор я его не видала ни разу.

- Но это невероятно! (Он изумлялся всё более и более). Я именно думал, что он не выходит от вас. Извините, это так странно... просто невероятно.

- Но, однако ж, верно, и как жаль: я нарочно ждала вас, думала от вас-то и узнать, где он находится?

- Ах, боже мой! Да ведь он сейчас же будет здесь! Но то, что вы мне сказали, меня до того поразило, что я... признаюсь, я всего ожидал от него, но этого... этого!

- Как вы изумляетесь! А я так думала, что вы не только не станете изумляться, но даже заранее знали, что так и будет.

- Знал! Я? Но уверяю же вас, Наталья Николаевна, что видел его только одну минуту сегодня и больше никого об нем не расспрашивал; и мне странно, что вы мне как будто не верите, - продолжал он, оглядывая нас обоих.

- Сохрани бог, - подхватила Наташа, - совершенно уверена, что вы сказали правду.

И она засмеялась снова, прямо в глаза князю, так, что его как будто передернуло.

- Объяснитесь, - сказал он в замешательстве.

- Да тут нечего и объяснять. Я говорю очень просто. Вы ведь знаете, какой он ветреный, забывчивый. Ну вот, как ему дана теперь полная свобода, он и увлекся.

- Но так увлекаться невозможно, тут что-нибудь да есть, и только что он приедет, я заставлю его объяснить это дело. Но более всего меня удивляет, что вы как будто и меня в чем-то обвиняете, тогда как меня даже здесь и не было. А впрочем, Наталья Николаевна, я вижу, вы на него очень сердитесь, - и это понятно! Вы имеете на то все права, и... и... разумеется, я первый виноват, ну хоть потому только, что я первый подвернулся; не правда ли? - продолжал он, обращаясь ко мне с раздражительною усмешкою.

Наташа вспыхнула.

- Позвольте, Наталья Николаевна, - продолжал он с достоинством, - соглашаюсь, что я виноват, но только в том, что уехал на другой день после нашего знакомства, так что вы, при некоторой мнительности, которую я замечаю в вашем характере, уже успели изменить обо мне ваше мнение, тем более что тому способствовали обстоятельства. Не уезжал бы я - вы бы меня узнали лучше, да и Алеша не ветреничал бы под моим надзором. Сегодня же вы услышите, что я наговорю ему.

- То есть сделаете, что он мною начнет тяготиться. Невозможно, чтоб, при вашем уме, вы вправду думали, что такое средство мне поможет.

- Так уж не хотите ли вы намекнуть, что я нарочно хочу так устроить, чтоб он вами тяготился? Вы обижаете меня, Наталья Николаевна.

- Я стараюсь как можно меньше употреблять намеков, с кем бы я ни говорила, - отвечала Наташа, - напротив, всегда стараюсь говорить как можно прямее, и вы, может быть, сегодня же убедитесь в этом. Обижать я вас не хочу, да и незачем, хоть уж потому только, что вы моими словами не обидитесь, что бы я вам ни сказала. В этом я совершенно уверена, потому что совершенно понимаю наши взаимные отношения: ведь вы на них не можете смотреть серьезно, не правда ли? Но если я в самом деле вас обидела, то готова просить прощения, чтоб исполнить перед вами все обязанности... гостеприимства.

Несмотря на легкий и даже шутливый тон, с которым Наташа произнесла эту фразу, со смехом на губах, никогда еще я не видал ее до такой степени раздраженною. Теперь только я понял, до чего наболело у нее в сердце в эти три дня. Загадочные слова ее, что она уже всё знает и обо всем догадалась, испугали меня; они прямо относились к князю. Она изменила о нем свое мнение и смотрела на него как на своего врага, - это было очевидно. Она, видимо, приписывала его влиянию все свои неудачи с Алешей и, может быть, имела на это какие-нибудь данные. Я боялся между ними внезапной сцены. Шутливый тон ее был слишком обнаружен, слишком не закрыт. Последние же слова ее князю о том, что он не может смотреть на их отношения серьезно, фраза об извинении по обязанности гостеприимства, ее обещание, в виде угрозы, доказать ему в этот же вечер, что она умеет говорить прямо, - всё это было до такой степени язвительно и немаскировано, что не было возможности, чтоб князь не понял всего этого. Я видел, что он изменился в лице, но он умел владеть собою. Он тотчас же показал вид, что не заметил этих слов, не понял их настоящего смысла, и, разумеется, отделался шуткой.

- Боже меня сохрани требовать извинений! - подхватил он смеясь. - Я вовсе не того хотел, да и не в моих правилах требовать извинения от женщины. Еще в первое наше свидание я отчасти предупредил вас о моем характере, а потому вы, вероятно, не рассердитесь на меня за одно замечание, тем более что оно будет вообще о всех женщинах; вы тоже, вероятно, согласитесь с этим замечанием, - продолжал он, с любезностью обращаясь ко мне. - Именно, я заметил, в женском характере есть такая черта, что если, например, женщина в чем виновата, то скорей она согласится потом, впоследствии, загладить свою вину тысячью ласк, чем в настоящую минуту, во время самой очевидной улики в проступке, сознаться в нем и попросить прощения. Итак, если только предположить, что я вами обижен, то теперь, в настоящую минуту, я нарочно не хочу извинения; мне выгоднее будет впоследствии, когда вы сознаете вашу ошибку и захотите ее загладить передо мной... тысячью ласк. А вы так добры, так чисты, свежи, так наружу, что минута, когда вы будете раскаиваться, предчувствую это, будет очаровательна. Л лучше, вместо извинения, скажите мне теперь, не могу ли я сегодня же чем-нибудь доказать вам, что я гораздо искреннее и прямее поступаю с вами, чем вы обо мне думаете?

Наташа покраснела. Мне тоже показалось, что в ответе князя слышится какой-то уж слишком легкий, даже небрежный тон, какая-то нескромная шутливость.

- Вы хотите мне доказать, что вы со мной прямы и простодушны? - спросила Наташа, с вызывающим видом смотря на него.

- Да.

- Если так, исполните мою просьбу.

- Заранее даю слово.

- Вот она: ни одним словом, ни одним намеком обо мне не беспокоить Алешу ни сегодня, ни завтра. Ни одного упрека за то, что он забыл меня; ни одного наставления. Я именно хочу встретить его так, как будто ничего между нами не было, чтоб он и заметить ничего не мог. Мне это надо. Дадите вы мне такое слово?

- С величайшим удовольствием, - отвечал князь, - и позвольте мне прибавить от всей души, что я редко в ком встречал более благоразумного и ясного взгляда на такие дела... Но вот, кажется, и Алеша.

Действительно, в передней послышался шум. Наташа вздрогнула и как будто к чему-то приготовилась. Князь сидел с серьезною миною и ожидал, что-то будет; он пристально следил на Наташей. Но дверь отворилась, и к нам влетел Алеша.

ГЛАВА II

Он именно влетел с каким-то сияющим лицом, радостный, веселый. Видно было, что он весело и счастливо провел эти четыре дня. На нем как будто написано было, что он хотел нам что-то сообщить.

- Вот и я! - провозгласил он на всю комнату. - Тот, которому бы надо быть раньше всех. Но сейчас узнаете всё, всё всё! Давеча, папаша, мы с тобой двух слов не успели сказать, а мне много надо было сказать тебе. Это он мне только в добрые свои минуты позволяет говорить себе: ты, - прервал он, обращаясь ко мне, - ей-богу, в иное время запрещает! И какая у него является тактика: начинает сам говорить мне вы. Но с этого дня я хочу, чтоб у него всегда были добрые минуты, и сделаю так! Вообще я весь переменился в эти четыре дня, совершенно, совершенно переменился и всё вам расскажу. Но это впереди. А главное теперь: вот она! вот она! опять! Наташа, голубчик, здравствуй, ангел ты мой! - говорил он, усаживаясь подле нее и жадно целуя ее руку, -тосковал-то я по тебе в эти дни! Но что хочешь - не мог! Управиться не мог. Милая ты моя! Как будто ты похудела немножко, бледненькая стала какая...

Он в восторге покрывал ее руки поцелуями, жадно смотрел на нее своими прекрасными глазами, как будто не мог наглядеться. Я взглянул на Наташу и по лицу ее угадал, что у нас были одни мысли: он был вполне невинен. Да и когда, как этот невинный мог бы сделаться виноватым? Яркий румянец прилил вдруг к бледным щекам Наташи, точно вся кровь, собравшаяся в ее сердце, отхлынула вдруг в голову. Глаза ее засверкали, и она гордо взглянула на князя.

- Но где же... ты был... столько дней? - проговорила она сдержанным и прерывающимся голосом. Она тяжело и неровно дышала. Боже мой, как она любила его!

- То-то и есть, что я в самом деле как будто виноват перед тобой; да что: как будто! разумеется, виноват, и сам это знаю, и приехал с тем, что знаю. Катя вчера и сегодня говорила мне, что не может женщина простить такую небрежность (ведь она всё знает, что было у нас здесь во вторник; я на другой же день рассказал). Я с ней спорил, доказывал ей, говорил, что эта женщина называется Наташа и что во всем свете, может быть, только одна есть равная ей: это Катя; и я приехал сюда, разумеется зная, что я выиграл в споре. Разве такой ангел, как ты, может не простить? "Не был, стало быть, непременно что-нибудь помешало, а не то что разлюбил", - вот как будет думать моя Наташа! Да и как тебя разлюбить? Разве возможно? Всё сердце наболело у меня по тебе. Но я все-таки виноват! А когда узнаешь всё, меня же первая оправдаешь! Сейчас всё расскажу, мне надобно излить душу пред всеми вами; с тем и приехал. Хотел было сегодня (было полминутки свободной) залететь к тебе, чтоб поцеловать тебя на лету, но и тут неудача: Катя немедленно потребовала к себе по важнейшим делам. Это еще до того времени, когда я на дрожках сидел, папа, и ты меня видел; это я другой раз, по другой записке к Кате тогда ехал. У нас ведь теперь целые дни скороходы с записками из дома в дом бегают. Иван Петрович, вашу записку я только вчера ночью успел прочесть, и вы совершенно правы во всем, что вы там написали. Но что же делать: физическая невозможность! Так и подумал: завтра вечером во всем оправдаюсь; потому что уж сегодня вечером невозможно мне было не приехать к тебе, Наташа.

- Какая это записка? - спросила Наташа.

- Он у меня был, не застал, разумеется, и сильно разругал в письме, которое мне оставил, за то, что к тебе не хожу. И он совершенно прав. Это было вчера.

Наташа взглянула на меня.

- Но если у тебя доставало времени бывать с утра до вечера у Катерины Федоровны... - начал было князь.

- Знаю, знаю, что ты скажешь, - перебил Алеша: - "Если мог быть у Кати, то у тебя должно быть вдвое причин быть здесь". Совершенно с тобой согласен и даже прибавлю от себя: не вдвое причин, а в миллион больше причин! Но, во-первых, бывают же странные, неожиданные события в жизни, которые всё перемешивают и ставят вверх дном. Ну, вот и со мной случились такие события. Говорю же я, что в эти дни я совершенно изменился, весь до конца ногтей; стало быть, были же важные обстоятельства!

- Ах, боже мой, да что же с тобой было! Не томи, пожалуйста! - вскричала Наташа, улыбаясь на горячку Алеши.

В самом деле, он был немного смешон: он торопился; слова вылетали у него быстро, часто, без порядка, какой-то стукотней. Ему всё хотелось говорить, говорить, рассказать. Но, рассказывая, он все-таки не покидал руки Наташи и беспрерывно подносил ее к губам, как будто не мог нацеловаться.

- В том-то и дело, что со мной было, - продолжал Алеша. - Ах, друзья мои! Что я видел, что делал, каких людей узнал! Во-первых, Катя: это такое совершенство! Я ее совсем, совсем не знал до сих пор! И тогда, во вторник, когда я говорил тебе о ней, Наташа, - помнишь, я еще с таким восторгом говорил, ну, так и тогда даже я ее совсем почти не знал. Она сама таилась от меня до самого теперешнего времени. Но теперь мы совершенно узнали друг друга. Мы с ней уж теперь на ты. Но начну сначала: во-первых, Наташа, если б ты могла только слышать, что она говорила мне про тебя, когда я на другой день, в среду, рассказал ей, что здесь между нами было... А кстати: припоминаю, каким я был глупцом перед тобой, когда я приехал к тебе тогда утром, в среду! Ты встречаешь меня с восторгом, ты вся проникнута новым положением нашим, ты хочешь говорить со мной обо всем этом; ты грустна и в то же время шалишь и играешь со мной, а я - такого солидного человека из себя корчу! О глупец! Глупец! Ведь, ей-богу же, мне

121

хотелось порисоваться, похвастаться, что я скоро буду мужем, солидным человеком, и нашел же перед кем хвастаться, - перед тобой! Ах, как, должно быть, ты тогда надо мной смеялась и как я стоил твоей насмешки!

Князь сидел молча и с какой-то торжествующе иронической улыбкой смотрел на Алешу. Точно он рад был, что сын выказывает себя с такой легкомысленной и даже смешной точки зрения. Весь этот вечер я прилежно наблюдал его и совершенно убедился, что он вовсе не любит сына, хотя и говорили про слишком горячую отцовскую любовь его.

- После тебя я поехал к Кате, - сыпал свой рассказ Алеша. - Я уже сказал, что мы только в это утро совершенно узнали друг друга, и странно как-то это произошло... не помню даже... Несколько горячих слов, несколько ощущений, мыслей, прямо высказанных, и мы - сблизились навеки. Ты должна, должна узнать ее, Наташа! Как она рассказала, как она растолковала мне тебя! Как объяснила мне, какое ты сокровище для меня!

Мало-помалу она объяснила мне все свои идеи и свой взгляд на жизнь; это такая серьезная, такая восторженная девушка! Она говорила о долге, о назначении нашем, о том, что мы все должны служить человечеству, и так как мы совершенно сошлись, в какие-нибудь пять-шесть часов разговора, то кончили тем, что поклялись друг другу в вечной дружбе и в том, что во всю жизнь нашу будем действовать вместе!

- В чем же действовать? - с удивлением спросил князь.

- Я так изменился, отец, что всё это, конечно, должно удивлять тебя; даже заранее предчувствую все твои возражения, - отвечал торжественно Алеша. - Все вы люди практические, у вас столько выжитых правил, серьезных, строгих; на всё новое, на всё молодое, свежее вы смотрите недоверчиво, враждебно, насмешливо. Но теперь уж я не тот, каким ты знал меня несколько дней тому назад. Я другой! Я смело смотрю в глаза всему и всем на свете. Если я знаю, что мое убеждение справедливо, я преследую его до последней крайности; и если я не собьюсь с дороги, то я честный человек. С меня довольно. Говорите после того, что хотите, я в себе уверен.

- Ого! - сказал князь насмешливо.

Наташа с беспокойством оглядела нас. Она боялась за Алешу. Ему часто случалось очень невыгодно для себя увлекаться в разговоре, и она знала это. Ей не хотелось, чтоб Алеша выказал себя с смешной стороны перед нами и особенно перед отцом.

- Что ты, Алеша! Ведь это уж философия какая-то, - сказала она, - тебя, верно, кто-нибудь научил... ты бы лучше рассказывал.

- Да я и рассказываю! - вскричал Алеша. - Вот видишь: у Кати есть два дальние родственника, какие-то кузены, Левенька и Боренька, один студент, а другой просто молодой человек. Она с ними имеет сношения, а те - просто необыкновенные люди! К графине они почти не ходят, по принципу. Когда мы говорили с Катей о назначении человека, о призвании и обо всем этом, она указала мне на них и немедленно дала мне к ним записку; я тотчас же полетел с ними знакомиться. В тот же вечер мы сошлись совершенно. Там было человек двенадцать разного народа - студентов, офицеров, художников; был один писатель... они все вас знают, Иван Петрович, то есть читали ваши сочинения и много ждут от вас в будущем. Так они мне сами сказали. Я говорил им, что с вами знаком, и обещал им вас познакомить с ними. Все они приняли меня по-братски, с распростертыми объятиями. Я с первого же разу сказал им, что буду скоро женатый человек; так они и принимали меня за женатого человека. Живут они в пятом этаже, под крышами; собираются как можно чаще, но преимущественно по средам, к Левеньке и Бореньке. Это всё молодежь свежая; все они с пламенной любовью ко всему человечеству; все мы говорили о нашем настоящем, будущем, о науках, о литературе и говорили так хорошо, так прямо и просто... Туда тоже ходит один гимназист. Как они обращаются между собой, как они благородны! Я не видал еще до сих пор таких! Где я бывал до сих пор? Что я видал? На чем я вырос? Одна ты только, Наташа, и говорила мне что-нибудь в этом роде. Ах, Наташа, ты непременно должна познакомиться с ними; Катя уже знакома. Они говорят об ней чуть не с благоговением, и Катя уже говорила Левеньке и Бореньке, что когда она войдет в права над своим состоянием, то непременно тотчас же пожертвует миллион на общественную пользу.

- И распорядителями этого миллиона, верно, будут Левенька и Боренька и их вся компания? - спросил князь.

- Неправда, неправда; стыдно, отец, так говорить! - с жаром вскричал Алеша, - я подозреваю твою мысль! А об этом миллионе действительно был у нас разговор, и долго решали: как его употребить? Решили наконец, что прежде всего на общественное просвещение...

- Да, я действительно не совсем знал до сих пор Катерину Федоровну, - заметил князь как бы про себя, всё с той же насмешливой улыбкой. - Я, впрочем, многого от нее ожидал, но этого...

- Чего этого! - прервал Алеша, - что тебе так странно? Что это выходит несколько из вашего порядка? Что никто до сих пор не жертвовал миллиона, а она пожертвует? Это, что ли? Но, что ж, если она не хочет жить на чужой счет; потому что жить этими миллионами значит жить на чужой счет (я только теперь это узнал). Она хочет быть полезна отечеству и всем и принесть на общую пользу свою лепту. Про лепту-то еще мы в прописях читали, а как эта лепта запахла миллионом, так уж тут и не то? И на чем держится всё это хваленое благоразумие, в которое я так верил! Что ты так смотришь на меня, отец? Точно ты видишь перед собой шута, дурачка! Ну, что ж что дурачок! Послушала бы ты, Наташа, что говорила об этом Катя: "Не ум главное, а то, что направляет его, - натура, сердце, благородные свойства, развитие". Но главное, на этот счет есть гениальное выражение Безмыгина. Безмыгин - это знакомый Левеньки и Бореньки и, между нами, голова, и действительно гениальная голова! Не далее как вчера он сказал к разговору: дурак, сознавшийся, что он дурак, есть уже не дурак! Какова правда! Такие изречения у него поминутно. Он сыплет истинами.

- Действительно гениально! - заметил князь.

- Ты всё смеешься. Но ведь я от тебя ничего никогда не слыхал такого; и от всего вашего общества тоже никогда не слыхал. У вас, напротив, всё это как-то прячут, всё бы пониже к земле, чтоб все росты, все носы выходили непременно по каким-то меркам, по каким-то правилам - точно это возможно! Точно это не в тысячу раз невозможнее, чем то, об чем мы говорим и что думаем. А еще называют нас утопистами! Послушал бы ты, как они мне вчера говорили...

- Но что же, об чем вы говорите и думаете? Расскажи, Алеша, я до сих пор как-то не понимаю, - сказала Наташа.

- Вообще обо всем, что ведет к прогрессу, к гуманности, к любви; всё это говорится по поводу современных вопросов. Мы говорим о гласности, о начинающихся реформах, о любви к человечеству, о современных деятелях; мы их разбираем, читаем. Но главное, мы дали друг другу слово быть совершенно между собой откровенными и прямо говорить друг другу всё о самих себе, не стесняясь. Только откровенность, только прямота могут достигнуть цели. Об этом особенно старается Безмыгин. Я рассказал об этом Кате, и она совершенно сочувствует Безмыгину. И потому мы все, под руководством Безмыгина, дали себе слово действовать честно и прямо всю жизнь, и что бы ни говорили о нас, как бы ни судили о нас, - не смущаться ничем, не стыдиться нашей восторженности, наших увлечений, наших ошибок и идти напрямки. Коли ты хочешь, чтоб тебя уважали, во-первых и главное, уважай сам себя; только этим, только самоуважением ты заставишь и других уважать себя. Это говорит Безмыгин, и Катя совершенно с ним согласна.

Вообще мы теперь уговариваемся в наших убеждениях и положили заниматься изучением самих себя порознь, а все вместе толковать друг другу друг друга...

- Что за галиматья! - вскричал князь с беспокойством, - и кто этот Безмыгин? Нет, это так оставить нельзя...

- Чего нельзя оставить? - подхватил Алеша, - слушай, отец, почему я говорю всё это теперь, при тебе? Потому что хочу и надеюсь ввести и тебя в наш круг. Я дал уже там и за тебя слово. Ты смеешься, ну, я так и знал, что ты будешь смеяться! Но выслушай! Ты добр, благороден; ты поймешь. Ведь ты не знаешь, ты не видал никогда этих людей, не слыхал их самих. Положим, что ты обо всем этом слышал, всё изучил, ты ужасно учен; но самих-то их ты не видал, у них не был, а потому как же ты можешь судить о них верно! Ты только воображаешь, что знаешь. Нет, ты побудь у них, послушай их и тогда, - и тогда я даю слово за тебя, что ты будешь наш! А главное, я хочу употребить все средства, чтоб спасти тебя от гибели в твоем обществе, к которому ты так прилепился, и от твоих убеждений.

Князь молча и с ядовитейшей насмешкой выслушал эту выходку; злость была в лице его. Наташа следила за ним с нескрываемым отвращением. Он видел это, но показывал, что не замечает. Но как только Алеша кончил, князь вдруг разразился смехом. Он даже упал на спинку стула, как будто был не в силах сдержать себя. Но смех этот был решительно выделанный. Слишком заметно было, что он смеялся единственно для того, чтоб как можно сильнее обидеть и унизить своего сына. Алеша действительно огорчился; всё лицо его изобразило чрезвычайную грусть. Но он терпеливо переждал, когда кончится веселость отца.

- Отец, - начал он грустно, - для чего же ты смеешься надо мной? Я шел к тебе прямо и откровенно. Если, по твоему мнению, я говорю глупости, вразуми меня, а не смейся надо мною. Да и над чем смеяться? Над тем, что для меня теперь свято, благородно? Ну, пусть я заблуждаюсь, пусть это всё неверно, ошибочно, пусть я дурачок, как ты несколько раз называл меня; но если я и заблуждаюсь, то искренно, честно; я не потерял своего благородства. Я восторгаюсь высокими идеями. Пусть они ошибочны, но основание их свято. Я ведь сказал тебе, что ты и все ваши ничего еще не сказали мне такого же, что направило бы меня, увлекло бы

124

за собой. Опровергни их, скажи мне что-нибудь лучше ихнего, и я пойду за тобой, но не смейся надо мной, потому что это очень огорчает меня.

Алеша произнес это чрезвычайно благородно и с каким-то строгим достоинством. Наташа с сочувствием следила за ним. Князь даже с удивлением выслушал сына и тотчас же переменил свой тон.

- Я вовсе не хотел оскорбить тебя, друг мой, - отвечал он, - напротив, я о тебе сожалею. Ты приготовляешься к такому шагу в жизни, при котором пора бы уже перестать быть таким легкомысленным мальчиком. Вот моя мысль. Я смеялся невольно и совсем не хотел оскорблять тебя.

- Почему же так показалось мне? - продолжал Алеша с горьким чувством. - Почему уже давно мне кажется, что ты смотришь на меня враждебно, с холодной насмешкой, а не как отец на сына? Почему мне кажется, что если б я был на твоем месте, я б не осмеял так оскорбительно своего сына, как ты теперь меня. Послушай: объяснимся откровенно, сейчас, навсегда, так, чтоб уж не оставалось больше никаких недоумений. И... я хочу говорить всю правду: когда я вошел сюда, мне показалось, что и здесь произошло какое-то недоумение; не так как-то ожидал я вас встретить здесь вместе. Так или нет? Если так, то не лучше ли каждому высказать свои чувства? Сколько зла можно устранить откровенностью!

- Говори, говори, Алеша! - сказал князь. - То, что ты предлагаешь нам, очень умно. Может быть, с этого и надо было начать, - прибавил он, взглянув на Наташу.

- Не рассердись же за полную мою откровенность, - начал Алеша, - ты сам ее хочешь, сам вызываешь. Слушай. Ты согласился на мой брак с Наташей; ты дал нам это счастье и для этого победил себя самого. Ты был великодушен, и мы все оценили твой благородный поступок. Но почему же теперь ты с какой-то радостью беспрерывно намекаешь мне, что я еще смешной мальчик и вовсе не гожусь быть мужем; мало того, ты как будто хочешь осмеять, унизить, даже как будто очернить меня в глазах Наташи. Ты очень рад всегда, когда можешь хоть чем-нибудь меня выказать с смешной стороны; это я заметил не теперь, а уже давно. Как будто ты именно стараешься для чего-то доказать нам, что брак наш смешон, нелеп и что мы не пара. Право, как будто ты сам не веришь в то, что для нас предназначаешь; как будто смотришь на всё это как на шутку, на забавную выдумку, на какой-то смешной водевиль... Я ведь не из сегодняшних только слов твоих это вывожу. Я в тот же вечер, во вторник же, как воротился к тебе отсюда, слышал от тебя несколько странных выражений, изумивших, даже огорчивших меня. И в среду, уезжая, ты тоже сделал несколько каких-то намеков на наше теперешнее положение, сказал и о ней - не оскорбительно, напротив, но как-то не так, как бы я хотел слышать от тебя, как-то слишком легко, как-то без любви, без такого уважения к ней... Это трудно рассказать, но тон ясен; сердце слышит. Скажи же мне, что я ошибаюсь. Разуверь меня, ободри меня и... и ее, потому что ты и ее огорчил. Я это угадал с первого же взгляда, как вошел сюда...

Алеша высказал это с жаром и с твердостью. Наташа с какою-то торжественностью его слушала и вся в волнении, с пылающим лицом, раза два проговорила про себя в продолжение его речи: "Да, да, это так!" Князь смутился.

- Друг мой, - отвечал он, - я, конечно, не могу припомнить всего, что говорил тебе; но очень странно, если ты принял мои слова в такую сторону. Готов разуверить тебя всем, чем только могу. Если я теперь смеялся, то и это понятно.

125

Скажу тебе, что моим смехом я даже хотел прикрыть мое горькое чувство. Когда соображу теперь, что ты скоро собираешься быть мужем, то это мне теперь кажется совершенно несбыточным, нелепым, извини меня, даже смешным. Ты меня укоряешь за этот смех, а я говорю, что всё это через тебя. Винюсь и я: может быть, я сам мало следил за тобой в последнее время и потому только теперь, в этот вечер, узнал, на что ты можешь быть способен. Теперь уже я трепещу, когда подумаю о твоей будущности с Натальей Николаевной: я поторопился; я вижу, что вы очень несходны между собою. Всякая любовь проходит, а несходство навсегда остается. Я уж и не говорю о твоей судьбе, но подумай, если только в тебе честные намерения, вместе с собой ты губишь и Наталью Николаевну, решительно губишь! Вот ты говорил теперь целый час о любви к человечеству, о благородстве убеждений, о благородных людях, с которыми познакомился; а спроси Ивана Петровича, что говорил я ему давеча, когда мы поднялись в четвертый этаж, по здешней отвратительной лестнице, и оставались здесь у дверей, благодаря бога за спасение наших жизней и ног? Знаешь ли, какая мысль мне невольно тотчас же пришла в голову? Я удивился, как мог ты, при такой любви к Наталье Николаевне, терпеть, чтоб она жила в такой квартире? Как ты не догадался, что если не имеешь средств, если не имеешь способностей исполнять свои обязанности, то не имеешь права и быть мужем, не имеешь права брать на себя никаких обязательств. Одной любви мало; любовь оказывается делами; а ты как рассуждаешь: "Хоть и страдай со мной, но живи со мной", - ведь это не гуманно, это не благородно! Говорить о всеобщей любви, восторгаться общечеловеческими вопросами и в то же время делать преступления против любви и не замечать их - непонятно! Не перебивайте меня, Наталья Николаевна, дайте мне кончить; мне слишком горько, и я должен высказаться. Ты говорил, Алеша, что в эти дни увлекался всем, что благородно, прекрасно, честно, и укорял меня, что в нашем обществе нет таких увлечений, а только одно сухое благоразумие. Посмотри же: увлекаться высоким и прекрасным и после того, что было здесь во вторник, четыре дня пренебрегать тою, которая, кажется бы, должна быть для тебя дороже всего на свете! Ты даже признался о твоем споре с Катериной Федоровной, что Наталья Николаевна так любит тебя, так великодушна, что простит тебе твой проступок. Но какое право ты имеешь рассчитывать на такое прощение и предлагать об этом пари? И неужели ты ни разу не подумал, сколько горьких мыслей, сколько сомнений, подозрений послал ты в эти дни Наталье Николаевне? Неужели, потому что ты там увлекся какими-то новыми идеями, ты имел право пренебречь самою первейшею своею обязанностью? Простите меня, Наталья Николаевна, что я изменил моему слову. Но теперешнее дело серьезнее этого слова: вы сами поймете это... Знаешь ли ты, Алеша, что я застал Наталью Николаевну среди таких страданий, что понятно, в какой ад ты обратил для нее эти четыре дня, которые, напротив, должны бы быть лучшими днями ее жизни. Такие поступки, с одной стороны, и - слова, слова и слова - с другой... неужели я не прав. И ты можешь после этого обвинять меня, когда сам кругом виноват?

Князь кончил. Он даже увлекся своим красноречием и не мог скрыть от нас своего торжества. Когда Алеша услышал о страданиях Наташи, то с болезненной тоской взглянул на нее, но Наташа уже решилась.

- Полно, Алеша, не тоскуй, - сказала она, - другие виноватее тебя. Садись и выслушай, что я скажу сейчас твоему отцу. Пора кончить!

- Объяснитесь, Наталья Николаевна, - подхватил князь, - убедительно прошу вас! Я уже два часа слышу об этом загадки. Это становится невыносимо, и, признаюсь, не такой ожидал я здесь встречи.

- Может быть; потому что думали очаровать нас словами, так что мы и не заметим ваших тайных намерений. Что вам объяснять! Вы сами всё знаете и всё понимаете. Алеша прав. Самое первое желание ваше- разлучить нас. Вы заранее почти наизусть знали всё, что здесь случится, после того вечера, во вторник, и рассчитали всё как по пальцам. Я уже сказала вам, что вы смотрите и на меня и на сватовство, вами затеянное, не серьезно. Вы шутите с нами; вы играете и имеете вам известную цель. Игра ваша верная. Алеша был прав, когда укорял вас, что вы смотрите на всё это как на водевиль. Вы бы, напротив, должны были радоваться, а не упрекать Алешу, потому что он, не зная ничего, исполнил всё, что вы от него ожидали; может быть, даже и больше.

Я остолбенел от изумления. Я и ожидал, что в этот вечер случится какая-нибудь катастрофа. Но слишком резкая откровенность Наташи и нескрываемый презрительный тон ее слов изумили меня до последней крайности. Стало быть, она действительно что-то знала, думал я, и безотлагательно решилась на разрыв. Может быть, даже с нетерпением ждала князя, чтобы разом всё прямо в глаза ему высказать. Князь слегка побледнел. Лицо Алеши изображало наивный страх и томительное ожидание.

- Вспомните, в чем вы меня сейчас обвинили! - вскричал князь, - и хоть немножко обдумайте ваши слова... я ничего не понимаю.

- А! Так вы не хотите понять с двух слов, - сказала Наташа, - даже он, даже вот Алеша вас понял так же, как и я, а мы с ним не сговаривались, - даже не видались! И ему тоже показалось, что вы играете с нами недостойную, оскорбительную игру, а он любит вас и верит в вас, как в божество. Вы не считали за нужное быть с ним поосторожнее, похитрее; рассчитывали, что он не догадается. Но у него чуткое, нежное, впечатлительное сердце, и ваши слова, ваш тон, как он говорит, у него остались на сердце...

- Ничего, ничего не понимаю! - повторил князь, с видом величайшего изумления обращаясь ко мне, точно брал меня в свидетели. Он был раздражен и разгорячился. - Вы мнительны, вы в тревоге, - продолжал он, обращаясь к ней, - просто-запросто вы ревнуете к Катерине Федоровне и потому готовы обвинить весь свет и меня первого, и... и позвольте уж всё сказать: странное мнение можно получить о вашем характере... Я не привык к таким сценам; я бы ни минуты не остался здесь после этого, если б не интересы моего сына... Я всё еще жду, не благоволите ли вы объясниться?

- Так вы все-таки упрямитесь и не хотите понять с двух слов, несмотря на то что всё это наизусть знаете? Вы непременно хотите, чтоб я вам всё прямо высказала?

- Я только этого и добиваюсь.

- Хорошо же, слушайте же, - вскричала Наташа, сверкая глазами от гнева, - я выскажу всё, всё!

127

ГЛАВА III

Она встала и начала говорить стоя, не замечая того от волнения. Князь слушал, слушал и тоже встал с места. Вся сцена становилась слишком торжественною.

- Припомните сами свои слова во вторник, - начала Наташа. - Вы сказали: мне нужны деньги, торные дороги, значение в свете, - помните?

- Помню.

- Ну, так для того-то, чтобы добыть эти деньги, чтобы добиться всех этих успехов, которые у вас ускользали из рук, вы и приезжали сюда во вторник и выдумали это сватовство, считая, что эта шутка вам поможет поймать то, что от вас ускользало.

- Наташа, - вскричал я, - подумай, что ты говоришь!

- Шутка! Расчет! - повторял князь с видом крайне оскорбленного достоинства.

Алеша сидел убитый горем и смотрел, почти ничего не понимая.

- Да, да, не останавливайте меня, я поклялась всё высказать, - продолжала раздраженная Наташа. - Вы помните сами: Алеша не слушался вас. Целые полгода вы трудились над ним, чтоб отвлечь его от меня. Он не поддавался вам. И вдруг у вас настала минута, когда время уже не терпело. Упустить его, и невеста, деньги, главное - деньги, целых три миллиона приданого, ускользнут у вас из-под пальцев. Оставалось одно: чтоб Алеша полюбил ту, которую вы назначили ему в невесты; вы думали: если полюбит, то, может быть, и отстанет от меня...

- Наташа, Наташа! - с тоскою вскричал Алеша. - Что ты говоришь!

- Вы так и сделали, - продолжала она, не останавливаясь на крик Алеши, - но и тут опять та же, прежняя история! Всё бы могло уладиться, да я-то опять мешаю! Одно только могло вам подать надежду: вы, как опытный и хитрый человек, может быть, уж и тогда заметили, что Алеша иногда как будто тяготится своей прежней привязанностью. Вы не могли не заметить, что он начинает мною пренебрегать, скучать, по пяти дней ко мне не ездит. Авось наскучит совсем и бросит, как вдруг, во вторник, решительный поступок Алеши поразил вас совершенно. Что вам делать!..

- Позвольте, - вскричал князь, - напротив, этот факт...

- Я говорю, - настойчиво перебила Наташа, - вы спросили себя в тот вечер: "Что теперь делать?" - и решили: позволить ему жениться на мне, не в самом деле, а только так, на словах, чтоб только его успокоить. Срок свадьбы, думали вы, можно отдалять сколько угодно; а между тем новая любовь началась; вы это заметили. И вот на этом-то начале новой любви вы всё и основали.

- Романы, романы, - произнес князь вполголоса, как будто про себя, - уединение, мечтательность и чтение романов!

- Да, на этой-то новой любви вы всё и основали, - повторила Наташа, не слыхав и не обратив внимания на слова князя, вся в лихорадочном жару и всё более и более увлекаясь, - и какие шансы для этой новой любви! Ведь она началась еще тогда, когда он еще не узнал всех совершенств этой девушки! В ту самую минуту, когда он, в тот вечер, открывается этой девушке, что не может ее любить, потому что долг и другая любовь запрещают ему, - эта девушка вдруг выказывает пред ним столько благородства, столько сочувствия к нему и к своей сопернице, столько сердечного прощения, что он хоть и верил в ее красоту, но и не думал до этого мгновения, чтоб она была так прекрасна! Он и ко мне тогда приехал, - только и говорил, что о ней; она слишком поразила его. Да, он назавтра же непременно должен был почувствовать неотразимую потребность увидеть опять это прекрасное существо, хоть из одной только благодарности. Да и почему ж к ней не ехать? Ведь та, прежняя, уже не страдает, судьба ее решена, ведь той целый век отдается, а тут одна какая-нибудь минутка... И что за неблагодарная была бы Наташа, если б она ревновала даже к этой минуте? И вот незаметно отнимается у этой Наташи, вместо минуты, день, другой, третий. А между тем в это время девушка выказывается перед ним в совершенно неожиданном, новом виде; она такая благородная, энтузиастка и в то же время такой наивный ребенок, и в этом так сходна с ним характером. Они клянутся друг другу в дружбе, в братстве, хотят не разлучаться всю жизнь. "В какие-нибудь пять-шесть часов разговора" вся душа его открывается для новых ощущений, и сердце его отдается всё... Придет наконец время, думаете вы, он сравнит свою прежнюю любовь с своими новыми, свежими ощущениями: там всё знакомое, всегдашнее; там так серьезны, требовательны; там его ревнуют, бранят; там слезы... А если и начинают с ним шалить, играть, то как будто не с ровней, а с ребенком... а главное: всё такое прежнее, известное...

Слезы и горькая спазма душили ее, но Наташа скрепилась еще на минуту.

- Что ж дальше? А дальше время; ведь не сейчас же назначена свадьба с Наташей; времени много, и всё изменится... А тут ваши слова, намеки, толкования, красноречие... Можно даже и поклеветать на эту досадную Наташу; можно выставить ее в таком невыгодном свете и... как это всё разрешится - неизвестно, но победа ваша! Алеша! Не вини меня, друг мой! Не говори, что я не понимаю твоей любви и мало ценю ее. Я ведь знаю, что ты и теперь любишь меня и что в эту минуту, может быть, и не понимаешь моих жалоб. Я знаю, что я очень-очень худо сделала, что теперь это всё высказала. Но что же мне делать, если я это всё понимаю и всё больше и больше люблю тебя... совсем... без памяти!

Она закрыла лицо руками, упала в кресла и зарыдала как ребенок. Алеша с криком бросился к ней. Он никогда не мог видеть без слез ее слезы.

Ее рыдания, кажется, очень помогли князю: все увлечения Наташи в продолжение этого длинного объяснения, все резкости ее выходок против него, которыми уж из одного приличия надо было обидеться, всё это теперь, очевидно, можно было свести на безумный порыв ревности, на оскорбленную любовь, даже на болезнь. Даже следовало выказать сочувствие...

- Успокойтесь, утешьтесь, Наталья Николаевна, - утешал князь, - всё это исступление, мечты, уединение... Вы так были раздражены его легкомысленным поведением... Но ведь это только одно легкомыслие с его стороны. Самый главный факт, про который вы особенно упоминали, происшествие во вторник, скорей бы должно доказать вам всю безграничность его привязанности к вам, а вы, напротив, подумали...

- О, не говорите мне, не мучайте меня хоть теперь! - прервала Наташа, горько плача, - мне всё уже сказало сердце, и давно сказало! Неужели вы думаете, что я не понимаю, что прежняя любовь его вся прошла... Здесь, в этой комнате, одна... когда он оставлял, забывал меня... я всё это пережила... всё передумала... Что ж мне и делать было! Я тебя не виню, Алеша... Что вы меня обманываете? Неужели ж вы думаете, что я не пробовала сама себя обманывать!.. О, сколько раз, сколько раз! Разве я не вслушивалась в каждый звук его голоса? Разве я не научилась читать по его лицу, по его глазам?.. Всё, всё погибло, всё схоронено... О, я несчастная!

Алеша плакал перед ней на коленях.

- Да, да, это я виноват! Всё от меня!.. - повторял он среди рыданий.

- Нет, не вини себя, Алеша... тут есть другие... враги наши. Это они... они!

- Но позвольте же наконец, - начал князь с некоторым нетерпением, - на каком основании приписываете вы мне все эти... преступления? Ведь это одни только ваши догадки, ничем не доказанные...

- Доказательств! - вскричала Наташа, быстро приподымаясь с кресел, - вам доказательств, коварный вы человек! Вы не могли, не могли действовать иначе, когда приходили сюда с вашим предложением! Вам надо было успокоить вашего сына, усыпить его угрызения, чтоб он свободнее и спокойнее отдался весь Кате; без этого он всё бы вспоминал обо мне, не поддавался бы вам, а вам наскучило дожидаться. Что, разве это неправда?

- Признаюсь, - отвечал князь с саркастической улыбкой, - если б я хотел вас обмануть, я бы действительно так рассчитал; вы очень... остроумны, но ведь это надобно доказать и тогда уже оскорблять людей такими упреками...

- Доказать! А ваше всё прежнее поведение, когда вы отбивали его от меня? Тот, который научает сына пренебрегать и играть такими обязанностями из-за светских выгод, из-за денег, - развращает его! Что вы говорили давеча о лестнице и о дурной квартире? Не вы ли отняли у него жалованье, которое прежде давали ему, чтоб принудить нас разойтись через нужду и голод? Через вас и эта квартира, и эта лестница, а вы же его теперь попрекаете, двуличный вы человек! И откуда у вас вдруг явился тогда, в тот вечер, такой жар, такие новые, вам не свойственные убеждения? И для чего я вам так понадобилась? Я ходила здесь эти четыре дня; я всё обдумала, всё взвесила, каждое слово ваше, выражение вашего лица и убедилась, что всё это было напускное, шутка, комедия, оскорбительная, низкая и недостойная... Я ведь знаю вас, давно знаю! Каждый раз, когда Алеша приезжал от вас, я по лицу его угадывала всё, что вы ему говорили, внушали; все влияния ваши на него изучила! Нет, вам не обмануть меня! Может быть, у вас есть и еще какие-нибудь расчеты, может быть, я и не самое главное теперь высказала; но всё равно! Вы меня обманывали - это главное! Это вам и надо было сказать прямо в лицо!..

- Только-то? Это все доказательства? Но подумайте, исступленная вы женщина: этой выходкой (как вы называете мое предложение во вторник) я слишком себя связывал. Это было бы слишком легкомысленно для меня.

- Чем, чем вы себя связывали? Что значит в ваших глазах обмануть меня? Да и что такое обида какой-то девушке! Ведь она несчастная беглянка, отверженная отцом, беззащитная, замаравшая себя, безнравственная! Стоит ли с ней церемониться, коли эта шутка может принести хоть какую-нибудь, хоть самую маленькую выгоду!

- В какое же положение вы сами ставите себя, Наталья Николаевна, подумайте! Вы непременно настаиваете, что с моей стороны было вам оскорбление. Но ведь это оскорбление так важно, так унизительно, что я не понимаю, как можно даже предположить его, тем более настаивать на нем. Нужно быть уж слишком ко всему приученной, чтоб так легко допускать это, извините меня. Я вправе упрекать вас, потому что вы вооружаете против меня сына: если он не восстал теперь на меня за вас, то сердце его против меня...

- Нет, отец, нет, - вскричал Алеша, - если я не восстал на тебя, то верю, что ты не мог оскорбить, да и не могу я поверить, чтоб можно было так оскорблять!

- Слышите? - вскричал князь.

- Наташа, во всем виноват я, не обвиняй его. Это грешно и ужасно!

- Слышишь, Ваня? Он уж против меня! - вскричала Наташа.

- Довольно! - сказал князь, - надо кончить эту тяжелую сцену. Этот слепой и яростный порыв ревности вне всяких границ рисует ваш характер совершенно в новом для меня виде. Я предупрежден. Мы поторопились, действительно поторопились. Вы даже и не замечаете, как оскорбили меня; для вас это ничего. Поторопились... поторопились... конечно, слово мое должно быть свято, но... я отец и желаю счастья моему сыну...

- Вы отказываетесь от своего слова, - вскричала Наташа вне себя, - вы обрадовались случаю! Но знайте, что я сама, еще два дня тому, здесь, одна, решилась освободить его от его слова, а теперь подтверждаю при всех. Я отказываюсь!

- То есть, может быть, вы хотите воскресить в нем все прежние беспокойства, чувство долга, всю "тоску по своим обязанностям" (как вы сами давеча выразились), для того чтоб этим снова привязать его к себе по-старому. Ведь это выходит по вашей же теории; я потому так и говорю; но довольно; решит время. Я буду ждать минуты более спокойной, чтоб объясниться с вами. Надеюсь, мы не прерываем отношений наших окончательно. Надеюсь тоже, вы научитесь лучше ценить меня. Я еще сегодня хотел было вам сообщить мой проект насчет ваших родных, из которого бы вы увидали... но довольно! Иван Петрович! - прибавил он, подходя ко мне, - теперь более чем когда-нибудь мне будет драгоценно познакомиться с вами ближе, не говоря уже о давнишнем желании моем. Надеюсь, вы поймете меня. На днях я буду у вас; вы позволите?

Я поклонился. Мне самому казалось, что теперь я уже не мог избежать его знакомства. Он пожал мне руку, молча поклонился Наташе и вышел с видом оскорбленного достоинства.

ГЛАВА IV

Несколько минут мы все не говорили ни слова. Наташа сидела задумавшись, грустная и убитая. Вся ее энергия вдруг ее оставила. Она смотрела прямо перед собой, ничего не видя, как бы забывшись и держа руку Алеши в своей руке. Тот тихо доплакивал свое горе, изредка взглядывая на нее с боязливым любопытством.

Наконец он робко начал утешать ее, умолял не сердиться, винил себя; видно было, что ему очень хотелось оправдать отца и что это особенно у него лежало на сердце; он несколько раз заговаривал об этом, но не смел ясно высказаться, боясь снова возбудить гнев Наташи. Он клялся ей во всегдашней, неизменной любви и с жаром оправдывался в своей привязанности к Кате; беспрерывно повторял, что он любит Катю только как сестру, как милую, добрую сестру, которую не может оставить совсем, что это было бы даже грубо и жестоко с его стороны, и всё уверял, что если Наташа узнает Катю, то они обе тотчас же подружатся, так что никогда не разойдутся, и тогда уже никаких не будет недоразумений. Эта мысль ему особенно нравилась. Бедняжка не лгал нисколько. Он не понимал опасений Наташи, да и вообще не понял хорошо, что она давеча говорила его отцу. Понял только, что они поссорились, и это-то особенно лежало камнем на его сердце.

- Ты меня винишь за отца? - спросила Наташа.

- Могу ль я винить, - отвечал он с горьким чувством, - когда сам всему причиной и во всем виноват? Это я довел тебя до такого гнева, а ты в гневе и его обвинила, потому что хотела меня оправдать; ты меня всегда оправдываешь, а я не стою того. Надо было сыскать виноватого, вот ты и подумала, что он. А он, право, право, не виноват! - воскликнул Алеша, одушевляясь. - И с тем ли он приезжал сюда! Того ли ожидал!

Но, видя, что Наташа смотрит на него с тоской и упреком, тотчас оробел.

- Ну не буду, не буду, прости меня, - сказал он. - Я всему причиною!

- Да, Алеша, - продолжала она с тяжким чувством. - Теперь он прошел между нами и нарушил весь наш мир, на всю жизнь. Ты всегда в меня верил больше, чем во всех; теперь же он влил в твое сердце подозрение против меня, недоверие, ты винишь меня, он взял у меня половину твоего сердца. Черная кошка пробежала между нами.

- Не говори так, Наташа. Зачем ты говоришь: "черная кошка"?- Он огорчился выражением.

- Он фальшивою добротою, ложным великодушием привлек тебя к себе, - продолжала Наташа, - и теперь всё больше и больше будет восстановлять тебя против меня.

- Клянусь тебе, что нет! - вскричал Алеша еще с большим жаром. - Он был раздражен, когда сказал, что "поторопились", - ты увидишь сама, завтра же, на днях, он спохватится, и если он до того рассердился, что в самом деле не захочет нашего брака, то я, клянусь тебе, его не послушаюсь. У меня, может быть, достанет на это силы... И знаешь, кто нам поможет, - вскричал он вдруг с восторгом от своей идеи, - Катя нам поможет! И ты увидишь, ты увидишь, что за прекрасное это созданье! Ты увидишь, хочет ли она быть твоей соперницей и разлучить нас! И как ты несправедлива была давеча, когда говорила, что я из таких, которые могут разлюбить на другой день после свадьбы! Как это мне горько было слышать! Нет, я не такой, и если я часто ездил к Кате...

- Полно, Алеша, будь у ней, когда хочешь. Я не про то давеча говорила. Ты не понял всего. Будь счастлив с кем хочешь. Не могу же я требовать у твоего сердца больше, чем оно может мне дать...

Вошла Мавра.

- Что ж, подавать чай, что ли? Шутка ли, два часа самовар кипит; одиннадцать часов.

Она спросила грубо и сердито; видно было, что она очень не в духе и сердилась на Наташу. Дело в том, что она все эти дни, со вторника, была в таком восторге, что ее барышня (которую она очень любила) выходит замуж, что уже успела разгласить это по всему дому, в околодке, в лавочке, дворнику. Она хвалилась и с торжеством рассказывала, что князь важный человек, генерал и ужасно богатый, сам приезжал просить согласия ее барышни, и она, Мавра, собственными ушами это слышала, и вдруг, теперь, всё пошло прахом. Князь уехал рассерженный, и чаю не подавали, и, уж разумеется, всему виновата барышня. Мавра слышала, как она говорила с ним непочтительно.

- Что ж... подай, - отвечала Наташа.

- Ну, а закуску-то подавать, что ли?

- Ну, и закуску, - Наташа смешалась.

- Готовили, готовили! - продолжала Мавра, - со вчерашнего дня без ног. За вином на Невский бегала, а тут... - И она вышла, сердито хлопнув дверью.

Наташа покраснела и как-то странно взглянула на меня. Между тем подали чай, тут же и закуску; была дичь, какая-то рыба, две бутылки превосходного вина от Елисеева. "К чему ж это все наготовили?" - подумал я.

- Это я, видишь, Ваня, вот какая, - сказала Наташа, подходя к столу и конфузясь даже передо мной. - Ведь предчувствовала, что всё это сегодня так выйдет, как вышло, а все-таки думала, что авось, может быть, и не так кончится. Алеша приедет, начнет мириться, мы помиримся; все мои подозрения окажутся несправедливыми, меня разуверят, и... на всякий случай я и приготовила закуску. Что ж, думала, мы заговоримся, засидимся...

Бедная Наташа! Она так покраснела, говоря это. Алеша пришел в восторг.

- Вот видишь, Наташа! - вскричал он. - Сама ты себе не верила; два часа тому назад еще не верила своим подозрениям! Нет, это надо всё поправить; я виноват, я всему причиной, я всё и поправлю. Наташа, позволь мне сейчас же к отцу! Мне надо его видеть; он обижен, он оскорблен; его надо утешить, я ему выскажу всё, всё от себя, только от одного себя; ты тут не будешь замешана. И я всё улажу... Не сердись на меня, что я так хочу к нему и что тебя хочу оставить. Совсем не то: мне жаль его; он оправдается перед тобой; увидишь... Завтра, чем свет, я у тебя, и весь день у тебя, к Кате не поеду...

Наташа его не останавливала, даже сама посоветовала ехать. Она ужасно боялась, что Алеша будет теперь нарочно, через силу, просиживать у нее целые дни и наскучит ею. Она просила только, чтоб он от ее имени ничего не говорил, и старалась повеселее улыбнуться ему на прощание. Он уже хотел было выйти, но вдруг подошел к ней, взял ее за обе руки и сел подле нее. Он смотрел на нее с невыразимою нежностью.

- Наташа, друг мой, ангел мой, не сердись на меня, и не будем никогда ссориться. И дай мне слово, что будешь всегда во всем верить мне, а я тебе. Вот что, мой ангел, я тебе расскажу теперь: были мы раз с тобой в ссоре, не помню за что; я был виноват. Мы не говорили друг с другом. Мне не хотелось просить прощения первому, а было мне ужасно грустно. Я ходил по городу, слонялся везде, заходил к приятелям, а в сердце было так тяжело, так тяжело... И пришло мне тогда на ум: что если б ты, например, от чего-нибудь заболела и умерла. И когда я вообразил себе это, на меня вдруг нашло такое отчаяние, точно я в самом деле навеки потерял тебя. Мысли всё шли тяжелее, ужаснее. И вот мало-помалу я стал воображать себе, что пришел будто я к тебе на могилу, упал на нее без памяти, обнял ее и замер в тоске. Вообразил я себе, как бы я целовал эту могилу, звал бы тебя из нее, хоть на одну минуту, и молил бы у бога чуда, чтоб ты хоть на одно мгновение воскресла бы передо мною; представилось мне, как бы я бросился обнимать тебя, прижал бы к себе, целовал и, кажется, умер бы тут от блаженства, что хоть одно мгновение мог еще раз, как прежде, обнять тебя. И когда я воображал себе это, мне вдруг подумалось: вот я на одно мгновение буду просить тебя у бога, а между тем была же ты со мною шесть месяцев и в эти шесть месяцев сколько раз мы поссорились, сколько дней мы не говорили друг с другом! Целые дни мы были в ссоре и пренебрегали нашим счастьем, а тут только на одну минуту вызываю тебя из могилы и за эту минуту готов заплатить всею жизнью!.. Как вообразил я это всё, я не мог выдержать и бросился к тебе скорей, прибежал сюда, а ты уж ждала меня, и, когда мы обнялись после ссоры, помню, я так крепко прижал тебя к груди, как будто и в самом деле лишаюсь тебя. Наташа! не будем никогда ссориться! Это так мне всегда тяжело! И можно ли, господи! подумать, чтоб я мог оставить тебя!

Наташа плакала. Они крепко обнялись друг с другом, и Алеша еще раз поклялся ей, что никогда ее не оставит. Затем он полетел к отцу. Он был в твердой уверенности, что всё уладит, всё устроит.

- Всё кончено! Всё пропало! - сказала Наташа, судорожно сжав мою руку. - Он меня любит и никогда не разлюбит; но он и Катю любит и через несколько времени будет любить ее больше меня. А эта ехидна князь не будет дремать, и тогда...

- Наташа! Я сам верю, что князь поступает не чисто, но...

- Ты не веришь всему, что я ему высказала! Я заметила это по твоему лицу. Но погоди, сам увидишь, права была я или нет? Я ведь еще только вообще говорила, а бог знает, что у него еще в мыслях! Это ужасный человек! Я ходила эти четыре дня здесь по комнате и догадалась обо всем. Ему именно надо было освободить, облегчить сердце Алеши от его грусти, мешавшей ему жить, от обязанностей любви ко мне. Он выдумал это сватовство и для того еще, чтоб втереться между нами своим влиянием и очаровать Алешу благородством и великодушием. Это правда, правда, Ваня! Алеша именно такого характера. Он бы успокоился на мой счет; тревога бы у него прошла за меня. Он бы думал: что ведь теперь уж она жена моя, навеки со мной, и невольно бы обратил больше внимания на Катю. Князь, видно, изучил эту Катю и угадал, что она пара ему, что она может его сильней увлечь, чем я. Ох, Ваня! На тебя вся моя надежда теперь: он для чего-то хочет с тобой сойтись, знакомиться. Не отвергай этого и старайся, голубчик, ради бога поскорее попасть к графине. Познакомься с этой Катей, разгляди ее лучше и скажи мне: что она такое? Мне надо, чтоб там был твой взгляд. Никто так меня не понимает, как ты, и ты поймешь, что мне надо. Разгляди еще, в какой степени они дружны, что между ними, об чем они говорят; Катю, Катю, главное рассмотри... Докажи мне еще это раз, милый, возлюбленный мой Ваня, докажи мне еще раз свою дружбу! На тебя, только на тебя теперь и надежда моя!..

Когда я воротился домой, был уже первый час ночи. Нелли отворила мне с заспанным лицом. Она улыбнулась и светло посмотрела на меня. Бедняжка очень досадовала на себя, что заснула. Ей всё хотелось меня дождаться. Она сказала, что меня кто-то приходил спрашивать, сидел с ней и оставил на столе записку.

Записка была от Маслобоева. Он звал меня к себе завтра, в первом часу. Мне хотелось расспросить Нелли, но я отложил до завтра, настаивая, чтоб она непременно шла спать; бедняжка и без того устала, ожидая меня, и заснула только за полчаса до моего прихода.

ГЛАВА V

Наутро Нелли рассказала мне про вчерашнее посещение довольно странные вещи. Впрочем, уж и то было странно, что Маслобоев вздумал в этот вечер прийти: он наверно знал, что я не буду дома; я сам предуведомил его об этом при последнем нашем свидании и очень хорошо это помнил. Нелли рассказывала, что сначала она было не хотела отпирать, потому что боялась: было уж восемь часов вечера. Но он упросил ее через запертую дверь, уверяя, что если он не оставит мне теперь записку, то завтра мне почему-то будет очень худо. Когда она его впустила, он тотчас же написал записку, подошел к ней и уселся подле нее на диване. "Я встала и не хотела с ним говорить, - рассказывала Нелли, - я его очень боялась; он начал говорить про Бубнову, как она теперь сердится, что она уж не смеет меня теперь взять, и начал вас хвалить; сказал, что он с вами большой друг и вас маленьким мальчиком знал. Тут я стала с ним говорить. Он вынул конфеты и просил, чтоб и я взяла; я не хотела; он стал меня уверять тогда, что он добрый человек, умеет петь песни и плясать; вскочил и начал плясать. Мне стало смешно. Потом сказал, что посидит еще немножко, - дождусь Ваню, авось воротится, - и очень просил меня, чтоб я не боялась и села подле него. Я села; но говорить с ним ничего не хотела. Тогда он сказал мне, что знал мамашу и дедушку и... тут я стала говорить. И он долго сидел".

- А об чем же вы говорили?

- О мамаше... о Бубновой... о дедушке. Он сидел часа два.

Нелли как будто не хотелось рассказывать, об чем они говорили. Я не расспрашивал, надеясь узнать всё от Маслобоева. Мне показалось только, что Маслобоев нарочно заходил без меня, чтоб застать Нелли одну. "Для чего ему это?" - подумал я.

Она показала мне три конфетки, которые он ей дал. Это были леденцы в зеленых и красных бумажках, прескверные и, вероятно, купленные в овощной лавочке. Нелли засмеялась, показывая мне их.

- Что ж ты их не ела? - спросил я.

- Не хочу, - отвечала она серьезно, нахмурив брови. - Я и не брала у него; он сам на диване оставил...

В этот день мне предстояло много ходьбы. Я стал прощаться с Нелли.

- Скучно тебе одной? - спросил я ее, уходя.

- И скучно и не скучно. Скучно потому, что вас долго нет.

И она с такою любовью взглянула на меня, сказав это. Всё это утро она смотрела на меня таким же нежным взглядом и казалась такою веселенькою, такою ласковою, и в то же время что-то стыдливое, даже робкое было в ней, как

135

будто она боялась чем-нибудь досадить мне, потерять мою привязанность и... и слишком высказаться, точно стыдясь этого.

- А чем же не скучно-то? Ведь ты сказала, что тебе "и скучно и не скучно"? - спросил я, невольно улыбаясь ей, так становилась она мне мила и дорога.

- Уж я сама знаю чем, - отвечала она, усмехнувшись, и чего-то опять застыдилась. Мы говорили на пороге, у растворенной двери. Нелли стояла передо мной, потупив глазки, одной рукой схватившись за мое плечо, а другою пощипывая мне рукав сюртука.

- Что ж это, секрет? - спросил я.

- Нет... ничего... я - я вашу книжку без вас читать начала, - проговорила она вполголоса и, подняв на меня нежный, проницающий взгляд, вся закраснелась.

- А, вот как! Что ж, нравится тебе? - я был в замешательстве автора, которого похвалили в глаза, но я бы бог знает что дал, если б мог в эту минуту поцеловать ее. Но как-то нельзя было поцеловать. Нелли помолчала.

- Зачем, зачем он умер? - спросила она с видом глубочайшей грусти, мельком взглянув на меня и вдруг опять опустив глаза,

- Кто это?

- Да вот этот, молодой, в чахотке... в книжке-то?

- Что ж делать, так надо было, Нелли.

- Совсем не надо, - отвечала она почти шепотом, но как-то вдруг, отрывисто, чуть не сердито, надув губки и еще упорнее уставившись глазами в пол.

Прошла еще минута.

- А она... ну, вот и они-то... девушка и старичок, - шептала она, продолжая как-то усиленнее пощипывать меня за рукав, - что ж, они будут жить вместе? И не будут бедные?

- Нет, Нелли, она уедет далеко; выйдет замуж за помещика, а он один останется, - отвечал я с крайним сожалением, действительно сожалея, что не могу ей сказать чего-нибудь утешительнее.

- Ну, вот... Вот! Вот как это! У, какие!.. Я и читать теперь не хочу!

И она сердито оттолкнула мою руку, быстро отвернулась от меня, ушла к столу и стала лицом к углу, глазами в землю. Она вся покраснела и неровно дышала, точно от какого-то ужасного огорчения.

- Полно, Нелли, ты рассердилась! - начал я, подходя к ней, - ведь это всё неправда, что написано, - выдумка; ну, чего ж тут сердиться! Чувствительная ты девочка!

- Я не сержусь, - проговорила она робко, подняв на меня такой светлый, такой любящий взгляд; потом вдруг схватила мою руку, прижала к моей груди лицо и отчего-то заплакала.

Но в ту же минуту и засмеялась, - и плакала и смеялась - всё вместе. Мне тоже было и смешно и как-то... сладко. Но она ни за что не хотела поднять ко мне голову, и когда я стал было отрывать ее личико от моего плеча, она всё крепче приникала к нему и всё сильнее и сильнее смеялась.

Наконец кончилась эта чувствительная сцена. Мы простились; я спешил. Нелли, вся разрумянившаяся и всё еще как будто пристыженная и с сияющими, как звездочки, глазками, выбежала за мной на самую лестницу и просила воротиться скорее. Я обещал, что непременно ворочусь к обеду и как можно пораньше.

Сначала я пошел к старикам. Оба они хворали. Анна Андреевна была совсем больная; Николай Сергеич сидел у себя в кабинете. Он слышал, что я пришел, но я знал, что по обыкновению своему он выйдет не раньше, как через четверть часа, чтоб дать нам наговориться. Я не хотел очень расстраивать Анну Андреевну и потому смягчал по возможности мой рассказ о вчерашнем вечере, но высказал правду; к удивлению моему, старушка хоть и огорчилась, но как-то без удивления приняла известие о возможности разрыва.

- Ну, батюшка, так я и думала, - сказала она. - Вы ушли тогда, а я долго продумала и надумалась, что не бывать этому. Не заслужили мы у господа бога, да и человек-то такой подлый; можно ль от него добра ожидать. Шутка ль, десять тысяч с нас задаром берет, знает ведь, что задаром, и все-таки берет. Последний кусок хлеба отнимает; продадут Ихменевку. А Наташечка справедлива и умна, что им не поверила. Да знаете ль вы еще, батюшка, - продолжала она, понизив голос, - мой-то, мой-то! Совсем напротив этой свадьбы идет. Проговариваться стал: не хочу, говорит! Я сначала думала, что он блажит; нет, взаправду. Что ж тогда с ней-то будет, с голубушкой? Ведь он ее тогда совсем проклянет. Ну, а тот-то, Алеша-то, он-то что?

И долго еще она меня расспрашивала и по обыкновению своему охала и сетовала с каждым моим ответом.

Вообще я заметил, что она в последнее время как-то совсем потерялась. Всякое известие потрясало ее. Скорбь об Наташе убивала ее сердце и здоровье.

Вошел старик, в халате, в туфлях; он жаловался на лихорадку, но с нежностью посмотрел на жену и всё время, как я у них был, ухаживал за ней, как нянька, смотрел ей в глаза, даже робел перед нею. Во взглядах его было столько нежности. Он был испуган ее болезнью; чувствовал, что лишится всего в жизни, если и ее потеряет.

Я просидел у них с час. Прощаясь, он вышел за мною до передней и заговорил о Нелли. У него была серьезная мысль принять ее к себе в дом вместо дочери. Он стал советоваться со мной, как склонить на то Анну Андреевну. С особенным любопытством расспрашивал меня о Нелли и не узнал ли я о ней еще чего нового? Я наскоро рассказал ему. Рассказ мой произвел на него впечатление.

- Мы еще поговорим об этом, - сказал он решительно, - а покамест... а впрочем, я сам к тебе приду, вот только немножко поправлюсь здоровьем. Тогда и решим.

Ровно в двенадцать часов я был у Маслобоева. К величайшему моему изумлению, первое лицо, которое я встретил, войдя к нему, был князь. Он в передней надевал свое пальто, а Маслобоев суетливо помогал ему и подавал ему его трость. Он уж говорил мне о своем знакомстве с князем, но все-таки эта встреча чрезвычайно изумила меня.

Князь как будто смешался, увидев меня.

- Ах, это вы! - вскрикнул он как-то уж слишком с жаром, - представьте, какая встреча! Впрочем, я сейчас узнал от господина Маслобоева, что вы с ним знакомы. Рад, рад, чрезвычайно рад, что вас встретил; я именно желал вас видеть и надеюсь как можно скорее заехать к вам, вы позволите? У меня просьба до вас: помогите мне, разъясните теперешнее положение наше. Вы, верно, поняли, что я говорю про вчерашнее... Вы там знакомы дружески, вы следили за всем ходом этого дела: вы имеете влияние... Ужасно жалею, что не могу с вами теперь же... Дела! Но на днях и даже, может быть, скорее я буду иметь удовольствие быть у вас. А теперь...

Он как-то уж слишком крепко пожал мне руку, перемигнулся с Маслобоевым и вышел.

- Скажи ты мне, ради бога... - начал было я, входя в комнату.

- Ровно-таки ничего тебе не скажу, - перебил Маслобоев; поспешно хватая фуражку и направляясь в переднюю, - дела! Я, брат, сам бегу, опоздал!..

- Да ведь ты сам написал, что в двенадцать часов.

- Что ж такое, что написал? Вчера тебе написал, а сегодня мне написали, да так, что лоб затрещал, - такие дела! Ждут меня. Прости, Ваня. Всё, что могу предоставить тебе в удовлетворение, это исколотить меня за то, что напрасно тебя потревожил. Если хочешь удовлетвориться, то колоти, но только ради Христа поскорее! Не задержи, дела, ждут...

- Да зачем мне тебя колотить? Дела, так спеши, у всякого бывает свое непредвиденное. А только...

- Нет, про только-то уж я скажу, - перебил он, выскакивая в переднюю и надевая шинель (за ним и я стал одеваться). - У меня и до тебя дело; очень важное дело, за ним-то я и звал тебя; прямо до тебя касается и до твоих интересов. А так как в одну минуту, теперь, рассказать нельзя, то дай ты, ради бога, слово, что придешь ко мне сегодня ровно в семь часов, ни раньше, ни позже. Буду дома.

- Сегодня, - сказал я в нерешимости, - ну, брат, я сегодня вечером хотел было зайти...

- Зайди, голубчик, сейчас туда, куда ты хотел вечером зайти, а вечером ко мне. Потому, Ваня, и вообразить не можешь, какие я вещи тебе сообщу.

- Да изволь, изволь; что бы такое? Признаюсь, ты завлек мое любопытство.

Между тем мы вышли из ворот дома и стояли на тротуаре.

- Так будешь? - спросил он настойчиво.

- Сказал, что буду.

- Нет, дай честное слово.

- Фу, какой! Ну, честное слово.

- Отлично и благородно. Тебе куда?

- Сюда, - отвечал я, показывая направо.

- Ну, а мне сюда, - сказал он, показывая налево. - Прощай, Ваня! Помни, семь часов. "Странно", - подумал я, смотря ему вслед.

Вечером я хотел быть у Наташи. Но так как теперь дал слово Маслобоеву, то и рассудил отправиться к ней сейчас. Я был уверен, что застану у ней Алешу. Действительно, он был там и ужасно обрадовался, когда я вошел.

Он был очень мил, чрезвычайно нежен с Наташей и даже развеселился с моим приходом. Наташа хоть и старалась казаться веселою, но видно было, что через силу.

Лицо ее было больное и бледное; плохо спала ночью. К Алеше она была как-то усиленно ласкова.

Алеша хоть и много говорил, много рассказывал, по-видимому желая развеселить ее и сорвать улыбку с ее невольно складывавшихся не в улыбку губ, но заметно обходил в разговоре Катю и отца. Вероятно, вчерашняя его попытка примирения не удалась.

- Знаешь что? Ему ужасно хочется уйти от меня, - шепнула мне наскоро Наташа, когда он вышел на минуту что-то сказать Мавре, - да и боится. А я сама боюсь ему сказать, чтоб он уходил, потому что он тогда, пожалуй, нарочно не уйдет, а пуще всего боюсь, что он соскучится и за это совсем охладеет ко мне! Как сделать?

- Боже, в какое положение вы сами себя ставите! И какие вы мнительные, как вы следите друг за другом! Да просто объясниться, ну и кончено. Вот через это-то положение он, может быть, и действительно соскучится.

- Как же быть? - вскричала она, испуганная.

- Постой, я вам всё улажу... - и я вышел в кухню под предлогом попросить Мавру обтереть одну очень загрязнившуюся мою калошу.

- Осторожнее, Ваня! - закричала она мне вслед. Только что я вошел к Мавре, Алеша так и бросился ко мне, точно меня ждал:

- Иван Петрович, голубчик, что мне делать? Посоветуйте мне: я еще вчера дал слово быть сегодня, именно теперь, у Кати. Не могу же я манкировать! Я люблю Наташу как не знаю что, готов просто в огонь, но, согласитесь сами, там совсем бросить, ведь это нельзя...

- Ну что ж, поезжайте...

- Да как же Наташа-то? Ведь я огорчу ее, Иван Петрович, выручите как-нибудь...

- По-моему, лучше поезжайте. Вы знаете, как она вас любит; ей всё будет казаться, что вам с ней скучно и что вы с ней сидите насильно. Непринужденнее лучше. Впрочем, пойдемте, я вам помогу.

- Голубчик, Иван Петрович! Какой вы добрый! Мы вошли; через минуту я сказал ему:

- А я видел сейчас вашего отца.

- Где? - вскричал он, испуганный.

- На улице, случайно. Он остановился со мной на минуту, опять просил быть знакомым. Спрашивал об вас: не знаю ли я, где теперь вы? Ему очень надо было вас видеть, что-то сказать вам.

- Ах, Алеша, съезди, покажись ему, - подхватила Наташа, понявшая, к чему я клоню.

- Но... где ж я его теперь встречу? Он дома?

- Нет, помнится, он сказал, что он у графини будет.

- Ну, так как же... - наивно произнес Алеша, печально смотря на Наташу.

- Ах, Алеша, так что же! - сказала она. - Неужели ж ты вправду хочешь оставить это знакомство, чтоб меня успокоить. Ведь это по-детски. Во-первых, это невозможно, а во-вторых, ты просто будешь неблагороден перед Катей. Вы друзья; разве можно так грубо разрывать связи. Наконец, ты меня просто обижаешь, коли думаешь, что я так тебя ревную. Поезжай, немедленно поезжай, я прошу тебя! Да и отец твой успокоится.

- Наташа, ты ангел, а я твоего пальчика не стою! - вскричал Алеша с восторгом и с раскаянием. - Ты так добра, а я... я... ну узнай же! Я сейчас же просил, там, в кухне, Ивана Петровича, чтоб он помог мне уехать от тебя. Он это и выдумал. Но не суди меня, ангел Наташа! Я не совсем виноват, потому что люблю тебя в тысячу раз больше всего на свете и потому выдумал новую мысль: открыться во всем Кате и немедленно рассказать ей всё наше теперешнее положение и всё, что вчера было. Она что-нибудь выдумает для нашего спасения, она нам всею душою предана...

- Ну и ступай, - отвечала Наташа, улыбаясь, - и вот что, друг мой, я сама хотела бы очень познакомиться с Катей. Как бы это устроить?

Восторгу Алеши не было пределов. Он тотчас же пустился в предположения, как познакомиться. По его выходило очень легко: Катя выдумает. Он развивал свою идею с жаром, горячо. Сегодня же обещался и ответ принести, через два же часа, и вечер просидеть у Наташи.

- Вправду приедешь? - спросила Наташа, отпуская его.

- Неужели ты сомневаешься? Прощай, Наташа, прощай, возлюбленная ты моя, - вечная моя возлюбленная! Прощай, Ваня! Ах, боже мой, я вас нечаянно назвал Ваней; послушайте, Иван Петрович, я вас люблю - зачем мы не на ты. Будем на ты.

- Будем на ты.

- Слава богу! Ведь мне это сто раз в голову приходило. Да я всё как-то не смел вам сказать. Вот и теперь вы говорю. А ведь это очень трудно ты говорить. Это, кажется, где-то у Толстого хорошо выведено: двое дали друг другу слово говорить ты, да и никак не могут и всё избегают такие фразы, в которых местоимения. Ах, Наташа! Перечтем когда-нибудь "Детство и отрочество"; ведь как хорошо!

- Да уж ступай, ступай, - прогоняла Наташа, смеясь, - заболтался от радости...

- Прощай! Через два часа у тебя!

Он поцеловал у ней руку и поспешно вышел.

- Видишь, видишь, Ваня! - проговорила она и залилась слезами.

Я просидел с ней часа два, утешал её и успел убедить во всем. Разумеется, она была во всем права, во всех своих опасениях. У меня сердце ныло в тоске, когда я думал о теперешнем ее положении; боялся я за нее. Но что ж было делать?

Странен был для меня и Алеша: он любил ее не меньше, чем прежде, даже, может быть, и сильнее, мучительнее, от раскаяния и благодарности. Но в то же время новая любовь крепко вселялась в его сердце. Чем это кончится - невозможно было предвидеть. Мне самому ужасно любопытно было посмотреть на Катю. Я снова обещал Наташе познакомиться с нею.

Под конец она даже как будто развеселилась. Между прочим, я рассказал ей всё о Нелли, о Маслобоеве, о Бубновой, о сегодняшней встрече моей у Маслобоева с князем и о назначенном свидании в семь часов. Всё это ужасно ее заинтересовало. О стариках я говорил с ней немного, а о посещении Ихменева умолчал, до времени; предполагаемая дуэль Николая Сергеича с князем могла испугать ее. Ей тоже показались очень странными сношения князя с Маслобоевым и чрезвычайное его желание познакомиться со мною, хотя всё это и довольно объяснялось теперешним положением...

Часа в три я воротился домой. Нелли встретила меня с своим светлым личиком...

ГЛАВА VI

Ровно в семь часов вечера я уже был у Маслобоева. Он встретил меня с громкими криками и с распростертыми объятиями. Само собою разумеется, он был вполпьяна. Но более всего меня удивили чрезвычайные приготовления к моей встрече. Видно было, что меня ожидали.

Хорошенький томпаковый самовар кипел на круглом столике, накрытом прекрасною и дорогою скатертью. Чайный прибор блистал хрусталем, серебром и фарфором. На другом столе, покрытом другого рода, но не менее богатой скатертью, стояли на тарелках конфеты, очень хорошие, варенья киевские, жидкие и сухие, мармелад, пастила, желе, французские варенья, апельсины, яблоки и трех или четырех сортов орехи, - одним словом, целая фруктовая лавка. На третьем столе, покрытом белоснежною скатертью, стояли разнообразнейшие закуски: икра, сыр, пастет, колбасы, копченый окорок, рыба и строй превосходных хрустальных графинов с водками многочисленных сортов и прелестнейших цветов - зеленых, рубиновых, коричневых, золотых. Наконец, на маленьком столике, в стороне, тоже накрытом белою скатертью, стояли две вазы с шампанским. На столе перед диваном красовались три бутылки: сотерн, лафит и коньяк, - бутылки елисеевские и предорогие. За чайным столиком сидела Александра Семеновна хоть и в простом платье и уборе, но, видимо, изысканном и обдуманном, правда, очень удачно. Она понимала, что к ней идет, и, видимо, этим гордилась; встречая меня, она привстала с некоторою торжественностью. Удовольствие и веселость сверкали на ее свеженьком личике. Маслобоев сидел в прекрасных китайских туфлях, в дорогом халате и в свежем щегольском белье. На рубашке его были везде, где только можно было прицепить, модные запонки и пуговки. Волосы были расчесаны, напомажены и с косым пробором, по-модному.

Я так был озадачен, что остановился среди комнаты и смотрел, раскрыв рот, то на Маслобоева, то на Александру Семеновну, самодовольство которой доходило до блаженства.

- Что это, Маслобоев? Разве у тебя сегодня званый вечер? - вскричал я наконец с беспокойством.

- Нет, ты один, - отвечал он торжественно.

- Да что же это (я указал на закуски), ведь тут можно накормить целый полк?

- И напоить - главное забыл: напоить! - прибавил Маслобоев.

- И это всё для одного меня?

- И для Александры Семеновны. Всё это ей угодно было так сочинить.

- Ну, вот уж! Я так и знала! - воскликнула, закрасневшись, Александра Семеновна, но нисколько не потеряв своего довольного вида. - Гостя прилично принять нельзя: тотчас я виновата!

- С самого утра, можешь себе представить, с самого утра, только что узнала, что ты придешь на вечер, захлопотала; в муках была...

- И тут солгал! Вовсе не с самого утра, а со вчерашнего вечера. Ты вчера вечером, как пришел, так и сказал мне, что они в гости на целый вечер придут...

- Это вы ослышались-с.

- Вовсе не ослышалась, а так было. Я никогда не лгу. А почему ж гостя не

141

встретить? Живем-живем, никто-то к нам не ходит, а всё-то у нас есть. Пусть же хорошие люди видят, что и мы умеем, как люди, жить.

- И, главное, узнают, какая вы великолепная хозяйка и распорядительница, - прибавил Маслобоев. - Представь, дружище, я-то, я-то за что тут попался. Рубашку голландскую на меня напялили, запонки натыкали, туфли, халат китайский, волосы расчесала мне сама и распомадила: бергамот-с; духами какими-то попрыскать хотела: крем-брюле, да уж тут я не вытерпел, восстал, супружескую власть показал...

- Вовсе не бергамот, а самая лучшая французская помада, из фарфоровой расписной баночки! - подхватила, вся вспыхнув, Александра Семеновна. - Посудите сами, Иван Петрович, ни в театр, ни танцевать никуда не пускает, только платья дарит, а что мне в платье-то? Наряжусь да и хожу одна по комнате. Намедни упросила, совсем уж было собрались в театр; только что отвернулась брошку прицепить, а он к шкапику: одну, другую, да и накатился. Так и остались. Никто-то, никто-то, никто-то не ходит к нам в гости; а только по утрам, по делам какие-то люди ходят; меня и прогонят. А между тем и самовары, и сервиз есть, и чашки хорошие - всё это есть, всё дареное. И съестное-то нам носят, почти одно вино покупаем да какую-нибудь помаду, да вот там закуски, - пастет, окорока да конфеты для вас купили... Хоть бы посмотрел кто, как мы живем! Целый год думала: вот придет гость, настоящий гость, мы всё это и покажем, и угостим: и люди похвалят, и самим любо будет; а что его, дурака, напомадила, так он и не стоит того; ему бы всё в грязном ходить. Вон какой халат на нем: подарили, да стоит ли он такого халата? Ему бы только нализаться прежде всего. Вот увидите, что он вас будет прежде чаю водкой просить.

- А что! Ведь и вправду дело: выпьем-ка, Ваня, золотую и серебряную, а потом, с освеженной душой и к другим напиткам приступим.

- Ну, так я и знала!

- Не беспокойтесь, Сашенька, и чайку выпьем, с коньячком, за ваше здоровье-с.

- Ну, так и есть! - вскричала она, всплеснув руками. - Чай ханский, по шести целковых, третьего дня купец подарил, а он его с коньяком хочет пить. Не слушайте, Иван Петрович, вот я вам сейчас налью... увидите, сами увидите, какой чай!

И она захлопотала у самовара.

Было понятно, что рассчитывали меня продержать весь вечер. Александра Семеновна целый год ожидала гостя и теперь готовилась отвести на мне душу. Всё это было не в моих расчетах.

- Послушай, Маслобоев, - сказал я, усаживаясь, - ведь я к тебе вовсе не в гости; я по делам; ты сам меня звал что-то сообщить...

- Ну, так ведь дело делом, а приятельская беседа своим чередом.

- Нет, душа моя, не рассчитывай. В половину девятого - и прощай. Дело есть; я дал слово...

- Не думаю. Помилуй, что ж ты со мной делаешь? Что ж ты с Александрой-то Семеновной делаешь? Ты взгляни на нее: обомлела. За что ж меня напомадила-то: ведь на мне бергамот; подумай!

- Ты всё шутишь, Маслобоев. Я Александре Семеновне поклянусь, что на будущей неделе, ну хоть в пятницу, приду к вам обедать; а теперь, брат, я дал

142

слово, или, лучше сказать, мне просто надобно быть в одном месте. Лучше объясни мне: что ты хотел сообщить?

- Так неужели ж вы только до половины девятого! - вскричала Александра Семеновна робким и жалобным голосом, чуть не плача и подавая мне чашку превосходного чаю.

- Не беспокойтесь, Сашенька; всё это вздор, - подхватил Маслобоев. - Он останется; это вздор. А вот что ты лучше скажи мне, Ваня, куда это ты всё уходишь? Какие у тебя дела? Можно узнать? Ведь ты каждый день куда-то бегаешь, не работаешь...

- А зачем тебе? Впрочем, может быть, скажу после. А вот объясни-ка ты лучше, зачем ты приходил ко мне вчера, когда я сам сказал тебе, помнишь, что меня не будет дома?

- Потом вспомнил, а вчера забыл. Об деле действительно хотел с тобою поговорить, но пуще всего надо было утешить Александру Семеновну. "Вот, говорит, есть человек, оказался приятель, зачем не позовешь?" И уж меня, брат, четверо суток за тебя продергивают. За бергамот мне, конечно, на том свете сорок грехов простят, но, думаю, отчего же не посидеть вечерок по-приятельски? Я и употребил стратагему: написал, что, дескать, такое дело, что если не придешь, то все наши корабли потонут.

Я попросил его вперед так не делать, а лучше прямо предуведомить. Впрочем, это объяснение меня не совсем удовлетворило.

- Ну, а давеча-то зачем бежал от меня? - спросил я.

- А давеча действительно было дело, настолечко не солгу.

- Не с князем ли?

- А вам нравится наш чай? - спросила медовым голоском Александра Семеновна.

Вот уж пять минут она ждала, что я похвалю их чай, а я и не догадался.

- Превосходный, Александра Семеновна, великолепный! Я еще и не пивал такого.

Александра Семеновна так и зарделась от удовольствия и бросилась наливать мне еще.

- Князь! - вскричал Маслобоев, - этот князь, брат, такая шельма, такой плут... ну! Я, брат, вот что тебе скажу: я хоть и сам плут, но из одного целомудрия не захотел бы быть в его коже! Но довольно; молчок! Только это одно об нем и могу сказать.

- А я, как нарочно, пришел к тебе, чтобы и об нем расспросить между прочим. Но это после. А зачем ты вчера без меня моей Елене леденцов давал да плясал перед ней? И об чем ты мог полтора часа с ней говорить?

- Елена, это маленькая девочка, лет двенадцати или одиннадцати, живет до времени у Ивана Петровича, - объяснил Маслобоев, вдруг обращаясь к Александре Семеновне. - Смотри, Ваня, смотри, - продолжал он, показывая на нее пальцем, - так вся и вспыхнула, как услышала, что я незнакомой девушке леденцов носил, так и зарделась, так и вздрогнула, точно мы вдруг из пистолета выстрелили... ишь глазенки-то, так и сверкают, как уголечки. Да уж нечего, Александра Семеновна, нечего скрывать! Ревнивы-с. Не растолкуй я, что это одиннадцатилетняя девочка, так меня тотчас же за вихры оттаскала бы: и бергамот бы не спас!

143

- Он и теперь не спасет!

И с этими словами Александра Семеновна одним прыжком прыгнула к нам из-за чайного столика, и прежде чем Маслобоев успел заслонить свою голову, она схватила его за клочок волос и порядочно продернула.

- Вот тебе, вот тебе! Не смей говорить перед гостем, что я ревнива, не смей, не смей, не смей!

Она даже раскраснелась и хоть смеялась, но Маслобоеву досталось порядочно.

- Про всякий стыд рассказывает! - серьезно прибавила она, обратясь ко мне.

- Ну, Ваня, таково-то житье мое! По этой причине непременно водочки! - решил Маслобоев, оправляя волосы и чуть не бегом направляясь к графину. Но Александра Семеновна предупредила его: подскочила к столу, налила сама, подала и даже ласково потрепала его по щеке. Маслобоев с гордостью подмигнул мне глазом, щелкнул языком и торжественно выпил свою рюмку.

- Насчет леденцов трудно сообразить, - начал он, усаживаясь подле меня на диване. - Я их купил третьего дня, в пьяном виде, в овощной лавочке, - не знаю для чего. Впрочем, может быть, для того, чтоб поддержать отечественную торговлю и промышленность, - не знаю наверно; помню только, что я шел тогда по улице пьяный, упал в грязь, рвал на себе волосы и плакал о том, что ни к чему не способен. Я, разумеется, об леденцах забыл, так они и остались у меня в кармане до вчерашнего дня, когда я сел на них, садясь на твой диван. Насчет танцев же опять тот же нетрезвый вид: вчера я был достаточно пьян, а в пьяном виде я, когда бываю доволен судьбою, иногда танцую. Вот и всё; кроме разве того, что эта сиротка возбудила во мне жалость; да, кроме того, она и говорить со мной не хотела, как будто сердилась. Я и ну танцевать, чтоб развеселить ее, и леденчиками попотчевал.

- А не подкупал ее, чтоб у ней кое-что выведать, и, признайся откровенно: нарочно ты зашел ко мне, зная, что меня дома не будет, чтоб поговорить с ней между четырех глаз и что-нибудь выведать, или нет? Ведь я знаю, ты с ней часа полтора просидел, уверил ее, что ее мать покойницу знаешь, и что-то выспрашивал.

Маслобоев прищурился и плутовски усмехнулся.

- А ведь идея-то была бы недурна, - сказал он. - Нет, Ваня, это не то. То есть, почему не расспросить при случае; но это не то. Слушай, старинный приятель, я хоть теперь и довольно пьян, по обыкновению, но знай, что с злым умыслом Филипп тебя никогда не обманет, с злым то есть умыслом.

- Ну, а без злого умысла?

- Ну... и без злого умысла. Но к черту это, выпьем, и об деле! Дело-то пустое, - продолжал он, выпив. - Эта Бубнова не имела никакого права держать эту девочку; я всё разузнал. Никакого тут усыновления или прочего не было. Мать должна была ей денег, та и забрала к себе девчонку. Бубнова хоть и плутовка, хоть и злодейка, но баба-дура, как и все бабы. У покойницы был хороший паспорт; следственно, всё чисто. Елена может жить у тебя, хотя бы очень хорошо было, если б какие-нибудь люди семейные и благодетельные взяли ее серьезно на воспитание. Но покамест пусть она у тебя. Это ничего; я тебе всё обделаю: Бубнова и пальцем пошевелить не смеет. О покойнице же матери я почти ничего не узнал точного. Она чья-то вдова, по фамилии Зальцман.

- Так, мне так и Нелли говорила.

- Ну, так и кончено. Теперь же, Ваня, - начал он с некоторою торжественностью, - я имею к тебе одну просьбицу. Ты же исполни. Расскажи мне по возможности подробнее, что у тебя за дела, куда ты ходишь, где бываешь по целым дням? Я хоть отчасти и слышал и знаю, но мне надобно знать гораздо подробнее.

Такая торжественность удивила меня и даже обеспокоила.

- Да что такое? Для чего тебе это знать? Ты так торжественно спрашиваешь...

- Вот что, Ваня, без лишних слов: я тебе хочу оказать услугу. Видишь, дружище, если б я с тобой хитрил, я бы у тебя и без торжественности умел выпытать. А ты подозреваешь, что я с тобой хитрю: давеча, леденцы-то; я ведь понял. Но так как я с торжественностью говорю, значит, не для себя интересуюсь, а для тебя. Так ты не сомневайся и говори напрямик, правду - истинную...

- Да какую услугу? Слушай, Маслобоев, для чего ты не хочешь мне рассказать что-нибудь о князе? Мне это нужно. Вот это будет услуга.

- О князе! гм... Ну, так и быть, прямо скажу: я и выспрашиваю теперь тебя по поводу князя.

- Как?

- А вот как: я, брат, заметил, что он как-то в твои дела замешался; между прочим, он расспрашивал меня об тебе. Уж как он узнал, что мы знакомы, - это не твое дело. А только главное в том: берегись ты этого князя. Это Иуда-предатель и даже хуже того. И потому, когда я увидал, что он отразился в твоих делах, то вострепетал за тебя. Впрочем, я ведь ничего не знаю; для того-то и прошу тебя рассказать, чтоб я мог судить... И даже для того тебя сегодня к себе призвал. Вот это-то и есть то важное дело; прямо объясняю.

- По крайней мере ты мне скажешь хоть что-нибудь, хоть то, почему именно я должен опасаться князя.

- Хорошо, так и быть; я, брат, вообще употребляюсь иногда по иным делам. Но рассуди: мне ведь иные и доверяются-то потому, что я не болтун. Как же я тебе буду рассказывать? Так и не взыщи, если расскажу вообще, слишком вообще, для того только, чтоб показать: какой, дескать, он выходит подлец. Ну, начинай же сначала ты, про свое.

Я рассудил, что в моих делах мне решительно нечего было скрывать от Маслобоева. Дело Наташи было не секретное; к тому же я мог ожидать для нее некоторой пользы от Маслобоева. Разумеется, в моем рассказе я, по возможности, обошел некоторые пункты. Маслобоев в особенности внимательно слушал всё, что касалось князя; во многих местах меня останавливал, многое вновь переспрашивал, так что я рассказал ему довольно подробно. Рассказ мой продолжался с полчаса.

- Гм! умная голова у этой девицы, - решил Маслобоев. - Если, может быть, и не совсем верно догадалась она про князя, то уж то одно хорошо, что с первого шагу узнала, с кем имеет дело, и прервала все сношения. Молодец Наталья Николаевна! Пью за ее здоровье! (Он выпил.) Тут не только ум, тут сердца надо было, чтоб не дать себя обмануть. И сердце не выдало. Разумеется, ее дело проиграно: князь настоит на своем, и Алеша ее бросит. Жаль одного, Ихменева, - десять тысяч платить этому подлецу! Да кто у него по делу-то ходил, кто хлопотал? Небось сам! Э-эх! То-то все эти горячие и благородные! Никуда не годится народ! С князем не так надо было действовать. Я бы такого адвокатика достал Ихменеву - э-эх! - И он с досадой стукнул по столу.

- Ну, теперь что же князь-то?

- А ты всё о князе. Да что об нем говорить; и не рад, что вызвался. Я ведь, Ваня, только хотел тебя насчет этого мошенника предуведомить, чтобы, так сказать, оградить тебя от его влияния. Кто с ним связывается, тот не безопасен. Так ты держи ухо востро; вот и всё. А ты уж и подумал, что я тебе бог знает какие парижские тайны хочу сообщить. И видно, что романист! Ну, что говорить о подлеце? Подлец так и есть подлец... Ну, вот, например, расскажу тебе одно его дельце, разумеется без мест, без городов, без лиц, то есть без календарской точности. Ты знаешь, что он еще в первой молодости, когда принужден был жить канцелярским жалованьем, женился на богатой купчихе. Ну, с этой купчихой он не совсем вежливо обошелся, и хоть не в ней теперь дело, но замечу, друг Ваня, что он всю жизнь наиболее по таким делам любил промышлять. Вот еще случай: поехал он за границу. Там...

- Постой, Маслобоев, про которую ты поездку говоришь? В котором году?

- Ровно девяносто девять лет тому назад и три месяца. Ну-с, там он и сманил одну дочь у одного отца да и увез с собой в Париж. Да ведь как сделал-то! Отец был вроде какого-то заводчика или участвовал в каком-то эдаком предприятии. Наверно не знаю. Я ведь если и рассказываю тебе, то по собственным умозаключениям и соображениям из других данных. Вот князь его и надул, тоже в предприятие с ним вместе залез. Надул вполне и деньги с него взял. Насчет взятых денег у старика были, разумеется, кой-какие документы. А князю хотелось так взять, чтоб и не отдать, по-нашему - просто украсть. У старика была дочь, и дочь-то была красавица, а у этой красавицы был влюбленный в нее идеальный человек, братец Шиллеру, поэт, в то же время купец, молодой мечтатель, одним словом - вполне немец, Феферкухен какой-то.

- То есть это фамилия его Феферкухен?

- Ну, может, и не Феферкухен, черт его дери, не в нем дело. Только князь-то и подлез к дочери, да так подлез, что она влюбилась в него, как сумасшедшая. Князю и захотелось тогда двух вещей: во-первых, овладеть дочкой, а во-вторых, документами во взятой у старика сумме. Ключи от всех ящиков стариковых были у его дочери. Старик же любил дочь без памяти, до того, что замуж ее отдавать не хотел. Серьезно. Ко всякому жениху ревновал, не понимал, как можно расстаться с нею, и Феферкухена прогнал, чудак какой-то англичанин...

- Англичанин? Да где же всё это происходило?

- Я только так сказал: англичанин, для сравнения, а ты уж и подхватил. Было ж это в городе Санта-фе-де-Богота, а может, и в Кракове, но вернее всего, что в фюрстентум Нассау, вот что на зельтерской воде написано, именно в Нассау; довольно с тебя? Ну-с, вот-с князь девицу-то сманил, да и увез от отца, да по настоянию князя девица захватила с собой и кой-какие документики. Ведь бывает же такая любовь, Ваня! Фу ты, боже мой, а ведь девушка была честная, благородная, возвышенная! Правда, может, толку-то большого в бумагах не знала. Ее заботило одно: отец проклянет. Князь и тут нашелся; дал ей форменное, законное обязательство, что на ней женится. Таким образом и уверил ее, что они так только поедут, на время, прогуляются, а когда гнев старика поутихнет, они и воротятся к нему обвенчанные и будут втроем век жить, добра наживать и так далее до бесконечности. Бежала она, старик-то ее проклял да и обанкрутился. За нею в Париж потащился и Фрауенмильх, всё бросил и торговлю бросил; влюблен был уж очень.

– Стой! Какой Фрауенмильх?

– Ну тот, как его! Фейербах-то... тьфу, проклятый: Феферкухен! Ну-с, князю разумеется, жениться нельзя было: что, дескать, графиня Хлестова скажет? Как барон Помойкин об этом отзовется? Следовательно, надо было надуть. Ну, надул-то он слишком нагло. Во-первых, чуть ли не бил ее, во-вторых, нарочно пригласил к себе Феферкухена, тот и ходил, другом ее сделался, ну, хныкали вместе, по целым вечерам одни сидели, несчастья свои оплакивали, тот утешал: известно, божьи души. Князь-то нарочно так подвел: раз застает их поздно да и выдумал, что они в связи, придрался к чему-то: своими глазами, говорит, видел. Ну и вытолкал их обоих за ворота, а сам на время в Лондон уехал. А та была уж на сносях; как выгнали ее, она и родила дочь... то есть не дочь, а сына, именно сынишку, Володькой и окрестили. Феферкухен восприемником был. Ну вот и поехала она с Феферкухеном. У того маленькие деньжонки были. Объехала она Швейцарию, Италию... во всех то есть поэтических землях была, как и следует. Та всё плакала, а Феферкухен хныкал, и много лет таким образом прошло, и девочка выросла. И для князя-то всё бы хорошо было, да одно нехорошо: обязательство жениться он у ней назад не выхлопотал. "Низкий ты человек, – сказала она ему при прощании, – ты меня обокрал, ты меня обесчестил и теперь оставляешь. Прощай! Но обязательства тебе не отдам. Не потому, что я когда-нибудь хотела за тебя выйти, а потому, что ты этого документа боишься. Так пусть он и будет у меня вечно в руках". Погорячилась, одним словом, но князь, впрочем, остался покоен. Вообще эдаким подлецам превосходно иметь дело с так называемыми возвышенными существами. Они так благородны, что их весьма легко обмануть, а во-вторых, они всегда отделываются возвышенным и благородным презрением вместо практического применения к делу закона, если только можно его применить. Ну, вот хоть бы эта мать: отделалась гордым презрением и хоть оставила у себя документ, но ведь князь знал, что она скорее повесится, чем употребит его в дело: ну, и был покоен до времени. А она хоть и плюнула ему в его подлое лицо, да ведь у ней Володька на руках оставался: умри она, что с ним будет? Но об этом не рассуждалось. Брудершафт тоже ободрял ее и не рассуждал; Шиллера читали. Наконец, Брудершафт отчего-то скиснул и умер...

– То есть Феферкухен?

– Ну да, черт его дери! А она...

– Постой! Сколько лет они странствовали?

– Ровнешенько двести. Ну-с, она и воротилась в Краков. Отец-то не принял, проклял, она умерла, а князь перекрестился от радости. Я там был, мед пил, по усам текло, а в рот не попало, дали мне шлык, а я в подворотню шмыг... выпьем, брат Ваня!

– Я подозреваю, что ты у него по этому делу хлопочешь, Маслобоев.

– Тебе непременно этого хочется?

– Но не понимаю только, что ты-то тут можешь сделать!

– А видишь, она как воротилась в Мадрид-то после десятилетнего отсутствия,

147

под чужим именем, то надо было всё это разузнать и о Брудершафте, и о старике, и действительно ли она воротилась, и о птенце, и умерла ли она, и нет ли бумаг, и так далее до бесконечности. Да еще кой о чем. Сквернейший человек, берегись его, Ваня, а об Маслобоеве вот что думай: никогда, ни за что не называй его подлецом! Он хоть и подлец (по-моему, так нет человека не подлеца), но не против тебя. Я крепко пьян, но слушай: если когда-нибудь, близко ли, далеко ли, теперь ли, или на будущий год, тебе покажется, что Маслобоев против тебя в чем-нибудь схитрил (и, пожалуйста, не забудь этого слова схитрил), - то знай, что без злого умысла. Маслобоев над тобой наблюдает. И потому не верь подозрениям, а лучше приди и объяснись откровенно и по-братски с самим Маслобоевым. Ну, теперь хочешь пить?

- Нет.

- Закусить?

- Нет, брат, извини...

- Ну, так и убирайся, без четверти девять, а ты спесив. Теперь тебе уже пора.

- Как? Что? Напился пьян да и гостя гонит! Всегда-то он такой! Ах, бесстыдник! - вскричала чуть не плача Александра Семеновна.

- Пеший конному не товарищ! Александра Семеновна, мы остаемся вместе и будем обожать друг друга. А это генерал! Нет, Ваня, я соврал; ты не генерал, а я - подлец! Посмотри, на что я похож теперь? Что я перед тобой? Прости, Ваня, не осуди и дай излить...

Он обнял меня и залился слезами. Я стал уходить.

- Ах, боже мой! А у нас и ужинать приготовлено, - говорила Александра Семеновна в ужаснейшем горе. - А в пятницу-то придете к нам?

- Приду, Александра Семеновна, честное слово, приду.

- Да вы, может быть, побрезгаете, что он вот такой... пьяный. Не брезгайте, Иван Петрович, он добрый, очень добрый, а уж вас как любит! Он про вас мне и день и ночь теперь говорит, всё про вас. Нарочно ваши книжки купил для меня; я еще не прочла; завтра начну. А уж мне-то как хорошо будет, когда вы придете! Никого-то не вижу, никто-то не ходит к нам посидеть. Всё у нас есть, а сидим одни. Теперь вот я сидела, всё слушала, всё слушала, как вы говорили, и как это хорошо... Так до пятницы...

ГЛАВА VII

Я шел и торопился домой: слова Маслобоева слишком меня поразили. Мне бог знает что приходило в голову... Как нарочно, дома меня ожидало одно происшествие, которое меня потрясло, как удар электрической машины.

Против самых ворот дома, в котором я квартировал, стоял фонарь. Только что я стал под ворота, вдруг от самого фонаря бросилась на меня какая-то странная фигура, так что я даже вскрикнул, какое-то живое существо, испуганное, дрожащее, полусумасшедшее, и с криком уцепилось за мои руки. Ужас охватил меня. Это была Нелли!

- Нелли! Что с тобой? - закричал я. - Что ты!

- Там, наверху... он сидит... у нас...

- Кто такой? Пойдем; пойдем вместе со мной.

- Не хочу, не хочу! Я подожду, пока он уйдет... в сенях... не хочу.

Я поднялся к себе с каким-то странным предчувствием, отворил дверь и - увидел князя. Он сидел у стола и читал роман. По крайней мере, книга была раскрыта.

- Иван Петрович! - вскричал он с радостью. - Я так рад, что вы наконец воротились. Только что хотел было уезжать. Более часу вас ждал. Я дал сегодня слово, по настоятельнейшей и убедительнейшей просьбе графини, приехать к ней сегодня вечером с вами. Она так просила, так хочет с вами познакомиться! Так как уж вы дали мне обещание, то я рассудил заехать к вам самому, пораньше, покамест вы еще не успели никуда отправиться, и пригласить вас с собою. Представьте же мою печаль; приезжаю: ваша служанка объявляет, что вас нет дома. Что делать! Я ведь дал честное слово явиться с вами; а потому сел вас подождать, решив, что прожду четверть часа. Но вот они, четверть часа: развернул ваш роман и зачитался. Иван Петрович! Ведь это совершенство! Ведь вас не понимают после этого! Ведь вы у меня слезы исторгли. Ведь я плакал, а я не очень часто плачу...

- Так вы хотите, чтоб я ехал? Признаюсь вам, теперь... хоть я вовсе не прочь, но...

- Ради бога, поедемте! Что же со мной-то вы сделаете? Ведь я вас ждал полтора часа!.. Притом же мне с вами так надо, так надо поговорить - вы понимаете о чем? Вы всё это дело знаете лучше меня... Мы, может быть, решим что-нибудь, остановимся на чем-нибудь, подумайте! Ради бога, не отказывайте.

Я рассудил, что рано ли, поздно ли надо будет ехать. Положим, Наташа теперь одна, я ей нужен, но ведь она же сама поручила мне как можно скорей узнать Катю. К тому же, может быть, и Алеша там... Я знал, что Наташа не будет покойна, прежде чем я не принесу ей известий о Кате, и решился ехать. Но меня смущала Нелли.

- Погодите, - сказал я князю и вышел на лестницу. Нелли стояла тут, в темном углу.

- Почему ты не хочешь идти, Нелли? Что он тебе сделал? Что с тобой говорил?

- Ничего.. Я не хочу, не хочу... - повторяла она, - я боюсь...

Как я ее ни упрашивал - ничто не помогало. Я уговорился с ней, чтоб как только я выйду с князем, она бы вошла в комнату и заперлась.

- И не пускай к себе никого, Нелли, как бы тебя ни упрашивали.

- А вы с ним едете?

- С ним.

Она вздрогнула и схватила меня за руки, точно хотела упросить, чтоб я не ехал, но не сказала ни слова. Я решил расспросить ее подробно завтра.

Попросив извинения у князя, я стал одеваться. Он наг чал уверять меня, что туда не надо никаких гардеробов, никаких туалетов. "Так, разве посвежее что-нибудь! - прибавил он, инквизиторски оглядев меня с головы до ног, - знаете, все-таки эти светские предрассудки... ведь нельзя же совершенно от них избавиться. Этого совершенства вы в нашем свете долго не найдете", - заключил он, с удовольствием увидав, что у меня есть фрак.

Мы вышли. Но я оставил его на лестнице, вошел в комнату, куда уже проскользнула Нелли, и еще раз простился с нею. Она была ужасно взволнована. Лицо ее посинело. Я боялся за нее; мне тяжко было ее оставить.

- Странная это у вас служанка, - говорил мне князь, сходя с лестницы. - Ведь эта маленькая девочка ваша служанка?

- Нет... она так... живет у меня покамест.

- Странная девочка. Я уверен, что она сумасшедшая. Представьте себе, сначала отвечала мне хорошо, но потом, когда разглядела меня, бросилась ко мне, вскрикнула, задрожала, вцепилась в меня... что-то хочет сказать - не может. Признаюсь, я струсил, хотел уж бежать от нее, но она, слава богу, сама от меня убежала. Я был в изумлении. Как это вы уживаетесь?

- У нее падучая болезнь, - отвечал я. - А, вот что! Ну, это не так удивительно... если она с припадками.

Мне тут же показалось одно: что вчерашний визит ко мне Маслобоева, тогда как он знал, что я не дома, что сегодняшний мой визит к Маслобоеву, что сегодняшний рассказ Маслобоева, который он рассказал в пьяном виде и нехотя, что приглашение быть у него сегодня в семь часов, что его убеждения не верить в его хитрость и, наконец, что князь, ожидающий меня полтора часа и, может быть, знавший, что я у Маслобоева, тогда как Нелли выскочила от него на улицу, - что всё это имело между собой некоторую связь. Было о чем задуматься.

У ворот дожидалась его коляска. Мы сели и поехали.

ГЛАВА VIII

Ехать было недолго, к Торговому мосту. Первую минуту мы молчали. Я всё думал: как-то он со мной заговорит? Мне казалось, что он будет меня пробовать, ощупывать, выпытывать. Но он заговорил без всяких изворотов и прямо приступил к делу.

- Меня чрезвычайно заботит теперь одно обстоятельство, Иван Петрович, - начал он, - о котором я хочу прежде всего переговорить с вами и попросить у вас совета: я уж давно решил отказаться от выигранного мною процесса и уступить спорные десять тысяч Ихменеву. Как поступить?

"Не может быть, чтоб ты не знал, как поступить, - промелькнуло у меня в мыслях. - Уж не на смех ли ты меня подымаешь?"

- Не знаю, князь, - отвечал я как можно простодушнее, - в чем другом, то есть что касается Натальи Николаевны, я готов сообщить вам необходимые для вас и для нас всех сведения, но в этом деле вы, конечно, знаете больше моего.

- Нет, нет, конечно, меньше. Вы с ними знакомы, и, может быть, даже сама Наталья Николаевна вам не раз передавала свои мысли на этот счет; а это для меня главное руководство. Вы можете мне много помочь; дело же крайне затруднительное. Я готов уступить и даже непременно положил уступить, как бы ни кончились все прочие дела; вы понимаете? Но как, в каком виде сделать эту уступку, вот в чем вопрос? Старик горд, упрям; пожалуй, меня же обидит за мое же добродушие и швырнет мне эти деньги назад.

- Но позвольте, вы как считаете эти деньги: своими или его?

- Процесс выигран мною, следственно, моими.

- Но по совести?

- Разумеется, считаю моими, - отвечал он, несколько пикированный моею бесцеремонностью, - впрочем, вы, кажется, не знаете всей сущности этого дела. Я не виню старика в умышленном обмане и, признаюсь вам, никогда не винил. Вольно ему было самому напустить на себя обиду. Он виноват в недосмотре, в нерачительности о вверенных ему делах, а, по бывшему уговору нашему, за некоторые из подобных дел он должен был отвечать. Но знаете ли вы, что даже и не в этом дело: дело в нашей ссоре, во взаимных тогдашних оскорблениях; одним словом, в обоюдно уязвленном самолюбии. Я, может быть, и внимания не обратил бы тогда на эти дрянные десять тысяч; но вам, разумеется, известно, из-за чего и как началось тогда всё это дело. Соглашаюсь, я был мнителен, я был, пожалуй, неправ (то есть тогда неправ), но я не замечал этого и, в досаде, оскорбленный его грубостями, не хотел упустить случая и начал дело. Вам всё это, пожалуй, покажется с моей стороны не совсем благородным. Я не оправдываюсь; замечу вам только, что гнев и, главное, раздраженное самолюбие - еще не есть отсутствие благородства, а есть дело естественное, человеческое, и, признаюсь, повторяю вам, я ведь почти вовсе не знал Ихменева и совершенно верил всем этим слухам насчет Алеши и его дочери, а следственно, мог поверить и умышленной краже денег... Но это в сторону. Главное в том: что мне теперь делать? Отказаться от денег; но если я тут же скажу, что считаю и теперь свой иск правым, то ведь это значит: я их дарю ему. А тут прибавьте еще щекотливое положение насчет Натальи Николаевны... Он непременно швырнет мне эти деньги назад.

- Вот видите, сами же вы говорите: швырнет; следовательно, считаете его человеком честным, а поэтому и можете быть совершенно уверены, что он не крал ваших денег. А если так, почему бы вам не пойти к нему и не объявить прямо, что считаете свой иск незаконным? Это было бы благородно, и Ихменев, может быть, не затруднился бы тогда взять свои деньги.

- Гм... свои деньги; вот в том-то и дело; что же вы со мной-то делаете? Идти и объявить ему, что считаю свой иск незаконным. Да зачем же ты искал, коли знал, что ищешь незаконно? - так мне все в глаза скажут. А я этого не заслужил, потому что искал законно; я нигде не говорил и не писал, что он у меня крал; но в его неосмотрительности, в легкомыслии, в неуменье вести дела и теперь уверен. Эти деньги положительно мои, и потому больно взводить самому на себя поклеп, и, наконец, повторяю вам, старик сам взвел на себя обиду, а вы меня заставляете в этой обиде у него прощения просить, - это тяжело.

- Мне кажется, если два человека хотят помириться, то...

- То это легко, вы думаете?

- Да.

- Нет, иногда очень нелегко, тем более...

- Тем более если с этим связаны другие обстоятельства. Вот в этом я с вами согласен, князь. Дело Натальи Николаевны и вашего сына должно быть разрешено вами во всех тех пунктах, которые от вас зависят, и разрешено вполне удовлетворительно для Ихменевых. Только тогда вы можете объясниться с Ихменевым и о процессе совершенно искренно. Теперь же, когда еще ничего не решено, у вас один только путь: признаться в несправедливости вашего иска и признаться открыто, а если надо, так и публично, - вот мое мнение; говорю вам прямо, потому что вы же сами спрашивали моего мнения и, вероятно, не желали, чтоб я с вами хитрил. Это же дает мне смелость спросить вас: для чего вы беспокоитесь об отдаче этих денег Ихменеву? Если вы считаете себя в этом иске правым, то для чего отдавать? Простите мое любопытство, но это так связано с другими обстоятельствами...

- А как вы думаете? - спросил он вдруг, как будто совершенно не слыхал моего вопроса, - уверены ли вы, что старик Ихменев откажется от десяти тысяч, если б даже вручить ему деньги безо всяких оговорок и... и... и всяких этих смягчений?

- Разумеется, откажется!

Я весь так и вспыхнул и даже вздрогнул от негодования. Этот нагло скептический вопрос произвел на меня такое же впечатление, как будто князь мне плюнул прямо в глаза. К моему оскорблению присоединилось и другое: грубая, великосветская манера, с которою он, не отвечая на мой вопрос и как будто не заметив его, перебил его другим, вероятно давая мне заметить, что я слишком увлекся и зафамильярничал, осмелившись предлагать ему такие вопросы. Я до ненависти не любил этого великосветского маневра и всеми силами еще прежде отучал от него Алешу.

- Гм... вы слишком пылки, и на свете некоторые дела не так делаются, как вы воображаете, - спокойно заметил князь на мое восклицание. - Я, впрочем, думаю, что об этом могла бы отчасти решить Наталья Николаевна; вы ей передайте это. Она могла бы посоветовать.

- Ничуть, - отвечал я грубо. - Вы не изволили выслушать, что я начал вам говорить давеча, и перебили меня. Наталья Николаевна поймет, что если вы возвращаете деньги неискренно и без всяких этих, как вы говорите, смягчений, то, значит, вы платите отцу за дочь, а ей за Алешу, - одним словом, награждаете деньгами...

- Гм... вот вы как меня понимаете, добрейший мой Иван Петрович. - Князь засмеялся. Для чего он засмеялся? - А между тем, - продолжал он, - нам еще столько, столько надо вместе переговорить. Но теперь некогда. Прошу вас только, поймите одно: дело касается прямо Натальи Николаевны и всей ее будущности, и всё это зависит отчасти от того, как мы с вами это решим и на чем остановимся. Вы тут необходимы, - сами увидите. И потому, если вы продолжаете быть привязанным к Наталье Николаевне, то и не можете отказаться от объяснений со мною, как бы мало ни чувствовали ко мне симпатии. Но мы приехали... A bientТt[9].

ГЛАВА IX

Графиня жила прекрасно. Комнаты были убраны комфортно и со вкусом, хотя вовсе не пышно. Всё, однако же, носило на себе характер временного пребывания; это была только приличная квартира на время, а не постоянное, утвердившееся жилье богатой фамилии со всем размахом барства и со всеми его прихотями, принимаемыми за необходимость. Носился слух, что графиня на лето едет в свое имение (разоренное и перезаложенное), в Симбирскую губернию, и что князь сопровождает ее. Я уже слышал про это и с тоскою подумал: как поступит Алеша, когда Катя уедет с графиней? С Наташей я еще не заговаривал об этом, боялся; но по некоторым признакам успел заметить, что, кажется, и ей этот слух известен. Но она молчала и страдала про себя.

Графиня приняла меня прекрасно, приветливо протянула мне руку и подтвердила, что давно желала меня у себя видеть. Она сама разливала чай из прекрасного серебряного самовара, около которого мы и уселись: я, князь и еще какой-то очень великосветский господин пожилых лет и со звездой, несколько накрахмаленный, с дипломатическими приемами. Этого гостя, кажется, очень уважали. Графиня, воротясь из-за границы, не успела еще в эту зиму завести в Петербурге больших связей и основать свое положение, как хотела и рассчитывала. Кроме этого гостя, никого не было, и никто не являлся во весь вечер. Я искал глазами Катерину Федоровну; она была в другой комнате с Алешей, но, услышав о нашем приезде, тотчас же вышла к нам. Князь с любезностью поцеловал у ней руку, а графиня указала ей на меня. Князь тотчас же нас познакомил. Я с нетерпеливым вниманием в нее вглядывался: это была нежная блондиночка, одетая в белое платье, невысокого роста, с тихим и спокойным выражением лица, с совершенно голубыми глазами, как говорил Алеша, с красотой юности и только. Я ожидал встретить совершенство красоты, но красоты не было. Правильный, нежно очерченный овал лица, довольно правильные черты, густые и действительно прекрасные волосы, обыденная домашняя их прическа, тихий, пристальный взгляд; при встрече с ней где-нибудь я бы прошел мимо нее, не обратив на нее никакого особенного внимания; но это было только с первого взгляда, и я успел несколько лучше разглядеть ее потом, в этот вечер. Уж одно то, как она подала мне руку, с каким-то наивно усиленным вниманием продолжая смотреть мне в глаза и не говоря мне ни слова, поразило меня своею странностью, и я отчего-то невольно улыбнулся ей. Видно, я тотчас же почувствовал перед собой существо чистое сердцем. Графиня пристально следила за нею. Пожав мне руку, Катя с какою-то поспешностью отошла от меня и села в другом конце комнаты, вместе с Алешей. Здороваясь со мной, Алеша шепнул мне: "Я здесь только на минутку, но сейчас туда".

"Дипломат" - не знаю его фамилии и называю его дипломатом, чтобы как-нибудь назвать, - говорил спокойно и величаво, развивая какую-то идею. Графиня внимательно его слушала. Князь одобрительно и льстиво улыбался; оратор часто обращался к нему, вероятно ценя в нем достойного слушателя. Мне дали чаю и оставили меня в покое, чему я был очень рад. Между тем я всматривался в графиню. По первому впечатлению она мне как-то нехотя понравилась. Может быть, она была уже не молода, но мне казалось, что ей не более двадцати восьми лет. Лицо ее было еще свежо и когда-то, в первой молодости, должно быть, было очень красиво. Темно-русые волосы были еще довольно густы; взгляд был чрезвычайно добрый, но какой-то ветреный и шаловливо насмешливый. Но теперь она для чего-то видимо себя сдерживала. В этом взгляде выражалось тоже много ума, но более всего доброты и веселости. Мне показалось, что преобладающее ее качество было некоторое легкомыслие, жажда наслаждений и какой-то добродушный эгоизм, может быть даже и большой. Она была под началом у князя, который имел на нее чрезвычайное влияние. Я знал, что они были в связи, слышал также, что он был уж слишком не ревнивый любовник во время их пребывания за границей; но мне всё казалось - кажется и теперь, - что их связывало, кроме бывших отношений, еще что-то другое, отчасти таинственное, что-нибудь вроде взаимного обязательства, основанного на каком-нибудь расчете... одним словом, что-то такое должно было быть. Знал я тоже, что князь в настоящее время тяготился ею, а между тем отношения их не прерывались. Может быть, их тогда особенно связывали виды на Катю, которые, разумеется, в инициативе своей должны были принадлежать князю. На этом основании князь и отделался от брака с графиней, которая этого действительно требовала, убедив ее содействовать браку Алеши с ее падчерицей. Так, по крайней мере, я заключал по прежним простодушным рассказам Алеши, который хоть что-нибудь да мог же заметить. Мне всё казалось тоже, отчасти из тех же рассказов, что князь, несмотря на то что графиня была в его полном повиновении, имел какую-то причину бояться ее. Даже Алеша это заметил. Я узнал потом, что князю очень хотелось выдать графиню за кого-нибудь замуж и что отчасти с этою целью он и отсылал ее в Симбирскую губернию, надеясь приискать ей приличного мужа в провинции.

Я сидел и слушал, не зная, как бы мне поскорее поговорить глаз на глаз с Катериной Федоровной. Дипломат отвечал на какой-то вопрос графини о современном положении дел, о начинающихся реформах и о том, следует ли их бояться или нет? Он говорил много и долго, спокойно и как власть имеющий. Он развивал свою идею тонко и умно, но идея была отвратительная. Он именно настаивал на том, что весь этот дух реформ и исправлений слишком скоро принесет известные плоды; что, увидя эти плоды, возьмутся за ум и что не только в обществе (разумеется, в известной его части) пройдет этот новый дух, но увидят по опыту ошибку и тогда с удвоенной энергией начнут поддерживать старое. Что опыт, хоть бы и печальный, будет очень выгоден, потому что научит, как поддерживать это спасительное старое, принесет для этого новые данные; а следственно, даже надо желать, чтоб теперь поскорее дошло до последней степени неосторожности. "Без нас нельзя, - заключил он, - без нас ни одно общество еще никогда не стояло. Мы не потеряем, а напротив, еще выиграем; мы всплывем, всплывем, и девиз наш в настоящую минуту должен быть: "Pire ça va, mieux ça est""[10]. Князь улыбнулся ему с отвратительным сочувствием. Оратор был совершенно доволен собою. Я был так глуп, что хотел было возражать; сердце кипело во мне. Но меня остановил ядовитый взгляд князя; он мельком скользнул в мою сторону, и мне показалось, что князь именно ожидает какой-нибудь странной

---

[10] Чем хуже, тем лучше (франц.)

и юношеской выходки с моей стороны; ему, может быть, даже хотелось этого, чтоб насладиться тем, как я себя скомпрометирую. Вместе с тем я был твердо уверен, что дипломат непременно не заметит моего возражения. а может быть, даже и самого меня. Мне скверно стало сидеть с ними; но выручил Алеша.

Он тихонько подошел ко мне, тронул меня за плечо и попросил на два слова. Я догадался, что он послом от Кати. Так и было. Через минуту я уже сидел рядом с нею. Сначала она всего меня пристально оглядела, как будто говоря про себя: "вот ты какой", и в первую минуту мы оба не находили слов для начала разговора. Я, однако ж, был уверен, что ей стоит только заговорить, чтоб уж и не останавливаться, хоть до утра. "Какие-нибудь пять-шесть часов разговора", о которых рассказывал Алеша, мелькнули у меня в уме. Алеша сидел тут же и с нетерпением ждал, как-то мы начнем.

- Что ж вы ничего не говорите? - начал он, с улыбкою смотря на нас. - Сошлись и молчат.

- Ах, Алеша, какой ты... мы сейчас, - отвечала Катя. - Нам ведь так много надо переговорить вместе, Иван Петрович, что не знаю, с чего и начать. Мы очень поздно знакомимся; надо бы раньше, хоть я вас и давным-давно знаю. И так мне хотелось вас видеть. Я даже думала вам письмо написать...

- О чем? - спросил я, невольно улыбаясь.

- Мало ли о чем, - отвечала она серьезно. - Вот хоть бы о том, правду ли он рассказывает про Наталью Николаевну, что она не оскорбляется, когда он ее в такое время оставляет одну? Ну, можно ли так поступать, как он? Ну, зачем ты теперь здесь, скажи, пожалуйста?

- Ах, боже мой, да я сейчас и поеду. Я ведь сказал, что здесь только одну минутку пробуду, на вас обоих посмотрю, как вы вместе будете говорить, а там и туда.

- Да что мы вместе, ну вот и сидим, - видел? И всегда-то он такой, - прибавила она, слегка краснея и указывая мне на него пальчиком. - "Одну минутку, говорит, только одну минутку", а смотришь, и до полночи просидел, а там уж и поздно. "Она, говорит, не сердится, она добрая", - вот он как рассуждает! Ну, хорошо ли это, ну, благородно ли?

- Да я, пожалуй, поеду, - жалобно отвечал Алеша, - только мне бы очень хотелось побыть с вами...

- А что тебе с нами? Нам, напротив, надо о многом наедине переговорить. Да послушай, ты не сердись; это необходимость - пойми хорошенько.

- Если необходимость, то я сейчас же... чего же тут сердиться. Я только на минуточку к Левеньке, а там тотчас и к ней. Вот что, Иван Петрович, - продолжал он, взяв свою шляпу, - вы знаете, что отец хочет отказаться от денег, которые выиграл по процессу с Ихменева.

- Знаю, он мне говорил.

- Как благородно он это делает. Вот Катя не верит, что он делает благородно. Поговорите с ней об этом. Прощай, Катя, и, пожалуйста, не сомневайся, что я люблю Наташу. И зачем вы все навязываете мне эти условия, упрекаете меня, следите за мной, - точно я у вас под надзором! Она знает, как я ее люблю, и уверена во мне, и я уверен, что она во мне уверена. Я люблю ее безо всего, без всяких обязательств. Я не знаю, как я ее люблю. Просто люблю. И потому нечего меня допрашивать, как виноватого. Вот спроси Ивана Петровича, теперь уж он здесь и подтвердит тебе, что Наташа ревнива и хоть очень любит меня, но в любви ее много эгоизма, потому что она ничем не хочет для меня пожертвовать.

- Как это? - спросил я в удивлении, не веря ушам своим.

- Что ты это, Алеша? - чуть не вскрикнула Катя, всплеснув своими руками.

- Ну да; что ж тут удивительного? Иван Петрович знает. Она всё требует, чтоб я с ней был. Она хоть и не требует этого, но видно, что ей этого хочется.

- И не стыдно, не стыдно это тебе! - сказала Катя, вся загоревшись от гнева.

- Да что же стыдно-то? Какая ты, право, Катя! Я ведь люблю ее больше, чем она думает, а если б она любила меня настоящим образом, так, как я ее люблю, то, наверно, пожертвовала бы мне своим удовольствием. Она, правда, и сама отпускает меня, да ведь я вижу по лицу, что это ей тяжело, стало быть, для меня всё равно что и не отпускает.

- Нет, это неспроста! - вскричала Катя, снова обращаясь ко мне с сверкающим гневным взглядом. - Признавайся, Алеша, признавайся сейчас, это всё наговорил тебе отец? Сегодня наговорил? И, пожалуйста, не хитри со мной: я тотчас узнаю! Так или нет?

- Да, говорил, - отвечал смущенный Алеша, - что ж тут такого? Он говорил со мной сегодня так ласково, так по-дружески, а ее всё мне хвалил, так что я даже удивился: она его так оскорбила, а он ее же так хвалит.

- А вы, вы и поверили, - сказал я, - вы, которому она отдала всё, что могла отдать, и даже теперь, сегодня же всё ее беспокойство было об вас, чтоб вам не было как-нибудь скучно, чтоб как-нибудь не лишить вас возможности видеться с Катериной Федоровной! Она сама мне это говорила сегодня. И вдруг вы поверили фальшивым наговорам! Не стыдно ли вам?

- Неблагодарный! Да что, ему никогда ничего не стыдно! - проговорила Катя, махнув на него рукой, как будто на совершенно потерянного человека.

- Да что вы в самом деле! - продолжал Алеша жалобным голосом. - И всегда-то ты такая, Катя! Всегда ты во мне одно худое подозреваешь... Уж не говорю про Ивана Петровича! Вы думаете, я не люблю Наташу. Я не к тому сказал, что она эгоистка. Я хотел только сказать, что она меня уж слишком любит, так что уж из меры выходит, а от этого и мне и ей тяжело. А отец меня никогда не проведет, хоть бы и хотел. Не дамся. Он вовсе не говорил, что она эгоистка, в дурном смысле слова; я ведь понял. Он именно сказал точь-в-точь так же, как я теперь передал: что она до того уж слишком меня любит, до того сильно, что уж это выходит просто эгоизм, так что и мне и ей тяжело, а впоследствии и еще тяжелее мне будет. Что ж, ведь это он правду сказал, меня любя, и это вовсе не значит, что он обижал Наташу; напротив, он видел в ней самую сильную любовь, любовь без меры, до невозможности...

Но Катя прервала его и не дала ему кончить. Она с жаром начала укорять его, доказывать, что отец для того и начал хвалить Наташу, чтоб обмануть его видимою добротою, и всё это с намерением расторгнуть их связь, чтоб невидимо и неприметно вооружить против нее самого Алешу. Она горячо и умно вывела, как Наташа любила его, как никакая любовь не простит того, что он с ней делает, - и что настоящий-то эгоист и есть он сам, Алеша. Мало-помалу Катя довела его до ужасной печали и до полного раскаяния; он сидел подле нас, смотря в землю, уже

156

ничего не отвечая, совершенно уничтоженный и с страдальческим выражением в лице. Но Катя была неумолима. Я с крайним любопытством всматривался в нее. Мне хотелось поскорее узнать эту странную девушку. Она была совершенный ребенок, но какой-то странный, убежденный ребенок, с твердыми правилами и с страстной, врожденной любовью к добру и к справедливости. Если ее действительно можно было назвать еще ребенком, то она принадлежала к разряду задумывающихся детей, довольно многочисленному в наших семействах. Видно было, что она уже много рассуждала. Любопытно было бы заглянуть в эту рассуждающую головку и подсмотреть, как смешивались там совершенно детские идеи и представления с серьезно выжитыми впечатлениями и наблюдениями жизни (потому что Катя уже жила), а вместе с тем и с идеями, еще ей не знакомыми, не выжитыми ею, но поразившими ее отвлеченно, книжно, которых уже должно было быть очень много и которые она, вероятно, принимала за выжитые ею самою. Во весь этот вечер и впоследствии, мне кажется, я довольно хорошо изучил ее. Сердце в ней было пылкое и восприимчивое. Она в иных случаях как будто пренебрегала уменьем владеть собою, ставя прежде всего истину, а всякую жизненную выдержку считала за условный предрассудок и, кажется, тщеславилась таким убеждением, что случается со многими пылкими людьми, даже и не в очень молодых годах. Но это-то и придавало ей какую-то особенную прелесть. Она очень любила мыслить и добиваться истины, но была до того не педант, до того с ребяческими, детскими выходками, что вы с первого взгляда начинали любить в ней все ее оригинальности и мириться с ними. Я вспомнил Левеньку и Бореньку, и мне показалось, что всё это совершенно в порядке вещей. И странно: лицо ее, в котором я не заметил ничего особенно прекрасного с первого взгляда, в этот же вечер поминутно становилось для меня всё прекраснее и привлекательнее. Это наивное раздвоение ребенка и размышляющей женщины, эта детская и в высшей степени правдивая жажда истины и справедливости и непоколебимая вера в свои стремления - всё это освещало ее лицо каким-то прекрасным светом искренности, придавало ему какую-то высшую, духовную красоту, и вы начинали понимать, что не так скоро можно исчерпать всё значение этой красоты, которая не поддается вся сразу каждому обыкновенному, безучастному взгляду. И я понял, что Алеша должен был страстно привязаться к ней. Если он не мог сам мыслить и рассуждать, то любил именно тех, которые за него мыслили и даже желали, - а Катя уже взяла его под опеку. Сердце его было благородно и неотразимо, разом покорялось всему, что было честно и прекрасно, а Катя уже много и со всею искренностью детства и симпатии перед ним высказалась. У него не было ни капли собственной воли; у ней было очень много настойчивой, сильно и пламенно настроенной воли, а Алеша мог привязаться только к тому, кто мог им властвовать и даже повелевать. Этим отчасти привязала его к себе Наташа, в начале их связи, но в Кате было большое преимущество перед Наташей - то, что она сама была еще дитя и, кажется, еще долго должна была оставаться ребенком. Эта детскость ее, ее яркий ум и в то же время некоторый недостаток рассудка - всё это было как-то более сродни для Алеши. Он чувствовал это, и потому Катя влекла его к себе всё сильней и сильней. Я уверен, что когда они говорили между собой наедине, то рядом с серьезными "пропагандными" разговорами Кати дело, может быть, доходило у них и до игрушек. И хоть Катя, вероятно, очень часто журила Алешу и уже держала его в руках, но ему, очевидно, было с ней легче, чем с Наташей. Они были более пара друг другу, а это было главное.

- Полно, Катя, полно, довольно; ты всегда права выходишь, а я нет. Это потому, что в тебе душа чище моей, - сказал Алеша, вставая и подавая ей на прощанье руку. - Сейчас же и к ней, и к Левеньке не заеду...

- И нечего тебе у Левеньки делать; а что теперь слушаешься и едешь, то в этом ты очень мил.

- А ты в тысячу раз всех милее, - отвечал грустный Алеша. - Иван Петрович, мне нужно вам два слова сказать.

Мы отошли на два шага.

- Он добрый, он благородный, - поспешно начала Катя, когда я уселся опять подле нее, - но мы об нем потом будем много говорить; а теперь нам прежде всего нужно условиться: вы как считаете князя?

- Очень нехорошим человеком.

- И я тоже. Следственно, мы в этом согласны, а потому нам легче будет судить. Теперь о Наталье Николаевне... Знаете, Иван Петрович, я теперь как впотьмах, я вас ждала, как света. Вы мне всё это разъясните, потому что в самом-то главном пункте я сужу по догадкам, из того, что мне рассказывал Алеша. А больше не от кого было узнать. Скажите же, во-первых (это главное), как по вашему мнению: будут Алеша и Наташа вместе счастливы или нет? Это мне прежде всего нужно знать для окончательного моего решения, чтоб уж самой знать, как поступать.

- Как же можно об этом сказать наверно?..

- Да, разумеется, не наверно, - перебила она, - а как вам кажется? - потому что вы очень умный человек.

- По-моему, они не могут быть счастливы.

- Почему же?

- Они не пара.

- Я так и думала! - И она сложила ручки, как бы в глубокой тоске.

- Расскажите подробнее. Слушайте: я ужасно желаю видеть Наташу, потому что мне много надо с ней переговорить, и мне кажется, что мы с ней всё решим. А теперь я всё ее представляю себе в уме: она должна быть ужасно умна, серьезная, правдивая и прекрасная собой. Ведь так?

- Так.

- Так и я была уверена. Ну, так если она такая, как же она могла полюбить Алешу, такого мальчика? Объясните мне это; я часто об этом думаю.

- Этого нельзя объяснить, Катерина Федоровна; трудно представить, за что и как можно полюбить. Да, он ребенок. Но знаете ли, как можно полюбить ребенка? (Сердце мое размягчилось, глядя на нее и на ее глазки, пристально, с глубоким, серьезным и нетерпеливым вниманием устремленные на меня). И чем больше Наташа сама не похожа на ребенка, - продолжал я, - чем серьезнее она, тем скорее она могла полюбить его. Он правдив, искренен, наивен ужасно, а иногда грациозно наивен. Она, может быть, полюбила его - как бы это сказать?.. Как будто из какой-то жалости. Великодушное сердце может полюбить из жалости... Впрочем, я чувствую, что я вам ничего не могу объяснить, но зато спрошу вас самих: ведь вы его любите?

158

Я смело задал ей этот вопрос и чувствовал, что поспешностью такого вопроса я не могу смутить беспредельной, младенческой чистоты этой ясной души.

- Ей-богу, еще не знаю, - тихо отвечала она мне, светло смотря мне в глаза, - но, кажется, очень люблю...

- Ну, вот видите. А можете ли изъяснить, за что его любите?

- В нем лжи нет, - отвечала она, подумав, - и когда он посмотрит прямо в глаза и что-нибудь говорит мне при этом, то мне это очень нравится... Послушайте, Иван Петрович, вот я с вами говорю об этом, я девушка, а вы мужчина; хорошо ли я это делаю или нет?

- Да что же тут такого?

- То-то. Разумеется, что же тут такого? А вот они (она указала глазами на группу, сидевшую за самоваром), они, наверно, сказали бы, что это нехорошо. Правы они или нет?

- Нет! Ведь вы не чувствуете в сердце, что поступаете дурно, стало быть...

- Так я и всегда делаю, - перебила она, очевидно спеша как можно больше наговориться со мною, - как только я в чем смущаюсь, сейчас спрошу свое сердце, и коль оно спокойно, то и я спокойна. Так и всегда надо поступать. И я потому с вами говорю так совершенно откровенно, как будто сама с собою, что, во-первых, вы прекрасный человек, и я знаю вашу прежнюю историю с Наташей до Алеши, и я плакала, когда слушала.

- А вам кто рассказывал?

- Разумеется, Алеша, и сам со слезами рассказывал: это было очень хорошо с его стороны, и мне очень понравилось. Мне кажется, он вас больше любит, чем вы его, Иван Петрович. Вот эдакими-то вещами он мне и нравится. Ну, а во-вторых, я потому с вами так прямо говорю, как сама с собою, что вы очень умный человек и много можете мне дать советов и научить меня.

- Почему же вы знаете, что я до того умен, что могу вас учить?

- Ну вот; что это вы! - Она задумалась.

- Я ведь только так об этом заговорила; будемте говорить о самом главном. Научите меня, Иван Петрович: вот я чувствую теперь, что я Наташина соперница, я ведь это знаю, как же мне поступать? Я потому и спросила вас: будут ли они счастливы. Я об этом день и ночь думаю. Положение Наташи ужасно, ужасно! Ведь он совсем ее перестал любить, а меня всё больше и больше любит. Ведь так?

- Кажется, так.

- И ведь он ее не обманывает. Он сам не знает, что перестает любить, а она наверно это знает. Каково же она мучается!

- Что же вы хотите делать, Катерина Федоровна?

- Много у меня проектов, - отвечала она серьезно, - а между тем я всё путаюсь. Потому-то и ждала вас с таким нетерпением, чтоб вы мне всё это разрешили. Вы всё это гораздо лучше меня знаете. Ведь вы для меня теперь как будто какой-то бог. Слушайте, я сначала так рассуждала: если они любят друг друга, то надобно, чтоб они были счастливы, и потому я должна собой пожертвовать и им помогать. Ведь так!

- Я знаю, что вы и пожертвовали собой.

- Да, пожертвовала, а потом как он начал приезжать ко мне и всё больше и больше меня любить, так я стала задумываться про себя и всё думаю: пожертвовать или нет? Ведь это очень худо, не правда ли?

- Это естественно, - отвечал я, - так должно быть... и вы не виноваты.

- Не думаю; это вы потому говорите, что очень добры. А я так думаю, что у меня сердце не совсем чистое. Если б было чистое сердце, я бы знала, как решить. Но оставим это! Потом я узнала побольше об их отношениях от князя, от maman, от самого Алеши и догадалась, что они не ровня; вы вот теперь подтвердили. Я и задумалась еще больше: как же теперь? Ведь если они будут несчастливы, так ведь им лучше разойтись; а потом и положила: расспросить вас подробнее обо всем и поехать самой к Наташе, а уж с ней и решить всё дело.

- Но как же решить-то, вот вопрос?

- Я так и скажу ей: "Ведь вы его любите больше всего, а потому и счастье его должны любить больше своего; следственно, должны с ним расстаться".

- Да, но каково же ей будет это слышать? А если она согласится с вами, то в силах ли она будет это сделать?

- Вот об этом-то я и думаю день и ночь и... и...

И она вдруг заплакала.

- Вы не поверите, как мне жалко Наташу, - прошептала она дрожавшими от слез губками.

Нечего было тут прибавлять. Я молчал, и мне самому хотелось заплакать, смотря на нее, так, от любви какой-то. Что за милый был это ребенок! Я уж не спрашивал ее, почему она считает себя способною сделать счастье Алеши.

- Вы ведь любите музыку? - спросила она, несколько успокоившись, еще задумчивая от недавних слез.

- Люблю, - отвечал я с некоторым удивлением.

- Если б было время, я бы вам сыграла Третий концерт Бетховена. Я его теперь играю. Там все эти чувства... точно так же, как я теперь чувствую. Так мне кажется. Но это в другой раз; а теперь надо говорить.

Начались у нас переговоры о том, как ей видеться с Наташей и как это всё устроить. Она объявила мне, что за ней присматривают, хотя мачеха ее добрая и любит ее, но ни за что не позволит ей познакомиться с Натальей Николаевной; а потому она и решилась на хитрость. Поутру она иногда ездит гулять, почти всегда с графиней. Иногда же графиня не ездит с нею, а отпускает ее одну с француженкой, которая теперь больна. Бывает же это, когда у графини болит голова; а потому и ждать надо, когда у ней заболит голова. А до этого она уговорит свою француженку (что-то вроде компаньонки, старушка), потому что француженка очень добра. В результате выходило, что никак нельзя было определить заранее дня, назначенного для визита к Наташе.

- С Наташей вы познакомитесь и не будете раскаиваться, - сказал я. - Она вас сама очень хочет узнать, и это нужно хоть для того только, чтоб ей знать, кому она передает Алешу. О деле же этом не тоскуйте очень. Время и без ваших забот решит. Ведь вы едете в деревню?

- Да, скоро, может быть через месяц, - отвечала она, - и я знаю, что на этом настаивает князь.

- Как вы думаете, поедет с вами Алеша?

- Вот и я об этом думала! - проговорила она, пристально смотря на меня. - Ведь он поедет.

- Поедет.

- Боже мой, что из этого всего выйдет - не знаю. Послушайте, Иван Петрович. Я вам обо всем буду писать, буду часто писать и много. Уж я теперь пошла вас мучить. Вы часто будете к нам приходить?

- Не знаю, Катерина Федоровна: это зависит от обстоятельств. Может быть, и совсем не буду ходить.

- Почему же?

- Это будет зависеть от разных причин, а главное, от отношений моих с князем.

- Это нечестный человек, - сказала решительно Катя. - А знаете, Иван Петрович, что если б я к Вам приехала! Это хорошо бы было или не хорошо?

- Как вы сами думаете?

- Я думаю, что хорошо. Так, навестила бы вас... - прибавила она, улыбнувшись. - Я ведь к тому говорю, что я, кроме того, что вас уважаю, - я вас очень люблю... И у вас научиться многому можно. А я вас люблю... И ведь это не стыдно, что я вам про всё это говорю?

- Чего же стыдно? Вы сами мне уже дороги, как родная.

- Ведь вы хотите быть моим другом?

- О да, да! - отвечал я.

- Ну, а они непременно бы сказали, что стыдно и не следует так поступать молодой девушке, - заметила она, снова указав мне на собеседников у чайного стола. Замечу здесь, что князь, кажется, нарочно оставил нас одних вдоволь наговориться.

- Я ведь знаю очень хорошо, - прибавила она, - князю хочется моих денег. Про меня они думают, что я совершенный ребенок, и даже мне прямо это говорят. Я же не думаю этого. Я уж не ребенок. Странные они люди: сами ведь они точно дети; ну, из чего хлопочут?

- Катерина Федоровна, я забыл спросить: кто эти Левенька и Боренька, к которым так часто ездит Алеша?

- Это мне дальняя родня. Они очень умные и очень честные, но уж много говорят... Я их знаю... И она улыбнулась.

- Правда ли, что вы хотите им подарить со временем миллион?

- Ну, вот видите, ну хоть бы этот миллион, уж они так болтают о нем, что уж и несносно становится. Я, конечно, с радостию пожертвую на всё полезное, к чему ведь такие огромные деньги, не правда ли? Но ведь когда еще я его пожертвую; а они уж там теперь делят, рассуждают, кричат, спорят: куда лучше употребить его, даже ссорятся из-за этого, - так что уж это и странно. Слишком торопятся. Но все-таки они такие искренние и... умные. Учатся. Это всё же лучше, чем как другие живут. Ведь так?

И много еще мы говорили с ней. Она мне рассказала чуть не всю свою жизнь и с жадностью слушала мои рассказы. Всё требовала, чтоб я всего более рассказывал ей про Наташу и про Алешу. Было уже двенадцать часов, когда князь подошел ко мне и дал знать, что пора откланиваться. Я простился. Катя горячо пожала мне руку и выразительно на меня взглянула. Графиня просила меня бывать; мы вышли вместе с князем.

Не могу удержаться от странного и, может быть, совершенно не идущего к делу замечания. Из трехчасового моего разговора с Катей я вынес, между прочим, какое-то странное, но вместе с тем глубокое убеждение, что она до того еще вполне ребенок, что совершенно не знает всей тайны отношений мужчины и женщины. Это придавало необыкновенную комичность некоторым ее рассуждениям и вообще серьезному тону, с которым она говорила о многих очень важных вещах...

ГЛАВА X

- А знаете ли что, - сказал мне князь, садясь вместе со мною в коляску, - что если б нам теперь поужинать, а? Как вы думаете?

- Право, не знаю, князь, - отвечал я, колеблясь, - я никогда не ужинаю...

- Ну, разумеется, и поговорим за ужином, - прибавил он, пристально и хитро смотря мне прямо в глаза.

Как было не понять! "Он хочет высказаться, - подумал я, - а мне ведь того и надо". Я согласился.

- Дело в шляпе. В Большую Морскую, к Б.

- В ресторан? - спросил я с некоторым замешательством.

- Да. А что ж? Я ведь редко ужинаю дома. Неужели ж вы мне не позволите пригласить вас?

- Но я вам сказал уже, что я никогда не ужинаю.

- Что за дело один раз. К тому же ведь это я вас приглашаю...

То есть заплачу за тебя; я уверен, что он прибавил это нарочно. Я позволил везти себя, но в ресторане решился платить за себя сам. Мы приехали. Князь взял особую комнату и со вкусом и знанием дела выбрал два-три блюда. Блюда были дорогие, равно как и бутылка тонкого столового вина, которую он велел принести. Всё это было не по моему карману. Я посмотрел на карту и велел принести себе полрябчика и рюмку лафиту. Князь взбунтовался.

- Вы не хотите со мной ужинать! Ведь это даже смешно. Pardon, mon ami[11], но ведь это... возмутительная щепетильность. Это уж самое мелкое самолюбие. Тут замешались чуть ли не сословные интересы, и бьюсь об заклад, что это так. Уверяю вас, что вы меня обижаете.

Но я настоял на своем.

- Впрочем, как хотите, - прибавил он. - Я вас не принуждаю... скажите, Иван Петрович, можно мне с вами говорить вполне дружелюбно?

- Я вас прошу об этом.

- Ну так, по-моему, такая щепетильность вам же вредит. Так же точно вредят себе и все ваши этим же самым. Вы литератор, вам нужно знать свет, а вы всего

---

[11] Извините, мой друг (франц.).

чуждаетесь. Я не про рябчиков теперь говорю, но ведь вы готовы отказываться совершенно от всякого сообщения с нашим кругом, а это положительно вредно. Кроме того, что вы много теряете, - ну, одним словом, карьеру, - кроме того, хоть одно то, что надобно самому узнать, что вы описываете, а у вас там, в повестях, и графы, и князья, и будуары... впрочем, что ж я? У вас там теперь всё нищета, потерянные шинели, ревизоры, задорные офицеры, чиновники, старые годы и раскольничий быт, знаю, знаю.

- Но вы ошибаетесь, князь; если я не хожу в так называемый вами "высший круг", то это потому, что там, во-первых, скучно, а во-вторых, нечего делать! Но и, наконец, я все-таки бываю...

- Знаю, у князя Р., раз в год; я там вас и встретил. А остальное время года вы коснеете в демократической гордости и чахнете на ваших чердаках, хотя и не все так поступают из ваших. Есть такие искатели приключений, что даже меня тошнит...

- Я просил бы вас, князь, переменить этот разговор и не возвращаться к нам на чердаки.

- Ах, боже мой, вот вы и обиделись. Впрочем, сами же вы позволили мне говорить с вами дружелюбно. Но, виноват, я ничем еще не заслужил вашей дружбы. Вино порядочное. Попробуйте.

Он налил мне полстакана из своей бутылки.

- Вот видите, мой милый Иван Петрович, я ведь очень хорошо понимаю, что навязываться на дружбу неприлично. Ведь не все же мы грубы и наглы с вами, как вы о нас воображаете; ну, я тоже очень хорошо понимаю, что вы сидите здесь со мной не из расположения ко мне, а оттого, что я обещался с вами поговорить. Не правда ли? Он засмеялся.

- А так как вы наблюдаете интересы известной особы, то вам и хочется послушать, что я буду говорить. Так ли? - прибавил он с злою улыбкою.

- Вы не ошиблись, - прервал я с нетерпением (я видел, что он был из тех, которые, видя человека хоть капельку в своей власти, сейчас же дают ему это почувствовать. Я же был в его власти; я не мог уйти, не выслушав всего, что он намерен был сказать, и он знал это очень хорошо. Его тон вдруг изменился и всё больше и больше переходил в нагло фамильярный и насмешливый). - Вы не ошиблись, князь; я именно за этим и приехал, иначе, право, не стал бы сидеть... так поздно.

Мне хотелось сказать: иначе ни за что бы не остался с вами, но я не сказал и перевернул по-другому, не из боязни, а из проклятой моей слабости и деликатности. Ну как в самом деле сказать человеку грубость прямо в глаза, хотя он и стоил того и хотя я именно и хотел сказать ему грубость? Мне кажется, князь это приметил по моим глазам и с насмешкою смотрел на меня во всё продолжение моей фразы, как бы наслаждаясь моим малодушием и точно подзадоривая меня своим взглядом: "А что, не посмел, сбрендил, то-то, брат!" Это наверно так было, потому что он, когда я кончил, расхохотался и с какой-то протежирующей лаской потрепал меня по колену.

"Смешишь же ты, братец", - прочитал я в его взгляде. "Постой же!" - подумал я про себя.

- Мне сегодня очень весело! - вскричал он, - и, право, не знаю почему. Да, да,

163

мой друг, да! Я именно об этой особе и хотел говорить. Надо же окончательно высказаться, договориться до чего-нибудь, и надеюсь, что в этот раз вы меня совершенно поймете. Давеча я с вами заговорил об этих деньгах и об этом колпаке-отце, шестидесятилетнем младенце... Ну! Не стоит теперь и поминать. Я ведь это так говорил! Ха-ха-ха, ведь вы литератор, должны же были догадаться...

Я с изумлением смотрел на него. Кажется, он был еще не пьян.

- Ну, а что касается до этой девушки, то, право, я ее уважаю, даже люблю, уверяю вас; капризна она немножко, но ведь "нет розы без шипов", как говорили пятьдесят лет назад, и хорошо говорили: шипы колются, но ведь это-то и заманчиво, и хоть мой Алексей дурак, но я ему отчасти уже простил - за хороший вкус. Короче, мне эти девицы нравятся, и у меня - он многознаменательно сжал губы - даже виды особенные... Ну, да это после...

- Князь! Послушайте, князь! - вскричал я, - я не понимаю в вас этой быстрой перемены, но... перемените разговор, прошу вас!

- Вы опять горячитесь! Ну, хорошо... переменю, переменю! Только вот что хочу спросить у вас, мой добрый друг: очень вы ее уважаете?

- Разумеется, - отвечал я с грубым нетерпением.

- Ну, ну и любите? - продолжал он, отвратительно скаля зубы и прищурив глаза.

- Вы забываетесь! - вскричал я.

- Ну, не буду, не буду! Успокойтесь! В удивительнейшем расположении духа я сегодня. Мне так весело, как давно не бывало. Не выпить ли нам шампанского! Как думаете, мой поэт?

- Я не буду пить, не хочу!

- И не говорите! Вы непременно должны мне составить сегодня компанию. Я чувствую себя прекрасно, и так как я добр до сентиментальности, то и не могу быть счастливым один. Кто знает, мы, может быть, еще дойдем до того, что выпьем на ты, ха-ха-ха! Нет, молодой мой друг, вы меня еще не знаете! Я уверен, что вы меня полюбите. Я хочу, чтоб вы разделили сегодня со мною и горе и радость, и веселье и слезы, хотя, надеюсь, что я-то, по крайней мере, не заплачу. Ну как же, Иван Петрович? Ведь вы сообразите только, что если не будет того, что мне хочется, то всё мое вдохновение пройдет, пропадет, улетучится, и вы ничего не услышите; ну, а ведь вы здесь единственно для того, чтоб что-нибудь услышать. Не правда ли? - прибавил он, опять нагло мне подмигивая, - ну так и выбирайте.

Угроза была важная. Я согласился. "Уж не хочет ли он меня напоить пьяным?" - подумал я. Кстати, здесь место упомянуть об одном слухе про князя, слухе, который уже давно дошел до меня. Говорили про него, что он - всегда такой приличный и изящный в обществе - любит иногда по ночам пьянствовать, напиваться как стелька и потаенно развратничать, гадко и таинственно развратничать... Я слыхал о нем ужасные слухи... Говорят, Алеша знал о том, что отец иногда пьет, и старался скрывать это перед всеми и особенно перед Наташей. Однажды было он мне проговорился, но тотчас же замял разговор и не отвечал на мои расспросы. Впрочем, я не от него и слышал и, признаюсь, прежде не верил; теперь же ждал, что будет.

Подали вино; князь налил два бокала, себе и мне.

- Милая, милая девочка, хоть и побранила меня! - продолжал он, с наслаждением смакуя вино, - но эти милые существа именно тут-то и милы, в такие именно моменты... А ведь она, наверно, думала, что меня пристыдила, помните в тот вечер, разбила в прах! Ха-ха-ха! И как к ней идет румянец! Знаток вы в женщинах? Иногда внезапный румянец ужасно идет к бледным щекам, заметили вы это? Ах, боже мой! Да вы, кажется, опять сердитесь?

- Да, сержусь! - вскричал я, уже не сдерживая себя, - и не хочу, чтоб вы говорили теперь о Наталье Николаевне... то есть говорили в таком тоне. Я... я не позволю вам этого!

- Ого! Ну, извольте, сделаю вам удовольствие, переменю тему. Я ведь уступчив и мягок, как тесто. Будем говорить об вас. Я вас люблю, Иван Петрович, если б вы знали, какое дружеское, какое искреннее я беру в вас участие...

- Князь, не лучше ли говорить о деле, - прервал я его.

- То есть о нашем деле, хотите вы сказать. Я вас понимаю с полуслова, mon ami, но вы и не подозреваете, как близко мы коснемся к делу, если заговорим теперь об вас и если, разумеется, вы меня не прервете. Итак, продолжаю: я хотел вам сказать, мой бесценный Иван Петрович, что жить так, как вы живете, значит просто губить себя. Уж вы позвольте мне коснуться этой деликатной материи; я из дружбы. Вы бедны, вы берете у вашего антрепренера вперед, платите свои должишки, на остальное питаетесь полгода одним чаем и дрожите на своем чердаке в ожидании, когда напишется ваш роман в журнал вашего антрепренера; ведь так?

- Хоть и так, но всё же это...

- Почетнее, чем воровать, низкопоклонничать, брать взятки, интриговать, ну и прочее и прочее. Знаю, знаю, что вы хотите сказать; всё это давно напечатано.

- А следственно, вам нечего и говорить о моих делах. Неужели я вас должен, князь, учить деликатности.

- Ну, уж конечно, не вы. Только что же делать, если мы именно касаемся этой деликатной струны. Ведь не обходить же ее. Ну, да впрочем, оставим чердаки в покое. Я и сам до них не охотник, разве в известных случаях (и он отвратительно захохотал). А вот что меня удивляет: что за охота вам играть роль второго лица? Конечно, один ваш писатель даже, помнится, сказал где-то: что, может быть, самый великий подвиг человека в том, если он сумеет ограничиться в жизни ролью второго лица... Кажется, что-то эдакое! Об этом я еще где-то разговор слышал, но ведь Алеша отбил у вас невесту, я ведь это знаю, а вы, как какой-нибудь Шиллер, за них же распинаетесь, им же прислуживаете и чуть ли у них не на побегушках... Вы уж извините меня, мой милый, но ведь это какая-то гаденькая игра в великодушные чувства... Как это вам не надоест, в самом деле! Даже стыдно. Я бы, кажется, на вашем месте умер с досады; а главное: стыдно, стыдно!

- Князь! Вы, кажется, нарочно привезли меня сюда, чтоб оскорбить! - вскричал я вне себя от злости.

- О нет, мой друг, нет, я в эту минуту просто-запросто деловой человек и хочу вашего счастья. Одним словом, я хочу уладить всё дело. Но оставим на время всё дело, а вы меня дослушайте до конца, постарайтесь не горячиться, хоть две какие-нибудь минутки. Ну, как вы думаете, что если б вам жениться? Видите, я ведь

165

теперь совершенно говорю о постороннем; что ж вы на меня с таким удивлением смотрите?

- Жду, когда вы всё кончите, - отвечал я, действительно смотря на него с удивлением.

- Да высказывать-то нечего. Мне именно хотелось знать, что бы вы сказали, если б вам кто-нибудь из друзей ваших, желающий вам основательного, истинного счастья, не эфемерного какого-нибудь, предложил девушку, молоденькую, хорошенькую, но... уже кое-что испытавшую; я говорю аллегорически, но вы меня понимаете, ну, вроде Натальи Николаевны, разумеется с приличным вознаграждением... (Заметьте, я говорю о постороннем, а не о нашем деле); ну, что бы вы сказали?

- Я скажу вам, что вы... сошли с ума.

- Ха-ха-ха! Ба! Да вы чуть ли не бить меня собираетесь?

Я действительно готов был на него броситься. Дальше я не мог выдержать. Он производил на меня впечатление какого-то гада, какого-то огромного паука, которого мне ужасно хотелось раздавить. Он наслаждался своими насмешками надо мною; он играл со мной, как кошка с мышью, предполагая, что я весь в его власти. Мне казалось (и я понимал это), что он находил какое-то удовольствие, какое-то, может быть, даже сладострастие в своей низости и в этом нахальстве, в этом цинизме, с которым он срывал, наконец, передо мной свою маску. Он хотел насладиться моим удивлением, моим ужасом. Он меня искренно презирал и смеялся надо мною.

Я предчувствовал еще с самого начала, что всё это преднамеренно и к чему-нибудь клонится; но я был в таком положении, что во что бы то ни стало должен был его дослушать. Это было в интересах Наташи, и я должен был решиться на всё и всё перенести, потому что в эту минуту, может быть, решалось всё дело. Но как можно было слушать эти цинические, подлые выходки на ее счет, как можно было это переносить хладнокровно? А он, вдобавок к тому, сам очень хорошо понимал, что я не могу его не выслушать, и это еще усугубляло обиду. "Впрочем, он ведь сам нуждается во мне", - подумал я и стал отвечать ему резко и бранчиво. Он понял это.

- Вот что, молодой мой друг, - начал он, серьезно смотря на меня, - нам с вами эдак продолжать нельзя, а потому лучше уговоримся. Я, видите ли, намерен был вам кое-что высказать, ну, а вы уж должны быть так любезны, чтобы согласиться выслушать, что бы я ни сказал. Я желаю говорить, как хочу и как мне нравится, да по-настоящему так и надо. Ну, так как же, молодой мой друг, будете вы терпеливы?

Я скрепился и смолчал, несмотря на то что он смотрел на меня с такою едкою насмешкою, как будто сам вызывал меня на самый резкий протест. Но он понял, что я уже согласился не уходить, и продолжал:

- Не сердитесь на меня, друг мой. Вы ведь на что рассердились? На одну наружность, не правда ли? Ведь вы от меня, в самой сущности дела, ничего другого и не ожидали, как бы я ни говорил с вами: с раздушенною ли вежливостью, или как теперь; следовательно, смысл все-таки был бы тот же, как и теперь. Вы меня презираете, не правда ли? Видите ли, сколько во мне этой милой

166

простоты, откровенности, этой bonhomie[12]. Я вам во всем признаюсь, даже в моих детских капризах. Да, mon cher[13], а побольше bonhomie и с вашей стороны, и мы сладимся, сговоримся совершенно и наконец поймем друг друга окончательно.

А на меня не дивитесь: мне до того, наконец, надоели все эти невинности, все эти Алешины пасторали, вся эта шиллеровщина, все эти возвышенности в этой проклятой связи с этой Наташей (впрочем, очень миленькой девочкой), что я, так сказать, поневоле рад случаю над всем этим погримасничать. Ну, случай и вышел. К тому же я и хотел перед вами излить мою душу. Ха-ха-ха!

- Вы меня удивляете, князь, и я вас не узнаю. Вы впадаете в тон полишинеля; эти неожиданные откровенности...

- Ха-ха-ха, а ведь это верно отчасти! Премиленькое сравнение! ха-ха-ха! Я кучу, мой друг, я кучу, я рад и доволен, ну, а вы, мой поэт, должны уж оказать мне всевозможное снисхождение. Но давайте-ка лучше пить, - решил он, совершенно довольный собою и подливая в бокал. - Вот что, друг мой, уж один тот глупый вечер, помните, у Наташи, доконал меня окончательно. Правда, сама она была очень мила, но я вышел оттуда с ужасной злобой и не хочу этого забыть. Ни забыть, ни скрывать. Конечно, будет и наше время и даже быстро приближается, но теперь мы это оставим. А между прочим, я хотел объяснить вам, что у меня именно есть черта в характере, которую вы еще не знали, - это ненависть ко всем этим пошлым, ничего не стоящим наивностям и пасторалям, и одно из самых пикантных для меня наслаждений всегда было прикинуться сначала самому на этот лад, войти в этот тон, обласкать, ободрить какого-нибудь вечно юного Шиллера и потом вдруг, сразу огорошить его; вдруг поднять перед ним маску и из восторженного лица сделать ему гримасу, показать ему язык именно в ту минуту, когда он менее всего ожидает этого сюрприза. Что? Вы этого не понимаете, вам это кажется гадким, нелепым, неблагородным, может быть, так ли?

- Разумеется, так.

- Вы откровенны. Ну, да что же делать, если самого меня мучат! Глупо и я откровенен, но уж таков мой характер. Впрочем, мне хочется рассказать кой-какие черты из моей жизни. Вы меня поймете лучше, и это будет очень любопытно. Да, я действительно, может быть, сегодня похож на полишинеля; а ведь полишинель откровенен, не правда ли?

- Послушайте, князь, теперь поздно, и, право...

- Что? Боже, какая нетерпимость! Да и куда спешить? Ну, посидим, поговорим по-дружески, искренно, знаете, эдак за бокалом вина, как добрые приятели. Вы думаете, я пьян: ничего, это лучше. Ха-ха-ха! Право, эти дружеские сходки всегда так долго потом памятны, с таким наслаждением об них вспоминается. Вы недобрый человек, Иван Петрович. Сентиментальности в вас нет, чувствительности. Ну, что вам часик для такого друга, как я? К тому же ведь это тоже касается к делу... Ну, как этого не понять? А еще литератор; да вы бы должны были случай благословлять. Ведь вы можете с меня тип писать, ха-ха-ха! Боже, как я мило откровенен сегодня!

Он видимо хмелел. Лицо его изменилось и приняло какое-то злобное

---

[12] добродушия (франц.)
[13] мой дорогой (франц.).

выражение. Ему, очевидно, хотелось язвить, колоть, кусать, насмехаться. "Это отчасти и лучше, что он пьян, - подумал я, - пьяный всегда разболтает". Но он был себе на уме.

- Друг мой, - начал он, видимо наслаждаясь собою, - я сделал вам сейчас одно признание, может быть даже и неуместное, о том, что у меня иногда является непреодолимое желание показать кому-нибудь в известном случае язык. За эту наивную и простодушную откровенность мою вы сравнили меня с полишинелем, что меня искренно рассмешило. Но если вы упрекаете меня или дивитесь на меня, что я с вами теперь груб и, пожалуй, еще неблагопристоен, как мужик, - одним словом, вдруг переменил с вами тон, то вы в этом случае совершенно несправедливы. Во-первых, мне так угодно, во-вторых, я не у себя, а с вами... то есть я хочу сказать, что мы теперь кутим, как добрые приятели, а в-третьих, я ужасно люблю капризы. Знаете ли, что когда-то я из каприза даже был метафизиком и филантропом и вращался чуть ли не в таких же идеях, как вы? Это, впрочем, было ужасно давно, в златые дни моей юности. Помню, я еще тогда приехал к себе в деревню с гуманными целями и, разумеется, скучал на чем свет стоит; и вы не поверите, что тогда случилось со мною? От скуки я начал знакомиться с хорошенькими девочками... Да уж вы не гримасничаете ли? О молодой мой друг! Да ведь мы теперь в дружеской сходке. Когда ж и покутить, когда ж и распахнуться! Я ведь русская натура, неподдельная русская натура, патриот, люблю распахнуться, да и к тому же надо ловить минуту и насладиться жизнью. Умрем и - что там! Ну, так вот-с я и волочился. Помню, еще у одной пастушки был муж, красивый молодой мужичок. Я его больно наказал и в солдаты хотел отдать (прошлые проказы, мой поэт!), да и не отдал в солдаты. Умер он у меня в больнице... У меня ведь в селе больница была, на двенадцать кроватей, - великолепно устроенная; чистота, полы паркетные. Я, впрочем, ее давно уж уничтожил, а тогда гордился ею: филантропом был; ну, а мужичка чуть не засек за жену... Ну, что вы опять гримасу состроили? Вам отвратительно слушать? Возмущает ваши благородные чувства? Ну, ну, успокойтесь! Всё это прошло. Это я сделал, когда романтизировал, хотел быть благодетелем человечества, филантропическое общество основать... в такую тогда колею попал. Тогда и сек. Теперь не высеку; теперь надо гримасничать; теперь мы все гримасничаем - такое время пришло... Но более всего меня смешит теперь дурак Ихменев. Я уверен, что он знал весь этот пассаж с мужичком... и что ж? Он из доброты своей души, созданной, кажется, из патоки, и оттого, что влюбился тогда в меня и сам же захвалил меня самому себе, - решился ничему не верить и не поверил; то есть факту не поверил и двенадцать лет стоял за меня горой до тех пор, пока до самого не коснулось. Ха-ха-ха! Ну, да всё это вздор! Выпьем, мой юный друг. Послушайте: любите вы женщин?

Я ничего не отвечал. Я только слушал его. Он уж начал вторую бутылку.

- А я люблю о них говорить за ужином. Познакомил бы я вас после ужина с одной mademoiselle Phileberte - а? Как вы думаете? Да что с вами? Вы и смотреть на меня не хотите... гм!

Он было задумался. Но вдруг поднял голову, как-то значительно взглянул на меня и продолжал.

- Вот что, мой поэт, хочу я вам открыть одну тайну природы, которая, кажется,

168

вам совсем неизвестна. Я уверен, что вы меня называете в эту минуту грешником, может быть, даже подлецом, чудовищем разврата и порока. Но вот что я вам скажу! Если б только могло быть (чего, впрочем, по человеческой натуре никогда быть не может), если б могло быть, чтоб каждый из нас описал всю свою подноготную, но так, чтоб не побоялся изложить не только то, что он боится сказать и ни за что не скажет людям, не только то, что он боится сказать своим лучшим друзьям, но даже и то, в чем боится подчас признаться самому себе, - то ведь на свете поднялся бы тогда такой смрад, что нам бы всем надо было задохнуться. Вот почему, говоря в скобках, так хороши наши светские условия и приличия. В них глубокая мысль - не скажу, нравственная, но просто предохранительная, комфортная, что, разумеется, еще лучше, потому что нравственность в сущности тот же комфорт, то есть изобретена единственно для комфорта. Но о приличиях после, я теперь сбиваюсь, напомните мне о них потом. Заключу же так: вы меня обвиняете в пороке, разврате, безнравственности, а я, может быть, только тем и виноват теперь, что откровеннее других и больше ничего; что не утаиваю того, что другие скрывают даже от самих себя, как сказал я прежде... Это я скверно делаю, но я теперь так хочу. Впрочем, не беспокойтесь, - прибавил он с насмешливою улыбкой, - я сказал "виноват", но ведь я вовсе не прошу прощения. Заметьте себе еще: я не конфужу вас, не спрашиваю о том: нет ли у вас у самого каких-нибудь таких же тайн, чтоб вашими тайнами оправдать и себя... Я поступаю прилично и благородно. Вообще я всегда поступаю благородно...

- Вы просто заговариваетесь, - сказал я, с презрением смотря на него.

- Заговариваетесь, ха-ха-ха! А сказать, об чем вы теперь думаете? Вы думаете: зачем это я завез вас сюда и вдруг, ни с того ни с сего, так перед вами разоткровенничался? Так или нет?

- Так.

- Ну, это вы после узнаете.

- А проще всего, выпили чуть не две бутылки и... охмелели.

- То есть просто пьян. И это может быть. "Охмелели!" - то есть это понежнее, чем пьян. О преисполненный деликатностей человек! Но... мы, кажется, опять начали браниться, а заговорили было о таком интересном предмете. Да, мой поэт, если еще есть на свете что-нибудь хорошенькое и сладенькое, так это женщины.

- Знаете ли, князь, я все-таки не понимаю, почему вам вздумалось выбрать именно меня конфидентом ваших тайн и любовных... стремлений.

- Гм... да ведь я вам сказал, что узнаете после. Не беспокойтесь; а впрочем, хоть бы и так, безо всяких причин; вы поэт, вы меня поймете, да я уж и говорил вам об этом. Есть особое сладострастие в этом внезапном срыве маски, в этом цинизме, с которым человек вдруг выказывается перед другим в таком виде, что даже не удостоивает и постыдиться перед ним. Я вам расскажу анекдот: был в Париже один сумасшедший чиновник; его потом посадили в сумасшедший дом, когда вполне убедились, что он сумасшедший. Ну так когда он сходил с ума, то вот что выдумал для своего удовольствия: он раздевался у себя дома, совершенно, как Адам, оставлял на себе одну обувь, накидывал на себя широкий плащ до пят, закутывался в него и с важной, величественной миной выходил на улицу. Ну, сбоку посмотреть - человек, как и все, прогуливается себе в широком плаще для своего удовольствия. Но лишь только случалось ему встретить какого-нибудь

169

прохожего, где-нибудь наедине, так чтоб кругом никого не было, он молча шел на него, с самым серьезным и глубокомысленным видом, вдруг останавливался перед ним, развертывал свой плащ и показывал себя во всем... чистосердечии. Это продолжалось одну минуту, потом он завертывался опять и молча, не пошевелив ни одним мускулом лица, проходил мимо остолбеневшего от изумления зрителя важно, плавно, как тень в Гамлете. Так он поступал со всеми, с мужчинами, женщинами и детьми, и в этом состояло всё его удовольствие. Вот часть-то этого самого удовольствия и можно находить, внезапно огорошив какого-нибудь Шиллера и высунув ему язык, когда он всего менее ожидает этого. "Огорошив" - каково словечко? Я его вычитал где-то в вашей же современной литературе.

- Ну, так то был сумасшедший, а вы...
- Себе на уме?
- Да.

Князь захохотал.

- Вы справедливо судите, мой милый, - прибавил он с самым наглым выражением лица.

- Князь, - сказал я, разгорячившись от его нахальства, - вы нас ненавидите, в том числе и меня, и мстите мне теперь за всё и за всех. Всё это в вас из самого мелкого самолюбия. Вы злы и мелочно злы. Мы вас разозлили, и, может быть, больше всего вы сердитесь за тот вечер. Разумеется, вы ничем так сильно не могли отплатить мне, как этим окончательным презрением ко мне; вы избавляете себя даже от обыденной и всем обязательной вежливости, которою мы все друг другу обязаны. Вы ясно хотите показать мне, что даже не удостоиваете постыдиться меня, срывая передо мной так откровенно и так неожиданно вашу гадкую маску и выставляясь в таком нравственном цинизме...

- Для чего ж вы это мне всё говорите? - спросил он, грубо и злобно смотря на меня. - Чтоб показать свою проницательность?

- Чтоб показать, что я вас понимаю, и заявить это перед вами.

- Quelle idée, mon cher[14], - продолжал он, вдруг переменив свой тон на прежний веселый и болтливо-добродушный. - Вы только отбили меня от предмета. Buvons, mon ami[15], позвольте мне налить. А я только что было хотел рассказать одно прелестнейшее и чрезвычайно любопытное приключение. Расскажу его вам в общих чертах. Был я знаком когда-то с одной барыней; была она не первой молодости, а так лет двадцати семи-восьми; красавица первостепенная, что за бюст, что за осанка, что за походка! Она глядела пронзительно, как орлица, но всегда сурово и строго; держала себя величаво и недоступно. Она слыла холодной, как крещенская зима, и запугивала всех своею недосягаемою, своею грозною добродетелью. Именно грозною. Не было во всем ее круге такого нетерпимого судьи, как она. Она карала не только порок, но даже малейшую слабость в других женщинах, и карала безвозвратно, без апелляции. В своем кругу она имела огромное значение. Самые гордые и самые страшные по своей добродетели старухи почитали ее, даже заискивали в ней. Она смотрела на всех бесстрастно-жестоко, как абесса средневекового монастыря. Молодые

---

[14] Что за мысль, мой дорогой (франц.).

[15] Выпьем, мой друг (франц.)

женщины трепетали ее взгляда и суждения. Одно ее замечание, один намек ее уже могли погубить репутацию, - уж так она себя поставила в обществе; боялись ее даже мужчины. Наконец она бросилась в какой-то созерцательный мистицизм, впрочем тоже спокойный и величавый... И что ж? Не было развратницы развратнее этой женщины, и я имел счастье заслужить вполне ее доверенность. Одним словом - я был ее тайным и таинственным любовником. Сношения были устроены до того ловко, до того мастерски, что даже никто из ее домашних не мог иметь ни малейшего подозрения; только одна ее прехорошенькая камеристка, француженка, была посвящена во все ее тайны, но на эту камеристку можно было вполне положиться; она тоже брала участие в деле, - каким образом? Я это теперь опущу. Барыня моя была сладострастна до того, что сам маркиз де Сад мог бы у ней поучиться. Но самое сильное, самое пронзительное и потрясающее в этом наслаждении - была его таинственность и наглость обмана. Эта насмешка над всем, о чем графиня проповедовала в обществе как о высоком, недоступном и ненарушимом, и, наконец, этот внутренний дьявольский хохот и сознательное попирание всего, чего нельзя попирать, - и всё это без пределов, доведенное до самой последней степени, до такой степени, о которой самое горячечное воображение не смело бы и помыслить, - вот в этом-то, главное, и заключалась самая яркая черта этого наслаждения. Да, это был сам дьявол во плоти, но он был непобедимо очарователен. Я и теперь не могу припомнить о ней без восторга. В пылу самых горячих наслаждений она вдруг хохотала, как исступленная, и я понимал, вполне понимал этот хохот и сам хохотал... Я еще и теперь задыхаюсь при одном воспоминании, хотя тому уже много лет. Через год она переменила меня. Если б я и хотел, я бы не мог повредить ей. Ну, кто бы мог мне поверить? Каков характер? Что скажете, молодой мой друг?

- Фу, какая низость! - отвечал я, с отвращением выслушав это признание.

- Вы бы не были молодым моим другом, если б отвечали иначе! Я так и знал, что вы это скажете. Ха-ха-ха! Подождите, mon ami, поживете и поймете, а теперь вам еще нужно пряничка. Нет, вы не поэт после этого: эта женщина понимала жизнь и умела ею воспользоваться.

- Да зачем же доходить до такого зверства?

- До какого зверства?

- До которого дошла эта женщина и вы с нею.

- А, вы называете это зверством, - признак, что вы всё еще на помочах и на веревочке. Конечно, я признаю, что самостоятельность может явиться и совершенно в противоположном, но... будем говорить попроще, mon ami... согласитесь сами, ведь всё это вздор.

- Что же не вздор?

- Не вздор - это личность, это я сам. Всё для меня, и весь мир для меня создан. Послушайте, мой друг, я еще верую в то, что на свете можно хорошо пожить. А это самая лучшая вера, потому что без нее даже и худо-то жить нельзя: пришлось бы отравиться. Говорят, так и сделал какой-то дурак. Он зафилософствовался до того, что разрушил всё, всё, даже законность всех нормальных и естественных обязанностей человеческих, и дошел до того, что ничего у него не осталось; остался в итоге нуль, вот он и провозгласил, что в жизни самое лучшее - синильная кислота. Вы скажете: это Гамлет, это грозное отчаяние, - одним словом,

171

что-нибудь такое величавое, что нам и не приснится никогда. Но вы поэт, а я простой человек и потому скажу, что надо смотреть на дело с самой простой, практической точки зрения. Я, например, уже давно освободил себя от всех пут и даже обязанностей. Я считаю себя обязанным только тогда, когда это мне принесет какую-нибудь пользу. Вы, разумеется, не можете так смотреть на вещи; у вас ноги спутаны и вкус больной. Вы тоскуете по идеалу, по добродетелям. Но, мой друг, я ведь сам готов признавать всё, что прикажете; но что же мне делать, если я наверно знаю, что в основании всех человеческих добродетелей лежит глубочайший эгоизм. И чем добродетельнее дело - тем более тут эгоизма. Люби самого себя - вот одно правило, которое я признаю. Жизнь - коммерческая сделка; даром не бросайте денег, но, пожалуй, платите за угождение, и вы исполните все свои обязанности к ближнему, - вот моя нравственность, если уж вам ее непременно нужно, хотя, признаюсь вам, по-моему, лучше и не платить своему ближнему, а суметь заставить его делать даром. Идеалов я не имею и не хочу иметь; тоски по них никогда не чувствовал. В свете можно так весело, так мило прожить и без идеалов... и en somme[16], я очень рад, что могу обойтись без синильной кислоты. Ведь будь я именно добродетельнее, я бы, может быть, без нее и не обошелся, как тот дурак философ (без сомнения, немец). Нет! В жизни так много еще хорошего. Я люблю значение, чин, отель, огромную ставку в карты (ужасно люблю карты). Но главное, главное - женщины... и женщины во всех видах; я даже люблю потаенный, темный разврат, постраннее и оригинальнее, даже немножко с грязнотцой для разнообразия... Ха-ха-ха! Смотрю я на ваше лицо: с каким презрением смотрите вы на меня теперь!

- Вы правы, - отвечал я.

- Ну, положим, что и вы правы, но ведь во всяком случае лучше грязнотца, чем синильная кислота. Не правда ли?

- Нет, уж синильная кислота лучше.

- Я нарочно спросил вас: "не правда ли?", чтоб насладиться вашим ответом; я его знал заранее. Нет, мой друг: если вы истинный человеколюбец, то пожелайте всем умным людям такого же вкуса, как у меня, даже и с грязнотцой, иначе ведь умному человеку скоро нечего будет делать на свете и останутся одни только дураки. То-то им счастье будет! Да ведь и теперь есть пословица: дуракам счастье, и, знаете ли, нет ничего приятнее, как жить с дураками и поддакивать им: выгодно! Вы не смотрите на меня, что я дорожу предрассудками, держусь известных условий, добиваюсь значения; ведь я вижу, что я живу в обществе пустом; но в нем покамест тепло, и я ему поддакиваю, показываю, что за него горой, а при случае я первый же его и оставлю. Я ведь все ваши новые идеи знаю, хотя и никогда не страдал от них, да и не от чего. Угрызений совести у меня не было ни о чем. Я на всё согласен, было бы мне хорошо, и нас таких легион, и нам действительно хорошо. Всё на свете может погибнуть, одни мы никогда не погибнем. Мы существуем с тех пор, как мир существует. Весь мир может куда-нибудь провалиться, но мы всплывем наверх. Кстати: посмотрите хоть уж на одно то, как живучи такие люди, как мы. Ведь мы примерно, феноменально живучи; поражало вас это когда-нибудь? Значит, сама природа нам покровительствует, хе-

---

хе-хе! Я хочу непременно жить до девяноста лет. Я смерти не люблю и боюсь ее. Ведь черт знает еще как придется умереть! Но к чему говорить об этом! Это меня отравившийся философ раззадорил. К черту философию! Buvons, mon cher! Ведь мы начали было говорить о хорошеньких девушках... Куда это вы!

- Я иду, да и вам пора...

- Полноте, полноте! Я, так сказать, открыл перед вами всё мое сердце, а вы даже и не чувствуете такого яркого доказательства дружбы. Хе-хе-хе! В вас мало любви, мой поэт. Но постойте, я хочу еще бутылку.

- Третью?

- Третью. Про добродетель, мой юный питомец (вы мне позволите назвать вас этим сладким именем: кто знает, может быть, мои поучения пойдут и впрок)... Итак, мой питомец, про добродетель я уж сказал вам: "чем добродетель добродетельнее, тем больше в ней эгоизма". Хочу вам рассказать на эту тему один премиленький анекдот: я любил однажды девушку и любил почти искренно. Она даже многим для меня пожертвовала...

- Это та, которую вы обокрали? - грубо спросил я, не желая более сдерживаться.

Князь вздрогнул, переменился в лице и уставился на меня своими воспаленными глазами; в его взгляде было недоумение и бешенство.

- Постойте, - проговорил он как бы про себя, - постойте, дайте мне сообразить. Я действительно пьян, и мне трудно сообразить...

Он замолчал и пытливо, с той же злобой смотрел на меня, придерживая мою руку своей рукой, как бы боясь, чтоб я не ушел. Я уверен, что в эту минуту он соображал и доискивался, откуда я могу знать это дело, почти никому не известное, и нет ли во всём этом какой-нибудь опасности? Так продолжалось с минуту; но вдруг лицо его быстро изменилось; прежнее насмешливое, пьяно-веселое выражение появилось снова в его глазах. Он захохотал.

- Ха-ха-ха! Талейран, да и только! Ну что ж, я действительно стоял перед ней как оплеванный, когда она брякнула мне в глаза, что я обокрал ее! Как она визжала тогда, как ругалась! Бешеная была женщина и... без всякой выдержки. Но, посудите сами: во-первых, я вовсе не обокрал ее, как вы сейчас выразились. Она подарила мне свои деньги сама, и они уже были мои. Ну, положим, вы мне дарите ваш лучший фрак (говоря это, он взглянул на мой единственный и довольно безобразный фрак, шитый года три назад портным Иваном Скорнягиным), я вам благодарен, ношу его, вдруг через год вы поссорились со мной и требуете его назад, а я его уж износил. Это неблагородно; зачем же дарить? Во-вторых, я, несмотря на то что деньги были мои, непременно бы возвратил их назад, но согласитесь сами: где же я вдруг мог собрать такую сумму? А главное, я терпеть не могу пасторалей и шиллеровщины, я уж вам говорил, - ну, это-то и было всему причиною. Вы не поверите, как она рисовалась передо мною, крича, что дарит мне (впрочем, мои же) деньги. Злость взяла меня, и я вдруг сумел рассудить совершенно правильно, потому что присутствие духа никогда не оставляет меня: я рассудил, что, отдав ей деньги, сделаю ее, может быть, даже несчастною. Я бы отнял у ней наслаждение быть несчастной вполне из-за меня и проклинать меня за это всю свою жизнь. Поверьте, мой друг, в несчастии такого рода есть даже какое-то высшее упоение сознавать себя вполне правым и великодушным и иметь полное право назвать своего обидчика подлецом. Это упоение злобы встречается у шиллеровских натур, разумеется; может быть, потом ей было нечего есть, но я уверен, что она была счастлива. Я и не хотел лишить ее этого счастья и не отослал ей денег. Таким образом и оправдано вполне мое правило, что чем громче и крупней человеческое великодушие, тем больше в нем самого отвратительного эгоизма... Неужели вам это неясно? Но... вы хотели поддеть меня, ха-ха-ха!.. ну, признайтесь, хотели поддеть?.. О Талейран!

- Прощайте! - сказал я, вставая.

- Минутку! Два заключительных слова, - вскричал он, изменяя вдруг свой гадкий тон на серьезный. - Выслушайте мое последнее: из всего, что я сказал вам, следует ясно и ярко (думаю, что и вы сами это заметили), что я никогда и ни для кого не хочу упускать мою выгоду. Я люблю деньги, и мне они надобны. У Катерины Федоровны их много; ее отец десять лет содержал винный откуп. У ней три миллиона, и эти три миллиона мне очень пригодятся. Алеша и Катя - совершенная пара: оба дураки в последней степени; мне того и надо. И потому я непременно желаю и хочу, чтоб их брак устроился, и как можно скорее. Недели через две, через три графиня и Катя едут в деревню. Алеша должен сопровождать их. Предуведомьте Наталью Николаевну, чтоб не было пасторалей, чтоб не было шиллеровщины, чтоб против меня не восставали. Я мстителен и зол, я за свое постою. Ее я не боюсь: всё, без сомнения, будет по-моему, и потому если предупреждаю теперь, то почти для нее же самой. Смотрите же, чтоб не было глупостей и чтоб вела она себя благоразумно. Не то ей будет плохо, очень плохо. Уж она за то только должна быть мне благодарна, что я не поступил с нею как следует, по законам. Знайте, мой поэт, что законы ограждают семейное спокойствие, они гарантируют отца в повиновении сына и что те, которые отвлекают детей от священных обязанностей к их родителям, законами не поощряются. Сообразите, наконец, что у меня есть связи, что у ней никаких и... неужели вы не понимаете, что я бы мог с ней сделать?.. Но я не сделал, потому что до сих пор она вела себя благоразумно. Не беспокойтесь: каждую минуту, за каждым движением их присматривали зоркие глаза все эти полгода, и я знал всё до последней мелочи. И потому я спокойно ждал, пока Алеша сам ее бросит, что уж и начинается; а покамест ему милое развлечение. Я же остался в его понятиях гуманным отцом, а мне надо, чтоб он так обо мне думал. Ха-ха-ха! Как вспомню я, что чуть не комплименты ей делал, тогда вечером, что она была так великодушна и бескорыстна, что не вышла за него замуж; желал бы я знать, как бы она вышла! Что же касается до моего тогдашнего к ней приезда, то всё это было единственно для того, что уж пора было кончить их связь. Но мне надобно было увериться во всём своими глазами, своим собственным опытом... Ну, довольно ли с вас? Или вы, может быть, хотите узнать еще: для чего я завез вас сюда, для чего я перед вами так ломался и так спроста откровенничал, тогда как всё это можно было высказать без всяких откровенностей, - да?

- Да. - Я скрепился и жадно слушал. Мне нечего было отвечать ему более.

- Единственно потому, мой друг, что в вас я заметил несколько более благоразумия и ясного взгляда на вещи, чем в обоих наших дурачках. Вы могли и раньше знать, кто я, предугадывать, составлять предположения обо мне, но я хотел вас избавить от всего этого труда и решился вам наглядно показать, с кем вы имеете дело. Действительное впечатление великая вещь. Поймите же меня, mon ami. Вы знаете, с кем имеете дело, ее вы любите, и потому я надеюсь теперь, что вы употребите всё свое влияние (а вы-таки имеете на нее влияние), чтоб избавить ее от некоторых хлопот. Иначе будут хлопоты, и уверяю, уверяю вас, что не шуточные. Ну-с, наконец, третья причина моих с вами откровенностей это... (да ведь вы угадали же, мой милый), да, мне действительно хотелось поплевать немножко на всё это дело, и поплевать именно в ваших глазах...

- И вы достигли вашей цели, - сказал я, дрожа от волнения. - Я согласен, что ничем вы не могли так выразить передо мной всей вашей злобы и всего презрения вашего ко мне и ко всем нам, как этими откровенностями. Вы не только не опасались, что ваши откровенности могут вас передо мной компрометировать, но даже и не стыдились меня... Вы действительно походили на того сумасшедшего в плаще. Вы меня за человека не считали.

- Вы угадали, мой юный друг, - сказал он, вставая, - вы всё угадали: недаром же вы литератор. Надеюсь, что мы расстанемся дружелюбно. Брудершафт ведь не будем пить?

- Вы пьяны, и единственно потому я не отвечаю вам, как бы следовало...

- Опять фигура умолчания, - не договорили, как следовало бы отвечать, ха-ха-ха! Заплатить за вас вы мне не позволяете.

- Не беспокойтесь, я сам заплачу.

- Ну, уж без сомнения. Ведь нам не по дороге?

- Я с вами не поеду.

- Прощайте, мой поэт. Надеюсь, вы меня поняли...

Он вышел, шагая несколько нетвердо и не оборачиваясь ко мне. Лакей усадил его в коляску. Я пошел своею дорогою. Был третий час утра. Шел дождь, ночь была темная...

ЧАСТЬ ЧЕТВЕРТАЯ

ГЛАВА I

Не стану описывать моего озлобления. Несмотря на то что можно было всего ожидать, я был поражен; точно он предстал передо мной во всем своем безобразии совсем неожиданно. Впрочем, помню, ощущения мои были смутны: как будто я был чем-то придавлен, ушиблен, и черная тоска всё больше и больше сосала мне сердце; я боялся за Наташу. Я предчувствовал ей много мук впереди и смутно заботился, как бы их обойти, как бы облегчить эти последние минуты перед окончательной развязкой всего дела. В развязке же сомнения не было никакого. Она приближалась, и как было не угадать, какова она будет!

Я и не заметил, как дошел домой, хотя дождь мочил меня всю дорогу. Было уже часа три утра. Не успел я стукнуть в дверь моей квартиры, как послышался стон, и дверь торопливо начала отпираться, как будто Нелли и не ложилась спать, а всё время сторожила меня у самого порога. Свечка горела. Я взглянул в лицо Нелли и испугался: оно всё изменилось; глаза горели, как в горячке, и смотрели как-то дико, точно она не узнавала меня. С ней был сильный жар.

- Нелли, что с тобой, ты больна? - спросил я, наклоняясь к ней и обняв ее рукой.

Она трепетно прижалась ко мне, как будто боялась чего-то, что-то заговорила, скоро, порывисто, как будто только и ждала меня, чтоб поскорей мне это рассказать. Но слова ее были бессвязны и странны; я ничего не понял, она была в бреду.

Я повел ее поскорей на постель. Но она всё бросалась ко мне и прижималась крепко, как будто в испуге, как будто прося защитить себя от кого-то, и когда уже легла в постель, всё еще хваталась за мою руку и крепко держала ее, боясь, чтоб я опять не ушел. Я был до того потрясен и расстроен нервами, что, глядя на нее, даже заплакал. Я сам был болен. Увидя мои слезы, она долго и неподвижно вглядывалась в меня с усиленным, напряженным вниманием, как будто стараясь что-то осмыслить и сообразить. Видно было, что ей стоило это больших усилий. Наконец что-то похожее на мысль прояснилось в лице ее; после сильного припадка падучей болезни она обыкновенно некоторое время не могла соображать свои мысли и внятно произносить слова. Так было и теперь: сделав над собой чрезвычайное усилие, чтоб выговорить мне что-то, и догадавшись, что я не понимаю, она протянула свою ручонку и начала отирать мои слезы, потом обхватила мою шею, нагнула меня к себе и поцеловала.

Было ясно: с ней без меня был припадок, и случился он именно в то мгновение, когда она стояла у самой двери. Очнувшись от припадка, она, вероятно, долго не могла прийти в себя. В это время действительность смешивается с бредом, и ей, верно, вообразилось что-нибудь ужасное, какие-нибудь страхи. В то же время она смутно сознавала, что я должен воротиться и буду стучаться у дверей, а потому, лежа у самого порога на полу, чутко ждала моего возвращения и приподнялась на мой первый стук.

"Но для чего ж она как раз очутилась у дверей?" - подумал я и вдруг с удивлением заметил, что она была в шубейке (я только что купил ей у знакомой старухи торговки, зашедшей ко мне на квартиру и уступавшей мне иногда свой товар в долг); следовательно, она собиралась куда-то идти со двора и, вероятно, уже отпирала дверь, как вдруг эпилепсия поразила ее. Куда ж она хотела идти? Уж не была ли она и тогда в бреду?

Между тем жар не проходил, и она скоро опять впала в бред и беспамятство. С ней был уже два раза припадок на моей квартире, но всегда оканчивался благополучно, а теперь она была точно в горячке. Посидев над ней с полчаса, я примостил к дивану стулья и лег, как был, одетый, близ нее, чтобы скорей проснуться, если б она меня позвала. Свечки я не тушил. Много раз еще я взглядывал на нее прежде, чем сам заснул. Она была бледна; губы - запекшиеся от жару и окровавленные, вероятно, от падения; с лица не сходило выражение страха и какой-то мучительной тоски, которая, казалось, не покидала ее даже во сне. Я решился назавтра как можно раньше сходить к доктору, если б ей стало хуже. Боялся я, чтоб не приключилось настоящей горячки.

"Это ее князь напугал!" - подумал я с содроганием и вспомнил рассказ его о женщине, бросившей ему в лицо свои деньги.

ГЛАВА II

... Прошло две недели; Нелли выздоравливала. Горячки с ней не было, но была она сильно больна. Она встала, с постели уже в конце апреля, в светлый, ясный день. Была страстная неделя.

Бедное создание! Я не могу продолжать рассказа в прежнем порядке. Много прошло уже времени до теперешней минуты, когда я записываю всё это прошлое, но до сих пор с такой тяжелой, пронзительной тоской вспоминается мне это бледное, худенькое личико, эти пронзительные долгие взгляды ее черных глаз, когда, бывало, мы оставались вдвоем, и она смотрит на меня с своей постели, смотрит, долго смотрит, как бы вызывая меня угадать, что у ней на уме; но видя, что я не угадываю и всё в прежнем недоумении, тихо и как будто про себя улыбнется и вдруг ласково протянет мне свою горячую ручку с худенькими, высохшими пальчиками. Теперь всё прошло, уж всё известно, а до сих пор я не знаю всей тайны этого больного, измученного и оскорбленного маленького сердца.

Я чувствую, что я отвлекусь от рассказа, но в эту минуту мне хочется думать об одной только Нелли. Странно: теперь, когда я лежу на больничной койке один, оставленный всеми, кого я так много и сильно любил, - теперь иногда одна какая-нибудь мелкая черта из того времени, тогда часто для меня не приметная и скоро забываемая, вдруг приходя на память, внезапно получает в моем уме совершенно другое значение, цельное и объясняющее мне теперь то, чего я даже до сих пор не умел понять.

Первые четыре дня ее болезни мы, я и доктор, ужасно за нее боялись, но на пятый день доктор отвел меня в сторону и сказал мне, что бояться нечего и она непременно выздоровеет. Это был тот самый доктор, давно знакомый мне старый холостяк, добряк и чудак, которого я призывал еще в первую болезнь Нелли и который так поразил ее своим Станиславом на шее, чрезвычайных размеров.

- Стало быть, совсем нечего бояться! - сказал я, обрадовавшись.

- Да, она теперь выздоровеет, но потом она весьма скоро умрет.

- Как умрет! Да почему же! - вскричал я, ошеломленный таким приговором.

- Да, она непременно весьма скоро умрет. У пациентки органический порок в сердце, и при малейших неблагоприятных обстоятельствах она сляжет снова. Может быть, снова выздоровеет, но потом опять сляжет снова и наконец умрет.

- И неужели ж нельзя никак спасти ее? Нет, этого быть не может!

- Но это должно быть. И однако, при удалении неблагоприятных обстоятельств, при спокойной и тихой жизни, когда будет более удовольствий, пациентка еще может быть отдалена от смерти, и даже бывают случаи...

неожиданные... ненормальные и странные... одним словом, пациентка даже может быть спасена, при совокуплении многих благоприятных обстоятельств, но радикально спасена - никогда.

- Но боже мой, что же теперь делать?

- Следовать советам, вести покойную жизнь и исправно принимать порошки. Я заметил, что эта девица капризна, неровного характера и даже насмешлива; она очень не любит исправно принимать порошки и вот сейчас решительно отказалась.

- Да, доктор. Она действительно странная, но я всё приписываю болезненному раздражению. Вчера она была очень послушна; сегодня же, когда я ей подносил лекарство, она пихнула ложку как будто нечаянно, и всё пролилось. Когда же я хотел развести новый порошок, она вырвала у меня всю коробку и ударила ее об пол, а потом залилась слезами... Только, кажется, не оттого, что ее заставляли принимать порошки, - прибавил я, подумав.

- Гм! ирритация. Прежние большие несчастия (я подробно и откровенно рассказал доктору многое из истории Нелли, и рассказ мой очень поразил его), всё это в связи, и вот от этого и болезнь. Покамест единственное средство - принимать порошки, и она должна принять порошок. Я пойду и еще раз постараюсь внушить ей ее обязанность слушаться медицинских советов и... то есть говоря вообще... принимать порошки.

Мы оба вышли из кухни (в которой и происходило наше свидание), и доктор снова приблизился к постели больной. Но Нелли, кажется, нас слышала: по крайней мере, она приподняла голову с подушек и, обратив в нашу сторону ухо, всё время чутко прислушивалась. Я заметил это в щель полуотворенной двери; когда же мы пошли к ней, плутовка юркнула вновь под одеяло и поглядывала на нас с насмешливой улыбкой. Бедняжка очень похудела в эти четыре дня болезни: глаза ввалились, жар всё еще не проходил. Тем страннее шел к ее лицу шаловливый вид и задорные блестящие взгляды, очень удивлявшие доктора, самого добрейшего из всех немецких людей в Петербурге. Он серьезно, но стараясь как можно смягчить свой голос, ласковым и нежнейшим тоном изложил необходимость и спасительность порошков, а следственно, и обязанность каждого больного принимать их. Нелли приподняла было голову, но вдруг, по-видимому совершенно нечаянным движением руки, задела ложку, и всё лекарство пролилось опять на пол. Я уверен, она это сделала нарочно.

- Это очень неприятная неосторожность, - спокойно сказал старичок, - и я подозреваю, что вы сделали это нарочно, что очень непохвально. Но... можно всё исправить и еще развести порошок.

Нелли засмеялась ему прямо в глаза.

Доктор методически покачал головою.

- Это очень нехорошо, - сказал он, разводя новый порошок, - очень, очень непохвально.

- Не сердитесь на меня, - отвечала Нелли, тщетно стараясь не засмеяться снова, - я непременно приму... А любите вы меня?

- Если вы будете вести себя похвально, то очень буду любить.

- Очень?

- Очень.

178

- А теперь не любите?

- И теперь люблю.

- А поцелуете меня, если я захочу вас поцеловать? - Да, если вы будете того заслуживать.

Тут Нелли опять не могла вытерпеть и снова засмеялась.

- У пациентки веселый характер, но теперь - это нервы и каприз, - прошептал мне доктор с самым серьезным видом.

- Ну, хорошо, я выпью порошок, - вскрикнула вдруг своим слабым голоском Нелли, - но когда я вырасту и буду большая, вы возьмете меня за себя замуж?

Вероятно, выдумка этой новой шалости очень ей нравилась; глаза ее так и горели, а губки так и подергивало смехом в ожидании ответа несколько изумленного доктора.

- Ну да, - отвечал он, улыбаясь невольно этому новому капризу, - ну да, если вы будете добрая и благовоспитанная девица, будете послушны и будете...

- Принимать порошки? - подхватила Нелли.

- Ого! ну да, принимать порошки. Добрая девица, - шепнул он мне снова, - в ней много, много... доброго и умного, но, однако ж... замуж... какой странный каприз...

И он снова поднес ей лекарство. Но в этот раз она даже и не схитрила, а просто снизу вверх подтолкнула рукой ложку, и всё лекарство выплеснулось прямо на манишку и на лицо бедному старичку. Нелли громко засмеялась, но не прежним простодушным и веселым смехом. В лице ее промелькнуло что-то жестокое, злое. Во всё это время она как будто избегала моего взгляда, смотрела на одного доктора и с насмешкою, сквозь которую проглядывало, однако же, беспокойство, ждала, что-то будет теперь делать "смешной" старичок.

- О! вы опять... Какое несчастие! Но... можно еще развести порошок, - проговорил старик, отирая платком лицо и манишку.

Это ужасно поразило Нелли. Она ждала нашего гнева, думала, что ее начнут бранить, упрекать, и, может быть, ей, бессознательно, того только и хотелось в эту минуту, - чтоб иметь предлог тотчас же заплакать, зарыдать, как в истерике, разбросать опять порошки, как давеча, и даже разбить что-нибудь с досады, и всем этим утолить свое капризное, наболевшее сердечко. Такие капризы бывают и не у одних больных, и не у одной Нелли. Как часто, бывало, я ходил взад и вперед по комнате с бессознательным желанием, чтоб поскорей меня кто-нибудь обидел или сказал слово, которое бы можно было принять за обиду, и поскорей сорвать на чем-нибудь сердце. Женщины же, "срывая" таким образом сердце, начинают плакать самыми искренними слезами, а самые чувствительные из них даже доходят до истерики. Дело очень простое и самое житейское и бывающее чаще всего, когда есть другая, часто никому не известная печаль в сердце и которую хотелось бы, да нельзя никому высказать.

Но вдруг пораженная ангельской добротою обиженного ею старичка и терпением, с которым он снова разводил ей третий порошок, не сказав ей ни одного слова упрека, Нелли вдруг притихла. Насмешка слетела с ее губок, краска ударила ей в лицо, глаза повлажнели; она мельком взглянула на меня и тотчас же отворотилась. Доктор поднес ей лекарство. Она смирно и робко выпила его, схватив красную пухлую руку старика, и медленно поглядела ему в глаза.

179

- Вы... сердитесь... что я злая, - сказала было она, но не докончила, юркнула под одеяло, накрылась с головой и громко, истерически зарыдала.

- О дитя мое, не плачьте... Это ничего... Это нервы; выпейте воды.

Но Нелли не слушала.

- Утешьтесь... не расстраивайте себя, - продолжал он, чуть сам не хныча над нею, потому что был очень чувствительный человек, - я вас прощаю и замуж возьму, если вы, при хорошем поведении честной девицы, будете...

- Принимать порошки! - послышалось из-под одеяла с тоненьким, как колокольчик, нервическим смехом, прерываемым рыданиями, - очень мне знакомым смехом.

- Доброе, признательное дитя, - сказал доктор торжественно и чуть не со слезами на глазах. - Бедная девица!

И с этих пор между ним и Нелли началась какая-то странная, удивительная симпатия. Со мной же, напротив, Нелли становилась всё угрюмее, нервичнее и раздражительнее. Я не знал, чему это приписать, и дивился на нее, тем более что эта перемена произошла в ней как-то вдруг. В первые дни болезни она была со мной чрезвычайно нежна и ласкова; казалось, не могла наглядеться на меня, не отпускала от себя, схватывала мою руку своею горячею рукой и садила меня возле себя, и если замечала, что я угрюм и встревожен, старалась развеселить меня, шутила, играла со мной и улыбалась мне, видимо подавляя свои собственные страдания. Она не хотела, чтоб я работал по ночам или сидел, сторожил ее, и печалилась, видя, что я ее не слушаюсь. Иногда я замечал в ней озабоченный вид; она начинала расспрашивать и выпытывать от меня, почему я печалюсь, что у меня на уме; но странно, когда доходило до Наташи, она тотчас же умолкала или начинала заговаривать о другом. Она как будто избегала говорить о Наташе, и это поразило меня. Когда я приходил, она радовалась. Когда же я брался за шляпу, она смотрела уныло и как-то странно, как будто с упреком, провожала меня глазами.

На четвертый день ее болезни я весь вечер и даже далеко за полночь просидел у Наташи. Нам было тогда о чем говорить. Уходя же из дому, я сказал моей больной, что ворочусь очень скоро, на что и сам рассчитывал. Оставшись у Наташи почти нечаянно, я был спокоен насчет Нелли: она оставалась не одна. С ней сидела Александра Семеновна, узнавшая от Маслобоева, зашедшего ко мне на минуту, что Нелли больна и я в больших хлопотах и один-одинехонек. Боже мой, как захлопотала добренькая Александра Семеновна:

- Так, стало быть, он и обедать к нам теперь не придет!.. Ах, боже мой! И один-то он, бедный, один. Ну, так покажем же мы теперь ему наше радушие. Вот случай выдался, так и не надо его упускать.

Тотчас же она явилась у нас, привезя с собой на извозчике целый узел. Объявив с первого слова, что теперь и не уйдет от меня, и приехала, чтоб помогать мне в хлопотах, она развязала узел. В нем были сиропы, варенья для больной, цыплята и курица, в случае если больная начнет выздоравливать, яблоки для печенья, апельсины, киевские сухие варенья (на случай если доктор позволит), наконец, белье, простыни, салфетки, женские рубашки, бинты, компрессы - точно на целый лазарет.

- Всё-то у нас есть, - говорила она мне, скоро и хлопотливо выговаривая каждое слово, как будто куда-то торопясь, - ну, а вот вы живете по-холостому. У вас ведь этого всего мало. Так уж позвольте мне... и Филипп Филиппыч так приказал. Ну, что же теперь... поскорей, поскорей! Что же теперь надо делать? Что она? В памяти? Ах, так ей нехорошо лежать, надо поправить подушку, чтоб ниже лежала голова, да знаете ли... не лучше ли кожаную подушку? От кожаной-то холодит. Ах, какая я дура! И на ум не пришло привезть. Я поеду за ней... Не нужно ли огонь развести? Я свою старуху вам пришлю. У меня есть знакомая старуха. У вас ведь никого нет из женской прислуги... Ну, что же теперь делать? Это что? Трава... доктор прописал? Верно, для грудного чаю? Сейчас пойду разведу огонь.

Но я ее успокоил, и она очень удивилась и даже опечалилась, что дела-то оказывается вовсе не так много. Это, впрочем, не обескуражило ее совершенно. Она тотчас же подружилась с Нелли и много помогала мне во всё время ее болезни, навещала нас почти каждый день и всегда, бывало, приедет с таким видом, как будто что-нибудь пропало или куда-то уехало и надо поскорее ловить. Она всегда прибавляла, что так и Филипп Филиппыч приказал. Нелли она очень понравилась. Они полюбили одна другую, как две сестры, и я думаю, что Александра Семеновна во многом была такой же точно ребенок, как и Нелли. Она рассказывала ей разные истории, смешила ее, и Нелли потом часто скучала, когда Александра Семеновна уезжала домой.

Первое же ее появление у нас удивило мою больную, но она тотчас же догадалась, зачем приехала незваная гостья, и, по обыкновению своему, даже нахмурилась, сделалась молчалива и нелюбезна.

- Она зачем к нам приезжала? - спросила Нелли как будто с недовольным видом, когда Александра Семеновна уехала.

- Помочь тебе, Нелли, и ходить за тобой.

- Да что ж?.. За что же? Ведь я ей ничего такого не сделала.

- Добрые люди и не ждут, чтоб им прежде делали, Нелли. Они и без этого любят помогать тем, кто нуждается. Полно, Нелли; на свете очень много добрых людей. Только твоя-то беда, что ты их не встречала и не встретила, когда было надо.

Нелли замолчала; я отошел от нее. Но четверть часа спустя она сама подозвала меня к себе слабым голосом, попросила было пить и вдруг крепко обняла меня, припала к моей груди и долго не выпускала меня из своих рук. На другой день, когда приехала Александра Семеновна, она встретила ее с радостной улыбкой, но как будто всё еще стыдясь ее отчего-то.

ГЛАВА III

Вот в этот-то день я и был у Наташи весь вечер. Я пришел уже поздно. Нелли спала. Александре Семеновне тоже хотелось спать, но она всё сидела над больною и ждала меня. Тотчас же торопливым шепотом начала она мне рассказывать, что Нелли сначала была очень весела, даже много смеялась, но потом стала скучна и, видя, что я не прихожу, замолчала и задумалась. "Потом стала жаловаться, что у ней голова болит, заплакала и так разрыдалась, что уж я и не знала, что с нею делать, - прибавила Александра Семеновна. - Заговорила было со мной о Наталье Николаевне, но я ей ничего не могла сказать; она и перестала расспрашивать и всё потом плакала, так и уснула в слезах. Ну, прощайте же, Иван Петрович; ей все-таки легче, как я заметила, а мне надо домой, так и Филипп Филиппыч приказал. Уж я признаюсь вам, ведь он меня этот раз только на два часа отпустил, а я уж сама осталась. Да что, ничего, не беспокойтесь обо мне; не смеет он сердиться... Только вот разве... Ах, боже мой, голубчик Иван Петрович, что мне делать: всё-то он теперь домой хмельной приходит! Занят он чем-то очень, со мной не говорит, тоскует, дело у него важное на уме; я уж это вижу, а вечером все-таки пьян... Подумаю только: воротился он теперь домой, кто-то его там уложит? Ну, еду, еду, прощайте. Прощайте, Иван Петрович. Книги я у вас тут смотрела: сколько книг-то у вас, и всё, должно быть, умные; а я-то дура, ничего-то я никогда не читала... Ну, до завтра..."

Но назавтра же Нелли проснулась грустная и угрюмая, нехотя отвечала мне. Сама же ничего со мной не заговаривала, точно сердилась на меня. Я заметил только несколько взглядов ее, брошенных на меня вскользь, как бы украдкой; в этих взглядах было много какой-то затаенной сердечной боли, но все-таки в них проглядывала нежность, которой не было, когда она прямо глядела на меня. В этот-то день и происходила сцена при приеме лекарства с доктором; я не знал, что подумать.

Но Нелли переменилась ко мне окончательно. Ее странности, капризы, иногда чуть не ненависть ко мне - всё это продолжалось вплоть до самого того дня, когда она перестала жить со мной, вплоть до самой той катастрофы, которая развязала весь наш роман. Но об этом после.

Случалось иногда, впрочем, что она вдруг становилась на какой-нибудь час ко мне по-прежнему ласкова. Ласки ее, казалось, удваивались в эти мгновения; чаще всего в эти же минуты она горько плакала. Но часы эти проходили скоро, и она впадала опять в прежнюю тоску и опять враждебно смотрела на меня, или капризилась, как при докторе, или вдруг, заметив, что мне неприятна какая-нибудь ее новая шалость, начинала хохотать и всегда почти кончала слезами.

Она поссорилась даже раз с Александрой Семеновной, сказала ей, что ничего не хочет от нее. Когда же я стал пенять ей, при Александре же Семеновне, она разгорячилась, отвечала с какой-то порывчатой, накопившейся злобой, но вдруг замолчала и ровно два дня ни одного слова не говорила со мной, не хотела принять ни одного лекарства, даже не хотела пить и есть, и только старичок доктор сумел уговорить и усовестить ее.

Я сказал уже, что между доктором и ею, с самого дня приема лекарства, началась какая-то удивительная симпатия. Нелли очень полюбила его и всегда встречала его с веселой улыбкой, как бы ни была грустна перед его приходом. С своей стороны, старичок начал ездить к нам каждый день, а иногда и по два раза в день, даже и тогда, когда Нелли стала ходить и уже совсем выздоравливала, и казалось, она заворожила его так, что он не мог прожить дня, не слыхав ее смеху и шуток над ним, нередко очень забавных. Он стал возить ей книжки с картинками, всё назидательного свойства. Одну он нарочно купил для нее. Потом стал возить ей сласти, конфет в хорошеньких коробочках. В такие разы он входил обыкновенно с торжественным видом, как будто был именинник, и Нелли тотчас же догадывалась, что он приехал с подарком. Но подарка он не показывал, а только хитро смеялся, усаживался подле Нелли, намекал, что если одна молодая девица умела вести себя хорошо и заслужить в его отсутствие уважение, то такая молодая девица достойна хорошей награды. При этом он так простодушно и добродушно на нее поглядывал, что Нелли хоть и смеялась над ним самым откровенным смехом, но вместе с тем искренняя, ласкающая привязанность просвечивалась в эту минуту в ее прояснеших глазках. Наконец старик торжественно подымался со стула, вынимал коробочку с конфетами и, вручая ее Нелли, непременно прибавлял: "Моей будущей и любезной супруге". В эту минуту он сам был, наверно, счастливее Нелли.

После этого начинались разговоры, и каждый раз он серьезно и убедительно уговаривал ее беречь здоровье и давал ей убедительные медицинские советы.

- Более всего надо беречь свое здоровье, - говорил он догматическим тоном, - и во-первых, и главное, для того чтоб остаться в живых, а во-вторых, чтобы всегда быть здоровым и, таким образом, достигнуть счастия в жизни. Если вы имеете, мое милое дитя, какие-нибудь горести, то забывайте их или лучше всего старайтесь о них не думать. Если же не имеете никаких горестей, то... также о них не думайте, а старайтесь думать об удовольствиях... о чем-нибудь веселом, игривом...

- А об чем же это веселом, игривом думать? - спрашивала Нелли.

Доктор немедленно становился в тупик.

- Ну, там... об какой-нибудь невинной игре, приличной вашему возрасту; или там... ну, что-нибудь эдакое...

- Я не хочу играть; я не люблю играть, - говорила Нелли. - А вот я люблю лучше новые платья.

- Новые платья! Гм. Ну, это уже не так хорошо. Надо во всём удовольствоваться скромною долей в жизни. А впрочем... пожалуй... можно любить и новые платья.

- А вы много мне сошьете платьев, когда я за вас замуж выйду?

- Какая идея! - говорил доктор и уж невольно хмурился. Нелли плутовски улыбалась и даже раз, забывшись, с улыбкою взглянула и на меня. - А впрочем... я вам сошью платье, если вы его заслужите своим поведением, - продолжал доктор.

- А порошки нужно будет каждый день принимать, когда я за вас замуж выйду?

- Ну, тогда можно будет и не всегда принимать порошки, - и доктор начинал улыбаться.

Нелли прерывала разговор смехом. Старичок смеялся вслед за ней и с любовью следил за ее веселостью.

- Игривый ум! - говорил он, обращаясь ко мне. - Но всё еще виден каприз и некоторая прихотливость и раздражительность.

Он был прав. Я решительно не знал, что делалось с нею. Она как будто совсем не хотела говорить со мной, точно я перед ней в чем-нибудь провинился. Мне это было очень горько. Я даже сам нахмурился и однажды целый день не заговаривал с нею, но на другой день мне стало стыдно. Часто она плакала, и я решительно не знал, чем ее утешить. Впрочем, она однажды прервала со мной свое молчание.

Раз я воротился домой перед сумерками и увидел, что Нелли быстро спрятала под подушку книгу. Это был мой роман, который она взяла со стола и читала в мое отсутствие. К чему же было его прятать от меня? Точно она стыдится, - подумал я, но не показал виду, что заметил что-нибудь. Четверть часа спустя, когда я вышел на минутку в кухню, она быстро вскочила с постели и положила роман на прежнее место: воротясь, я увидал уже его на столе. Через минуту она позвала меня к себе; в голосе ее отзывалось какое-то волнение. Уже четыре дня как она почти не говорила со мной.

- Вы... сегодня... пойдете к Наташе? - спросила она меня прерывающимся голосом.

- Да, Нелли; мне очень нужно ее видеть сегодня. Нелли замолчала.

- Вы... очень ее любите? - спросила она опять слабым голосом.

- Да, Нелли, очень люблю.

- И я ее люблю, - прибавила она тихо. Затем опять наступило молчание.

- Я хочу к ней и с ней буду жить, - начала опять Нелли, робко взглянув на меня.

- Это нельзя, Нелли, - отвечал я, несколько удивленный. - Разве тебе дурно у меня?

- Почему ж нельзя? - и она вспыхнула. - Ведь уговариваете же вы меня, чтоб я пошла жить к ее отцу; а я не хочу идти. У ней есть служанка?

- Есть.

- Ну, так пусть она отошлет свою служанку, а я ей буду служить. Всё буду ей делать и ничего с нее не возьму; я любить се буду и кушанье буду варить. Вы так и скажите ей сегодня.

- Но к чему же, что за фантазия, Нелли? И как же ты о ней судишь: неужели ты думаешь, что она согласится взять тебя вместо кухарки? Уж если возьмет она тебя, то как свою ровную, как младшую сестру свою.

- Нет, я не хочу как ровная. Так я не хочу...

- Почему же?

Нелли молчала. Губки ее подергивало: ей хотелось плакать.

- Ведь тот, которого она теперь любит, уедет от нее и ее одну бросит? - спросила она наконец. Я удивился.

- Да почему ты это знаешь, Нелли?

- Вы и сами говорили мне всё, и третьего дня, когда муж Александры Семеновны приходил утром, я его спрашивала: он мне всё и сказал.

- Да разве Маслобоев приходил утром?

- Приходил, - отвечала она, потупив глазки.

- А зачем же ты мне не сказала, что он приходил?

- Так...

Я подумал с минуту. Бог знает, зачем этот Маслобоев шляется, с своею таинственностью. Что за сношения завел? Надо бы его увидать.

- Ну, так что ж тебе, Нелли, если он ее бросит?

- Ведь вы ее любите же очень, - отвечала Нелли, не подымая на меня глаз. - А коли любите, стало быть, замуж ее возьмете, когда тот уедет.

- Нет, Нелли, она меня не любит так, как я ее люблю, да и я... Нет, не будет этого, Нелли.

- А я бы вам обоим служила, как служанка ваша, а вы бы жили и радовались, - проговорила она чуть не шепотом, не смотря на меня.

"Что с ней, что с ней!" - подумал я, и вся душа перевернулась во мне. Нелли замолчала и более во весь вечер не сказала ни слова. Когда же я ушел, она заплакала, плакала весь вечер, как донесла мне Александра Семеновна, и так и уснула в слезах. Даже ночью, во сне, она плакала и что-то ночью говорила в бреду.

Но с этого дня она сделалась еще угрюмее и молчаливее и совсем уж не говорила со мной. Правда, я заметил два-три взгляда ее, брошенные на меня украдкой, и в этих взглядах было столько нежности! Но это проходило вместе с мгновением, вызвавшим эту внезапную нежность, и, как бы в отпор этому вызову, Нелли чуть не с каждым часом делалась всё мрачнее, даже с доктором, удивлявшимся перемене ее характера. Между тем она уже совсем почти выздоровела, и доктор позволил ей наконец погулять на свежем воздухе, но только очень немного. Погода стояла светлая, теплая. Была страстная неделя, приходившаяся в этот раз очень поздно; я вышел поутру; мне надо было непременно быть у Наташи, но я положил раньше воротиться домой, чтоб взять Нелли и идти с нею гулять; дома же покамест оставил ее одну.

Но не могу выразить, какой удар ожидал меня дома. Я спешил домой. Прихожу и вижу, что ключ торчит снаружи у двери. Вхожу: никого нет. Я обмер. Смотрю: на столе бумажка, и на ней написано карандашом крупным, неровным почерком:

"Я ушла от вас и больше к вам никогда не приду. Но я вас очень люблю.

Ваша верная Нелли".

Я вскрикнул от ужаса и бросился вон из квартиры.

ГЛАВА IV

Я еще не успел выбежать на улицу, не успел сообразить, что и как теперь делать, как вдруг увидел, что у наших ворот останавливаются дрожки и с дрожек сходит Александра Семеновна, ведя за руку Нелли. Она крепко держала ее, точно боялась, чтоб она не убежала другой раз. Я так и бросился к ним.

- Нелли, что с тобой! - закричал я, - куда ты уходила, зачем?

- Постойте, не торопитесь; пойдемте-ка поскорее к вам, там всё и узнаете, - защебетала Александра Семеновна, - какие вещи-то я вам расскажу, Иван Петрович, - шептала она наскоро дорогою. - Дивиться только надо... Вот пойдемте, сейчас узнаете.

На лице ее было написано, что у ней были чрезвычайно важные новости.

- Ступай, Нелли, ступай, приляг немножко, - сказала она, когда мы вошли в комнаты, - ведь ты устала; шутка ли, сколько обегала; а после болезни-то тяжело; приляг, голубчик, приляг. А мы с вами уйдемте-ка пока отсюда, не будем ей мешать, пусть уснет. - И она мигнула мне, чтоб я вышел с ней в кухню.

Но Нелли не прилегла, она села на диван и закрыла обеими руками лицо.

Мы вышли, и Александра Семеновна наскоро рассказала мне, в чем дело. Потом я узнал еще более подробностей. Вот как это всё было.

Уйдя от меня часа за два до моего возвращения и оставив мне записку, Нелли побежала сперва к старичку доктору. Адрес его она успела выведать еще прежде. Доктор рассказывал мне, что он так и обмер, когда увидел у себя Нелли, и всё время, пока она была у него, "не верил глазам своим". "Я и теперь не верю, - прибавил он в заключение своего рассказа, - и никогда этому не поверю". И однако ж, Нелли действительно была у него. Он сидел спокойно в своем кабинете, в креслах, в шлафроке и за кофеем, когда она вбежала и бросилась к нему на шею, прежде чем он успел опомниться. Она плакала, обнимала и целовала его, целовала ему руки и убедительно, хотя и бессвязно, просила его, чтоб он взял ее жить к себе; говорила, что не хочет и не может более жить со мной, потому и ушла от меня; что ей тяжело; что она уже не будет более смеяться над ним и говорить об новых платьях и будет вести себя хорошо, будет учиться, выучится "манишки ему стирать и гладить" (вероятно, она сообразила всю свою речь дорогою, а может быть, и раньше) и что, наконец, будет послушна и хоть каждый день будет принимать какие угодно порошки. А что если она говорила тогда, что замуж хотела за него выйти, так ведь это она шутила, что она и не думает об этом. Старый немец был так ошеломлен, что сидел всё время, разинув рот, подняв свою руку, в которой держал сигару, и забыв о сигаре, так что она и потухла.

- Мадмуазель, - проговорил он наконец, получив кое-как употребление языка, - мадмуазель, сколько я вас понял, вы просите, чтоб я вам дал место у себя. Но это - невозможно! Вы видите, я очень стеснен и не имею значительного дохода... И, наконец, так прямо, не подумав... Это ужасно! И, наконец, вы, сколько я вижу, бежали из своего дома. Это очень непохвально и невозможно... И, наконец, я вам позволил только немного гулять, в ясный день, под надзором вашего благодетеля, а вы бросаете своего благодетеля и бежите ко мне, тогда как вы должны беречь себя и... и... принимать лекарство. И, наконец... наконец, я ничего не понимаю...

Нелли не дала ему договорить. Она снова начала плакать, снова упрашивать его, но ничего не помогло. Старичок всё более и более впадал в изумление и всё более и более ничего не понимал. Наконец Нелли бросила его, вскрикнула: "Ах, боже мой!" - и выбежала из комнаты. "Я был болен весь этот день, - прибавил доктор, заключая свой рассказ, - и на ночь принял декокт..."

А Нелли бросилась к Маслобоевым. Она запаслась и их адресом и отыскала их, хотя и не без труда. Маслобоев был дома. Александра Семеновна так и всплеснула руками, когда услышала просьбу Нелли взять ее к ним. На ее же расспросы: почему ей так хочется, что ей тяжело, что ли, у меня? - Нелли ничего не отвечала и бросилась, рыдая, на стул. "Она так рыдала, так рыдала, - рассказывала мне Александра Семеновна, - что я думала, она умрет от этого". Нелли просилась хоть в горничные, хоть в кухарки, говорила, что будет пол мести и научится белье стирать. (На этом мытье белья она основывала какие-то особенные надежды и почему-то считала это самым сильным прельщением, чтоб ее взяли). Мнение Александры Семеновны было оставить ее у себя до разъяснения дела, а мне дать знать. Но Филипп Филиппыч решительно этому воспротивился и тотчас же приказал отвезти беглянку ко мне. Дорогою Александра Семеновна обнимала и целовала ее, отчего Нелли еще больше начинала плакать. Смотря на нее, расплакалась и Александра Семеновна. Так обе всю дорогу и плакали.

- Да почему же, почему же, Нелли, ты не хочешь у него жить; что он, обижает тебя, что ли? - спрашивала, заливаясь слезами, Александра Семеновна.

186

- Нет, не обижает.

- Ну, так отчего же?

- Так, не хочу у него жить... не могу... я такая с ним всё злая... а он добрый... а у вас я не буду злая, я буду работать, - проговорила она, рыдая как в истерике.

- Отчего же ты с ним такая злая, Нелли?..

- Так...

- И только я от нее это "так" и выпытала, - заключила Александра Семеновна, отирая свои слезы, - что это она за горемычная такая? Родимец, что ли, это? Как вы думаете, Иван Петрович?

Мы вошли к Нелли; она лежала, скрыв лицо в подушках, и плакала. Я стал перед ней на колени, взял ее руки и начал целовать их. Она вырвала у меня руки и зарыдала еще сильнее. Я не знал, что и говорить. В эту минуту вошел старик Ихменев.

- А я к тебе по делу, Иван, здравствуй! - сказал он, оглядывая нас всех и с удивлением видя меня на коленях. Старик был болен всё последнее время. Он был бледен и худ, но, как будто храбрясь перед кем-то, презирал свою болезнь, не слушал увещаний Анны Андреевны, не ложился, а продолжал ходить по своим делам.

- Прощайте покамест, - сказала Александра Семеновна, пристально посмотрев на старика. - Мне Филипп Филиппыч приказал как можно скорее воротиться. Дело у нас есть. А вечером, в сумерки, приеду к вам, часика два посижу.

- Кто такая? - шепнул мне старик, по-видимому думая о другом. Я объяснил.

- Гм. А вот я по делу, Иван...

Я знал, по какому он делу, и ждал его посещения. Он пришел переговорить со мной и с Нелли и перепросить ее у меня. Анна Андреевна соглашалась наконец взять в дом сиротку. Случилось это вследствие наших тайных разговоров: я убедил Анну Андреевну и сказал ей, что вид сиротки, которой мать была тоже проклята своим отцом, может быть, повернет сердце нашего старика на другие мысли. Я так ярко разъяснил ей свой план, что она теперь сама уже стала приставать к мужу, чтоб взять сиротку. Старик с готовностью принялся за дело: ему хотелось, во-первых, угодить своей Анне Андреевне, а во-вторых, у него были свои особые соображения... Но всё это я объясню потом подробнее...

Я сказал уже, что Нелли не любила старика еще с первого его посещения. Потом я заметил, что даже какая-то ненависть проглядывала в лице ее, когда произносили при ней имя Ихменева. Старик начал дело тотчас же, без околичностей. Он прямо подошел к Нелли, которая всё еще лежала, скрыв лицо свое в подушках, и, взяв ее за руку, спросил: хочет ли она перейти к нему жить вместо дочери?

- У меня была дочь, я ее любил больше самого себя, - заключил старик, - но теперь ее нет со мной. Она умерла. Хочешь ли ты заступить ее место в моем доме и... в моем сердце?

И в его глазах, сухих и воспаленных от лихорадочного жара, накипела слеза.

- Нет, не хочу, - отвечала Нелли, не подымая головы.

- Почему же, дитя мое? У тебя нет никого. Иван не может держать тебя вечно при себе, а у меня ты будешь как в родном доме.

187

- Не хочу, потому что вы злой. Да, злой, злой, - прибавила она, подымая голову и садясь на постели против старика. - Я сама злая, и злее всех, но вы еще злее меня!.. - Говоря это, Нелли побледнела, глаза ее засверкали; даже дрожавшие губы ее побледнели и искривились от прилива какого-то сильного ощущения. Старик в недоумении смотрел на нее.

- Да, злее меня, потому что вы не хотите простить свою дочь; вы хотите забыть ее совсем и берете к себе другое дитя, а разве можно забыть свое родное дитя? Разве вы будете любить меня? Ведь как только вы на меня взглянете, так и вспомните, что я вам чужая и что у вас была своя дочь, которую вы сами забыли, потому что вы жестокий человек. А я не хочу жить у жестоких людей, не хочу, не хочу!.. - Нелли всхлипнула и мельком взглянула на меня.

- Послезавтра Христос воскрес, все целуются и обнимаются, все мирятся, все вины прощаются... Я ведь знаю... Только вы один, вы... у! жестокий! Подите прочь!

Она залилась слезами. Эту речь она, кажется, давно уже сообразила и вытвердила, на случай если старик еще раз будет ее приглашать к себе. Старик был поражен и побледнел. Болезненное ощущение выразилось в лице его.

- И к чему, к чему, зачем обо мне все так беспокоятся? Я не хочу, не хочу! - вскрикнула вдруг Нелли в каком-то исступлении, - я милостыню пойду просить!

- Нелли, что с тобой? Нелли, друг мой! - вскрикнул я невольно, но восклицанием моим только подлил к огню масла.

- Да, я буду лучше ходить по улицам и милостыню просить, а здесь не останусь, - кричала она, рыдая. - И мать моя милостыню просила, а когда умирала, сама сказала мне: будь бедная и лучше милостыню проси, чем... Милостыню не стыдно просить: я не у одного человека прошу, я у всех прошу, а все не один человек; у одного стыдно, а у всех не стыдно; так мне одна нищенка говорила; ведь я маленькая, мне негде взять. Я у всех и прошу. А здесь я не хочу, не хочу, не хочу, я злая; я злее всех; вот какая я злая!

И Нелли вдруг совершенно неожиданно схватила со столика чашку и бросила ее об пол.

- Вот теперь и разбилась, - прибавила она, с каким-то вызывающим торжеством смотря на меня. - Чашек-то всего две, - прибавила она, - я и другую разобью... Тогда из чего будете чай-то пить?

Она была как взбешенная и как будто сама ощущала наслаждение в этом бешенстве, как будто сама сознавала, что это и стыдно и нехорошо, и в то же время как будто поджигала себя на дальнейшие выходки.

- Она больна у тебя, Ваня, вот что, - сказал старик, - или... я уж и не понимаю, что это за ребенок. Прощай!

Он взял свою фуражку и пожал мне руку. Он был как убитый; Нелли страшно оскорбила его; всё поднялось во мне:

- И не пожалела ты его, Нелли! - вскричал я, когда мы остались одни, - и не стыдно, не стыдно тебе! Нет, ты не добрая, ты и вправду злая! - и как был без шляпы, так и побежал я вслед за стариком. Мне хотелось проводить его до ворот и хоть два слова сказать ему в утешение. Сбегая с лестницы, я как будто еще видел перед собой лицо Нелли, страшно побледневшее от моих упреков.

Я скоро догнал моего старика.

188

- Бедная девочка оскорблена, и у ней свое горе, верь мне, Иван; а я ей о своем стал расписывать, - сказал он, горько улыбаясь. - Я растравил ее рану. Говорят, сытый голодного не разумеет; а я, Ваня, прибавлю, что и голодный голодного не всегда поймет. Ну, прощай!

Я было заговорил о чем-то постороннем, но старик только рукой махнул.

- Полно меня-то утешать; лучше смотри, чтоб твоя-то не убежала от тебя; она так и смотрит, - прибавил он с каким-то озлоблением и пошел от меня скорыми шагами, помахивая и постукивая своей палкой по тротуару.

Он и не ожидал, что будет пророком.

Что сделалось со мной, когда, воротясь к себе, я, к ужасу моему, опять не нашел дома Нелли! Я бросился в сени, искал ее на лестнице, кликал, стучался даже у соседей и спрашивал о ней; поверить я не мог и не хотел, что она опять бежала. И как она могла убежать? Ворота в доме одни; она должна была пройти мимо нас, когда я разговаривал с стариком. Но скоро, к большому моему унынию, я сообразил, что она могла прежде спрятаться где-нибудь на лестнице и выждать, пока я пройду обратно домой, а потом бежать, так что я никак не мог ее встретить. Во всяком случае, она не могла далеко уйти.

В сильном беспокойстве выбежал я опять на поиски, оставив на всякий случай квартиру отпертою.

Прежде всего я отправился к Маслобоевым. Маслобоевых я не застал дома, ни его, ни Александры Семеновны. Оставив у них записку, в которой извещал их о новой беде, и прося, если к ним придет Нелли, немедленно дать мне знать, я пошел к доктору; того тоже не было дома, служанка объявила мне, что, кроме давешнего посещения, другого не было. Что было делать? Я отправился к Бубновой и узнал от знакомой мне гробовщицы, что хозяйка со вчерашнего дня сидит за что-то в полиции, а Нелли там с тех пор и не видали. Усталый, измученный, я побежал опять к Маслобоевым; тот же ответ: никого не было, да и они сами еще не возвращались. Записка моя лежала на столе. Что было мне делать?

В смертельной тоске возвращался я к себе домой поздно вечером. Мне надо было в этот вечер быть у Наташи; она сама звала меня еще утром. Но я даже и не ел ничего в этот день; мысль о Нелли возмущала всю мою душу. "Что же это такое? - думал я. - Неужели это такое мудреное следствие болезни? Уж не сумасшедшая ли она или сходит с ума? Но, боже мой, где она теперь, где я сыщу ее!"

Только что я это воскликнул, как вдруг увидел Нелли, в нескольких шагах от меня, на В-м мосту. Она стояла у фонаря и меня не видела. Я хотел бежать к ней, но остановился. "Что ж это она здесь делает?" - подумал я в недоумении и, уверенный, что теперь уж не потеряю ее, решился ждать и наблюдать за ней. Прошло минут десять, она всё стояла, посматривая на прохожих. Наконец прошел один старичок, хорошо одетый, и Нелли подошла к нему: тот, не останавливаясь, вынул что-то из кармана и подал ей. Она ему поклонилась. Не могу выразить, что почувствовал я в это мгновение. Мучительно сжалось мое сердце; как будто что-то дорогое, что я любил, лелеял и миловал, было опозорено и оплевано передо мной в эту минуту, но вместе с тем и слезы потекли из глаз моих.

Да, слезы о бедной Нелли, хотя я в то же время чувствовал непримиримое негодование: она не от нужды просила; она была не брошенная, не оставленная кем-нибудь на произвол судьбы; бежала не от жестоких притеснителей, а от друзей своих, которые ее любили и лелеяли. Она как будто хотела кого-то изумить или испугать своими подвигами; точно она хвасталась перед кем-то? Но что-то тайное зрело в ее душе... Да, старик был прав; она оскорблена, рана ее не могла зажить, и она как бы нарочно старалась растравлять свою рану этой таинственностью, этой недоверчивостью ко всем нам; точно она наслаждалась сама своей болью, этим эгоизмом страдания, если так можно выразиться. Это растравление боли и это наслаждение ею было мне понятно: это наслаждение многих обиженных и оскорбленных, пригнетенных судьбою и сознающих в себе ее несправедливость. Но на какую же несправедливость нашу могла пожаловаться Нелли? Она как будто хотела нас удивить и испугать своими капризами и дикими выходками, точно она в самом деле перед нами хвалилась... Но нет! Она теперь одна, никто не видит из нас, что она просила милостыню. Неужели ж она сама про себя находила в этом наслаждение? Для чего ей милостыня, для чего ей деньги?

Получив подаяние, она сошла с моста и подошла к ярко освещенным окнам одного магазина. Тут она принялась считать свою добычу; я стоял в десяти шагах. Денег в руке ее было уже довольно; видно, что она с самого утра просила. Зажав их в руке, она перешла через улицу и вошла в мелочную лавочку. Я тотчас же подошел к дверям лавочки, отворенным настежь, и смотрел: что она там будет делать?

Я видел, что она положила на прилавок деньги и ей подали чашку, простую чайную чашку, очень похожую на ту, которую она давеча разбила, чтоб показать мне и Ихменеву, какая она злая. Чашка эта стоила, может быть, копеек пятнадцать, может быть, даже и меньше. Купец завернул ее в бумагу, завязал и отдал Нелли, которая торопливо с довольным видом вышла из лавочки.

- Нелли! - вскрикнул я, когда она поравнялась со мною, - Нелли!

Она вздрогнула, взглянула на меня, чашка выскользнула из ее рук, упала на мостовую и разбилась. Нелли была бледна; но, взглянув на меня и уверившись, что я всё видел и знаю, вдруг покраснела; этой краской сказывался нестерпимый, мучительный стыд. Я взял ее за руку и повел домой; идти было недалеко. Мы ни слова не промолвили дорогою. Придя домой, я сел; Нелли стояла передо мной, задумчивая и смущенная, бледная по-прежнему, опустив в землю глаза. Она не могла смотреть на меня.

- Нелли, ты просила милостыню?

- Да! - прошептала она и еще больше потупилась.

- Ты хотела набрать денег, чтоб купить разбитую давеча чашку?

- Да...

- Но разве я попрекал тебя, разве я бранил тебя за эту чашку? Неужели ж ты не видишь, Нелли, сколько злого, самодовольно злого в твоем поступке? Хорошо ли это? Неужели тебе не стыдно? Неужели...

- Стыдно... - прошептала она чуть слышным голосом, и слезинка покатилась по ее щеке.

- Стыдно... - повторил я за ней. - Нелли, милая, если я виноват перед тобой, прости меня и помиримся.

Она взглянула на меня, слезы брызнули из ее глаз, и она бросилась ко мне на грудь.

В эту минуту влетела Александра Семеновна.

- Что! Она дома? Опять? Ах, Нелли, Нелли, что это с тобой делается? Ну да хорошо, что по крайней мере дома... где вы отыскали ее, Иван Петрович?

Я мигнул Александре Семеновне, чтоб она не расспрашивала, и она поняла меня. Я нежно простился с Нелли, которая всё еще горько плакала, и упросил добренькую Александру Семеновну посидеть с ней до моего возвращения, а сам побежал к Наташе. Я опоздал и торопился.

В этот вечер решалась наша судьба: нам было много о чем говорить с Наташей, но я все-таки ввернул словечко о Нелли и рассказал всё, что случилось, со всеми подробностями. Рассказ мой очень заинтересовал и даже поразил Наташу.

- Знаешь что, Ваня, - сказала она, подумав, - мне кажется, она тебя любит.

- Что... как это? - спросил я в удивлении.

- Да, это начало любви, женской любви...

- Что ты, Наташа, полно! Ведь она ребенок!

- Которому скоро четырнадцать лет. Это ожесточение оттого, что ты не понимаешь ее любви, да и она-то, может быть, сама не понимает себя; ожесточение, в котором много детского, но серьезное, мучительное. Главное - она ревнует тебя ко мне. Ты так меня любишь, что, верно, и дома только обо мне одной заботишься, говоришь и думаешь, а потому на нее обращаешь мало внимания. Она заметила это, и ее это уязвило. Она, может быть, хочет говорить с тобой, чувствует потребность раскрыть перед тобой свое сердце, не умеет, стыдится, сама не понимает себя, ждет случая, а ты, вместо того чтоб ускорить этот случай, отдаляешься от нее, убегаешь от нее ко мне и даже, когда она была больна, по целым дням оставлял ее одну. Она и плачет об этом: ей тебя недостает, и пуще всего ей больно, что ты этого не замечаешь. Ты вот и теперь, в такую минуту, оставил ее одну для меня. Да она больна будет завтра от этого. И как ты мог оставить ее? Ступай к ней скорее...

- Я и не оставил бы ее, но...

- Ну да, я сама тебя просила прийти. А теперь ступай.

- Пойду, но только, разумеется, я ничему этому не верю.

- Оттого что всё это на других не похоже. Вспомни ее историю, сообрази всё и поверишь. Она росла не так, как мы с тобой...

Воротился я все-таки поздно. Александра Семеновна рассказала мне, что Нелли опять, как в тот вечер, очень много плакала "и так и уснула в слезах", как тогда. "А уж теперь я уйду, Иван Петрович, так и Филипп Филиппыч приказал. Ждет он меня, бедный".

Я поблагодарил ее и сел у изголовья Нелли. Мне самому было тяжело, что я мог оставить ее в такую минуту. Долго, до глубокой ночи сидел я над нею, задумавшись... Роковое это было время.

Но надо рассказать, что случилось в эти две недели...

ГЛАВА V

После достопамятного для меня вечера, проведенного мною с князем в ресторане у Б., я несколько дней сряду был в постоянном страхе за Наташу. "Чем грозил ей этот проклятый князь и чем именно хотел отметить ей?" - спрашивал я сам себя поминутно и терялся в разных предположениях. Я пришел наконец к заключению, что угрозы его были не вздор, не фанфаронство и что, покамест она живет с Алешей, князь действительно мог наделать ей много неприятностей. Он мелочен, мстителен, зол и расчетлив, думал я. Трудно, чтоб он мог забыть оскорбление и не воспользоваться каким-нибудь случаем к отмщению. Во всяком случае, он указал мне на один пункт во всем этом деле и высказался насчет этого пункта довольно ясно: он настоятельно требовал разрыва Алеши с Наташей и ожидал от меня, чтоб я приготовил ее к близкой разлуке и так приготовил, чтоб не было "сцен, пасторалей и шиллеровщины". Разумеется, он хлопотал всего более о том, чтоб Алеша остался им доволен и продолжал его считать нежным отцом; а это ему было очень нужно для удобнейшего овладения впоследствии Катиными деньгами. Итак, мне предстояло приготовить Наташу к близкой разлуке. Но в Наташе я заметил сильную перемену: прежней откровенности ее со мною и помину не было; мало того, она как будто стала со мной недоверчива. Утешения мои ее только мучили; мои расспросы всё более и более досаждали ей, даже сердили ее. Сижу, бывало, у ней, гляжу на нее! Она ходит, скрестив руки, по комнате из угла в угол, мрачная, бледная, как будто в забытьи, забыв даже, что и я тут, подле нее. Когда же ей случалось взглянуть на меня (а она даже и взглядов моих избегала), то нетерпеливая досада вдруг проглядывала в ее лице и она быстро отворачивалась. Я понимал, что она сама обдумывала, может быть, какой-нибудь свой собственный план о близком, предстоящем разрыве, и могла ли она его без боли, без горечи обдумывать? А я был убежден, что она уже решилась на разрыв. Но все-таки меня мучило и пугало ее мрачное отчаяние. К тому же говорить с ней, утешать ее я иногда и не смел, а потому со страхом ожидал, чем это всё разрешится.

Что же касается до ее сурового и неприступного вида со мной, то это меня хоть и беспокоило, хоть и мучило, но я был уверен в сердце моей Наташи: я видел, что ей очень тяжело и что она была слишком расстроена. Всякое постороннее вмешательство возбуждало в ней только досаду, злобу. В таком случае особенно вмешательство близких друзей, знающих наши тайны, становится нам всего досаднее. Но я знал тоже очень хорошо, что в последнюю минуту Наташа придет же ко мне снова и в моем же сердце будет искать себе облегчения.

О моем разговоре с князем я, разумеется, ей умолчал: рассказ мой только бы взволновал и расстроил ее еще более. Я сказал ей только так, мимоходом, что был с князем у графини и убедился, что он ужасный подлец. Но она и не расспрашивала про него, чему я был очень рад; зато жадно выслушала всё, что я рассказал ей о моем свидании с Катей. Выслушав, она тоже ничего не сказала и о ней, но краска покрыла ее бледное лицо, и весь почти этот день она была в особенном волнении. Я не скрыл ничего о Кате и прямо признался, что даже и на меня Катя произвела прекрасное впечатление. Да и к чему было скрывать? Ведь Наташа угадала бы, что

192

я скрываю, и только рассердилась бы на меня за это. А потому я нарочно рассказывал как можно подробнее, стараясь предупредить все ее вопросы, тем более что ей самой в ее положении трудно было меня расспрашивать: легко ли в самом деле, под видом равнодушия, выпытывать о совершенствах своей соперницы?

Я думал, что она еще не знает, что Алеша, по непременному распоряжению князя, должен был сопровождать графиню и Катю в деревню, и затруднялся, как открыть ей это, чтоб по возможности смягчить удар. Но каково же было мое изумление, когда Наташа с первых же слов остановила меня и сказала, что нечего ее утешать, что она уже пять дней, как знает про это.

- Боже мой! - вскричал я, - да кто же тебе сказал?

- Алеша.

- Как? Он уже сказал?

- Да, и я на всё решилась, Ваня, - прибавила она с таким видом, который ясно и как-то нетерпеливо предупреждал меня, чтоб я и не продолжал этого разговора.

Алеша довольно часто бывал у Наташи, но всё на минутку; один раз только просидел у ней несколько часов сряду; но это было без меня. Входил он обыкновенно грустный, смотрел на нее робко и нежно; но Наташа так нежно, так ласково встречала его, что он тотчас же всё забывал и развеселялся. Ко мне он тоже начал ходить очень часто, почти каждый день. Правда, он очень мучился, но не мог и минуты пробыть один с своей тоской и поминутно прибегал ко мне за утешением.

Что мог я сказать ему? Он упрекал меня в холодности, в равнодушии, даже в злобе к нему; тосковал, плакал, уходил к Кате и уж там утешался.

В тот день, когда Наташа объявила мне, что знает про отъезд (это было с неделю после разговора моего с князем), он вбежал ко мне в отчаянии, обнял меня, упал ко мне на грудь и зарыдал как ребенок. Я молчал и ждал, что он скажет.

- Я низкий, я подлый человек, Ваня, - начал он мне, - спаси меня от меня самого. Я не оттого плачу, что я низок и подл, но оттого, что через меня Наташа будет несчастна. Ведь я оставляю ее на несчастье... Ваня, друг мой, скажи мне, реши за меня, кого я больше люблю из них: Катю или Наташу?

- Этого я не могу решить, Алеша, - отвечал я, - тебе лучше знать, чем мне...

- Нет, Ваня, не то; ведь я не так глуп, чтоб задавать такие вопросы; но в том-то и дело, что я тут сам ничего не знаю. Я спрашиваю себя и не могу ответить. А ты смотришь со стороны и, может, больше моего знаешь... Ну, хоть и не знаешь, то скажи, как тебе кажется?

- Мне кажется, что Катю ты больше любишь.

- Тебе так кажется! Нет, нет, совсем нет! Ты совсем не угадал. Я беспредельно люблю Наташу. Я ни за что, никогда не могу ее оставить; я это и Кате сказал, и Катя совершенно со мною согласна. Что ж ты молчишь? Вот, я видел, ты сейчас улыбнулся. Эх, Ваня, ты никогда не утешал меня, когда мне было слишком тяжело, как теперь... Прощай!

Он выбежал из комнаты, оставив чрезвычайное впечатление в удивленной Нелли, молча выслушавшей наш разговор. Она тогда была еще больна, лежала в постели и принимала лекарство. Алеша никогда не заговаривал с нею и при посещениях своих почти не обращал на нее никакого внимания.

Через два часа он явился снова, и я удивился его радостному лицу. Он опять бросился ко мне на шею и обнял меня.

- Кончено дело! - вскричал он, - все недоумения разрешены. От вас я прямо пошел к Наташе: я был расстроен, я не мог быть без нее. Войдя, я упал перед ней на колени и целовал ее ноги: мне это нужно было, мне хотелось этого; без этого я бы умер с тоски. Она молча обняла меня и заплакала. Тут я прямо ей сказал, что Катю люблю больше ее...

- Что ж она?

- Она ничего не отвечала, а только ласкала и утешала меня, - меня, который ей это сказал! Она умеет утешать, Иван Петрович! О, я выплакал перед ней всё горе, всё ей высказал. Я прямо сказал, что люблю очень Катю, но что как бы я ее ни любил и кого бы я ни любил, я все-таки без нее, без Наташи, обойтись не могу и умру. Да, Ваня, дня не проживу без нее, я это чувствую, да! и потому мы решили немедленно с ней обвенчаться; а так как до отъезда нельзя этого сделать, потому что теперь Великий пост и венчать не станут, то уж по приезде моем, а это будет к первому июня. Отец позволит, в этом нет и сомнения. Что же касается до Кати, то что ж такое! Я ведь не могу жить без Наташи... Обвенчаемся и тоже туда с ней поедем, где Катя...

Бедная Наташа! Каково было ей утешать этого мальчика, сидеть над ним, выслушать его признание и выдумать ему, наивному эгоисту, для спокойствия его, сказку о скором браке. Алеша действительно на несколько дней успокоился. Он и бегал к Наташе, собственно, из того, что слабое сердце его не в силах было одно перенесть печали. Но все-таки, когда время начало приближаться к разлуке, он опять впал в беспокойство, в слезы и опять прибегал ко мне и выплакивал свое горе. В последнее время он так привязался к Наташе, что не мог ее оставить и на день, не только на полтора месяца. Он вполне был, однако ж, уверен до самой последней минуты, что оставляет ее только на полтора месяца и что по возвращении его будет их свадьба. Что же касается до Наташи, то она в свою очередь вполне понимала, что вся судьба ее меняется, что Алеша уж никогда теперь к ней не воротится и что так тому и следует быть.

День разлуки их наступил. Наташа была больна, - бледная, с воспаленным взглядом, с запекшимися тубами, изредка разговаривала сама с собою, изредка быстро и пронзительно взглядывала на меня, не плакала, не отвечала на мои вопросы и вздрагивала, как листок на дереве, когда раздавался звонкий голос входившего Алеши. Она вспыхивала, как зарево, и спешила к нему; судорожно обнимала его, целовала его, смеялась... Алеша вглядывался в нее, иногда с беспокойством расспрашивал, здорова ли она, утешал, что уезжает ненадолго, что потом их свадьба. Наташа делала видимые усилия, перемогала себя и давила свои слезы. Она не плакала перед ним.

Один раз он заговорил, что надо оставить ей денег на всё время его отъезда и чтоб она не беспокоилась, потому что отец обещал ему дать много на дорогу. Наташа нахмурилась. Когда же мы остались вдвоем, я объявил, что у меня есть для нее сто пятьдесят рублей, на всякий случай. Она не расспрашивала, откуда эти деньги. Это было за два дня до отъезда Алеши и накануне первого и последнего свидания Наташи с Катей. Катя прислала с Алешей записку, в которой просила

194

Наташу позволить посетить себя завтра; причем писала и ко мне: она просила и меня присутствовать при их свидании.

Я непременно решился быть в двенадцать часов (назначенный Катей час) у Наташи, несмотря ни на какие задержки; а хлопот и задержек было много. Не говоря уже о Нелли, в последнее время мне было много хлопот у Ихменевых.

Эти хлопоты начались еще неделю назад. Анна Андреевна прислала в одно утро за мною с просьбой бросить всё и немедленно спешить к ней по очень важному делу, не терпящему ни малейшего отлагательства. Придя к ней, я застал ее одну: она ходила по комнате вся в лихорадке от волнения и испуга, с трепетом ожидая возвращения Николая Сергеича. По обыкновению, я долго не мог добиться от нее, в чем дело и чего она так испугалась, а между тем, очевидно, каждая минута была дорога. Наконец, после горячих и ненужных делу попреков: "зачем я не хожу и оставляю их, как сирот, одних в горе", так что уж "бог знает что без меня происходит", - она объявила мне, что Николай Сергеич в последние три дня был в таком волнении, "что и описать невозможно".

- Просто на себя не похож, - говорила она, - в лихорадке, по ночам, тихонько от меня, на коленях перед образом молится, во сне бредит, а наяву как полуумный: стали вчера есть щи, а он ложку подле себя отыскать не может, спросишь его про одно, а он отвечает про другое. Из дому стал поминутно уходить: "всё по делам, говорит, ухожу, адвоката видеть надо"; наконец, сегодня утром заперся у себя в кабинете: "мне, говорит, нужную бумагу по тяжебному делу надо писать". Ну, какую, думаю про себя, тебе бумагу писать, когда ложку подле прибора не мог отыскать? Однако в замочную щелку я подсмотрела: сидит, пишет, а сам так и заливается-плачет. Какую же такую, думаю, деловую бумагу так пишут? Али, может, ему уж так Ихменевку нашу жалко; стало быть, уж совсем пропала наша Ихменевка! Вот думаю я это, а он вдруг вскочил из-за стола да как ударит пером по столу, раскраснелся, глаза сверкают, схватился за фуражку и выходит ко мне. "Я, говорит, Анна Андреевна, скоро приду". Ушел он, а я тотчас же к его столику письменному; бумаг у него по нашей тяжбе там пропасть такая лежит, что уж он мне и прикасаться к ним не позволяет. Сколько раз, бывало, прошу: "Дай ты мне хоть раз бумаги поднять, я бы пыль со столика стерла". Куды, закричит, замашет руками: нетерпеливый он такой стал здесь в Петербурге, крикун. Так вот я к столику-то подошла и ищу: которая это бумага, что он сейчас-то писал? Потому доподлинно знаю, что он ее с собой не взял, а когда вставал из-за стола, то под другие бумаги сунул. Ну вот, батюшка, Иван Петрович, что я нашла, посмотри-ка.

И она подала мне лист почтовой бумаги, вполовину исписанный, но с такими помарками, что в иных местах разобрать было невозможно.

Бедный старик! С первых строк можно было догадаться, что и к кому он писал. Это было письмо к Наташе, к возлюбленной его Наташе. Он начинал горячо и нежно: он обращался к ней с прощением и звал ее к себе. Трудно было разобрать всё письмо, написанное нескладно и порывисто, с бесчисленными помарками. Видно только было, что горячее чувство, заставившее его схватить перо и написать первые, задушевные строки, быстро, после этих первых строк, переродилось в другое: старик начинал укорять дочь, яркими красками описывал ей ее преступление, с негодованием напоминал ей о ее упорстве, упрекал в

195

бесчувственности, в том, что она ни разу, может быть, и не подумала, что сделала с отцом и матерью. За ее гордость он грозил ей наказанием и проклятием и кончал требованием, чтоб она немедленно и покорно возвратилась домой, и тогда, только тогда, может быть, после покорной и примерной новой жизни "в недрах семейства", мы решимся простить тебя, писал он. Видно было, что первоначальное, великодушное чувство свое он, после нескольких строк, принял за слабость, стал стыдиться ее и, наконец, почувствовав муки оскорбленной гордости, кончал гневом и угрозами. Старушка стояла передо мной, сложа руки и в страхе ожидая, что я скажу по прочтении письма.

Я высказал ей всё прямо, как мне казалось. Именно: что старик не в силах более жить без Наташи и что положительно можно сказать о необходимости скорого их примирения; но что, однако же, всё зависит от обстоятельств. Я объяснил при этом мою догадку, что, во-первых, вероятно, дурной исход процесса сильно расстроил и потряс его, не говоря уже о том, насколько было уязвлено его самолюбие торжеством над ним князя и сколько негодования возродилось в нем при таком решении дела. В такие минуты душа не может не искать себе сочувствия, и он еще сильнее вспомнил о той, которую всегда любил больше всего на свете. Наконец, может быть и то: он, наверно, слышал (потому что он следит и всё знает про Наташу), что Алеша скоро оставляет ее. Он мог понять, каково было ей теперь, и по себе почувствовал, как необходимо было ей утешение. Но все-таки он не мог преодолеть себя, считая себя оскорбленным и униженным дочерью. Ему, верно, приходило на мысль, что все-таки не она идет к нему первая; что, может быть, даже она и не думает об них и потребности не чувствует к примирению. Так он должен был думать, заключил я мое мнение, и вот почему не докончил письма, и, может быть, из всего этого произойдут еще новые оскорбления, которые еще сильнее почувствуются, чем первые, и, кто знает, примирение, может быть, еще надолго отложится...

Старушка плакала, меня слушая. Наконец, когда я сказал, что мне необходимо сейчас же к Наташе и что я опоздал к ней, она встрепенулась и объявила, что и забыла о главном. Вынимая письмо из-под бумаг, она нечаянно опрокинула на него чернильницу. Действительно, целый угол был залит чернилами, и старушка ужасно боялась, что старик по этому пятну узнает, что без него перерыли бумаги и что Анна Андреевна прочла письмо к Наташе. Ее страх был очень основателен: уж из одного того, что мы знаем его тайну, он со стыда и досады мог продлить свою злобу и из гордости упорствовать в прощении.

Но, рассмотрев дело, я уговорил старушку не беспокоиться. Он встал из-за письма в таком волнении, что мог и не помнить всех мелочей, и теперь, вероятно, подумает, что сам запачкал письмо и забыл об этом. Утешив таким образом Анну Андреевну, мы осторожно положили письмо на прежнее место, а я вздумал, уходя, переговорить с нею серьезно о Нелли. Мне казалось, что бедная брошенная сиротка, у которой мать была тоже проклята своим отцом, могла бы грустным, трагическим рассказом о прежней своей жизни и о смерти своей матери тронуть старика и подвигнуть его на великодушные чувства. Всё готово, всё созрело в его сердце; тоска по дочери стала уже пересиливать его гордость и оскорбленное самолюбие. Недоставало только толчка, последнего удобного случая, и этот удобный случай могла бы заменить Нелли. Старушка слушала меня с чрезвычайным вниманием: всё лицо ее оживилось надеждой и восторгом. Она тотчас же стала меня упрекать: зачем я давно ей этого не сказал? нетерпеливо начала меня расспрашивать о Нелли и кончила торжественным обещанием, что сама теперь будет просить старика, чтоб взял в дом сиротку. Она уже начала искренно любить Нелли, жалела о том, что она больна, расспрашивала о ней, принудила меня взять для Нелли банку варенья, за которым сама побежала в чулан; принесла мне пять целковых, предполагая, что у меня нет денег для доктора, и, когда я их не взял, едва успокоилась и утешилась тем, что Нелли нуждается в платье и белье и что, стало быть, можно еще ей быть полезною, вследствие чего стала тотчас же перерывать свой сундук и раскладывать все свои платья, выбирая из них те, которые можно было подарить "сиротке".

А я пошел к Наташе. Подымаясь на последнюю лестницу, которая, как я уже сказал прежде, шла винтом, я заметил у ее дверей человека, который хотел уже было постучаться, но, заслышав мои шаги, приостановился. Наконец, вероятно после некоторого колебания, вдруг оставил свое намерение и пустился вниз. Я столкнулся с ним на последней забежной ступеньке, и каково было мое изумление, когда я узнал Ихменева. На лестнице и днем было очень темно. Он прислонился к стене, чтобы дать мне пройти, и помню странный блеск его глаз, пристально меня рассматривавших. Мне казалось, что он ужасно покраснел; по крайней мере он ужасно смешался и даже потерялся.

- Эх, Ваня, да это ты! - проговорил он неровным голосом, - а я здесь к одному человеку... к писарю... всё по делу... недавно переехал... куда-то сюда... да не здесь, кажется, живет. Я ошибся. Прощай.

И он быстро пустился вниз по лестнице.

Я решился до времени не говорить Наташе об этой встрече, но непременно сказать ей тотчас же, когда она останется одна, по отъезде Алеши. В настоящее же время она была так расстроена, что хотя бы и поняла и осмыслила вполне всю силу этого факта, но не могла бы его так принять и прочувствовать, как впоследствии, в минуту подавляющей последней тоски и отчаяния. Теперь же минута была не та.

В тот день я бы мог сходить к Ихменевым, и подмывало меня на это, но я не пошел. Мне казалось, что старику будет тяжело смотреть на меня; он даже мог подумать, что я нарочно прибежал вследствие встречи. Пошел я к ним уже на третий день; старик был грустен, но встретил меня довольно развязно и всё говорил о делах.

- А что, к кому это ты тогда ходил, так высоко, вот помнишь, мы встретились, когда бишь это? - третьего дня, кажется, - спросил он вдруг довольно небрежно, но все-таки как-то отводя от меня свои глаза в сторону.

- Приятель один живет, - отвечал я, тоже отводя глаза в сторону.

- А! А я писаря моего искал, Астафьева; на тот дом указали... да ошибся... Ну, так вот я тебе про дело-то говорил: в сенате решили... - и т. д., и т. д.

Он даже покраснел, когда начал говорить о деле.

Я рассказал всё в тот же день Анне Андреевне, чтоб обрадовать старушку, умоляя ее, между прочим, не заглядывать ему теперь в лицо с особенным видом, не вздыхать, не делать намеков и, одним словом, ни под каким видом не показывать, что ей известна эта последняя его выходка. Старушка до того удивилась и обрадовалась, что даже сначала мне не поверила. С своей стороны, она рассказала мне, что уже намекала Николаю Сергеичу о сиротке, но что он промолчал, тогда как прежде сам всё упрашивал взять в дом девочку. Мы решили, что завтра она попросит его об этом прямо, без всяких предисловий и намеков. Но назавтра оба мы были в ужасном испуге и беспокойстве.

Дело в том, что Ихменев виделся утром с чиновником, хлопотавшим по его делу. Чиновник объявил ему, что видел князя и что князь хоть и оставляет Ихменевку за собой, но "вследствие некоторых семейных обстоятельств" решается вознаградить старика и выдать ему десять тысяч. От чиновника старик прямо прибежал ко мне, ужасно расстроенный; глаза его сверкали бешенством. Он вызвал меня, неизвестно зачем, из квартиры на лестницу и настоятельно стал требовать, чтоб я немедленно шел к князю и передал ему вызов на дуэль. Я был так поражен, что долго не мог ничего сообразить. Начал было его уговаривать. Но старик пришел в такое бешенство, что с ним сделалось дурно. Я бросился к себе за стаканом воды; но, воротясь, уже не застал Ихменева на лестнице.

На другой день я отправился к нему, но его уже не было дома; он исчез на целых три дня.

На третий день мы узнали всё. От меня он кинулся прямо к князю, не застал его дома и оставил ему записку; в записке он писал, что знает о словах его, сказанных чиновнику, что считает их себе смертельным оскорблением, а князя низким человеком и вследствие всего этого вызывает его на дуэль, предупреждая при этом, чтоб князь не смел уклоняться от вызова, иначе будет обесчещен публично.

Анна Андреевна рассказывала мне, что он воротился домой в таком волнении и расстройстве, что даже слег. С ней был очень нежен, но на расспросы ее отвечал мало, и видно было, что он чего-то ждал с лихорадочным нетерпением. На другое утро пришло по городской почте письмо; прочтя его, он вскрикнул и схватил себя за голову. Анна Андреевна обмерла от страха. Но он тотчас же схватил шляпу, палку и выбежал вон.

Письмо было от князя. Сухо, коротко и вежливо он извещал Ихменева, что в словах своих, сказанных чиновнику, он никому не обязан никаким отчетом. Что хотя он очень сожалеет Ихменева за проигранный процесс, но при всем своем сожалении никак не может найти справедливым, чтоб проигравший в тяжбе имел право, из мщения, вызывать своего соперника на дуэль. Что же касается до "публичного бесчестия", которым ему грозили, то князь просил Ихменева не беспокоиться об этом, потому что никакого публичного бесчестия не будет, да и быть не может; что письмо его немедленно будет передано куда следует и что предупрежденная полиция, наверно, в состоянии принять надлежащие меры к обеспечению порядка и спокойствия.

Ихменев с письмом в руке тотчас же бросился к князю. Князя опять не было дома; но старик успел узнать от лакея, что князь теперь, верно, у графа N. Долго не думая, он побежал к графу. Графский швейцар остановил его, когда уже он подымался на лестницу. Взбешенный до последней степени старик ударил его палкой. Тотчас же его схватили, вытащили на крыльцо и передали полицейским, которые препроводили его в часть. Доложили графу. Когда же случившийся тут князь объяснил сластолюбивому старичку, что этот самый Ихменев - отец той самой Натальи Николаевны (а князь не раз прислуживал графу по этим делам), то вельможный старичок только засмеялся и переменил гнев на милость: сделано было распоряжение отпустить Ихменева на все четыре стороны; но выпустили его только на третий день, причем (наверно, по распоряжению князя) объявили старику, что сам князь упросил графа его помиловать.

Старик воротился домой как безумный, бросился на постель и целый час лежал без движения; наконец приподнялся и, к ужасу Анны Андреевны, объявил торжественно, что навеки проклинает свою дочь и лишает ее своего родительского благословения.

Анна Андреевна пришла в ужас, но надо было помогать старику, и она, сама чуть не без памяти, весь этот день и почти всю ночь ухаживала за ним, примачивала ему голову уксусом, обкладывала льдом. С ним был жар и бред. Я оставил их уже в третьем часу ночи. Но наутро Ихменев встал и в тот же день пришел ко мне, чтоб окончательно взять к себе Нелли. Но о сцене его с Нелли я уже рассказывал; эта сцена потрясла его окончательно. Воротясь домой, он слег в постель. Всё это происходило в страстную пятницу, когда было назначено свидание Кати и Наташи, накануне отъезда Алеши и Кати из Петербурга. На этом свидании я был: оно происходило рано утром, еще до прихода ко мне старика и до первого побега Нелли.

ГЛАВА VI

Алеша приехал еще за час до свидания предупредить Наташу. Я же пришел именно в то мгновение, когда коляска Кати остановилась у наших ворот. С Катей была старушка француженка, которая, после долгих упрашиваний и колебаний, согласилась наконец сопровождать ее и даже отпустить ее наверх к Наташе одну, но не иначе, как с Алешей; сама же осталась дожидаться в коляске. Катя подозвала меня и, не выходя из коляски, просила вызвать к ней Алешу. Наташу я застал в слезах; и Алеша и она - оба плакали. Услышав, что Катя уже здесь, она встала со стула, отерла слезы и с волнением стала против дверей. Одета она была в это утро вся в белом. Темно-русые волосы ее были зачесаны гладко и назади связывались густым узлом. Эту прическу я очень любил. Увидав, что я остался с нею, Наташа попросила и меня пойти тоже навстречу гостям.

- До сих пор я не могла быть у Наташи, - говорила мне Катя, подымаясь на лестницу. - Меня так шпионили, что ужас. Madame Albert я уговаривала целых две недели, наконец-то согласилась. А вы, а вы, Иван Петрович, ни разу ко мне не зашли! Писать я вам тоже не могла, да и охоты не было, потому что письмом ничего не разъяснишь. А как мне надо было вас видеть... Боже мой, как у меня теперь сердце бьется...

- Лестница крутая, - отвечал я.

- Ну да... и лестница... а что, как вы думаете: не будет сердиться на меня Наташа?

- Нет, за что же?

- Ну да... конечно, за что же; сейчас сама увижу; к чему же и спрашивать?..

Я вел ее под руку. Она даже побледнела и, кажется, очень боялась. На последнем повороте она остановилась перевести дух, но взглянула на меня и решительно поднялась наверх.

Еще раз она остановилась в дверях и шепнула мне: "Я просто войду и скажу ей, что я так в нее верила, что приехала не опасаясь... впрочем, что ж я разговариваю; ведь я уверена, что Наташа благороднейшее существо. Не правда ли?"

Она вошла робко, как виноватая, и пристально взглянула на Наташу, которая тотчас же улыбнулась ей. Тогда Катя быстро подошла к ней, схватила ее за руки и прижалась к ее губам своими пухленькими губками. Затем, еще ни слова не сказав Наташе, серьезно и даже строго обратилась к Алеше и попросила его оставить нас на полчаса одних.

- Ты не сердись, Алеша, - прибавила она, - это я потому, что мне много надо переговорить с Наташей, об очень важном и о серьезном, чего ты не должен слышать. Будь же умен, поди. А вы, Иван Петрович, останьтесь. Вы должны выслушать весь наш разговор.

- Сядем, - сказала она Наташе по уходе Алеши, - я так, против вас сяду. Мне хочется сначала на вас посмотреть.

Она села почти прямо против Наташи и несколько мгновений пристально на нее смотрела. Наташа отвечала ей невольной улыбкой.

- Я уже видела вашу фотографию, - сказала Катя, - мне показывал Алеша.

- Что ж, похожа я на портрете?

- Вы лучше, - ответила Катя решительно и серьезно. - Да я так и думала, что вы лучше.

- Право? А я вот засматриваюсь на вас. Какая вы хорошенькая!

- Что вы! Куды мне!.. голубчик вы мой! - прибавила она, дрожавшей рукой взяв руку Наташи, и обе опять примолкли, всматриваясь друг в друга. - Вот что, мой ангел, - прервала Катя, - нам всего полчаса быть вместе; madame Albert и на это едва согласилась, а нам много надо переговорить... Я хочу... я должна... ну я вас просто спрошу: очень вы любите Алешу?

- Да, очень.

- А если так... если вы очень любите Алешу... то... вы должны любить и его счастье... - прибавила она робко и шепотом.

- Да, я хочу, чтоб он был счастлив...

- Это так... но вот, в чем вопрос: составлю ли я его счастье? Имею ли я право так говорить, потому что я его у вас отнимаю. Если вам кажется и мы решим теперь, что с вами он будет счастливее, то... то...

- Это уже решено, милая Катя, ведь вы же сами видите, что всё решено, - отвечала тихо Наташа и склонила голову. Ей было, видимо, тяжело продолжать разговор.

Катя приготовилась, кажется, на длинное объяснение на тему: кто лучше составит счастье Алеши и кому из них придется уступить? Но после ответа Наташи тотчас же поняла, что всё уже давно решено и говорить больше не о чем. Полураскрыв свои хорошенькие губки, она с недоумением и с печалью смотрела на Наташу, всё еще держа ее руку в своей.

- А вы его очень любите? - спросила вдруг Наташа.

- Да; и вот я тоже хотела вас спросить и ехала с тем: скажите мне, за что именно вы его любите?

- Не знаю, - отвечала Наташа, и как будто горькое нетерпение послышалось в ее ответе.

- Умен он, как вы думаете? - спросила Катя.

- Нет, я так его, просто люблю.

- И я тоже. Мне его всё как будто жалко.

- И мне тоже, - отвечала Наташа.

- Что с ним делать теперь! И как он мог оставить вас для меня, не понимаю! - воскликнула Катя. - Вот как теперь увидала вас и не понимаю! - Наташа не отвечала и смотрела в землю. Катя помолчала немного и вдруг, поднявшись со стула, тихо обняла ее. Обе, обняв одна другую, заплакали. Катя села на ручку кресел Наташи, не выпуская ее из своих объятий, и начала целовать ее руки.

- Если б вы знали, как я вас люблю! - проговорила она плача. - Будем сестрами, будем всегда писать друг другу... а я вас буду вечно любить... я вас буду так любить, так любить...

- Он вам о нашей свадьбе, в июне месяце, говорил? - спросила Наташа.

- Говорил. Он говорил, что и вы согласны. Ведь это всё только так, чтоб его утешить, не правда ли?

- Конечно.

- Я так и поняла. Я буду его очень любить, Наташа, и вам обо всем писать. Кажется, он будет теперь скоро моим мужем; на то идет. И они все так говорят. Милая Наташечка, ведь вы пойдете теперь... в ваш дом?

Наташа не отвечала ей, но молча и крепко поцеловала ее.

- Будьте счастливы! - сказала она.

- И... и вы... вы тоже, - проговорила Катя. В это мгновение отворилась дверь, и вошел Алеша. Он не мог, он не в силах был переждать эти полчаса и, увидя их обеих в объятиях друг у друга и плакавших, весь изнеможенный, страдающий, упал на колена перед Наташей и Катей.

- Чего же ты-то плачешь? - сказала ему Наташа, - что разлучаешься со мной? Да надолго ли? В июне приедешь?

- И свадьба ваша будет тогда, - поспешила сквозь слезы проговорить Катя, тоже в утешение Алеше.

- Но я не могу, я не могу тебя и на день оставить, Наташа. Я умру без тебя... ты не знаешь, как ты мне теперь дорога! Именно теперь!..

- Ну, так вот как ты сделай, - сказала, вдруг оживляясь, Наташа, - ведь графиня останется хоть сколько-нибудь в Москве?

- Да, почти неделю, - подхватила Катя.

- Неделю! Так чего ж лучше: ты завтра проводишь их до Москвы, это всего один день, и тотчас же приезжай сюда. Как им надо будет выезжать из Москвы, мы уж тогда совсем, на месяц, простимся, и ты воротишься в Москву их провожать.

- Ну, так, так... А вы все-таки лишних четыре дня пробудете вместе, - вскрикнула восхищенная Катя, обменявшись многозначительным взглядом с Наташей.

Не могу выразить восторга Алеши от этого нового проекта. Он вдруг совершенно утешился; его лицо засияло радостию, он обнимал Наташу, целовал

201

руки Кати, обнимал меня. Наташа с грустною улыбкою смотрела на него, но Катя не могла вынести. Она переглянулась со мной горячим, сверкающим взглядом, обняла Наташу и встала со стула, чтоб ехать. Как нарочно, в эту минуту француженка прислала человека с просьбою окончить свидание поскорее и что условленные полчаса уже прошли.

Наташа встала. Обе стояли одна против другой, держась за руки и как будто силясь передать взглядом всё, что скопилось в душе.

- Ведь мы уж больше никогда не увидимся, - сказала Катя.

- Никогда, Катя, - отвечала Наташа.

- Ну, так простимся. - Обе обнялись.

- Не проклинайте меня, - прошептала наскоро Катя, - а я... всегда... будьте уверены... он будет счастлив... Пойдем, Алеша, проводи меня! - быстро произнесла она, схватывая его руку.

- Ваня! - сказала мне Наташа, взволнованная и измученная, когда они вышли, - ступай за ними и ты и... не приходи назад: у меня будет Алеша до вечера, до восьми часов; а вечером ему нельзя, он уйдет. Я останусь одна... Приходи часов в девять. Пожалуйста!

Когда в девять часов, оставив Нелли (после разбитой чашки) с Александрой Семеновной, я пришел к Наташе, она уже была одна и с нетерпением ждала меня. Мавра подала нам самовар; Наташа налила мне чаю, села на диван и подозвала меня поближе к себе.

- Вот и кончилось всё, - сказала она, пристально взглянув на меня. Никогда не забуду я этого взгляда.

- Вот и кончилась наша любовь. Полгода жизни! И на всю жизнь, - прибавила она, сжимая мне руку. Ее рука горела. Я стал уговаривать ее одеться потеплее и лечь в постель.

- Сейчас, Ваня, сейчас, мой добрый друг. Дай мне поговорить и припомнить немного... Я теперь как разбитая... Завтра в последний раз его увижу, в десять часов... в последний!

- Наташа, у тебя лихорадка, сейчас будет озноб; пожалей себя...

- Что же? Ждала я тебя теперь, Ваня, эти полчаса, как он ушел, и как ты думаешь, о чем думала, о чем себя спрашивала? Спрашивала: любила я его иль не любила и что это такое была наша любовь? Что, тебе смешно, Ваня, что я об этом только теперь себя спрашиваю?

- Не тревожь себя, Наташа...

- Видишь, Ваня: ведь я решила, что я его не любила как ровню, так, как обыкновенно женщина любит мужчину. Я любила его как... почти как мать. Мне даже кажется, что совсем и не бывает на свете такой любви, чтоб оба друг друга любили как ровные, а? Как ты думаешь?

Я с беспокойством смотрел на нее и боялся, не начинается ли с ней горячка. Как будто что-то увлекало ее; она чувствовала какую-то особенную потребность говорить; иные слова ее были как будто без связи, и даже иногда она плохо выговаривала их. Я очень боялся.

- Он был мой, - продолжала она. - Почти с первой встречи с ним у меня явилось тогда непреодолимое желание, чтоб он был мой, поскорей мой, и чтоб он ни на кого не глядел, никого не знал, кроме меня, одной меня... Катя давеча хорошо сказала: я именно любила его так, как будто мне всё время было отчего-то его жалко... Было у меня всегда непреодолимое желание, даже мучение, когда я оставалась одна, о том, чтоб он был ужасно и вечно счастлив. На его лицо (ты ведь знаешь выражение его лица, Ваня) я спокойно смотреть не могла: такого выражения ни у кого не бывает, а засмеется он, так у меня холод и дрожь была... Право!..

- Наташа, послушай...

- Вот говорили, - перебила она, - да и ты, впрочем, говорил, что он без характера и... и умом недалек, как ребенок. Ну, а я это-то в нем и любила больше всего... веришь ли этому? Не знаю, впрочем, любила ли именно одно это: так, просто, всего его любила, и будь он хоть чем-нибудь другой, с характером иль умнее, я бы, может, и не любила его так. Знаешь, Ваня, я тебе признаюсь в одном: помнишь, у нас была ссора, три месяца назад, когда он был у той, как ее, у этой Минны... я узнала, выследила, и веришь ли: мне ужасно было больно, а в то же время как будто и приятно... но знаю, почему... одна уж мысль, что он тоже, как большой какой-нибудь, вместе с другими большими по красавицам разъезжает, тоже к Минне поехал! Я... Какое наслаждение было мне тогда в этой ссоре; а потом простить его... о милый!

Она взглянула мне в лицо и как-то странно рассмеялась. Потом как будто задумалась, как будто всё еще припоминала. И долго сидела она так, с улыбкой на губах, вдумываясь в прошедшее.

- Я ужасно любила его прощать, Ваня, - продолжала она, - знаешь что, когда он оставлял меня одну, я хожу, бывало, по комнате, мучаюсь, плачу, а сама иногда подумаю: чем виноватее он передо мной, тем ведь лучше... да! И знаешь: мне всегда представлялось, что он как будто такой маленький мальчик: я сижу, а он положил ко мне на колени голову, заснул, а я его тихонько по голове гляжу, ласкаю... Всегда так воображала о нем, когда его со мной не было... Послушай, Ваня, - прибавила она вдруг, - какая это прелесть Катя!

Мне показалось, что она сама нарочно растравляет свою рану, чувствуя в этом какую-то потребность, - потребность отчаяния, страданий... И так часто бывает это с сердцем, много потерявшим!

- Катя, мне кажется, может его сделать счастливым, - продолжала она. - Она с характером и говорит, как будто такая убежденная, и с ним она такая серьезная, важная, - всё об умных вещах говорит, точно большая. А сама-то, сама-то - настоящий ребенок! Милочка, милочка! О! пусть они будут счастливы! Пусть, пусть, пусть!..

И слезы, рыдания вдруг разом так и хлынули из ее сердца. Целых полчаса она не могла прийти в себя и хоть сколько-нибудь успокоиться.

Милый ангел Наташа! Еще в этот же вечер, несмотря на свое горе, она смогла-таки принять участие и в моих заботах, когда я, видя, что она немножко успокоилась, или, лучше сказать, устала, и думая развлечь ее, рассказал ей о Нелли... Мы расстались в этот вечер поздно; я дождался, пока она заснула, и, уходя, просил Мавру не отходить от своей больной госпожи всю ночь.

- О, поскорее, поскорее! - восклицал я, возвращаясь домой, - поскорее конец этим мукам! Хоть чем-нибудь, хоть как-нибудь, но только скорее, скорее!

Наутро, ровно в десять часов, я уже был у нее. В одно время со мной приехал и

Алеша... прощаться. Не буду говорить, не хочу вспоминать об этой сцене. Наташа как будто дала себе слово скрепить себя, казаться веселее, равнодушнее, но не могла. Она обняла Алешу судорожно, крепко. Мало говорила с ним, но глядела на него долго, пристально, мученическим и словно безумным взглядом. Жадно вслушивалась в каждое слово его и, кажется, ничего не понимала из того, что он ей говорил. Помню, он просил простить ему, простить ему и любовь эту и всё, чем он оскорблял ее в это время, свои измены, свою любовь к Кате, отъезд... Он говорил бессвязно, слезы душили его. Иногда он вдруг принимался утешать ее, говорил, что едет только на месяц или много что на пять недель, что приедет летом, тогда будет их свадьба, и отец согласится, и, наконец, главное, что ведь он послезавтра приедет из Москвы, и тогда целых четыре дня они еще пробудут вместе и что, стало быть, теперь расстаются на один только день...

Странное дело: сам он был вполне уверен, что говорит правду и что непременно послезавтра воротится из Москвы... Чего же сам он так плакал и мучился?

Наконец часы пробили одиннадцать. Я насилу мог уговорить его ехать. Московский поезд отправлялся ровно в двенадцать. Оставался один час. Наташа мне сама потом говорила, что не помнит, как последний раз взглянула на него. Помню, что она перекрестила его, поцеловала и, закрыв руками лицо, бросилась назад в комнату. Мне же надо было проводить Алешу до самого экипажа, иначе он непременно бы воротился и никогда бы не сошел с лестницы.

- Вся надежда на вас, - говорил он мне, сходя вниз. - Друг мой, Ваня! Я перед тобой виноват и никогда не мог заслужить твоей любви, но будь мне до конца братом: люби ее, не оставляй ее, пиши мне обо всем как можно подробнее и мельче, как можно мельче пиши, чтоб больше уписалось. Послезавтра я здесь опять, непременно, непременно! Но потом, когда я уеду, пиши!

Я посадил его на дрожки.

- До послезавтра! - закричал он мне с дороги. - Непременно!

С замиравшим сердцем воротился я наверх к Наташе. Она стояла посреди комнаты, скрестив руки, и в недоумении на меня посмотрела, точно не узнавала меня. Волосы ее сбились как-то на сторону; взгляд был мутный и блуждающий. Мавра, как потерянная, стояла в дверях, со страхом смотря на нее.

Вдруг глаза Наташи засверкали:

- А! Это ты! Ты! - вскричала она на меня. - Только ты один теперь остался. Ты его ненавидел! Ты никогда ему не мог простить, что я его полюбила... Теперь ты опять при мне! Что ж? Опять утешать пришел меня, уговаривать, чтоб я шла к отцу, который меня бросил и проклял. Я так и знала еще вчера, еще за два месяца!.. Не хочу, не хочу! Я сама проклинаю их!.. Поди прочь, я не могу тебя видеть! Прочь, прочь!

Я понял, что она в исступлении и что мой вид возбуждает в ней гнев до безумия, понял, что так и должно было быть, и рассудил лучше выйти. Я сел на лестнице, на первую ступеньку и - ждал. Иногда я подымался, отворял дверь, подзывал к себе Мавру и расспрашивал ее; Мавра плакала.

Так прошло часа полтора. Не могу изобразить, что я вынес в это время. Сердце замирало во мне и мучилось от беспредельной боли. Вдруг дверь отворилась, и Наташа выбежала на лестницу, в шляпке и бурнусе. Она была как в беспамятстве и

204

сама потом говорила мне, что едва помнит это и не знает, куда и с каким намерением она хотела бежать.

Я не успел еще вскочить с своего места и куда-нибудь от нее спрятаться, как вдруг она меня увидала и, как пораженная, остановилась передо мной без движения. "Мне вдруг припомнилось, - говорила она мне потом, - что я, безумная, жестокая, могла выгнать тебя, тебя, моего друга, моего брата, моего спасителя! И как увидела, что ты, бедный, обиженный мною, сидишь у меня на лестнице, не уходишь и ждешь, пока я тебя опять позову, - боже! - если б ты знал, Ваня, что тогда со мной сталось! Как будто в сердце мне что-то вонзили..."

- Ваня! Ваня! - закричала она, протягивая мне руки, - ты здесь!.. - и упала в мои объятия.

Я подхватил ее и понес в комнату. Она была в обмороке! "Что делать? - думал я. - С ней будет горячка, это наверно!"

Я решился бежать к доктору; надо было захватить болезнь. Съездить же можно было скоро; до двух часов мой старик немец обыкновенно сидел дома. Я побежал к нему, умоляя Мавру ни на минуту, ни на секунду не уходить от Наташи и не пускать ее никуда. Бог мне помог: еще бы немного, и я бы не застал моего старика дома. Он встретился уже мне на улице, когда выходил из квартиры. Мигом я посадил его на моего извозчика, так что он еще не успел удивиться, и мы пустились обратно к Наташе.

Да, бог мне помог! В полчаса моего отсутствия случилось у Наташи такое происшествие, которое бы могло совсем убить ее, если б мы с доктором не подоспели вовремя. Не прошло и четверти часа после моего отъезда, как вошел князь. Он только что проводил своих и явился к Наташе прямо с железной дороги. Этот визит, вероятно, уже давно был решен и обдуман им. Наташа сама рассказывала мне потом, что в первое мгновение она даже и не удивилась князю. "Мой ум помешался", - говорила она.

Он сел против нее, глядя на нее ласковым, соболезнующим взглядом.

- Милая моя, - сказал он, вздохнув, - я понимаю ваше горе; я знал, как будет тяжела вам эта минута, и положил себе за долг посетить вас. Утешьтесь, если можете, хоть тем, что, отказавшись от Алеши, вы составили его счастье. Но вы лучше меня это понимаете, потому что решились на великодушный подвиг...

"Я сидела и слушала, - рассказывала мне Наташа, - но я сначала, право, как будто не понимала его. Помню только, что пристально, пристально глядела на него. Он взял мою руку и начал пожимать ее в своей. Это ему, кажется, было очень приятно. Я же до того была не в себе, что и не подумала вырвать у него руку".

- Вы поняли, - продолжал он, - что, став женою Алеши, могли возбудить в нем впоследствии к себе ненависть, и у вас достало благородной гордости, чтоб сознать это и решиться... но - ведь не хвалить же я вас приехал. Я хотел только заявить перед вами, что никогда и нигде не найдете вы лучшего друга, как я. Я вам сочувствую и жалею вас. Во всем этом деле я принимал невольное участие, но - я исполнял свой долг. Ваше прекрасное сердце поймет это и примирится с моим... А мне было тяжелее вашего, поверьте!

- Довольно, князь, - сказала Наташа. - Оставьте меня в покое.

- Непременно, я уйду скоро, - отвечал он, - но я люблю вас, как дочь свою, и

205

вы позволите мне посещать себя. Смотрите на меня теперь как на вашего отца и позвольте мне быть вам полезным.

- Мне ничего не надо, оставьте меня, - прервала опять Наташа.

- Знаю, вы горды... Но я говорю искренно, от сердца. Что намерены вы теперь делать? Помириться с родителями? Доброе бы оно дело, но ваш отец несправедлив, горд и деспот; простите меня, но это так. В вашем доме вы встретите теперь одни попреки и новые мучения... Но, однако же, надо, чтоб вы были независимы, а моя обязанность, мой священный долг - заботиться теперь о вас и помогать вам. Алеша умолял меня не оставлять вас и быть вашим другом. Но и кроме меня есть люди, вам глубоко преданные. Вы мне, вероятно, позволите представить вам графа N. Он с превосходным сердцем, родственник наш и даже, можно сказать, благодетель всего нашего семейства; он многое делал для Алеши. Алеша очень уважал и любил его. Он очень сильный человек, с большим влиянием, уже старичок, и принимать его вам, девице, можно. Я уж говорил ему про вас. Он может пристроить вас и, если захотите, доставит вам превосходное место... у одной из своих родственниц. Я давно уже, прямо и откровенно, объяснил ему всё наше дело, и он до того увлекся своим добрым и благороднейшим чувством, что даже сам упрашивает меня теперь как можно скорее представиться вам... Это человек, сочувствующий всему прекрасному, поверьте мне, - щедрый, почтенный старичок, способный ценить достоинство и еще даже недавно благороднейшим образом обошелся с вашим отцом в одной истории.

Наташа приподнялась, как уязвленная. Теперь она уж понимала его.

- Оставьте меня, оставьте сейчас же! - закричала она.

- Но, мой друг, вы забываете: граф может быть полезен и вашему отцу...

- Мой отец ничего не возьмет от вас. Оставите ли вы меня! - закричала еще раз Наташа.

- О боже, как вы нетерпеливы и недоверчивы! Чем заслужил я это, - произнес князь, с некоторым беспокойством осматриваясь кругом, - во всяком случае вы позволите мне, - продолжал он, вынимая большую пачку из кармана, - вы позволите мне оставить у вас это доказательство моего к вам участия и в особенности участия графа N, побудившего меня своим советом. Здесь, в этом пакете, десять тысяч рублей. Подождите, мой друг, - подхватил он, видя, что Наташа с гневом поднялась с своего места, - выслушайте терпеливо всё: вы знаете, отец ваш проиграл мне тяжбу, и эти десять тысяч послужат вознаграждением, которое...

- Прочь, - закричала Наташа, - прочь с этими деньгами! Я вас вижу насквозь... о низкий, низкий, низкий человек!

Князь поднялся со стула, бледный от злости.

Вероятно, он приехал с тем, чтоб оглядеть местность, разузнать положение и, вероятно, крепко рассчитывал на действие этих десяти тысяч рублей перед нищею и оставленною всеми Наташей... Низкий и грубый, он не раз подслуживался графу N, сластолюбивому старику, в такого рода делах. Но он ненавидел Наташу и, догадавшись, что дело не пошло на лад, тотчас же переменил тон и с злою радостию поспешил оскорбить ее, чтоб не уходить по крайней мере даром.

- Вот уж это и нехорошо, моя милая, что вы так горячитесь, - произнес он несколько дрожащим голосом от нетерпеливого наслаждения видеть поскорее эффект своей обиды, - вот уж это и нехорошо. Вам предлагают покровительство, а вы поднимаете носик... А того и не знаете, что должны быть мне благодарны; уже давно мог бы я посадить вас в смирительный дом, как отец развращаемого вами молодого человека, которого вы обирали, да ведь не сделал же этого... хе-хе-хе-хе!

Но мы уже входили. Услышав еще из кухни голоса, я остановил на одну секунду доктора и вслушался в последнюю фразу князя. Затем раздался отвратительный хохот его и отчаянное восклицание Наташи: "О боже мой!" В эту минуту я отворил дверь и бросился на князя.

Я плюнул ему в лицо и изо всей силы ударил его по щеке. Он хотел было броситься на меня, но, увидав, что нас двое, пустился бежать, схватив сначала со стола свою пачку с деньгами. Да, он сделал это; я сам видел. Я бросил ему вдогонку скалкой, которую схватил в кухне, на столе... Вбежав опять в комнату, я увидел, что доктор удерживал Наташу, которая билась и рвалась у него из рук, как в припадке. Долго мы не могли успокоить ее; наконец нам удалось уложить ее в постель; она была как в горячечном бреду.

- Доктор! Что с ней? - спросил я, замирая от страха.

- Подождите, - отвечал он, - надо еще приглядеться к болезни и потом уже сообразить... но, вообще говоря, дело очень нехорошо. Может кончиться даже горячкой... Впрочем, мы примем меры...

Но меня уже осенила другая мысль. Я умолил доктора остаться с Наташей еще на два или на три часа и взял с него слово не уходить от нее ни на одну минуту. Он дал мне слово, и я побежал домой.

Нелли сидела в углу, угрюмая и встревоженная, и странно поглядывала на меня. Должно быть, я и сам был странен.

Я схватил ее на руки, сел на диван, посадил к себе на колени и горячо поцеловал ее. Она вспыхнула.

- Нелли, ангел! - сказал я, - хочешь ли ты быть нашим спасением? Хочешь ли спасти всех нас? Она с недоумением посмотрела на меня.

- Нелли! Вся надежда теперь на тебя! Есть один отец: ты его видела и знаешь; он проклял свою дочь и вчера приходил просить тебя к себе вместо дочери. Теперь ее, Наташу (а ты говорила, что любишь ее!), оставил тот, которого она любила и для которого ушла от отца. Он сын того князя, который приезжал, помнишь, вечером ко мне и застал еще тебя одну, а ты убежала от него и потом была больна... Ты ведь знаешь его? Он злой человек!

- Знаю, - отвечала Нелли, вздрогнула и побледнела.

- Да, он злой человек. Он ненавидел Наташу за то, что его сын, Алеша, хотел на ней жениться. Сегодня уехал Алеша, а через час его отец уже был у ней и оскорбил ее, и грозил ее посадить в смирительный дом, и смеялся над ней. Понимаешь меня, Нелли?

Черные глаза ее сверкнули, но она тотчас же их опустила,

- Понимаю, - прошептала она чуть слышно.

- Теперь Наташа одна, больная; я оставил ее с нашим доктором, а сам прибежал к тебе. Слушай, Нелли: пойдем к отцу Наташи; ты его не любишь, ты к нему не хотела идти, но теперь пойдем к нему вместе. Мы войдем, и я скажу, что ты теперь хочешь быть у них вместо дочери, вместо Наташи. Старик теперь болен, потому что проклял Наташу и потому что отец Алеши еще на днях смертельно оскорбил его. Он не хочет и слышать теперь про дочь, но он ее любит, любит, Нелли, и хочет с ней примириться; я знаю это, я всё знаю! Это так!.. Слышишь ли, Нелли?

- Слышу, - произнесла она тем же шепотом. Я говорил ей, обливаясь слезами. Она робко взглядывала на меня.

- Веришь ли этому?

- Верю.

- Ну так я войду с тобой, посажу тебя, и тебя примут, обласкают и начнут расспрашивать. Тогда я сам так подведу разговор, что тебя начнут расспрашивать о том, как ты жила прежде: о твоей матери и о твоем дедушке. Расскажи им, Нелли, всё так, как ты мне рассказывала. Всё, всё расскажи, просто и ничего не утаивая. Расскажи им, как твою мать оставил злой человек, как она умирала в подвале у Бубновой, как вы с матерью вместе ходили по улицам и просили милостыню; что говорила она тебе и о чем просила тебя, умирая... Расскажи тут же и про дедушку. Расскажи, как он не хотел прощать твою мать, и как она посылала тебя к нему в свой предсмертный час, чтоб он пришел к ней простить ее, и как он не хотел... и как она умерла. Всё, всё расскажи! И как расскажешь всё это, то старик почувствует всё это и в своем сердце. Он ведь знает, что сегодня бросил ее Алеша и она осталась, униженная и поруганная, одна, без помощи и без защиты, на поругание своему врагу. Он всё это знает... Нелли! спаси Наташу! Хочешь ли ехать?

- Да, - отвечала она, тяжело переводя дух и каким-то странным взглядом, пристально и долго, посмотрев на меня; что-то похожее на укор было в этом взгляде, и я почувствовал это в моем сердце.

Но я не мог оставить мою мысль. Я слишком верил в нее. Я схватил за руку Нелли, и мы вышли. Был уже третий час пополудни. Находила туча. Всё последнее время погода стояла жаркая и удушливая, но теперь послышался где-то далеко первый, ранний весенний гром. Ветер пронесся по пыльным улицам.

Мы сели на извозчика. Всю дорогу Нелли молчала, изредка только взглядывала на меня всё тем же странным и загадочным взглядом. Грудь ее волновалась, и, придерживая ее на дрожках, я слышал, как в моей ладони колотилось ее маленькое сердечко, как будто хотело выскочить вон.

ГЛАВА VII

Дорога мне казалась бесконечною. Наконец мы приехали, и я вошел к моим старикам с замиранием сердца. Я не знал, как выйду из их дома, но знал, что мне во что бы то ни стало надо выйти с прощением и примирением.

Был уже четвертый час. Старики сидели одни, по обыкновению. Николай Сергеич был очень расстроен и болен и полулежал, протянувшись в своем покойном кресле, бледный и изнеможенный, с головой, обвязанной платком. Анна Андреевна сидела возле него, изредка примачивала ему виски уксусом и беспрестанно, с пытливым и страдальческим видом, заглядывала ему в лицо, что, кажется, очень беспокоило старика и даже досаждало ему. Он упорно молчал, она не смела говорить. Наш внезапный приезд поразил их обоих. Анна Андреевна чего-то вдруг испугалась, увидя меня с Нелли, и в первые минуты смотрела на нас так, как будто в чем-нибудь вдруг почувствовала себя виноватою.

- Вот я привез к вам мою Нелли, - сказал я, входя. - Она надумалась и теперь сама захотела к вам. Примите и полюбите...

Старик подозрительно взглянул на меня, и уже по одному взгляду можно было угадать, что ему всё известно, то есть что Наташа теперь уже одна, оставлена, брошена и, может быть, уже оскорблена. Ему очень хотелось проникнуть в тайну нашего прибытия, и он вопросительно смотрел на меня и на Нелли. Нелли дрожала, крепко сжимая своей рукой мою, смотрела в землю и изредка только бросала кругом себя пугливый взгляд, как пойманный зверок. Но скоро Анна Андреевна опомнилась и догадалась: она так и кинулась к Нелли, поцеловала ее, приласкала, даже заплакала и с нежностью усадила ее возле себя, не выпуская из своей руки ее руку. Нелли с любопытством и с каким-то удивлением оглядела ее искоса.

Но, обласкав и усадив Нелли подле себя, старушка уже и не знала больше, что делать, и с наивным ожиданием стала смотреть на меня. Старик поморщился, чуть ли не догадавшись, для чего я привел Нелли. Увидев, что я замечаю его недовольную мину и нахмуренный лоб, он поднес к голове свою руку и сказал мне отрывисто:

- Голова болит, Ваня.

Мы всё еще сидели и молчали; я обдумывал, что начать. В комнате было сумрачно; надвигалась черная туча, и вновь послышался отдаленный раскат грома.

- Гром-то как рано в эту весну, - сказал старик. - А вот в тридцать седьмом году, помню, в наших местах был еще раньше.

Анна Андреевна вздохнула.

- Не поставить ли самоварчик? - робко спросила она; но никто ей не ответил, и она опять обратилась к Нелли.

- Как тебя, моя голубушка, звать? - спросила она ее. Нелли слабым голосом назвала себя и еще больше потупилась. Старик пристально поглядел на нее.

- Это Елена, что ли? - продолжала, оживляясь, старушка.

- Да, - отвечала Нелли, и опять последовало минутное молчание.

- У сестрицы Прасковьи Андреевны была племянница Елена, - проговорил Николай Сергеич, - тоже Нелли звали. Я помню.

- Что ж у тебя, голубушка, ни родных, ни отца, ни матери нету? - спросила опять Анна Андреевна.

- Нет, - отрывисто и пугливо прошептала Нелли.

- Слышала я это, слышала. А давно ли матушка твоя померла?

- Недавно.

- Голубчик ты мой, сироточка, - продолжала старушка, жалостливо на нее поглядывая. Николай Сергеич в нетерпении барабанил по столу пальцами.

- Матушка-то твоя из иностранок, что ли, была? Так, что ли, вы рассказывали, Иван Петрович? - продолжались робкие расспросы старушки.

Нелли бегло взглянула на меня своими черными глазами, как будто призывая меня на помощь. Она как-то неровно и тяжело дышала.

- У ней, Анна Андреевна, - начал я, - мать была дочь англичанина и русской, так что скорее была русская; Нелли же родилась за границей.

- Как же ее матушка-то с супругом своим за границу поехала?

Нелли вдруг вся вспыхнула. Старушка мигом догадалась, что обмолвилась, и вздрогнула под гневным взглядом старика. Он строго посмотрел на нее и отворотился было к окну.

- Ее мать была дурным и подлым человеком обманута, - произнес он, вдруг обращаясь к Анне Андреевне. - Она уехала с ним от отца и передала отцовские деньги любовнику; а тот выманил их у нее обманом, завез за границу, обокрал и бросил. Один добрый человек ее не оставил и помогал ей до самой своей смерти. А когда он умер, она, два года тому назад, воротилась назад к отцу. Так, что ли, ты рассказывал, Ваня? - спросил он отрывисто.

Нелли в величайшем волнении встала с места и хотела было идти к дверям.

- Поди сюда, Нелли, - сказал старик, протягивая наконец ей руку. - Сядь здесь, сядь возле меня, вот тут, - сядь! - Он нагнулся, поцеловал ее в лоб и тихо начал гладить ее по головке. Нелли так вся и затрепетала... но сдержала себя. Анна Андреевна в умилении, с радостною надеждою смотрела, как ее Николай Сергеич приголубил наконец сиротку.

- Я знаю, Нелли, что твою мать погубил злой человек, злой и безнравственный, но знаю тоже, что она отца своего любила и почитала, - с волнением произнес старик, продолжая гладить Нелли по головке и не стерпев, чтоб не бросить нам в эту минуту этот вызов. Легкая краска покрыла его бледные щеки; он старался не взглядывать на нас.

- Мамаша любила дедушку больше, чем ее дедушка любил, - робко, но твердо проговорила Нелли, тоже стараясь ни на кого не взглянуть.

- А ты почему знаешь? - резко спросил старик, не выдержав, как ребенок, и как будто сам стыдясь своего нетерпения.

- Знаю, - отрывисто отвечала Нелли. - Он не принял матушку и... прогнал ее...

Я видел, что Николаю Сергеичу хотелось было что-то сказать, возразить, сказать, например, что старик за дело не принял дочь, но он поглядел на нас и смолчал.

- Как же, где же вы жили-то, когда дедушка вас не принял? - спросила Анна Андреевна, в которой вдруг родилось упорство и желание продолжать именно на эту тему.

- Когда мы приехали, то долго отыскивали дедушку, - отвечала Нелли, - но никак не могли отыскать. Мамаша мне и сказала тогда, что дедушка был прежде очень богатый и фабрику хотел строить, а что теперь он очень бедный, потому что тот, с кем мамаша уехала, взял у ней все дедушкины деньги и не отдал ей. Она мне это сама сказала.

- Гм... - отозвался старик.

- И она говорила мне еще, - продолжала Нелли, всё более и более оживляясь и как будто желая возразить Николаю Сергеичу, но обращаясь к Анне Андреевне, - она мне говорила, что дедушка на нее очень сердит, и что она сама во всем перед ним виновата, и что нет у ней теперь на всей земле никого, кроме дедушки. И когда говорила мне, то плакала... "Он меня не простит, - говорила она, еще когда мы сюда ехали, - но, может быть, тебя увидит и тебя полюбит, а за тебя и меня простит". Мамаша очень любила меня, и когда это говорила, то всегда меня целовала, а к дедушке идти очень боялась. Меня же учила молиться за дедушку, и сама молилась и много мне еще рассказывала, как она прежде жила с дедушкой и как дедушка ее очень любил, больше всех. Она ему на фортепьяно играла и книги читала по вечерам, а дедушка ее целовал и много ей дарил... всё дарил, так что один раз они и поссорились, в мамашины именины; потому что дедушка думал, что мамаша еще не знает, какой будет подарок, а мамаша уже давно узнала какой. Мамаше хотелось серьги, а дедушка всё нарочно обманывал ее и говорил, что подарит не серьги, а брошку; и когда он принес серьги и как увидел, что мамаша уж знает, что будут серьги, а не брошка, то рассердился за то, что мамаша узнала, и половину дня не говорил с ней, а потом сам пришел ее целовать и прощенья просить...

Нелли рассказывала с увлечением, и даже краска заиграла на ее бледных больных щечках.

Видно было, что ее мамаша не раз говорила с своей маленькой Нелли о своих прежних счастливых днях, сидя в своем углу, в подвале, обнимая и целуя свою девочку (всё, что у ней осталось отрадного в жизни) и плача над ней, а в то же время и не подозревая, с какою силою отзовутся эти рассказы ее в болезненно впечатлительном и рано развившемся сердце больного ребенка.

Но увлекшаяся Нелли как будто вдруг опомнилась, недоверчиво осмотрелась кругом и притихла. Старик наморщил лоб и снова забарабанил по столу; у Анны Андреевны показалась на глазах слезинка, и она молча отерла ее платком.

- Мамаша приехала сюда очень больная, - прибавила Нелли тихим голосом, - у ней грудь очень болела. Мы долго искали дедушку и не могли найти, а сами нанимали в подвале, в углу.

- В углу, больная-то! - вскричала Анна Андреевна.

- Да... в углу... - отвечала Нелли. Мамаша была бедная. Мамаша мне говорила, - прибавила она, оживляясь, - что не грех быть бедной, а что грех быть богатым и обижать... и что ее бог наказывает.

- Что же вы на Васильевском нанимали? Это там у Бубновой, что ли? - спросил старик, обращаясь ко мне и стараясь выказать некоторую небрежность в своем вопросе. Спросил же, как будто ему неловко было сидеть молча.

- Нет, не там... а сперва в Мещанской, - отвечала Нелли. - Там было очень темно и сыро, - продолжала она, помолчав, - и матушка очень заболела, но еще тогда ходила. Я ей белье мыла, а она плакала. Там тоже жила одна старушка, капитанша, и жил отставной чиновник, и всё приходил пьяный, и всякую ночь кричал и шумел. Я очень боялась его. Матушка брала меня к себе на постель и обнимала меня, а сама вся, бывало, дрожит, а чиновник кричит и бранится. Он хотел один раз прибить капитаншу, а та была старая старушка и ходила с палочкой. Мамаше стало жаль ее, и она за нее заступилась; чиновник и ударил мамашу, а я чиновника...

Нелли остановилась. Воспоминание взволновало ее; глазки ее засверкали.

- Господи боже мой! - вскричала Анна Андреевна, до последней степени заинтересованная рассказом и не спускавшая глаз с Нелли, которая преимущественно обращалась к ней.

- Тогда мамаша вышла, - продолжала Нелли, - и меня увела с собой. Это было днем. Мы всё ходили по улицам, до самого вечера, и мамаша всё плакала и всё ходила, а меня вела за руку. Я очень устала; мы и не ели этот день. А мамаша всё сама с собой говорила и мне всё говорила: "Будь бедная, Нелли, и когда я умру, не слушай никого и ничего. Ни к кому не ходи; будь одна, бедная, и работай, а нет работы, так милостыню проси, а к ним не ходи". Только в сумерки мы переходили через одну большую улицу; вдруг мамаша закричала: "Азорка! Азорка!" - и вдруг большая собака, без шерсти, подбежала к мамаше, завизжала и бросилась к ней, а мамаша испугалась, стала бледная, закричала и бросилась на колени перед высоким стариком, который шел с палкой и смотрел в землю. А этот высокий старик и был дедушка, и такой сухощавый, в дурном платье. Тут-то я в первый раз и увидала дедушку. Дедушка тоже очень испугался и весь побледнел, и как увидал, что мамаша лежит подле него и обхватила его ноги, - он вырвался, толкнул мамашу, ударил по камню палкой и пошел скоро от нас. Азорка еще остался и всё выл и лизал мамашу, потом побежал к дедушке, схватил его за полу и потащил назад, а дедушка его ударил палкой. Азорка опять к нам было побежал, да дедушка кликнул его, он и побежал за дедушкой и всё выл. А мамаша лежала как мертвая, кругом народ собрался, полицейские пришли. Я всё кричала и подымала мамашу. Она и встала, огляделась кругом и пошла за мной. Я ее повела домой. Люди на нас долго смотрели и всё головой качали...

Нелли приостановилась перевести дух и скрепить себя. Она была очень бледна, но решительность сверкала в ее взгляде. Видно было, что она решилась наконец всё говорить. В ней было даже что-то вызывающее в эту минуту.

- Что ж, - заметил Николай Сергеич неровным голосом, с какою-то раздражительною резкостью, - что ж, твоя мать оскорбила своего отца, и он за дело отверг ее...

- Матушка мне то же говорила, - резко подхватила Нелли, - и, как мы шли домой, всё говорила: это твой дедушка, Нелли, а я виновата перед ним, вот он и проклял меня, за это меня теперь бог и наказывает, и весь вечер этот и все следующие дни всё это же говорила. А говорила, как будто себя не помнила...

Старик смолчал.

- А потом как же вы на другую-то квартиру перебрались? - спросила Анна Андреевна, продолжавшая тихо плакать.

- Мамаша в ту же ночь заболела, а капитанша отыскала квартиру у Бубновой, а на третий день мы и переехали, и капитанша с нами; и как переехали, мамаша совсем слегла и три недели лежала больная, а я ходила за ней. Деньги у нас совсем все вышли, и нам помогла капитанша и Иван Александрыч.

- Гробовщик, хозяин, - сказал я в пояснение.

- А когда мамаша встала с постели и стала ходить, тогда мне про Азорку и рассказала.

Нелли приостановилась. Старик как будто обрадовался, что разговор перешел на Азорку.

- Что ж она про Азорку тебе рассказывала? - спросил он, еще более нагнувшись в своих креслах, точно чтоб еще больше скрыть свое лицо и смотреть вниз.

212

- Она всё мне говорила про дедушку, - отвечала Нелли, - и больная всё про него говорила, и когда в бреду была, тоже говорила. Вот она как стала выздоравливать, то и начала мне опять рассказывать, как она прежде жила... тут и про Азорку рассказала, потому что раз где-то на реке, за городом, мальчишки тащили Азорку на веревке топить, а мамаша дала им денег и купила у них Азорку. Дедушка, как увидел Азорку, стал над ним очень смеяться. Только Азорка и убежал. Мамаша стала плакать; дедушка испугался и сказал, что даст сто рублей тому, кто приведет Азорку. На третий день его и привели; дедушка сто рублей отдал и с этих пор стал любить Азорку. А мамаша так его стала любить, что даже на постель с собой брала. Она мне рассказывала, что Азорка прежде с комедиантами по улицам ходил, и служить умел, и обезьяну на себе возил, и ружьем умел делать, и много еще умел... А когда мамаша уехала от дедушки, то дедушка и оставил Азорку у себя и всё с ним ходил, так что на улице, как только мамаша увидала Азорку, тотчас же и догадалась, что тут же и дедушка...

Старик, видимо, ожидал не того об Азорке и всё больше и больше хмурился. Он уж не расспрашивал более ничего.

- Так как же, вы так больше и не видали дедушку? - спросила Анна Андреевна.

- Нет, когда мамаша стала выздоравливать, тогда я встретила опять дедушку. Я ходила в лавочку за хлебом: вдруг увидела человека с Азоркой, посмотрела и узнала дедушку. Я посторонилась и прижалась к стене. Дедушка посмотрел на меня, долго смотрел и такой был страшный, что я его очень испугалась, и прошел мимо; Азорка же меня припомнил и начал скакать подле меня и мне руки лизать. Я поскорей пошла домой, посмотрела назад, а дедушка зашел в лавочку. Тут я подумала: верно, расспрашивает, и испугалась еще больше, и когда пришла домой, то мамаше ничего не сказала, чтоб мамаша опять не сделалась больна. Сама же в лавочку на другой день не ходила; сказала, что у меня голова болит; а когда пошла на третий день, то никого не встретила и ужасно боялась, так что бегом бежала. А еще через день вдруг я иду, только что за угол зашла, а дедушка передо мной и Азорка. Я побежала и поворотила в другую улицу и с другой стороны в лавочку зашла; только вдруг прямо на него опять и наткнулась и так испугалась, что тут же и остановилась и не могу идти. Дедушка стал передо мною и опять долго смотрел на меня, а потом погладил меня по головке, взял за руку и повел меня, а Азорка за нами и хвостом махает. Тут я и увидала, что дедушка и ходить прямо уж не может и всё на палку упирается, а руки у него совсем дрожат. Он меня привел к разносчику, который на углу сидел и продавал пряники и яблоки. Дедушка купил пряничного петушка и рыбку, и одну конфетку, и яблоко, и когда вынимал деньги из кожаного кошелька, то руки у него очень тряслись, и он уронил пятак, а я подняла ему. Он мне этот пятак подарил, и пряники отдал, и погладил меня по головке, но опять ничего не сказал, а пошел от меня домой.

Тогда я пришла к мамаше и рассказала ей всё про дедушку, и как я сначала его боялась и пряталась от него. Мамаша мне сперва не поверила, а потом так обрадовалась, что весь вечер меня расспрашивала, целовала и плакала, и когда я уж ей всё рассказала, то она мне вперед приказала: чтоб я никогда не боялась дедушку и что, стало быть, дедушка любит меня, коль нарочно приходил ко мне. И велела, чтоб я ласкалась к дедушке и говорила с ним. А на другой день всё меня высылала несколько раз поутру, хотя я и сказала ей, что дедушка приходил всегда только перед вечером. Сама же она за мной издали шла и за углом пряталась и на другой день также, но дедушка не пришел, а в эти дни шел дождь, и матушка очень простудилась, потому что всё со мной выходила за ворота, и опять слегла.

Дедушка же пришел через неделю и опять мне купил одну рыбку и яблоко и опять ничего не сказал. А когда уж он пошел от меня, я тихонько пошла за ним, потому что заранее так вздумала, чтоб узнать, где живет дедушка, и сказать мамаше. Я шла издали по другой стороне улицы, так чтоб дедушка меня не видал. А жил он очень далеко, не там, где после жил и умер, а в Гороховой, тоже в большом. доме, в четвертом этаже. Я всё это узнала и поздно воротилась домой. Мамаша очень испугалась, потому что не знала, где я была. Когда же я рассказала, то мамаша опять очень обрадовалась и тотчас же хотела идти к дедушке, на другой же день; но на другой день стала думать и бояться и всё боялась, целых три дня; так и не ходила. А потом позвала меня и сказала: вот что, Нелли, я теперь больна и не могу идти, а я написала письмо твоему дедушке, поди к нему и отдай письмо. И смотри, Нелли, как он его прочтет, что скажет и что будет делать; а ты стань на колени, целуй его и проси его, чтоб он простил твою мамашу... И мамаша очень плакала, и всё меня целовала, и крестила в дорогу, и богу молилась, и меня с собой на колени перед образом поставила и хоть очень была больна, но вышла меня провожать к воротам, и когда я оглядывалась, она всё стояла и глядела на меня, как я иду...

Я пришла к дедушке и отворила дверь, а дверь была без крючка. Дедушка сидел за столом и кушал хлеб с картофелем, а Азорка стоял перед ним, смотрел, как он ест, и хвостом махал. У дедушки тоже и в той квартире были окна низкие, темные и тоже только один стол и стул. А жил он один. Я вошла, и он так испугался, что весь побледнел и затрясся. Я тоже испугалась и ничего не сказала, а только подошла к столу и положила письмо. Дедушка как увидал письмо, то так рассердился, что вскочил, схватил палку и замахнулся на меня, но не ударил, а только вывел меня в сени и толкнул меня. Я еще не успела и с первой лестницы сойти, как он отворил опять дверь и выбросил мне назад письмо нераспечатанное. Я пришла домой и всё рассказала. Тут матушка слегла опять...

ГЛАВА VIII

В эту минуту раздался довольно сильный удар грома, и дождь крупным ливнем застучал в стекла; в комнате стемнело. Старушка словно испугалась и перекрестилась. Мы все вдруг остановились.

- Сейчас пройдет, - сказал старик, поглядывая на окна; затем встал и прошелся взад и вперед по комнате.

Нелли искоса следила за ним взглядом. Она была в чрезвычайном, болезненном волнении. Я видел это; но на меня она как-то избегала глядеть.

- Ну, что ж дальше? - спросил старик, снова усевшись в свои кресла.

Нелли пугливо огляделась кругом.

- Так ты уж больше и не видала своего дедушку?

- Нет, видела...

- Да, да! Рассказывай, голубчик мой, рассказывай, - подхватила Анна Андреевна.

- Я его три недели не видела, - начала Нелли, - до самой зимы. Тут зима стала, и снег выпал. Когда же я встретила дедушку опять, на прежнем месте, то очень обрадовалась... потому что мамаша тосковала, что он не ходит. Я, как увидела его, нарочно побежала на другую сторону улицы, чтоб он видел, что я бегу от него. Только я оглянулась и вижу, что дедушка сначала скоро пошел за мной, а потом и побежал, чтоб меня догнать, и стал кричать мне: "Нелли, Нелли!" И Азорка бежал за ним. Мне жалко стало, я и остановилась. Дедушка подошел, и взял меня за руку, и повел, а когда увидел, что я плачу, остановился, посмотрел на меня, нагнулся и поцеловал. Тут он увидал, что у меня башмаки худые, и спросил: разве у меня нет других. Я тотчас же сказала ему поскорей, что у мамаши совсем нет денег и что нам хозяева из одной жалости есть дают. Дедушка ничего не сказал, но повел меня на рынок и купил мне башмаки и велел тут же их надеть, а потом повел меня к себе, в Гороховую, а прежде зашел в лавочку и купил пирог и две конфетки, и когда мы пришли, сказал, чтоб я ела пирог, и смотрел на меня, когда я ела, а потом дал мне конфетки. А Азорка положил лапы на стол и тоже просил пирога, я ему и дала, и дедушка засмеялся. Потом взял меня, поставил подле себя, начал по голове гладить и спрашивать: училась ли я чему-нибудь и что я знаю? Я ему сказала, а он велел мне, как только мне можно будет, каждый день, в три часа, ходить к нему, и что он сам будет учить меня. Потом сказал мне, чтоб я отвернулась и смотрела в окно, покамест он скажет, чтоб я опять повернулась к нему. Я так и стояла, но тихонько обернулась назад и увидела, что он распорол свою подушку, с нижнего уголка, и вынул четыре целковых. Когда вынул, принес их мне и сказал: "Это тебе одной". Я было взяла, но потом подумала и сказала: "Коли мне одной, так не возьму". Дедушка вдруг рассердился и сказал мне: "Ну, бери как знаешь, ступай". Я вышла, а он и не поцеловал меня.

Как я пришла домой, всё мамаше и рассказала. А мамаше всё становилось хуже и хуже. К гробовщику ходил один студент; он лечил мамашу и велел ей лекарства принимать.

А я ходила к дедушке часто; мамаша так приказывала. Дедушка купил Новый завет и географию и стал меня учить; а иногда рассказывал/какие на свете есть земли, и какие люди живут, и какие моря, и что было прежде, и как Христос нас всех простил. Когда я его сама спрашивала, то он был очень рад; потому я и стала часто его спрашивать, и он всё рассказывал и про бога много говорил. А иногда мы не учились и с Азоркой играли: Азорка меня очень стал любить, и я его выучила через палку скакать, и дедушка смеялся и всё меня по головке гладил. Только дедушка редко смеялся. Один раз много говорит, а то вдруг замолчит и сидит, как будто заснул, а глаза открыты. Так и досидит до сумерек, а в сумерки он такой становится страшный, старый такой... А то, бывало, приду к нему, а он сидит на своем стуле, думает и ничего не слышит, и Азорка подле него лежит. Я жду, жду и кашляю; дедушка всё не оглядывается. Я так и уйду. А дома мамаша так уж и ждет меня: она лежит, а я ей рассказываю всё, всё, так и ночь придет, а я всё говорю, и она всё слушает про дедушку: что он делал сегодня и что мне рассказывал, какие истории, и что на урок мне задал. А как начну про Азорку, что я его через палку

215

заставляла скакать и что дедушка смеялся, то и она вдруг начнет смеяться и долго, бывало, смеется и радуется и опять заставляет повторить, а потом молиться начнет. А я всё думала: что ж мамаша так любит дедушку, а он ее не любит, и когда пришла к дедушке, то нарочно стала ему рассказывать, как мамаша его любит. Он всё слушал, такой сердитый, а всё слушал и ни слова не говорил; тогда я и спросила, отчего мамаша его так любит, что всё об нем спрашивает, а он никогда про мамашу не спрашивает. Дедушка рассердился и выгнал меня за дверь; я немножко постояла за дверью, а он вдруг опять отворил и позвал меня назад, и всё сердился и молчал. А когда потом мы начали Закон божий читать, я опять спросила: отчего же Иисус Христос сказал: любите друг друга и прощайте обиды, а он не хочет простить мамашу? Тогда он вскочил и закричал, что это мамаша меня научила, вытолкнул меня в другой раз вон и сказал, чтоб я никогда не смела теперь к нему приходить. А я сказала, что я и сама теперь к нему не приду, и ушла от него... А дедушка на другой день из квартиры переехал...

- Я сказал, что дождь скоро пройдет, вот и прошел, вот и солнышко... смотри, Ваня, - сказал Николай Сергеевич, оборотясь к окну.

Анна Андреевна поглядела на него в чрезвычайном недоумении, и вдруг негодование засверкало в глазах доселе смирной и напуганной старушки. Молча взяла она Нелли за руку и посадила к себе на колени.

- Рассказывай мне, ангел мой, - сказала она, - я буду тебя слушать. Пусть те, у кого жестокие сердца...

Она не договорила и заплакала. Нелли вопросительно взглянула на меня как бы в недоумении и в испуге. Старик посмотрел на меня, пожал плечами было, но тотчас же отвернулся.

- Продолжай, Нелли, - сказал я.

- Я три дня не ходила к дедушке, - начала опять Нелли, - а в это время мамаше стало худо. Деньги у нас все вышли, а лекарства не на что было купить, да и не ели мы ничего, потому что у хозяев тоже ничего не было, и они стали нас попрекать, что мы на их счет живем. Тогда я на третий день утром встала и начала одеваться. Мамаша спросила: куда я иду? Я и сказала: к дедушке, просить денег, и она обрадовалась, потому что я уже рассказала мамаше всё, как он прогнал меня от себя, и сказала ей, что не хочу больше ходить к дедушке, хоть она и плакала и уговаривала меня идти. Я пришла и узнала, что дедушка переехал, и пошла искать его в новый дом. Как только я пришла к нему в новую квартиру, он вскочил, бросился на меня и затопал ногами, и я ему тотчас сказала, что мамаша очень больна, что на лекарство надо денег, пятьдесят копеек, а нам есть нечего. Дедушка закричал и вытолкал меня на лестницу и запер за мной дверь на крючок. Но когда он толкал меня, я ему сказала, что я на лестнице буду сидеть и до тех пор не уйду, покамест он денег не даст. Я и сидела на лестнице. Немного спустя он отворил дверь и увидел, что я сижу, и опять затворил. Потом долго прошло, он опять отворил, опять увидал меня и опять затворил. И потом много раз отворял и смотрел. Наконец вышел с Азоркой, запер дверь и прошел мимо меня со двора и ни слова мне не сказал. И я ни слова не сказала, и так и осталась сидеть, и сидела до сумерек.

- Голубушка моя, - вскричала Анна Андреевна, - да ведь холодно, знать, на лестнице-то было!

- Я была в шубке, - отвечала Нелли.

- Да что ж в шубке... голубчик ты мой, сколько ты натерпелась! Что ж он, дедушка-то твой?

Губки у Нелли начало было потрогивать, но она сделала чрезвычайное усилие и скрепила себя.

- Он пришел, когда уже стало совсем темно, и, входя, наткнулся на меня и закричал: кто тут? Я сказала, что это я. А он, верно, думал, что я давно ушла, и как увидел, что я всё еще тут, то очень удивился и долго стоял передо мной. Вдруг ударил по ступенькам палкой, побежал, отпер свою дверь и через минуту вынес мне медных денег, всё пятаки, и бросил их в меня на лестницу. "Вот тебе, закричал, возьми, это у меня всё, что было, и скажи твоей матери, что я ее проклинаю", - а сам захлопнул дверь. А пятаки покатились по лестнице. Я начала подбирать их в темноте, и дедушка, видно, догадался, что он разбросал пятаки и что в темноте мне их трудно собрать, отворил дверь и вынес свечу, и при свечке я скоро их собрала. И дедушка сам сбирал вместе со мной, и сказал мне, что тут всего должно быть семь гривен, и сам ушел. Когда я пришла домой, я отдала деньги и всё рассказала мамаше, и мамаше сделалось хуже, а сама я всю ночь была больна и на другой день тоже вся в жару была, но я только об одном думала, потому что сердилась на дедушку, и когда мамаша заснула, пошла на улицу, к дедушкиной квартире, и, не доходя, стала на мосту. Тут и прошел тот...

- Это Архипов, - сказал я, - тот, об котором я говорил, Николай Сергеич, вот что с купцом у Бубновой был и которого там отколотили. Это в первый раз Нелли его тогда увидала... Продолжай, Нелли.

- Я остановила его и попросила денег, рубль серебром. Он посмотрел на меня и спросил: "Рубль серебром?" Я сказала: "Да". Тогда он засмеялся и сказал мне: "Пойдем со мной". Я не знала, идти ли, вдруг подошел один старичок, в золотых очках, - а он слышал, как я спрашивала рубль серебром, - нагнулся ко мне и спросил, для чего я непременно столько хочу. Я сказала ему, что мамаша больна и что нужно столько на лекарство. Он спросил, где мы живем, и записал, и дал мне бумажку, рубль серебром. А тот, как увидал старика в очках, ушел и не звал меня больше с собой. Я пошла в лавочку и разменяла рубль на медные; тридцать копеек завернула в бумажку и отложила мамаше, а семь гривен не завернула в бумажку, а нарочно зажала в руках и пошла к дедушке. Как пришла к нему, то отворила дверь, стала на пороге, размахнулась и бросила ему с размаху все деньги, так они и покатились по полу.

- Вот, возьмите ваши деньги! - сказала я ему. - Не надо их от вас мамаше, потому что вы ее проклинаете, - хлопнула дверью и тотчас же убежала прочь.

Ее глаза засверкали, и она с наивно вызывающим видом взглянула на старика.

- Так и надо, - сказала Анна Андреевна, не смотря на Николая Сергеича и крепко прижимая к себе Нелли, - так и надо с ним; твой дедушка был злой и жестокосердый...

- Гм! - отозвался Николай Сергеич.

- Ну, так как же, как же? - с нетерпением спрашивала Анна Андреевна.

- Я перестала ходить больше к дедушке, и он перестал ходить ко мне, - отвечала Нелли.

- Что ж, как же вы остались с мамашей-то? Ох, бедные вы, бедные!

- А мамаше стало еще хуже, и она уже редко вставала с постели, - продолжала Нелли, и голос ее задрожал и прервался. - Денег у нас уж ничего больше не было, я и стала ходить с капитаншей. А капитанша по домам ходила, тоже и на улице людей хороших останавливала и просила, тем и жила. Она говорила мне, что она не нищая, а что у ней бумаги есть, где ее чин написан и написано тоже, что она бедная. Эти бумаги она и показывала, и ей за это деньги давали. Она и говорила мне, что у всех просить не стыдно. Я и ходила с ней, и нам подавали, тем мы и жили. Мамаша узнала про это, потому что жильцы стали попрекать, что она нищая, а Бубнова сама приходила к мамаше и говорила, что лучше б она меня к ней отпустила, а не просить милостыню. Она и прежде к мамаше приходила и ей денег носила; а когда мамаша не брала от нее, то Бубнова говорила: зачем вы такие гордые, и кушанье присылала. А как сказала она это теперь про меня, то мамаша заплакала, испугалась, а Бубнова начала ее бранить, потому что была пьяна, и сказала, что я и без того нищая и с капитаншей хожу, и в тот же вечер выгнала капитаншу из дому. Мамаша как узнала про всё, то стала плакать, потом вдруг встала с постели, оделась, схватила меня за руку и повела за собой. Иван Александрыч стал ее останавливать, но она не слушала, и мы вышли. Мамаша едва могла ходить и каждую минуту садилась на улице, а я ее придерживала. Мамаша всё говорила, что идет к дедушке и чтоб я вела ее, а уж давно стала ночь. Вдруг мы пришли в большую улицу; тут перед одним домом останавливались кареты и много выходило народу, а в окнах везде был свет, и слышна была музыка. Мамаша остановилась, схватила меня и сказала мне тогда: "Нелли, будь бедная, будь всю жизнь бедная, не ходи к ним, кто бы тебя ни позвал, кто бы ни пришел. И ты бы могла там быть, богатая и в хорошем платье, да я этого не хочу. Они злые и жестокие, и вот тебе мое приказание: оставайся бедная, работай и милостыню проси, а если кто придет за тобой, скажи: не хочу к вам!.." Это мне говорила мамаша, когда больна была, и я всю жизнь хочу ее слушаться, - прибавила Нелли, дрожа от волнения, с разгоревшимся личиком, - и всю жизнь буду служить и работать, и к вам пришла тоже служить и работать, а не хочу быть как дочь...

- Полно, полно, голубка моя, полно! - вскрикнула старушка, крепко обнимая Нелли. - Ведь матушка твоя была в это время больна, когда говорила.

- Безумная была, - резко заметил старик.

- Пусть безумная! - подхватила Нелли, резко обращаясь к нему, - пусть безумная, но она мне так приказала, так я и буду всю жизнь. И когда она мне это сказала, то даже в обморок упала.

- Господи боже! - вскрикнула Анна Андреевна, - больная-то, на улице, зимой?..

- Нас хотели взять в полицию, но один господин вступился, расспросил у меня квартиру, дал мне десять рублей и велел отвезти мамашу к нам домой на своих лошадях. После этого мамаша уж и не вставала, а через три недели умерла...

- А отец-то что ж? Так и не простил? - вскрикнула Анна Андреевна.

- Не простил! - отвечала Нелли, с мучением пересиливая себя. - За неделю до смерти мамаша подозвала меня и сказала: "Нелли, сходи еще раз к дедушке, в последний раз, и попроси, чтоб он пришел ко мне и простил меня; скажи ему, что я через несколько дней умру и тебя одну на свете оставляю. И скажи ему еще, что мне тяжело умирать..." Я и пошла, постучалась к дедушке, он отворил и, как увидел меня, тотчас хотел было передо мной дверь затворить, но я ухватилась за дверь обеими руками и закричала ему: "Мамаша умирает, вас зовет, идите!.." Но он оттолкнул меня и захлопнул дверь. Я воротилась к мамаше, легла подле нее, обняла ее и ничего не сказала... Мамаша тоже обняла меня и ничего не расспрашивала...

Тут Николай Сергеич тяжело оперся рукой на стол и встал, но, обведя нас всех каким-то странным, мутным взглядом, как бы в бессилии опустился в кресла. Анна Андреевна уже не глядела на него, но, рыдая, обнимала Нелли...

- Вот в последний день, перед тем как ей умереть, перед вечером, мамаша подозвала меня к себе, взяла меня за руку и сказала: "Я сегодня умру, Нелли", хотела было еще говорить, но уж не могла. Я смотрю на нее, а она уж как будто меня и не видит, только в руках мою руку крепко держит. Я тихонько вынула руку и побежала из дому, и всю дорогу бежала бегом и прибежала к дедушке. Как он увидел меня, то вскочил со стула и смотрит, и так испугался, что совсем стал такой бледный и весь задрожал. Я схватила его за руку и только одно выговорила: "Сейчас умрет". Тут он вдруг так и заметался; схватил свою палку и побежал за мной; даже и шляпу забыл, а было холодно. Я схватила шляпу и надела ее ему, и мы вместе выбежали. Я торопила его и говорила, чтоб он нанял извозчика, потому что мамаша сейчас умрет; но у дедушки было только семь копеек всех денег. Он останавливал извозчиков, торговался, но они только смеялись, и над Азоркой смеялись, а Азорка с нами бежал, и мы всё дальше и дальше бежали. Дедушка устал и дышал трудно, но всё торопился и бежал. Вдруг он упал, и шляпа с него соскочила. Я подняла его, надела ему опять шляпу и стала его рукой вести, и только перед самой ночью мы пришли домой... Но матушка уже лежала мертвая. Как увидел ее дедушка, всплеснул руками, задрожал и стал над ней, а сам ничего не говорит. Тогда я подошла к мертвой мамаше, схватила дедушку за руку и закричала ему: "Вот, жестокий и злой человек, вот, смотри!.. смотри!" - тут дедушка закричал и упал на пол как мертвый...

Нелли вскочила, высвободилась из объятий Анны Андреевны и стала посреди нас, бледная, измученная и испуганная. Но Анна Андреевна бросилась к ней и, снова обняв ее, закричала как будто в каком-то вдохновении:

- Я, я буду тебе мать теперь, Нелли, а ты мое дитя! Да, Нелли, уйдем, бросим их всех, жестоких и злых! Пусть потешаются над людьми, бог, бог зачтет им... Пойдем, Нелли, пойдем отсюда, пойдем!..

Я никогда, ни прежде, ни после, не видал ее в таком состоянии, да и не думал, чтоб она могла быть когда-нибудь так взволнована. Николай Сергеич выпрямился в креслах, приподнялся и прерывающимся голосом спросил:

- Куда ты, Анна Андреевна?

- К ней, к дочери, к Наташе! - закричала она и потащила Нелли за собой к дверям.

- Постой, постой, подожди!..

- Нечего ждать, жестокосердый и злой человек! Я долго ждала, и она долго ждала, а теперь прощай!..

Ответив это, старушка обернулась, взглянула на мужа и остолбенела: Николай Сергеич стоял перед ней, захватив свою шляпу, и дрожавшими бессильными руками торопливо натягивал на себя свое пальто.

- И ты... и ты со мной! - вскрикнула она, с мольбою сложив руки и недоверчиво смотря на него, как будто не смея и поверить такому счастью.

- Наташа, где моя Наташа! Где она! Где дочь моя! - вырвалось наконец из груди старика. - Отдайте мне мою Наташу! Где, где она! - и, схватив костыль, который я ему подал, он бросился к дверям.

- Простил! Простил! - вскричала Анна Андреевна.

Но старик не дошел до порога. Дверь быстро отворилась, и в комнату вбежала Наташа, бледная, с сверкающими глазами, как будто в горячке. Платье ее было измято и смочено дождем. Платочек, которым она накрыла голову, сбился у ней на затылок, и на разбившихся густых прядях ее волос сверкали крупные капли дождя. Она вбежала, увидала отца и с криком бросилась перед ним на колена, простирая к нему руки.

ГЛАВА IX

Но он уже держал ее в своих объятиях!..

Он схватил ее и, подняв как ребенка, отнес в свои кресла, посадил ее, а сам упал перед ней на колена. Он целовал ее руки, ноги; он торопился целовать ее, торопился наглядеться на нее, как будто еще не веря, что она опять вместе с ним, что он опять ее видит и слышит, - ее, свою дочь, свою Наташу! Анна Андреевна, рыдая, охватила ее, прижала голову ее к своей груди и так и замерла в этом объятии, не в силах произнесть слова.

- Друг мой!.. жизнь моя!.. радость моя!.. - бессвязно восклицал старик, схватив руки Наташи и, как влюбленный, смотря в бледное, худенькое, но прекрасное личико ее, в глаза ее, в которых блистали слезы. - Радость моя, дитя мое! - повторял он и опять смолкал и с благоговейным упоением глядел на нее. - Что же, что же мне сказали, что она похудела! - проговорил он с торопливою, как будто детскою улыбкою, обращаясь к нам и всё еще стоя перед ней на коленах. - Худенькая, правда, бледненькая, но посмотри на нее, какая хорошенькая! Еще лучше, чем прежде была, да, лучше! - прибавил он, невольно умолкая под душевной болью, радостною болью, от которой как будто душу ломит надвое.

- Встаньте, папаша! Да встаньте же, - говорила Наташа, - ведь мне тоже хочется вас целовать...

- О милая! Слышишь, слышишь, Аннушка, как она это хорошо сказала, - и он судорожно обнял ее.

- Нет, Наташа, мне, мне надо у твоих ног лежать до тех пор, пока сердце мое услышит, что ты простила меня, потому что никогда, никогда не могу заслужить я теперь от тебя прощения! Я отверг тебя, я проклинал тебя, слышишь, Наташа, я проклинал тебя, - и я мог это сделать!.. А ты, а ты, Наташа: и могла ты поверить, что я тебя проклял! И поверила - ведь поверила! Не надо было верить! Не верила бы, - просто бы не верила! Жестокое сердечко! Что же ты не шла ко мне? Ведь ты знала, как я приму тебя!.. О Наташа, ведь ты помнишь, как я прежде тебя любил: ну, а теперь и во всё это время я тебя вдвое, в тысячу раз больше любил, чем

220

прежде! Я тебя с кровью любил! Душу бы из себя с кровью вынул, сердце свое располосовал да к ногам твоим положил бы!.. О радость моя!

- Да поцелуйте же меня, жестокий вы человек, в губы, в лицо поцелуйте, как мамаша целует! - воскликнула Наташа больным, расслабленным, полным слезами радости голосом.

- И в глазки тоже! И в глазки тоже! Помнишь, как прежде, - повторял старик после долгого, сладкого объятия с дочерью. - О Наташа! Снилось ли тебе когда про нас? А мне ты снилась чуть не каждую ночь, и каждую ночь ты ко мне приходила, и я над тобой плакал, а один раз ты, как маленькая, пришла, помнишь, когда еще тебе только десять лет было и ты на фортепьяно только что начинала учиться, - пришла в коротеньком платьице, в хорошеньких башмачках и с ручками красненькими... ведь у ней красненькие такие ручки были тогда, помнишь, Аннушка?- пришла ко мне, на колени села и обняла меня... И ты, и ты, девочка ты злая! И ты могла думать, что я проклял тебя, что я не приму тебя, если б ты пришла!.. Да ведь я... слушай, Наташа: да ведь я часто к тебе ходил, и мать не знала, и никто не знал; то под окнами у тебя стою, то жду: полсутки иной раз жду где-нибудь на тротуаре у твоих ворот! Не выйдешь ли ты, чтоб издали только посмотреть на тебя! А то у тебя по вечерам свеча на окошке часто горела; так сколько раз я, Наташа, по вечерам к тебе ходил, хоть на свечку твою посмотреть, хоть тень твою в окне увидать, благословить тебя на ночь. А ты благословляла ли меня на ночь? Думала ли обо мне? Слышало ли твое сердечко, что я тут под окном? А сколько раз зимой я поздно ночью на твою лестницу подымусь и в темных сенях стою, сквозь дверь прислушиваюсь: не услышу ли твоего голоска? Не засмеешься ли ты? Проклял? Да ведь я в этот вечер к тебе приходил, простить тебя хотел и только от дверей воротился... О Наташа!

Он встал, он приподнял ее из кресел и крепко-крепко прижал ее к сердцу.

- Она здесь опять, у моего сердца! - вскричал он, - о, благодарю тебя, боже, за всё, за всё, и за гнев твой и за милость твою!.. И за солнце твое, которое просияло теперь, после грозы, на нас! За всю эту минуту благодарю! О! пусть мы униженные, пусть мы оскорбленные, но мы опять вместе, и пусть, пусть теперь торжествуют эти гордые и надменные, унизившие и оскорбившие нас! Пусть они бросят в нас камень! Не бойся, Наташа... Мы пойдем рука в руку, и я скажу им: это моя дорогая, это возлюбленная дочь моя, это безгрешная дочь моя, которую вы оскорбили и унизили, но которую я, я люблю и которую благословляю во веки веков!..

- Ваня! Ваня!.. - слабым голосом проговорила Наташа, протягивая мне из объятий отца свою руку.

О! никогда я не забуду, что в эту минуту она вспомнила обо мне и позвала меня!

- Где же Нелли? - спросил старик, озираясь.

- Ах, где же она? - вскрикнула старушка, - голубчик мой! Ведь мы так ее и оставили!

Но ее не было в комнате; она незаметно проскользнула в спальню. Все пошли туда. Нелли стояла в углу, за дверью, и пугливо пряталась от нас.

- Нелли, что с тобой, дитя мое! - воскликнул старик, желая обнять ее. Но она как-то долго на него посмотрела...

- Мамаша, где мамаша? - проговорила она, как в беспамятстве, - где, где моя мамаша? - вскрикнула она еще раз, протягивая свои дрожащие руки к нам, и вдруг страшный, ужасный крик вырвался из ее груди; судороги пробежали по лицу ее, и она в страшном припадке упала на пол...

ЭПИЛОГ

Последние воспоминания

Половина июня. День жаркий и удушливый; в городе невозможно оставаться: пыль, известь, перестройки, раскаленные камни, отравленный испарениями воздух... Но вот, о радость! загремел где-то гром: мало-помалу небо нахмурилось; повеял ветер, гоня перед собою клубы городской пыли. Несколько крупных капель тяжело упало на землю, а за ними вдруг как будто разверзлось всё небо, и целая река воды пролилась над городом. Когда чрез полчаса снова просияло солнце, я отворил окно моей каморки и жадно, всею усталою грудью, дохнул свежим воздухом. В упоении я было хотел уже бросить перо, и все дела мои, и самого антрепренера, и бежать к нашим на Васильевский. Но хоть и велик был соблазн, я-таки успел побороть себя и с какою-то яростию снова напал на бумагу: во что бы то ни стало нужно было кончить! Антрепренер велит и иначе не даст денег. Меня там ждут, но зато я вечером буду свободен, совершенно свободен, как ветер, и сегодняшний вечер вознаградит меня за эти последние два дня и две ночи, в которые я написал три печатных листа с половиною.

И вот наконец кончена и работа; бросаю перо и подымаюсь, ощущаю боль в спине и в груди и дурман в голове. Знаю, что в эту минуту нервы мои расстроены в сильной степени, и как будто слышу последние слова, сказанные мне моим старичком доктором: "Нет, никакое здоровье не выдержит подобных напряжений, потому что это невозможно!" Однако ж покамест это возможно! Голова моя кружится; я едва стою на ногах, но радость, беспредельная радость наполняет мое сердце. Повесть моя совершенно кончена, и антрепренер, хотя я ему и много теперь должен, все-таки даст мне хоть сколько-нибудь, увидя в своих руках добычу, - хоть пятьдесят рублей, а я давным-давно не видал у себя в руках таких денег. Свобода и деньги!.. В восторге я схватил шляпу, рукопись под мышку и бегу стремглав, чтоб застать дома нашего драгоценнейшего Александра Петровича.

Я застаю его, но уже на выходе. Он, в свою очередь, только что кончил одну не литературную, но зато очень выгодную спекуляцию и, выпроводив наконец какого-то черномазенького жидка, с которым просидел два часа сряду в своем кабинете, приветливо подает мне руку и своим мягким, милым баском спрашивает о моем здоровье. Это добрейший человек, и я, без шуток, многим ему обязан. Чем же он виноват, что в литературе он всю жизнь был только антрепренером? Он смекнул, что литературе надо антрепренера, и смекнул очень вовремя, честь ему и слава за это - антрепренерская, разумеется.

222

Он с приятной улыбкой узнаёт, что повесть кончена и что следующий номер книжки, таким образом, обеспечен в главном отделе, и удивляется, как это я мог хоть что-нибудь кончить, и при этом премило острит. Затем идет к своему железному сундуку, чтоб выдать мне обещанные пятьдесят рублей, а мне между тем протягивает другой, враждебный, толстый журнал и указывает на несколько строк в отделе критики, где говорится два слова и о последней моей повести.

Смотрю: это статья "переписчика". Меня не то чтоб ругают, но и не то чтоб хвалят, и я очень доволен. Но "переписчик" говорит, между прочим, что от сочинений моих вообще "пахнет потом", то есть я до того над ними потею, тружусь, до того их обделываю и отделываю, что становится приторно.

Мы с антрепренером хохочем. Я докладываю ему, что прошлая повесть моя была написана в две ночи, а теперь в два дня и две ночи написано мною три с половиной печатных листа, - и если б знал это "переписчик", упрекающий меня в излишней копотливости и в тугой медленности моей работы!

- Однако ж вы сами виноваты, Иван Петрович. Зачем же вы так запаздываете, что приходится вот работать по ночам?

Александр Петрович, конечно, милейший человек, хотя у него есть особенная слабость - похвастаться своим литературным суждением именно перед теми, которые, как и сам он подозревает, понимают его насквозь. Но мне не хочется рассуждать с ним об литературе, я получаю деньги и берусь за шляпу. Александр Петрович едет на Острова на свою дачу и, услышав, что я на Васильевский, благодушно предлагает довезти меня в своей карете.

- У меня ведь новая каретка; вы не видали? Премиленькая.

Мы сходим к подъезду. Карета действительно премиленькая, и Александр Петрович на первых порах своего владения ею ощущает чрезвычайное удовольствие и даже некоторую душевную потребность подвозить в ней своих знакомых.

В карете Александр Петрович опять несколько раз пускается в рассуждения о современной литературе. При мне он не конфузится и преспокойно повторяет разные чужие мысли, слышанные им на днях от кого-нибудь из литераторов, которым он верит и чье суждение уважает. При этом ему случается иногда уважать удивительные вещи. Случается ему тоже перевирать чужое мнение или вставлять его не туда, куда следует, так что выходит бурда. Я сижу, молча слушаю и дивлюсь разнообразию и прихотливости страстей человеческих. "Ну, вот человек, - думаю я про себя, - сколачивал бы себе деньги да сколачивал; нет, ему еще нужно славы, литературной славы, славы хорошего издателя, критика!"

В настоящую минуту он силится подробно изложить мне одну литературную мысль, слышанную им дня три тому назад от меня же, и против которой он, три дня тому назад, со мной же спорил, а теперь выдает ее за свою. Но с Александром Петровичем такая забывчивость поминутно случается, и он известен этой невинной слабостью между всеми своими знакомыми. Как он рад теперь, ораторствуя в своей карете, как доволен судьбой, как благодушен! Он ведет учено-литературный разговор, и даже мягкий, приличный его басок отзывается ученостью. Мало-помалу он залиберальничался и переходит к невинно-скептическому убеждению, что в литературе нашей, да и вообще ни в какой и никогда, не может быть ни у кого честности и скромности, а есть только одно "взаимное битье друг друга по мордасам" - особенно при начале подписки. Я думаю про себя, что Александр Петрович наклонен даже всякого честного и искреннего литератора за его честность и искренность считать если не дураком, то по крайней мере простофилей. Разумеется, такое суждение прямо выходит из чрезвычайной невинности Александра Петровича.

Но я уже его не слушаю. На Васильевском острове он выпускает меня из кареты, и я бегу к нашим. Вот и Тринадцатая линия, вот и их домик. Анна Андреевна, увидя меня, грозит мне пальцем, махает на меня руками и шикает на меня, чтоб я не шумел.

- Нелли только что заснула, бедняжка! - шепчет она мне поскорее, - ради бога, не разбудите! Только уж очень она, голубушка, слаба. Боимся мы за нее. Доктор говорит, что это покамест ничего. Да что от него путного-то добьешься, от вашего доктора! И не грех вам это, Иван Петрович? Ждали вас, ждали к обеду-то... ведь двое суток не были!..

- Но ведь я объявил еще третьего дня, что не буду двое суток, - шепчу я Анне Андреевне. - Надо было работу кончать...

- Да ведь к обеду сегодня обещался же прийти! Что ж не приходил? Нелли нарочно с постельки встала, ангельчик мой, в кресло покойное ее усадили, да и вывезли к обеду: "Хочу, дескать, с вами вместе Ваню ждать", а наш Ваня и не бывал. Ведь шесть часов скоро! Где протаскался-то? Греховодники вы эдакие! Ведь ее вы так расстроили, что уж я не знала, как и уговорить... благо заснула, голубушка. А Николай Сергеич к тому же в город ушел (к чаю-то будет!); одна и бьюсь... Место-то ему, Иван Петрович, выходит; только как подумаю, что в Перми, так и захолонет у меня на душе...

- А где Наташа?

- В садике, голубка, в садике! Сходите к ней... Что-то она тоже у меня такая... Как-то и не соображу... Ох, Иван Петрович, тяжело мне душой! Уверяет, что весела и довольна, да не верю я ей... Сходи-ка к ней, Ваня, да мне и расскажи ужо потихоньку, что с ней... Слышишь?

Но я уже не слушаю Анну Андреевну, а бегу в садик. Этот садик принадлежит к дому; он шагов в двадцать пять длиною и столько же в ширину и весь зарос зеленью. В нем три высоких старых, раскидистых дерева, несколько молодых березок, несколько кустов сирени, жимолости, есть уголок малинника, две грядки с клубникой и две узеньких извилистых дорожки, вдоль и поперек садика. Старик от него в восторге и уверяет, что в нем скоро будут расти грибы. Главное же в том, что Нелли полюбила этот садик, и ее часто вывозят в креслах на садовую дорожку, а Нелли теперь идол всего дома. Но вот и Наташа; она с радостью встречает меня и протягивает мне руку. Как она худа, как бледна! Она тоже едва оправилась от болезни.

- Совсем ли кончил, Ваня? - спрашивает она меня.

- Совсем, совсем! И на весь вечер совершенно свободен.

- Ну, слава богу! Торопился? Портил?

- Что ж делать! Впрочем, это ничего. У меня вырабатывается, в такую напряженную работу, какое-то особенное раздражение нервов; я яснее соображаю, живее и глубже чувствую, и даже слог мне вполне подчиняется, так что в напряженной-то работе и лучше выходит. Всё хорошо...

224

- Эх, Ваня, Ваня!

Я замечаю, что Наташа в последнее время стала страшно ревнива к моим литературным успехам, к моей славе. Она перечитывает всё, что я в последний год напечатал, поминутно расспрашивает о дальнейших планах моих, интересуется каждой критикой, на меня написанной, сердится на иные и непременно хочет, чтоб я высоко поставил себя в литературе. Желания ее выражаются до того сильно и настойчиво, что я даже удивляюсь теперешнему ее направлению.

- Ты только испишешься, Ваня, - говорит она мне, - изнасилуешь себя и испишешься; а кроме того, и здоровье погубишь. Вон С ***, тот в два года по одной повести пишет, а N * в десять лет всего только один роман написал. Зато как у них отчеканено, отделано! Ни одной небрежности не найдешь.

- Да, они обеспечены и пишут не на срок; а я - почтовая кляча! Ну, да это всё вздор! Оставим это, друг мой. Что, нет ли нового?

- Много. Во-первых, от него письмо.

- Еще?

- Еще. - И она подала мне письмо от Алеши. Это уже третье после разлуки. Первое он написал еще из Москвы и написал точно в каком-то припадке. Он уведомлял, что обстоятельства так сошлись, что ему никак нельзя воротиться из Москвы в Петербург, как было проектировано при разлуке. Во втором письме он спешил известить, что приезжает к нам на днях, чтоб поскорей обвенчаться с Наташей, что это решено и никакими силами не может быть остановлено. А между тем по тону всего письма было ясно, что он в отчаянии, что посторонние влияния уже вполне отяготели над ним и что он уже сам себе не верил. Он упоминал, между прочим, что Катя - его провидение и что она одна утешает и поддерживает его. Я с жадностью раскрыл его теперешнее, третье письмо.

Оно было на двух листах, написано отрывочно, беспорядочно, наскоро и неразборчиво, закапано чернилами и слезами. Начиналось тем, что Алеша отрекался от Наташи и уговаривал ее забыть его. Он силился доказать, что союз их невозможен, что посторонние, враждебные влияния сильнее всего и что, наконец, так и должно быть: и он и Наташа вместе будут несчастны, потому что они неровня. Но он не выдержал и вдруг, бросив свои рассуждения и доказательства, тут же, прямо, не разорвав и не отбросив первой половины письма, признавался, что он преступник перед Наташей, что он погибший человек и не в силах восстать против желаний отца, приехавшего в деревню. Писал он, что не в силах выразить своих мучений; признавался, между прочим, что вполне сознает в себе возможность составить счастье Наташи, начинал вдруг доказывать, что они вполне ровня; с упорством, со злобою опровергал доводы отца; в отчаянии рисовал картину блаженства всей жизни, которое готовилось бы им обоим, ему и Наташе, в случае их брака, проклинал себя за свое малодушие и - прощался навеки! Письмо было написано с мучением; он, видимо, писал вне себя; у меня навернулись слезы... Наташа подала мне другое письмо, от Кати. Это письмо пришло в одном конверте с Алешиным, но особо запечатанное. Катя довольно кратко, в нескольких строках, уведомляла, что Алеша действительно очень грустит, много плачет и как будто в отчаянии, даже болен немного, но что она с ним и что он будет счастлив. Между прочим, Катя силилась растолковать Наташе, чтоб она не подумала, что Алеша так скоро мог утешиться и что будто грусть его не серьезна. "Он вас не забудет никогда, - прибавляла Катя, - да и не может забыть никогда, потому что у него не такое сердце; любит он вас беспредельно, будет всегда любить, так что если разлюбит вас хоть когда-нибудь, если хоть когда-нибудь перестанет тосковать при воспоминании о вас, то я сама разлюблю его за это тотчас же..."

Я возвратил Наташе оба письма; мы переглянулись с ней и не сказали ни слова. Так было и при первых двух письмах, да и вообще о прошлом мы теперь избегали говорить, как будто между нами это было условлено. Она страдала невыносимо, я это видел, но не хотела высказываться даже и передо мной. После возвращения в родительский дом она три недели вылежала в горячке и теперь едва оправилась. Мы даже мало говорили и о близкой перемене нашей, хотя она и знала, что старик получает место и что нам придется скоро расстаться. Несмотря на то, она до того была ко мне нежна, внимательна, до того занималась всем, что касалось до меня, во всё это время; с таким настойчивым, упорным вниманием выслушивала всё, что я должен был ей рассказывать о себе, что сначала мне это было даже тяжело: мне казалось, что она хотела меня вознаградить за прошлое. Но эта тягость быстро исчезла: я понял, что в ней совсем другое желание, что она просто любит меня, любит бесконечно, не может жить без меня и не заботиться о всем, что до меня касается, и я думаю, никогда сестра не любила до такой степени своего брата, как Наташа любила меня. Я очень хорошо знал, что предстоявшая нам разлука давила ее сердце, что Наташа мучилась; она знала тоже, что и я не могу без нее жить; но мы об этом не говорили, хотя и подробно разговаривали о предстоящих событиях...

Я спросил о Николае Сергеиче.

- Он скоро, я думаю, воротится, - отвечала Наташа, - обещал к чаю.

- Это он всё о месте хлопочет?

- Да; впрочем, место уж теперь без сомнения будет; да и уходить ему было сегодня, кажется, незачем, - прибавила она в раздумье, - мог бы и завтра.

- Зачем же он ушел?

- А потому что я письмо получила... Он до того болен мной, - прибавила Наташа, помолчав, - что мне это даже тяжело, Ваня. Он, кажется, и во сне только одну меня видит. Я уверена, что он, кроме того: что со мной, как живу я, о чем теперь думаю? - ни о чем более и не помышляет. Всякая тоска моя отзывается в нем. Я ведь вижу, как он неловко иногда старается пересилить себя и показать вид, что обо мне не тоскует, напускает на себя веселость, старается смеяться и нас смешить. Маменька тоже в эти минуты сама не своя, и тоже не верит его смеху, и вздыхает... Такая она неловкая... Прямая душа! - прибавила она со смехом. - Вот как я получила сегодня письма, ему и понадобилось сейчас убежать, чтоб не встречаться со мной глазами... Я его больше себя, больше всех на свете люблю, Ваня, - прибавила она, потупив голову и сжав мою руку, - даже больше тебя...

Мы прошли два раза по саду, прежде чем она начала говорить.

- У нас сегодня Маслобоев был и вчера тоже был, - сказала она.

- Да, он в последнее время очень часто повадился к вам.

- И знаешь ли, зачем он здесь? Маменька в него верует, как не знаю во что. Она думает, что он до того всё это знает (ну там законы и всё это), что всякое дело может обделать. Как ты думаешь, какая у ней теперь мысль бродит? Ей, про себя, очень больно и жаль, что я не сделалась княгиней. Эта мысль ей жить не дает, и, кажется, она вполне открылась Маслобоеву. С отцом она боится говорить об этом и думает: не поможет ли ей в чем-нибудь Маслобоев, нельзя ли как хоть по законам? Маслобоев, кажется, ей не противоречит, а она его вином потчует, - прибавила с усмешкой Наташа.

- От этого проказника станется. Да почему же ты знаешь?

- Да ведь маменька мне сама проговорилась... намеками...

- Что Нелли? Как она? - спросил я.

- Я даже удивляюсь тебе, Ваня: до сих пор ты об ней не спросил! - с упреком сказала Наташа. Нелли была идолом у всех в этом доме. Наташа ужасно полюбила ее, и Нелли отдалась ей наконец всем своим сердцем. Бедное дитя! Она и не ждала, что сыщет когда-нибудь таких людей, что найдет столько любви к себе, и я с радостию видел, что озлобленное сердце размягчилось и душа отворилась для нас всех. Она с каким-то болезненным жаром откликнулась на всеобщую любовь, которою была окружена, в противоположность всему своему прежнему, развившему в ней недоверие, злобу и упорство. Впрочем, и теперь Нелли долго упорствовала, долго намеренно таила от нас слезы примирения, накипавшие в ней, и наконец отдалась нам совсем. Она сильно полюбила Наташу, затем старика. Я же сделался ей чем-то до того необходимым, что болезнь ее усиливалась, если я долго не приходил. В последний раз, расставаясь на два дня, чтоб кончить наконец запущенную мною работу, я должен был много уговаривать ее... конечно, обиняками. Нелли всё еще стыдилась слишком прямого, слишком беззаветного проявления своего чувства...

Она всех нас очень беспокоила. Молча и безо всяких разговоров решено было, что она останется навеки в доме Николая Сергеича, а между тем отъезд приближался, а ей становилось всё хуже и хуже. Она заболела с того самого дня, как мы пришли с ней тогда к старикам, в день примирения их с Наташей. Впрочем, что ж я? Она и всегда была больна. Болезнь постепенно росла в ней и прежде, но теперь начала усиливаться с чрезвычайною быстротою. Я не знаю и не могу определить в точности ее болезни. Припадки, правда, повторялись с ней несколько чаще прежнего; но, главное, какое-то изнурение и упадок всех сил, беспрерывное лихорадочное и напряженное состояние - всё это довело ее в последние дни до того, что она уже не вставала с постели. И странно: чем более одолевала ее болезнь, тем мягче, тем ласковее, тем открытее к нам становилась Нелли. Три дня тому назад она поймала меня за руку, когда я проходил мимо ее кроватки, и потянула меня к себе. В комнате никого не было. Лицо ее было в жару (она ужасно похудела), глаза сверкали огнем. Она судорожно-страстно потянулась ко мне, и когда я наклонился к ней, она крепко обхватила мою шею своими смуглыми худенькими ручками и крепко поцеловала меня, а потом тотчас же потребовала к себе Наташу; я позвал ее; Нелли непременно хотелось, чтоб Наташа присела к ней на кровать и смотрела на нее...

- Мне самой на вас смотреть хочется, - сказала она. - Я вас вчера во сне видела и сегодня ночью увижу... вы мне часто снитесь... всякую ночь...

Ей, очевидно, хотелось что-то высказать, чувство давило ее; но она и сама не понимала своих чувств и не знала, как их выразить...

Николая Сергеича она любила почти более всех, кроме меня. Надо сказать, что и Николай Сергеич чуть ли не так же любил ее, как и Наташу. Он имел

227

удивительное свойство развеселять и смешить Нелли. Только что он, бывало, придет к ней, тотчас же и начинается смех и даже шалости. Больная девочка развеселялась как ребенок, кокетничала с стариком, подсмеивалась над ним, рассказывала ему свои сны и всегда что-нибудь выдумывала, заставляла рассказывать и его, и старик до того был рад, до того был доволен, смотря на свою "маленькую дочку Нелли", что каждый день всё более и более приходил от нее в восторг.

- Ее нам всем бог послал в награду за наши страдания, - сказал он мне раз, уходя от Нелли и перекрестив ее по обыкновению на ночь.

Каждый день, по вечерам, когда мы все собирались вместе (Маслобоев тоже приходил почти каждый вечер), приезжал иногда и старик доктор, привязавшийся всею душою к Ихменевым; вывозили и Нелли в ее кресле к нам за круглый стол. Дверь на балкон отворялась. Зеленый садик, освещенный заходящим солнцем, был весь на виду. Из него пахло свежей зеленью и только что распустившеюся сиренью. Нелли сидела в своем кресле, ласково на всех нас посматривала и прислушивалась к нашему разговору. Иногда же оживлялась и сама и неприметно начинала тоже что-нибудь говорить... Но в такие минуты мы все слушали ее обыкновенно даже с беспокойством, потому что в ее воспоминаниях были темы, которых нельзя было касаться. И я, и Наташа, и Ихменевы чувствовали и сознавали всю нашу вину перед ней, в тот день, когда она, трепещущая и измученная, должна была рассказать нам свою историю. Доктор особенно был против этих воспоминаний, и разговор обыкновенно старались переменить. В таких случаях Нелли старалась не показать нам, что понимает наши усилия, и начинала смеяться с доктором или с Николаем Сергеичем...

И однако ж, ей делалось всё хуже и хуже. Она стала чрезвычайно впечатлительна. Сердце ее билось неправильно. Доктор сказал мне даже, что она может умереть очень скоро.

Я не говорил этого Ихменевым, чтоб не растревожить их. Николай Сергеич был вполне уверен, что она выздоровеет к дороге.

- Вот и папенька воротился, - сказала Наташа, заслышав его голос. - Пойдем, Ваня.

Николай Сергеич, едва переступив за порог, по обыкновению своему, громко заговорил. Анна Андреевна так и замахала на него руками. Старик тотчас же присмирел и, увидя меня и Наташу, шепотом и с уторопленным видом стал нам рассказывать о результате своих похождений: место, о котором он хлопотал, было за ним, и он очень был рад.

- Через две недели можно и ехать, - сказал он, потирая руки, и заботливо, искоса взглянул на Наташу. Но та ответила ему улыбкой и обняла его, так что сомнения его мигом рассеялись.

- Поедем, поедем, друзья мои, поедем! - заговорил он, обрадовавшись. - Вот только ты, Ваня, только с тобой расставаться больно... (Замечу, что он ни разу не предложил мне ехать с ними вместе, что, судя по его характеру, непременно бы сделал... при других обстоятельствах, то есть если б не знал моей любви к Наташе).

- Ну, что ж делать, друзья, что ж делать! Больно мне, Ваня; но перемена места нас всех оживит... Перемена места - значит перемена всего! - прибавил он, еще раз взглянув на дочь.

Он верил в это и был рад своей вере.

- А Нелли? - сказала Анна Андреевна.

- Нелли? Что ж... она, голубчик мой, больна немножко, но к тому-то времени уж наверно выздоровеет. Ей и теперь лучше: как ты думаешь, Ваня? - проговорил он, как бы испугавшись, и с беспокойством смотрел на меня, точно я-то и должен был разрешить его недоумения.

- Что она? Как спала? Не было ли с ней чего? Не проснулась ли она теперь? Знаешь что, Анна Андреевна: мы столик-то придвинем поскорей на террасу, принесут самовар, придут наши, мы все усядемся, и Нелли к нам выйдет... Вот и прекрасно. Да уж не проснулась ли она? Пойду я к ней. Только посмотрю на нее... не разбужу, не беспокойся! - прибавил он, видя, что Анна Андреевна снова замахала на него руками.

Но Нелли уж проснулась. Через четверть часа мы все, по обыкновению, сидели вокруг стола за вечерним самоваром.

Нелли вывезли в креслах. Явился доктор, явился и Маслобоев. Он принес для Нелли большой букет сирени; но сам был чем-то озабочен и как будто раздосадован.

Кстати: Маслобоев ходил чуть не каждый день. Я уже говорил, что все, и особенно Анна Андреевна, чрезвычайно его полюбили, но никогда ни слова не упоминалось у нас вслух об Александре Семеновне; не упоминал о ней и сам Маслобоев. Анна Андреевна, узнав от меня, что Александра Семеновна еще не успела сделаться его законной супругой, решила про себя, что и принимать ее и говорить об ней в доме нельзя. Так и наблюдалось, и этим очень обрисовывалась и сама Анна Андреевна. Впрочем, не будь у ней Наташи и, главное, не случись того, что случилось, она бы; может быть, и не была так разборчива.

Нелли в этот вечер была как-то особенно грустна и даже чем-то озабочена. Как будто она видела дурной сон и задумалась о нем. Но подарку Маслобоева она очень обрадовалась и с наслаждением поглядывала на цветы, которые поставили перед ней в стакане.

- Так ты очень любишь цветочки, Нелли? - сказал старик. - Постой же! - прибавил он с одушевлением, - завтра же... ну, да вот увидишь сама!..

- Люблю, - отвечала Нелли, - и помню, как мы мамашу с цветами встречали. Мамаша, еще когда мы были там (там значило теперь за границей), была один раз целый месяц очень больна. Я и Генрих сговорились, что когда она встанет и первый раз выйдет из своей спальни, откуда она целый месяц не выходила, то мы и уберем все комнаты цветами. Вот мы так и сделали. Мамаша сказала с вечера, что завтра утром она непременно выйдет вместе с нами завтракать. Мы встали рано-рано. Генрих принес много цветов, и мы всю комнату убрали зелеными листьями и гирляндами. И плющ был. и еще такие широкие листья, - уж не знаю, как они называются, - и еще другие листья, которые за всё цепляются, и белые цветы большие были, и нарциссы были, а я их больше всех цветов люблю, и розаны были, такие славные розаны, и много-много было цветов. Мы их все развесили в гирляндах и в горшках расставили, и такие цветы тут были, что как целые деревья, в больших кадках; их мы по углам расставили и у кресел мамаши, и как мамаша вышла, то удивилась и очень обрадовалась, а Генрих был рад... Я это теперь помню...

В этот вечер Нелли была как-то особенно слаба и слабонервна. Доктор с беспокойством взглядывал на нее. Но ей хотелось говорить. И долго, до самых сумерек, рассказывала она о своей прежней жизни там; мы ее не прерывали. Там с мамашей и с Генрихом они много ездили, и прежние воспоминания ярко восставали в ее памяти. Она с волнением рассказывала о голубых небесах, о высоких горах, со снегом и льдами, которые она видела и проезжала, о горных водопадах; потом об озерах и долинах Италии, о цветах и деревьях, об сельских жителях, об их одежде и об их смуглых лицах и черных глазах; рассказывала про разные встречи и случаи, бывшие с ними. Потом о больших городах и дворцах, о высокой церкви с куполом, который весь вдруг иллюминовался разноцветными огнями; потом об жарком, южном городе с голубыми небесами и с голубым морем... Никогда еще Нелли не рассказывала нам так подробно воспоминаний своих. Мы слушали ее с напряженным вниманием. Мы все знали только до сих пор другие ее воспоминания - в мрачном, угрюмом городе, с давящей, одуряющей атмосферой, с зараженным воздухом, с драгоценными палатами, всегда запачканными грязью; с тусклым, бедным солнцем и с злыми, полусумасшедшими людьми, от которых так много и она, и мамаша ее вытерпели. И мне представилось, как они обе в грязном подвале, в сырой сумрачный вечер, обнявшись на бедной постели своей, вспоминали о своем прошедшем, о покойном Генрихе и о чудесах других земель... Представилась мне и Нелли, вспоминавшая всё это уже одна, без мамаши своей, когда Бубнова побоями и зверскою жестокостью хотела сломить ее и принудить на недоброе дело...

Но наконец с Нелли сделалось дурно, и ее отнесли назад. Старик очень испугался и досадовал, что ей дали так много говорить. С ней был какой-то припадок, вроде обмирания. Этот припадок повторялся с ней уже несколько раз. Когда он кончился, Нелли настоятельно потребовала меня видеть. Ей надо было что-то сказать мне одному. Она так упрашивала об этом, что в этот раз доктор сам настоял, чтоб исполнили ее желание, и все вышли из комнаты.

- Вот что, Ваня, - сказала Нелли, когда мы остались вдвоем, - я знаю, они думают, что я с ними поеду; но я не поеду, потому что не могу, и останусь пока у тебя, и мне это надо было сказать тебе.

Я стал было ее уговаривать; сказал, что у Ихменевых ее все так любят, что ее за родную дочь почитают. Что все будут очень жалеть о ней. Что у меня, напротив, ей тяжело будет жить и что хоть я и очень ее люблю, но что, нечего делать, расстаться надо.

- Нет, нельзя! - настойчиво ответила Нелли, - потому что я вижу часто мамашу во сне, и она говорит мне, чтоб я не ездила с ними и осталась здесь; она говорит, что я очень много согрешила, что дедушку одного оставила, и всё плачет, когда это говорит. Я хочу остаться здесь и ходить за дедушкой, Ваня.

- Но ведь твой дедушка уж умер, Нелли, - сказал я, выслушав ее с удивлением.

Она подумала и пристально посмотрела на меня.

- Расскажи мне, Ваня, еще раз, - сказала она, - как дедушка умер. Всё расскажи и ничего не пропускай.

Я был изумлен ее требованием, но, однако ж, принялся рассказывать во всей подробности. Я подозревал, что с нею бред или, по крайней мере, что после припадка голова ее еще не совсем свежа.

Она внимательно выслушала мой рассказ, и помню, как ее черные, сверкающие больным, лихорадочным блеском глаза пристально и неотступно следили за мной во всё продолжение рассказа. В комнате было уже темно.

- Нет, Ваня, он не умер! - сказала она решительно, всё выслушав и еще раз подумав. - Мамаша мне часто говорит о дедушке, и когда я вчера сказала ей: "Да ведь дедушка умер", она очень огорчилась, заплакала и сказала мне, что нет, что мне нарочно так сказали, а что он ходит теперь и милостыню просит, "так же как мы с тобой прежде просили, - говорила мамаша, - и всё ходит по тому месту, где мы с тобой его в первый раз встретили, когда я упала перед ним и Азорка узнал меня..."

- Это сон, Нелли, сон больной, потому что ты теперь сама больна, - сказал я ей.

- Я и сама всё думала, что это только сон, - сказала Нелли, - и не говорила никому. Только тебе одному всё рассказать хотела. Но сегодня, когда я заснула после того, как ты не пришел, то увидела во сне и самого дедушку. Он сидел у себя дома и ждал меня, и был такой страшный, худой, и сказал, что он два дня ничего не ел и Азорка тоже, и очень на меня сердился и упрекал меня. Он мне тоже сказал, что у него совсем нет нюхательного табаку, а что без этого табаку он и жить не может. Он и в самом деле, Ваня, мне прежде это один раз говорил, уж после того как мамаша умерла, когда я приходила к нему. Тогда он был совсем больной и почти ничего уж не понимал. Вот как я услышала это от него сегодня, и думаю: пойду я, стану на мосту и буду милостыню просить, напрошу и куплю ему и хлеба, и вареного картофелю, и табаку. Вот будто я стою прошу и вижу, что дедушка около ходит, помедлит немного и подойдет ко мне, и смотрит, сколько я набрала, и возьмет себе. Это, говорит, на хлеб, теперь на табак сбирай. Я сбираю, а он подойдет и отнимет у меня. Я ему и говорю, что и без того всё отдам ему и ничего себе не спрячу. "Нет, говорит, ты у меня воруешь; мне и Бубнова говорила, что ты воровка, оттого-то я тебя к себе никогда не возьму. Куды ты еще пятак дела?" Я заплакала тому, что он мне не верит, а он меня не слушает и всё кричит: "Ты украла один пятак!" - и стал бить меня, тут же на мосту, и больно бил. И я очень плакала... Вот я и подумала теперь, Ваня, что он непременно жив и где-нибудь один ходит и ждет, чтоб я к нему пришла...

Я снова начал ее уговаривать и разуверять и наконец, кажется, разуверил. Она отвечала, что боится теперь заснуть, потому что дедушку увидит. Наконец крепко обняла меня...

- А все-таки я не могу тебя покинуть, Ваня! - сказала она мне, прижимаясь к моему лицу своим личиком. - Если б и дедушки не было, я всё с тобой не расстанусь.

В доме все были испуганы припадком Нелли. Я потихоньку пересказал доктору все ее грезы и спросил у него окончательно, как он думает о ее болезни?

- Ничего еще неизвестно, - отвечал он, соображая, - я покамест догадываюсь, размышляю, наблюдаю, но... ничего неизвестно. Вообще выздоровление невозможно. Она умрет. Я им не говорю, потому что вы так просили, но мне жаль, и я предложу завтра же консилиум. Может быть, болезнь примет после консилиума другой оборот. Но мне очень жаль эту девочку, как дочь мою... Милая, милая девочка! И с таким игривым умом!

Николай Сергеич был в особенном волнении.

- Вот что, Ваня, я придумал, - сказал он, - она очень любит цветы. Знаешь что? Устроим-ка ей завтра, как она проснется, такой же прием, с цветами, как она с этим Генрихом для своей мамаши устроила, вот что сегодня рассказывала... Она это с таким волнением рассказывала...

- То-то с волнением, - отвечал я. - Волнения-то ей теперь вредны...

- Да, но приятные волнения другое дело! Уж поверь, голубчик, опытности моей поверь, приятные волнения ничего; приятные волнения даже излечить могут, на здоровье подействовать...

Одним словом, выдумка старика до того прельщала его самого, что он уже пришел от нее в восторг. Невозможно было и возражать ему. Я спросил совета у доктора, но прежде чем тот собрался сообразить, старик уже схватил свой картуз и побежал обделывать дело.

- Вот что, - сказал он мне, уходя, - тут неподалеку есть одна оранжерея; богатая оранжерея. Садовники распродают цветы, можно достать, и предешево!.. Удивительно даже, как дешево! Ты внуши это Анне Андреевне, а то она сейчас рассердится за расходы... Ну, так вот... Да! вот что еще, дружище: куда ты теперь? Ведь отделался, кончил работу, так чего ж тебе домой-то спешить? Ночуй у нас, наверху, в светелке: помнишь, как прежде бывало. И тюфяк твой и кровать - всё там на прежнем месте стоит и не тронуто. Заснешь, как французский король. А? останься-ка. Завтра проснемся пораньше, принесут цветы, и к восьми часам мы вместе всю комнату уберем. И Наташа поможет: у ней вкусу-то ведь больше, чем у нас с тобой... Ну, соглашаешься? Ночуешь?

Решили, что я останусь ночевать. Старик обделал дело. Доктор и Маслобоев простились и ушли. У Ихменевых ложились спать рано, в одиннадцать часов. Уходя, Маслобоев был в задумчивости и хотел мне что-то сказать, но отложил до другого раза. Когда же я, простясь с стариками, поднялся в свою светелку, то, к удивлению моему, увидел его опять. Он сидел в ожидании меня за столиком и перелистывал какую-то книгу.

- Воротился с дороги, Ваня, потому лучше уж теперь рассказать. Садись-ка, Видишь, дело-то всё такое глупое, досадно даже...

- Да что такое?

- Да подлец твой князь разозлил еще две недели тому назад; да так разозлил, что я до сих пор злюсь.

- Что, что такое? Разве ты всё еще с князем в сношениях?

- Ну, вот уж ты сейчас: "что, что такое?", точно и бог знает что случилось. Ты, брат Ваня, ни дать ни взять, моя Александра Семеновна, и вообще всё это несносное бабье... Терпеть не могу бабья!.. Ворона каркнет - сейчас и "что, что такое?"

- Да ты не сердись.

- Да я вовсе не сержусь, а на всякое дело надо смотреть обыкновенными глазами, не преувеличивая... вот что.

Он немного помолчал, как будто всё еще сердясь на меня. Я не прерывал его.

- Видишь, брат, - начал он опять, - напал я на один след... то есть в сущности вовсе не напал и не было никакого следа, а так мне показалось... то есть из некоторых соображений я было вывел, что Нелли... может быть... Ну, одним словом, Князева законная дочь.

232

- Что ты!

- Ну, и заревел сейчас: "что ты!" То есть ровно ничего говорить нельзя с этими людьми! - вскричал он, неистово махнув рукой. - Я разве говорил тебе что-нибудь положительно, легкомысленная ты голова? Говорил я тебе, что она доказанная законная Князева дочь? Говорил или нет?..

- Послушай, душа моя, - прервал я его в сильном волнении, - ради бога, не кричи и объясняйся точно и ясно. Ей-богу, пойму тебя. Пойми, до какой степени это важное дело и какие последствия...

- То-то последствия, а из чего? Где доказательства? Дела не так делаются, и я тебе под секретом теперь говорю. А зачем я об этом с тобой заговорил - потом объясню. Значит, так надо было. Молчи и слушай и знай, что всё это секрет...

Видишь, как было дело. Еще зимой, еще прежде, чем Смит умер, только что князь воротился из Варшавы, и начал он это дело. То есть начато оно было и гораздо раньше, еще в прошлом году. Но тогда он одно разыскивал, а теперь начал разыскивать другое. Главное дело в том, что он нитку потерял. Тринадцать лет, как он расстался в Париже с Смитихой и бросил ее, но все эти тринадцать лет он неуклонно следил за нею, знал, что она живет с Генрихом, про которого сегодня рассказывали, знал, что у ней Нелли, знал, что сама она больна; ну, одним словом, всё знал, только вдруг и потерял нитку. А случилось это, кажется, вскоре по смерти Генриха, когда Смитиха собралась в Петербург. В Петербурге он, разумеется, скоро бы ее отыскал, под каким бы именем она ни воротилась в Россию; да дело в том, что заграничные его агенты его ложным свидетельством обманули: уверили его, что она живет в одном каком-то заброшенном городишке в южной Германии; сами они обманулись по небрежности: одну приняли за другую. Так и продолжалось год или больше. По прошествии года князь начал сомневаться: по некоторым фактам ему еще прежде стало казаться, что это не та. Теперь вопрос: куда делась настоящая Смитиха? И пришло ему в голову (так, даже безо всяких данных): не в Петербурге ли она? Покамест за границей шла одна справка, он уже здесь затеял другую, но, видно, не хотел употреблять слишком официального пути и познакомился со мной. Ему меня рекомендовали: так и так, дескать, занимается делами, любитель, - ну и так далее, и так далее...

Ну, так вот и разъяснил он мне дело; только темно, чертов сын, разъяснил, темно и двусмысленно. Ошибок было много, повторялся несколько раз, факты в различных видах в одно и то же время передавал... Ну, известно, как ни хитри, всех ниток не спрячешь. Я, разумеется, начал с подобострастия и простоты душевной, - словом, рабски предан; а по правилу, раз навсегда мною принятому, а вместе с тем и по закону природы (потому что это закон природы) сообразил, во-первых: ту ли надобность мне высказали?

Во-вторых: не скрывается ли под высказанной надобностью какой-нибудь другой, недосказанной? Ибо в последнем случае, как, вероятно, и ты, милый сын, можешь понять поэтической своей головой, - он меня обкрадывал: ибо одна надобность, положим, рубль стоит, а другая вчетверо стоит; так дурак же я буду, если за рубль передам ему то, что четырех стоит. Начал я вникать и догадываться и мало-помалу стал нападать на следы; одно у него самого выпытал, другое - кой от кого из посторонних, насчет третьего своим умом дошел. Спросишь ты неравно: почему именно я так вздумал действовать? Отвечу: хоть бы по тому одному, что

233

князь слишком уж что-то захлопотал, чего-то уж очень испугался. Потому в сущности - чего бы, кажется, пугаться? Увез от отца любовницу, она забеременела, а он ее бросил. Ну, что тут удивительного? Милая, приятная шалость и больше ничего. Не такому человеку, как князь, этого бояться! Ну, а он боялся... Вот мне и сомнительно стало. Я, брат, на некоторые прелюбопытные следы напал, между прочим через Генриха. Он, конечно, умер; но от одной из кузин его (теперь за одним булочником здесь, в Петербурге), страстно влюбленной в него прежде и продолжавшей любить его лет пятнадцать сряду, несмотря на толстого фатера-булочника, с которым невзначай прижила восьмерых детей, - от этой-то кузины, говорю, я и успел, через посредство разных многосложных маневров, узнать важную вещь: Генрих писал ей по немецкому обыкновению письма и дневники, а перед смертью прислал ей кой-какие свои бумаги. Она, дура, важного-то в этих письмах не понимала, а понимала в них только те места, где говорится о луне, о мейн либер Августине и о Виланде еще, кажется. Но я-то сведения нужные получил и через эти письма на новый след напал. Узнал я, например, о господине Смите, о капитале, у него похищенном дочкой, о князе, забравшем в свои руки капитал; наконец, среди разных восклицаний, обиняков и аллегорий проглянула мне в письмах и настоящая суть: то есть, Ваня, понимаешь! Ничего положительного. Дурачина Генрих нарочно об этом скрывал и только намекал, ну, а из этих намеков, из всего-то вместе взятого, стала выходить для меня небесная гармония: князь ведь был на Смитихе-то женат! Где женился, как, когда именно, за границей или здесь, где документы? - ничего неизвестно. То есть, брат Ваня, я волосы рвал с досады и отыскивал-отыскивал, то есть дни и ночи разыскивал!

Разыскал я наконец и Смита, а он вдруг и умри. Я даже на него живого-то и не успел посмотреть. Тут, по одному случаю, узнаю я вдруг, что умерла одна подозрительная для меня женщина на Васильевском острове, справляюсь - и нападаю на след. Стремлюсь на Васильевский, и, помнишь, мы тогда встретились. Много я тогда почерпнул. Одним словом, помогла мне тут во многом и Нелли...

- Послушай, - прервал я его, - неужели ты думаешь, что Нелли знает...

- Что?

- Что она дочь князя?

- Да ведь ты сам знаешь, что она дочь князя, - отвечал он, глядя на меня с какою-то злобною укоризною, - ну, к чему такие праздные вопросы делать, пустой ты человек? Главное не в этом, а в том, что она знает, что она не просто дочь князя, а законная дочь князя, - понимаешь ты это?

- Быть не может! - вскричал я.

- Я и сам говорил себе "быть не может" сначала, даже и теперь иногда говорю себе "быть не может"! Но в том-то и дело, что это быть может и, по всей вероятности, есть.

- Нет, Маслобоев, это не так, ты увлекся, - вскричал я. - Она не только не знает этого, но она и в самом деле незаконная дочь. Неужели мать, имея хоть какие-нибудь документы в руках, могла выносить такую злую долю, как здесь в Петербурге, и, кроме того, оставить свое дитя на такое сиротство? Полно! Этого быть не может.

- Я и сам это думал, то есть это даже до сих пор стоит передо мной недоумением. Но опять-таки дело в том, что ведь Смитиха была сама по себе

234

безумнейшая и сумасброднейшая женщина в мире. Необыкновенная она женщина была; ты сообрази только все обстоятельства: ведь это романтизм, - всё это надзвездные глупости в самом диком и сумасшедшем размере. Возьми одно: с самого начала она мечтала только о чем-то вроде неба на земле и об ангелах, влюбилась беззаветно, поверила безгранично и, я уверен, с ума сошла потом не оттого, что он ее разлюбил и бросил, а оттого, что в нем она обманулась, что он способен был ее обмануть и бросить; оттого, что ее ангел превратился в грязь, оплевал и унизил ее. Ее романтическая и безумная душа не вынесла этого превращения. А сверх того и обида: понимаешь, какая обида! В ужасе и, главное, в гордости она отшатнулась от него с безграничным презрением. Она разорвала все связи, все документы; плюнула на деньги, даже забыла, что они не ее, а отцовы, и отказалась от них, как от грязи, как от пыли, чтоб подавить своего обманщика душевным величием, чтоб считать его своим вором и иметь право всю жизнь презирать его, и тут же, вероятно, сказала, что бесчестием себе почитает называться и женой его. У нас развода нет, но de facto[17] они развелись, и ей ли было после умолять его о помощи! Вспомни, что она, сумасшедшая, говорила Нелли уже на смертном одре: не ходи к ним, работай, погибни, но не ходи к ним, кто бы ни звал тебя (то есть она и тут мечтала еще, что ее позовут, а следовательно, будет случай отметить еще раз, подавить презрением зовущего, - одним словом, кормила себя вместо хлеба злобной мечтой). Много, брат, я выпытал и у Нелли; даже и теперь иногда выпытываю. Конечно, мать ее была больна, в чахотке; эта болезнь особенно развивает озлобление и всякого рода раздражения; но, однако ж, я наверно знаю, через одну куму у Бубновой, что она писала к князю, да, к князю, к самому князю...

- Писала! И дошло письмо? - вскричал я с нетерпением.

- Вот то-то и есть, не знаю, дошло ли оно. Раз Смитиха сошлась с этой кумой (помнишь, у Бубновой девка-то набеленная? - теперь она в смирительном доме), ну и посылала с ней это письмо и написала уж его, да и не отдала, назад взяла; это было за три недели до ее смерти... Факт значительный: если раз уж решалась послать, так всё равно, хоть и взяла обратно: могла другой раз послать. Итак, посылала ли она письмо или не посылала - не знаю; но есть одно основание предположить, что не посылала, потому что князь узнал наверно, что она в Петербурге и где именно, кажется, уже после смерти ее. То-то, должно быть, обрадовался!

- Да, я помню, Алеша говорил о каком-то письме, которое его очень обрадовало, но это было очень недавно, всего каких-нибудь два месяца. Ну, что ж дальше, дальше, как же ты-то с князем?

- Да что я-то с князем? Пойми: полнейшая нравственная уверенность и ни одного положительного доказательства, - ни одного, как я ни бился. Положение критическое! Надо было за границей справки делать, а где за границей? - неизвестно. Я, разумеется, понял, что предстоит мне бой, что я только могу его испугать намеками, прикинуться, что знаю больше, чем в самом деле знаю...

- Ну, и что ж?

- Не дался в обман, а, впрочем, струсил, до того струсил, что трусит и теперь.

---

[17] фактически (лат.).

У нас было несколько сходок; каким он Лазарем было прикинулся! Раз, по дружбе, сам мне всё принялся рассказывать. Это когда думал, что я всё знаю. Хорошо рассказывал, с чувством, откровенно - разумеется, бессовестно лгал. Вот тут я и измерил, до какой степени он меня боялся. Прикидывался я перед ним одно время ужаснейшим простофилей, а наружу показывал, что хитрю. Неловко его запугивал, то есть нарочно неловко; грубостей ему нарочно наделал, грозить ему было начал, - ну, всё для того, чтоб он меня за простофилю принял и как-нибудь да проговорился. Догадался, подлец! Другой раз я пьяным прикинулся, тоже толку не вышло: хитер! Ты, брат, можешь ли это понять, Ваня, мне всё надо было узнать, в какой степени он меня опасается, и второе: представить ему, что я больше знаю, чем знаю в самом деле...

- Ну, что ж наконец-то?

- Да ничего не вышло. Надо было доказательств, фактов, а их у меня не было. Одно только он понял, что я все-таки могу сделать скандал. Конечно, он только скандала одного и боялся, тем более что здесь связи начал заводить. Ведь ты знаешь, что он женится?

- Нет...

- В будущем году! Невесту он себе еще в прошлом году приглядел; ей было тогда всего четырнадцать лет, теперь ей уж пятнадцать, кажется, еще в фартучке ходит, бедняжка. Родители рады! Понимаешь, как ему надо было, чтоб жена умерла? Генеральская дочка, денежная девочка - много денег! Мы, брат Ваня, с тобой никогда так не женимся... Только чего я себе во всю жизнь не прощу, - вскричал Маслобоев, крепко стукнув кулаком по столу, - это - что он оплел меня, две недели назад... подлец!

- Как так?

- Да так. Я вижу, он понял, что у меня нет ничего положительного, и, наконец, чувствую про себя, что чем больше дело тянуть, тем скорее, значит, поймет он мое бессилие. Ну, и согласился принять от него две тысячи.

- Ты взял две тысячи!..

- Серебром, Ваня; скрепя сердце взял. Ну, двух ли тысяч такое дело могло стоить! С унижением взял. Стою перед ним, как оплеванный; он говорит: я вам, Маслобоев, за ваши прежние труды еще не заплатил (а за прежние он давно заплатил сто пятьдесят рублей, по условию), ну, так вот я еду; тут две тысячи, и потому, надеюсь, всё наше дело совершенно теперь кончено. Ну, я и отвечал ему: "Совершенно кончено, князь", а сам и взглянуть в его рожу не смею; думаю: так и написано теперь на ней: "Что, много взял? Так только, из благодушия одного дураку даю!" Не помню, как от него и вышел!

- Да ведь это подло, Маслобоев! - вскричал я, - что ж ты сделал с Нелли?

- Это не просто подло, это каторжно, это пакостно... Это... это... да тут и слов нет, чтобы выразить!

- Боже мой! Да ведь он по крайней мере должен бы хоть обеспечить Нелли!

- То-то должен. А чем принудить? Запугать? Небось не испугается: ведь я деньги взял. Сам, сам перед ним признался, что всего страху-то у меня на две тысячи рублей серебром, сам себя оценил в эту сумму! Чем его теперь напугаешь?

- И неужели, неужели дело Нелли так и пропало? - вскричал я почти в отчаянии.

236

- Ни за что! - вскричал с жаром Маслобоев и даже как-то весь встрепенулся. - Нет, я ему этого не спущу! Я опять начну новое дело, Ваня: я уж решился! Что ж, что я взял две тысячи? Наплевать. Я, выходит, за обиду взял, потому что он, бездельник, меня надул, стало быть, насмеялся надо мною. Надул, да еще насмеялся! Нет, я не позволю над собой смеяться... Теперь я, Ваня, уж с самой Нелли начну. По некоторым наблюдениям, я вполне уверен, что в ней заключается вся развязка этого дела. Она всё знает, всё... Ей сама мать рассказала. В горячке, в тоске могла рассказать. Некому было жаловаться, подвернулась Нелли, она ей и рассказала. А может быть, и на документики какие-нибудь нападем, - прибавил он в сладком восторге, потирая руки. - Понимаешь теперь, Ваня, зачем я сюда шляюсь? Во-первых, из дружбы к тебе, это само собою; но главное - наблюдаю Нелли, а в-третьих, друг Ваня, хочешь не хочешь, а ты должен мне помогать, потому что ты имеешь влияние на Нелли!..

- Непременно, клянусь тебе, - вскричал я, - и надеюсь, Маслобоев, что ты, главное, для Нелли будешь стараться - для бедной, обиженной сироты, а не для одной только собственной выгоды...

- Да тебе-то какое дело, для чьей выгоды я буду стараться, блаженный ты человек? Только бы сделать - вот что главное! Конечно, главное для сиротки, это и человеколюбие велит. Но ты, Ванюша, не осуждай меня безвозвратно, если я и об себе позабочусь. Я человек бедный, а он бедных людей не смей обижать. Он у меня мое отнимает, да еще и надул, подлец, вдобавок. Так я, по-твоему, такому мошеннику должен в зубы смотреть? Морген-фри!

Но цветочный праздник наш на другой день не удался. Нелли сделалось хуже, и она уже не могла выйти из комнаты.

И уж никогда больше она не выходила из этой комнаты.

Она умерла две недели спустя. В эти две недели своей агонии она уже ни разу не могла совершенно прийти в себя и избавиться от своих странных фантазий. Рассудок ее как будто помутился. Она твердо была уверена, до самой смерти своей, что дедушка зовет ее к себе и сердится на нее, что она не приходит, стучит на нее палкою и велит ей идти просить у добрых людей на хлеб и на табак. Часто она начинала плакать во сне и, просыпаясь, рассказывала, что видела мамашу.

Иногда только рассудок как будто возвращался к ней вполне. Однажды мы оставались одни: она потянулась ко мне и схватила мою руку своей худенькой, воспаленной от горячечного жару ручкой.

- Ваня, - сказала она мне, - когда я умру, женись на Наташе!

Это, кажется, была постоянная и давнишняя ее идея. Я молча улыбнулся ей. Увидя мою улыбку, она улыбнулась сама, с шаловливым видом погрозила мне своим худеньким пальчиком и тотчас же начала меня целовать.

За три дня до своей смерти, в прелестный летний вечер, она попросила, чтоб подняли штору и отворили окно в ее спальне. Окно выходило в садик; она долго смотрела на густую зелень, на заходящее солнце и вдруг попросила, чтоб нас оставили одних.

- Ваня, - сказала она едва слышным голосом, потому что была уже очень слаба, - я скоро умру. Очень скоро, и хочу тебе сказать, чтоб ты меня помнил. На память я тебе оставлю вот это (и она показала мне большую ладонку, которая висела у ней

237

на груди вместе с крестом). Это мне мамаша оставила, умирая. Так вот, когда я умру, ты и сними эту ладонку, возьми себе и прочти, что в ней есть. Я и всем им сегодня скажу, чтоб они одному тебе отдали эту ладонку. И когда ты прочтешь, что в ней написано, то поди к нему и скажи, что я умерла, а его не простила. Скажи ему тоже, что я Евангелие недавно читала. Там сказано: прощайте всем врагам своим. Ну, так я это читала, а его все-таки не простила, потому что когда мамаша умирала и еще могла говорить, то последнее, что она сказала, было: "Проклинаю его", ну так и я его проклинаю, не за себя, а. за мамашу проклинаю... Расскажи же ему, как умирала мамаша, как я осталась одна у Бубновой; расскажи, как ты видел меня у Бубновой, всё, всё расскажи и скажи тут же, что я лучше хотела быть у Бубновой, а к нему не пошла...

Говоря это, Нелли побледнела, глаза ее сверкали и сердце начало стучать так сильно, что она опустилась на подушки и минуты две не могла проговорить слова.

- Позови их, Ваня, - сказала она наконец слабым голосом, - я хочу с ними со всеми проститься. Прощай, Ваня!..

Она крепко-крепко обняла меня в последний раз. Вошли все наши. Старик не мог понять, что она умирает; допустить этой мысли не мог. Он до последнего времени спорил со всеми нами и уверял, что она выздоровеет непременно. Он весь высох от заботы, он просиживал у кровати Нелли по целым дням и даже ночам... Последние ночи он буквально не спал. Он старался предупредить малейшую прихоть, малейшее желание Нелли и, выходя от нее к нам, горько плакал, но через минуту опять начинал надеяться и уверять нас, что она выздоровеет. Он заставил цветами всю ее комнату. Один раз купил он целый букет прелестнейших роз, белых и красных, куда-то далеко ходил за ними и принес своей Нелличке... Всем этим он очень волновал ее. Она не могла не отзываться всем сердцем своим на такую всеобщую любовь. В этот вечер, в вечер прощанья ее с нами, старик никак не хотел прощаться с ней навсегда. Нелли улыбнулась ему и весь вечер старалась казаться веселою, шутила с ним, даже смеялась... Мы все вышли от нее почти в надежде, но на другой день она уже не могла говорить. Через два дня она умерла.

Помню, как старик убирал ее гробик цветами и с отчаянием смотрел на ее исхудалое мертвое личико, на ее мертвую улыбку, на руки ее, сложенные крестом на груди. Он плакал над ней, как над своим родным ребенком. Наташа, я, мы все утешали его, но он был неутешен и серьезно заболел после похорон Нелли.

Анна Андреевна сама отдала мне ладонку, которую сняла с ее груди. В этой ладонке было письмо матери Нелли к князю. Я прочитал его в день смерти Нелли. Она обращалась к князю с проклятием, говорила, что не может простить ему, описывала всю последнюю жизнь свою, все ужасы, на которые оставляет Нелли, и умоляла его сделать хоть что-нибудь для ребенка. "Он ваш, - писала она, - это дочь ваша, и вы сами знаете, что она ваша, настоящая дочь. Я велела ей идти к вам, когда я умру, и отдать вам в руки это письмо. Если вы не отвергнете Нелли, то, может быть, там я прощу вас, и в день суда сама стану перед престолом божиим и буду умолять Судию простить вам грехи ваши. Нелли знает содержание письма моего; я читала его ей; я разъяснила ей всё, она знает всё, всё..."

Но Нелли не исполнила завещания: она знала всё, но не пошла к князю и умерла непримиренная.

Когда мы воротились с похорон Нелли, мы с Наташей пошли в сад. День был

238

жаркий, сияющий светом. Через неделю они уезжали. Наташа взглянула на меня долгим, странным взглядом.

- Ваня, - сказала она. - Ваня, ведь это был сон!

- Что было сон? - спросил я.

- Всё, всё, - отвечала она, - всё, за весь этот год. Ваня, зачем я разрушила твое счастье? И в глазах ее я прочел: "Мы бы могли быть навеки счастливы вместе!"

www.ingramcontent.com/pod-product-compliance
Lightning Source LLC
Chambersburg PA
CBHW020552020726
47494CB00006B/2032